世界考古研究动态

（第四辑）

Current Trends in World Archaeology

Volume 4

来国龙　主编

西北大学文化遗产学院　编

上海古籍出版社

图书在版编目（CIP）数据

世界考古研究动态. 第四辑／来国龙主编；西北大学文化遗产学院编. -- 上海：上海古籍出版社, 2025.6. -- ISBN 978-7-5732-1607-6

Ⅰ. K85

中国国家版本馆 CIP 数据核字第 2025NW6013 号

责任编辑：缪　丹
封面设计：张　放　王楠莹
技术编辑：耿莹祎

世界考古研究动态
（第四辑）

来国龙　主编
西北大学文化遗产学院　编
上海古籍出版社出版发行
（上海市闵行区号景路159弄1-5号A座5F　邮政编码201101）
（1）网址：www.guji.com.cn
（2）E-mail: guji1@guji.com.cn
（3）易文网网址：www.ewen.co
上海展强印刷有限公司印刷
开本787×1092　1/16　印张15.5　插页2　字数368,000
2025年6月第1版　2025年6月第1次印刷
ISBN 978-7-5732-1607-6
K·3861　定价：180.00元
如有质量问题，请与承印公司联系
电话：021-66366565

本刊得到中国－中亚人类与环境"一带一路"联合实验室，
文化遗产研究与保护技术教育部重点实验室资助

Sponsored by China-Central Asia "the Belt and Road" Joint Laboratory on Human and Environment Research, Key Laboratory of Cultural Heritage Research and Conservation

主　　编：来国龙（西湖大学 / 西北大学）
编　　委（以姓氏拼音为序）：
　　　　　曹大志（北京大学）
　　　　　李　涛（武汉大学）
　　　　　马　健（西北大学）
　　　　　秦小丽（复旦大学）
　　　　　沈睿文（北京大学）
　　　　　仝　涛（中国社会科学院考古研究所）
　　　　　涂栋栋（上海科技大学）（常务）
　　　　　温　睿（西北大学）
　　　　　温成浩（中国社会科学院考古研究所）
　　　　　张　莉（郑州大学）
　　　　　张　萌（复旦大学）（常务）
　　　　　张良仁（南京大学）
学术顾问（以姓氏拼音为序）：
　　　　　陈　淳（复旦大学）
　　　　　陈星灿（中国社会科学院考古研究所）
　　　　　邓　聪（山东大学）
　　　　　杜德兰 Alain Thote（法国高等研究实践学院）
　　　　　吉　迪 Gideon Shelach-Lavi（以色列希伯来大学）
　　　　　李　零（北京大学）
　　　　　李水城（四川大学）
　　　　　刘　莉（斯坦福大学）
　　　　　罗　丰（西北大学）
　　　　　罗　泰 Lothar von Falkenhausen（UCLA / 西北大学）
　　　　　杨建华（吉林大学）

目 录

论文·综述

西藏考古的世纪回顾 …………………………………………… 仝 涛（3）
史前暴力研究新进展 …………………………………………… 张 烁（24）

书 评

介绍一部即将出版的研究中国冶金史著作 …………………… 李水城（45）

经典论文翻译

2050年：人类科学时代的来临 ………… 布赖恩·费根著 陈淳、张萌译（53）
一门濒危科学的希望 …………………… 罗伯特·邓内尔著 陈淳、张萌译（55）
再观史前史：改变考古学景象的书籍 …… 科林·伦福儒著 陈淳、张萌译（59）
人与物之间的纠缠：一个长时段的视角 ……………… 伊恩·霍德著 刘岩译（62）
宴飨研究一百年 ……… 布赖恩·海登、苏珊娜·维尔纳夫著 叶灿阳译 陈淳校（78）

国外考古研究文摘

American Antiquity
《美洲古物》 2022年 ……………………………………………… 孟繁琇（101）

Ancient Mesoamerica
《古代中美洲》 2023年 …………………………………………… 毛玉菁（119）

Asian Perspectives: The Journal of Archaeology for Asia and the Pacific
《亚洲视角：亚洲及太平洋考古杂志》 2022、2023年 ……… 沈 劼（139）

Journal of Archaeological Science
《考古科学杂志》 2023年 ………………………………………… 李 涛（148）

International Journal of Osteoarchaeology
《国际骨骼考古学》 2022年 ……………………………………… 沈 劼（194）

《世界考古研究动态》征稿启事 …………………………………………… （235）
《世界考古研究动态》撰稿格式 …………………………………………… （236）

论文·综述

西藏考古的世纪回顾

仝 涛（中国社会科学院考古研究所）

一、新中国成立前西藏的考古工作

西藏的考古研究肇始于西方学者对这一地区的探险和考察活动。早在17世纪20年代至18世纪40年代之间，欧洲的天主教教士从喜马拉雅山外或我国内地进入西藏，在阿里、前藏和后藏地区进行传教活动，他们在游历和调查过程中获取了大量有关藏族历史、宗教、民俗和其他社会情况等方面的资料，成为西方学者研究西藏的开端。[①] 1715年加普森派传教士德·西德里（de Chardin）通过印度河进入西藏，首次报道了冈底斯山和玛旁雍错，认为该湖是印度河和恒河的源头。[②] 自19世纪以来，针对西藏高原的专门性的旅行考察开始出现，尤其在19世纪80年代以后，对西藏西部的探险蒸蒸日上，西方国家地理学会的众多探险家如鲍厄尔（H. Bower）、李特戴尔（G. R. Littledale）、戴西（H. H. P. Deasy）等都经过拉达克或南疆到达西藏西部进行地理测绘和考察。斯文赫定曾三次到西藏进行考察，其中后两次（1898—1901、1906—1907）穿越了西藏西部地区。1907年他到达冈仁波齐和玛旁雍错，考察了周边所有寺院，此后西行到象泉河谷地。在他所撰写的《穿越喜马拉雅》（*Trans-Himalaya*）一书中，曾提及他沿着象泉河（即"萨特累季河"）途经东波寺（Dongbo）、芒囊寺（Mangnang）、达巴寺（Dava）、托林寺（Totling）等地直到古格都城札不让一线的旅程，其中有对达巴遗址内佛塔、寺院殿堂、碉楼等建筑所作的调查记录，并附有若干幅线图和照片加以介绍。

基督教摩拉维亚教会（Moravians）于1853—1930年期间进入西喜马拉雅地区进行传教活动，数位早期传教士后来都成了杰出的学者，其中德国人奥古斯特·赫尔曼·弗兰克（August Hermann Francke，1870—1930）是成果最为丰硕的一位。[③] 弗兰克在1909—1910年受雇于印度考古调查局，开始了至西部西藏边界的调查之旅。印度政府虽没有批准他

[①] 冯蒸：《国外西藏研究概况（1949—1978）》，中国社会科学出版社，1979年，第1页。
[②] 沈福伟：《外国人在中国西藏的地理考察（1845—1945）》，《中国科技史料》1997年第2期。
[③] 杨清凡：《弗兰克与西部西藏历史研究——兼论西部西藏考古的发端》，《藏学学刊》第13辑，2015年。

越过边界进入中国西藏阿里地区的提议,故他主要在与之毗邻的拉达克、列城一带考察,但他的这次考察却揭开了藏西考古的序幕。

弗兰克1909年自西姆拉启程开始,经斯皮蒂到达拉达克,再西行到达克什米尔首府斯利那加,为期4个月,基本靠步行,考察的对象包括寺庙、佛塔、墓葬等古代遗址,以及摩崖石刻、造像、藏文题记、写本,小件器物如各种材质的饰物、法器、生活用具及擦擦等,展示了当地丰富的历史遗存面貌。弗兰克对拉达克地区的墓葬一直格外关注,早在1903年就对列城附近河谷中的墓葬进行过发掘。1909年的考察中对同一地点又进行了发掘,详细记录了墓葬形制、规模和出土遗物,对出土人骨进行了体质人类学测量和分析,对族属和断代问题进行了讨论,认为其属于大约公元1—500年之间来自北印度的达尔德人(Dards)。弗兰克的研究成果汇集为两卷本巨著《印藏古物》(*Antiquities of Indian Tibet*, Vol. 1, Calcutta, 1914; Vol. 2, Calcutta, 1926),在英印政府的主持下先后出版。第一卷实为印度考古调查局在拉达克等地藏区进行的首次系统考古调查报告;第二卷收录了弗兰克于1914年之前在西喜马拉雅历次考察中搜集的有关各地历史的藏文写本及当地人的口述记录。对其中的重要文献《拉达克王统记》进行了深入全面的研究。弗兰克还抄录了拉达克地区所保存的大量古代藏文摩崖题刻,1906、1907年出版了《西部西藏的古代藏文摩崖题刻汇编》(*Collection of Tibetan Historical Inscriptions on Rock and Stone from West Tibet*)第一辑和第二辑。

1912年,英国人麦克沃斯·杨,假道印度,深入象泉河谷地,对古格故城和托林寺进行了考察,曾撰《到西藏西部的托林寺和扎不让的旅行》,发表在印度旁遮普历史学会杂志上。[①] 但此后对西藏考古影响最大的要数俄国人乔治·罗列赫(G. Roerich)和意大利藏学家图齐(G. Tucci)。

俄国学者乔治·罗列赫(G. Roerich)是一位掌握了数十种语言的藏学家和东方学家,他于1925—1929年间参加了其父尼古拉·罗列赫(N. Roerich)率领的中亚考察队,历访印度、锡金、克什米尔、拉达克、中国西藏、蒙古、中国新疆等地。西藏的考察主要集中在西部和北部。他们在藏北高原发掘出土了一批有青铜箭镞的石丘墓以及与之相关的大石遗迹,并首次将这些大石遗迹按照考古类型学的方法,分为独石、石圈和列石几种不同的类型加以考察。乔治·罗列赫敏锐地指出,藏北游牧民族中尚未受佛教影响的文化,与中央亚细亚的"文化世界"具有相似之处。除了要关注西藏佛教文化艺术遗存之外,还应当关注"前佛教时期西藏游牧部落艺术的历史遗存"。他的主要著作有《藏北游牧民族的动物纹饰风格》[②](1930)、《西藏绘画》[③](1925)、《亚洲腹地行记》[④](1931)等。

在西藏考古和藏学研究领域内的集大成者,当属意大利著名藏学家图齐(G. Tucci)。他的一系列考察和研究成果,对于西藏考古具有开拓性和奠基性意义。1928—1948年

---

① 张建林:《荒原古堡——西藏古格王国故城探察记》,四川教育出版社,1996年,第30页。

② G. Roerich, *The Animal Style Among the Nomads of Northern Tibet* (Prague: Seminarium Kondakovianum, 1930).

③ G. Roerich, *Tibetan Paintings* (Paris: Paul Geuthner, 1925).

④ G. Roerich, *Trails to Inmost Asia: Five Years of Exploration with the Roerich Central Asian Expedition* (New Haven: Yale University Press, 1931).

间,图齐八次赴藏考察,其中第四次考察(1933)和第五次考察(1935)深入到阿里地区。第四次主要考察了斯皮蒂、拉达克的重要寺院和阿里地区的托林寺和扎不让。第五次考察的重点为象泉河上游地区,在参访了普兰的科加寺和神山圣湖周边的所有寺院后,他西行到曲龙村,对曲龙遗址进行了为期三天的调查。此后图齐参访了托林寺、扎不让和皮央·东嘎石窟等,沿着印度河经扎西岗和列城返回印度。这两次考察收集了大量实物文献,对斯皮蒂和阿里的重要寺院进行了深入研究。图齐后来撰写的四卷本《印度—西藏》,①三卷本《西藏画卷》、②《西藏考古》③等被认为是西藏考古研究的扛鼎之作,他本人也被尊为西藏考古的泰斗。

从图齐的考察成果来看,他根据曲龙遗址所在地名推测为象雄都城"琼隆银城",这是有记载的首位注意到这个遗址的存在和价值的西方学者;他途经位于后来故如甲木寺院旁侧的卡尔东城址,却没有登临造访,在距该遗址一步之遥的地方与其擦肩而过。他对古格故城的考察,也没有意识到它为废弃已久的古格王国都城,只是将其看作一处大型寺院遗址,称之为"擦巴隆寺遗址"(即扎不让)。但他的这两次考察,使国内外文化学者开始认识到西藏西部的象泉河谷地在西藏考古和艺术史研究领域内的重要价值,尤其是关于皮央·东嘎石窟的调查,为后来中国学者在该区域的一系列工作提供了线索。

可见,在西藏考古的肇始阶段,主要以西方学者和探险家的考察活动为主,主要以毗邻英印殖民地的西藏西部地区为中心。而在西藏的其他地区,考古工作起步较晚,且开展较少。卫藏地区(以拉萨为中心的雅鲁藏布江流域)和山南地区在西藏解放以前开展过少量的田野调查和发掘工作,主要集中于琼结县的藏王陵。从 18 世纪开始,已有外国人对藏王陵进行实地考察,1948 年图齐考察后于 1950 年发表了《藏王陵考》。后来英国人黎吉生(H.E. Richardson)也考察了藏王陵,著有《西藏早期墓地及八—九世纪西藏的装饰艺术》,绘出了王陵的分布图,确认了 10 座陵墓的主人。1950 年,因基本建设施工,德国人奥夫施内特(P. Aufschnaiter)与海因利希·哈雷(Heinrich Harrer)在拉萨以东 5 英里的辛多山嘴发现 16 座墓葬,形制有石板或砾石围砌的石棺墓、洞室墓,以及婴幼儿瓮棺葬。葬式有屈肢葬和二次葬,出土有陶器、石制品、铁刀、铁矿渣、木碗、绿松石、人骨、兽骨等。该处墓地墓葬形制多样,以现有资料难以确定其具体时代,但应该属于吐蕃之前的早期金属器时代,并且延续了较长的时期。④

西藏东部地区是石棺葬的分布区,虽然在 20 世纪 20 年代至 40 年代,中外民族学者和考古学者对川西北理县、茂汶等地"版岩葬文化"展开了较多的调查和研究工作,但藏东地区的石棺葬并没有受到关注,这一区域的考古工作基本上还是一片空白。

---

① G. Tucci, *Indo-Tibetica*, 7 vols (Rome, 1932–1941). 中译本为:(意)图齐著,魏正中、萨尔吉主编:《梵天佛地》,上海古籍出版社,2009 年。

② G. Tucci, *Tibetan Painted Scrolls*, 3 vols (Roma: Istituto Poligrafico e Zecca dello Stato, 1949).

③ G. Tucci, *Transhimalaya* (*Ancient Civilizations*) (London, 1973). 中译本为:(意)G. 杜齐著,向红茄译:《西藏考古》,西藏人民出版社,1987 年。

④ (德)奥夫施内特著,杨元芳、陈宗祥译:《西藏居民区史前遗址发掘报告》,《中国藏学》1992 年第 1 期。

二、中华人民共和国成立后西藏的考古工作

(一) 史前及早期金属器时代

中华人民共和国成立后的西藏考古发现,首先要数青藏高原的旧石器,这是此前西藏考古工作中尚未关注的领域。1956年,中国科学院的地质专家在那曲以北发现了十几件打制石器,①1966—1968年中国科学院青藏高原综合考察队又在定日发现数十件,②1976年又先后在申扎、双湖、日土、普兰、吉隆等地采集168件旧石器,③石器的分布点扩展到了阿里地区。这些发现都是自然科学工作者在对青藏高原科学考察的过程中偶然采集到的,都缺乏地层依据,因此也就没有准确的年代标志。对这些新发现,考古学者多从三个方面入手进行研究:一是石器工艺特征的类型学分析,二是细石器地点与自然环境变化的关系,三是进一步探究青藏高原古人类的来源、路线及其对高原的适应性进程。相对于历史时期考古来说,这一时段的研究是国际上关注度比较高的课题。

1959年中央人民政府文化部组织了西藏文物古迹的专门调查,由王毅和宿白两位先生牵头在拉萨、山南、日喀则等地开展了数月的田野工作,王毅以《西藏文物见闻记》为题发表了数篇连载文章报道此次调查的主要收获,④宿白则根据在西藏5个月的调查资料以及手绘的佛教寺院建筑平面和立面草图,撰成《藏传佛教寺院考古》一书,是研究藏传佛教考古的里程碑式的成就。⑤

1961年,西藏文管会(1995年后称为西藏自治区文物局)在拉萨澎波农场东北的山腰上清理了8座洞室墓,⑥这是中华人民共和国成立后卫藏地区的首次考古发掘。洞内用乱石砌成长方形墓室,墓室内发现有陶器、铁剑、铜马饰、铁环等随葬品,以及人骨、牛马骨等。该墓葬初步显示出拉萨地区早期金属器时代的文化面貌。

1977—1979年,西藏文管会和四川大学历史系对昌都卡若遗址进行了发掘,共揭露1800平方米,这是在西藏首次开展的较大规模的科学考古工作。卡若遗址中发现了房屋遗址28座,可分为圜底、半地穴式和地面3种类型,此外在遗址中还发现了地面、石墙、石子小路、石台基等遗迹,出土了上万件打制石器、细石器、磨制石器、陶器、骨器,以及大量的动物骨骼和粟米等。该发掘首次将西藏的农耕文化确定到距今5000年前的新石器时代中晚期,并揭示了西藏境内的史前考古学文化与黄河上游甘青地区的马家窑文化、半山文化、马厂文化及川西南、滇西北地区的一些原始文化在内涵上的相似性,为研究西藏文化和藏民族的起源提供了非常重要的材料,从而成为西藏史前社会研究一个崭新的起点,其学术价值和意义得到了海内外的高度评价。

---

① 邱中郎:《青藏高原旧石器的发现》,《古脊椎动物学报》1958年第2-3期。
② 张森水:《西藏定日新发现的旧石器》,中国科学院西藏科学考察队:《珠穆朗玛峰地区科学考察报告(1966—1968):第四纪地质》,科学出版社,1976年。
③ 《西藏发现大量古人类石器》,《甘肃日报》1980年5月21日第3版。
④ 王毅:《藏王墓——西藏文物见闻记(六)》,《文物》1961年第5-6期。
⑤ 宿白:《藏传佛教寺院考古》,文物出版社,1996年。
⑥ 西藏自治区文物管理委员会:《西藏拉萨澎波农场洞穴清理简报》,《考古》1964年第5期。

2002年10月，四川大学历史文化学院考古系、西藏自治区文物局为制订《卡若遗址保护规划》，再次联合组队对卡若遗址进行了探查确认，并在1978、1979年两次发掘区的东、西、南三面以及遗址西侧进行了小规模的发掘。李永宪撰文《卡若遗址动物遗存与生业模式分析——横断山区史前农业观察之一》《略论西藏考古发现的史前栽培作物》，即为此次发掘之成果，展示了学界对卡若遗址动物群与古环境的研究的最新进展。①

1985年西藏文管会文物普查时在山南琼结邦嘎村发现了邦嘎遗址，先后进行了三次小规模试掘，发现石框灰坑4个，形制为长方形和圆形，出土有陶片、磨制石器、木炭和大量动物骨骼。② 2000、2001年，中国社会科学院考古研究所、西藏博物馆和山南文物局联合对该遗址进行了两次正式发掘，获得重大考古收获，发现有石砌的半地穴式房屋基址，出土了陶器、石器和各种动物骨骼。石器多为砍伐类和切割类，还有一定比例的磨盘、磨具，说明当时农业具有了相当大的规模。陶器多圜底器，与曲贡遗址、昌果沟遗址文化特征相同，但没有发现圈足器。③

1986年，西藏文管会文物普查队在昌都小恩达遗址进行了调查和试掘，发现了3座较完整的半地穴式房屋遗迹、1处灰坑、5处窖穴、1座石棺葬，出土了大量打制石器、细石器、磨制石器、骨器和陶片等。小恩达遗址较卡若遗址时代上稍晚，为距今4000年左右，文化面貌与卡若遗址基本接近，但具有明显的进步性，已进入以农业为主的定居生活，在生产工具、生产技术方面已体现出明显的地方特色和时代特色。④ 2012年西藏自治区文物保护研究所等单位联合组成的考古队对该遗址再次进行了发掘，共清理出1座半地穴式房屋遗址和4座竖穴土坑石室墓，出土石器、骨牙器、陶器等遗物千余件。⑤

1991年，西藏文管会文物普查队在贡嘎县发现了昌果沟遗址，采集各类标本近千件，是西藏文物普查中一项重大的发现。⑥ 1994年，中国社会科学院考古研究所西藏工作队与西藏自治区文管会组成联合考察队，对该遗址进行调查和发掘。此次调查和发掘共采集遗物计1000余件，包括打制石器、磨制石器、陶片等，并试掘出一个大型灰坑，获得青稞、小麦、豌豆、粟等植物遗存。遗址 ^{14}C 测年为距今3000年左右。该遗址与拉萨曲贡遗址相距最近，从文化特征上看，它们之间具有更多的相似性，该遗址的发掘对于研究藏南雅鲁藏布江中游古人群活动乃至藏族人起源、迁徙扩散，以及西藏在东西文化交流和农作物传播中的地位等方面，有着十分重要的意义。⑦

---

① 李永宪：《卡若遗址动物遗存与生业模式分析——横断山区史前农业观察之一》，《四川文物》2007年第5期。
② 索朗旺堆主编：《琼结县文物志》，陕西省印刷厂，1986年，第11-16页。
③ 李林辉：《山南邦嘎新石器时代遗址考古新发现与初步认识》，《西藏大学学报》2001年第4期。
④ 西藏文物管理委员会文物普查队：《西藏小恩达新石器时代遗址试掘简报》，《考古与文物》1990年第1期。
⑤ 《昌都县小恩达遗址保护规划前期考古发掘工作取得初步成果》，https://whj.changdu.gov.cn/zdwh/c102741/201206/1ff29d0f5d3045e788959e13bc347bb7.shtml。
⑥ 何强：《西藏贡嘎县昌果沟新石器时代遗存调查报告》，《西藏考古》1994年第1辑。
⑦ 中国社会科学院考古研究所西藏工作队、西藏自治区文物管理委员会：《西藏贡嘎县昌果沟新石器时代遗址》，《考古》1999年第4期。

2003—2004年，西藏文物局组织了对羊八井加日塘遗址的三次考古发掘。① 该遗址地处拉萨河谷地区与藏北高原区的过渡地带，发现并清理火塘遗迹、灰坑各1处，采集和出土近2800件遗物，其中石制品占绝大多数，陶片及其他遗物较少。但未发现居住基址，推测该遗址可能是季节性往返迁徙的临时居住点和石器加工点。其年代为距今3200—2900年。陶器主要为夹砂黑陶和灰褐色陶，罐类口沿装饰细绳纹、刻划纹、戳印纹、附加堆纹等组合纹饰，不少器物口沿的唇部有类似细绳纹的刻划，这些特征显示它是新石器时代晚期的一个新的文化类型，与同时期的曲贡文化存在较大的差异。

在西藏东部地区，自20世纪80年代起，考古工作者在田野调查中发现了大量墓葬，其中乃东县发现20处，重要的地点包括普努沟墓群，结桑村墓群，②雄拉山、墨嘎村、门中村等一些小型石棺葬。③ 贡觉县香贝区在1975年发现多座石棺葬，1986年文物普查队清理了其中的5座。④ 这些石棺葬年代为战国秦汉时期，与以四川西部山区为中心的"石棺葬文化"类型墓葬形制和出土器物十分相似，显示出这一区域文化自川西北向藏东扩展和分布的轨迹。

2002年，四川大学、西藏文物局联合对昌都县热底垄石棺墓进行了发掘，共清理了5座石棺墓，葬式为屈肢葬或二次葬，出土有铜刀、磨制骨针，均未见陶器。人骨的年代分析显示其为距今4000—2400年。⑤

在林芝地区，1988年在都普遗址发掘了7座石棺葬，均为石块和石板拼砌的方形封土石室墓，大部分遭破坏，墓主人为仰身直肢葬式，随葬有陶罐、陶壶、陶钵等。在都普遗址还收集石锛1件，出土陶器3件，器物特征与1974—1975年在云星、居木等地采集的同类遗物⑥相似，应属同一文化，其年代晚于卡若文化，早于曲贡文化，属于一类特殊的地方文化类型。⑦ 1991年在林芝县多布村清理7座石棺葬，地表无封土堆，墓室由石块垒砌或石板拼成，出土陶罐、陶瓶、磨制石斧、石锛等。2000年，在林芝八一镇以西18公里处的基建工地发现了不少人骨与陶器，西藏博物馆的考古人员进行了实地调查和试掘，出土了大量绳纹夹砂灰陶器、陶网坠等。在2005年的踏查中，又采集到了人骨和褐红陶罐。这批墓葬结构可能以竖穴土坑墓为主，陶器均为圜底器，形制和组合具有明显的地域特征，可能代表了西藏新石器时代晚期文化一种独特的局部类型。⑧

在山南地区，西藏文管会1991年在隆子县调查和发现了多处石棺葬，并对其中几座

---

① 李林辉：《近年来西藏地区主要开展的考古工作及收获》，《中国边疆考古学术讨论会论文摘要》，2005年。

② 西藏文管会文物普查队：《西藏乃东县普努沟墓群清理简报》，《文物》1985年第9期；西藏文管会文物普查队：《西藏乃东结桑村发现古墓葬》，《考古》1985年第12期。

③ 张建林：《西藏乃东县的几处石棺葬》，《文博》1988年第12期。

④ 西藏文物管理委员会文物普查队：《西藏贡觉县香贝石棺葬墓葬清理简报》，《考古与文物》1989年第6期。

⑤ 王华等：《西藏昌都热底垄石棺墓人骨年代的研究》，《地球学报》2003年第6期。

⑥ 王垣杰：《西藏自治区林芝县发现的新石器时代遗址》，《考古》1975年第5期；《西藏林芝地区的古人类骨骸和墓葬》，《西藏研究》1983年第2期。

⑦ 丹扎：《林芝都普古遗址首次发掘石棺葬》，《西藏研究》1990年第4期。

⑧ 夏格旺堆、李林辉：《西藏林芝地区林芝村古墓葬调查简报》，《西藏大学学报》2006年第2期。

进行了清理,①其中包括新巴乡吞玛村,列麦乡涅荣村,斗玉乡聂拉木村、库久塔村、松巴乡秋俄村,三安曲林乡玛尼当村,下洛乡乌坚古如村等。这批墓葬均用石板拼砌成长方形墓室,地表不见封土,流行单人二次葬,少数遗留有火葬痕迹。随葬品包括带流陶罐、细颈球腹罐、曲流球腹罐、铜扣漆盘、玻璃珠饰、磨光石斧等,发掘者推测其年代为新石器时代晚期至战国西汉时期。

在西藏西部地区,1992年西藏文管会和四川大学考古专业人员组成文物普查队,在日土县发现了塔康巴岩画,②这是西藏高原发现的岩画内容最丰富、场面最宏大的一处地点。此次考察还在日土县发现阿垄沟墓地,③这是阿里高原首次调查发现的一处早期墓地。1998年,阿里文物抢救办公室考古队在古格故城附近发现了卡尔普墓群,并清理了几座残墓。从公布的少量资料来看,这处墓葬以木棺为葬具,随葬青铜器、羊骨、陶器等,是阿里地区首次正式发掘的早期金属器时代墓葬。

1999年7—8月,四川大学与西藏自治区文物局组建考古队,对札达县东嘎遗址V区墓群和新发现的皮央格林塘墓地与萨松塘墓地进行了考古发掘,④清理各种类型的墓葬10座、殉马坑1座、列石遗迹1处。根据^{14}C年代测定,东嘎遗址V区墓地为距今2370年,格林塘墓地为距今2725—2170年,这是阿里地区首次对早期金属器时代墓葬的较大规模发掘。同年,考古队还在东嘎乡发现了格布塞鲁墓群,并对其进行了调查。2001年,考古队对东嘎V区居住遗址,即丁东遗址进行了发掘,除了石砌建筑基址外,还发现了炭化大麦(青稞)及蔬菜种子,这是西藏西部地区第一次经考古发掘的史前居住遗址,年代在距今2000年左右,文化内涵比较丰富。这些发掘成果表明,在相当于中原内地的秦汉时期,西藏西部地区可能存在一个独特的考古学文化系统,这将为探索长期以来仅存在于文献记载中的古老的"象雄文明"提供可靠的考古学证据。

2001年之后,阿里地区的考古工作以调查为主。2004年西藏自治区文物局和四川大学联合开展"象泉河流域考古综合调查"项目。该项目初衷原本是以梳理和综合研究象泉河流域的古格时期遗址为重心,而最终所取得的最重要的成果,却是前吐蕃时期遗存的发现,其后续影响也大大超出了预期。考古队在噶尔县门士乡境内的卡尔东遗址群周边,发现了8处石器采集点,其中4处为打制石器,另外4处为细石器采集点;发现前佛教时期大型遗址2处、大型墓地2处、小型墓地或墓葬点3处、立石和地表石圈(石围)2处;佛教时期地面建筑与洞窟结合的佛寺遗址1处,立石遗迹及佛教洞窟各1处。考古队对卡尔东城址进行了试掘,出土了一些重要遗物,认为这里很有可能是象雄时期的都城"琼隆银城",对于象雄城堡的研究具有深远的意义。⑤

---

① 西藏自治区文物管理委员会文物普查队:《西藏山南隆子县石棺墓的调查与清理》,《考古》1994年第7期。
② 李永宪:《西藏日土县塔康巴岩画的调查》,《考古》2001年第6期。
③ 李永宪、霍巍、更堆:《阿里地区文物志》,西藏人民出版社,1993年,第132-133页。
④ 四川大学中国藏学研究所等:《西藏札达县皮央·东嘎遗址古墓群试掘简报》,《考古》2001年第6期。
⑤ 李林辉:《近年来西藏地区主要开展的考古工作及收获》,《中国边疆考古学术讨论会论文摘要》,2005年。

同年,为配合阿里地区地方志文物卷的编写,陕西省考古研究所张建林主持了阿里地区文物补查工作,新发现各类文物点51处,其中包括细石器地点、石构遗迹、岩画、成堡遗址、城堡遗址、寺院遗址、石窟寺遗址等。调查所发现的25处列石、石圈等石构遗迹主要分布在藏北高原人烟极为稀少的游牧地区,初步推测其年代为新石器时代至早期金属器时代。发现的5处岩画中,以环罗布错分布的3处岩画点最为突出。

关于卡尔东城址的调查随后又有新的进展。奥地利探险家布鲁诺·鲍曼(Bruno Baumann)在2005年参访象泉河谷,考察了卡尔东城址和泽蚌墓地。他的专著《金翅鸟的琼隆银城:西藏最后秘密的发现》对该城址进行了详细介绍,他认同将该城址视为象雄都城琼隆银城的观点。① 这是国外学者首次对这一城址进行的系统调查和介绍。

(二)吐蕃时期

20世纪八九十年代之交,西藏的田野考古调查大面积开展,所获取的新资料日益增多,无论从地域上还是资料内容上,都填补了一些过去的空白。尤其是吐蕃时期墓葬大量发现,通过一些试掘和清理工作,考古工作者对各等级的墓葬分布范围、形制特征和丧葬习俗有了较为全面的把握和深入的了解。

中国学者自20世纪50年代开始对山南琼结藏王陵进行考察和研究。1959年,王毅根据实地考察绘制了陵位图,确认了8座陵墓的主人。② 西藏自治区文物管理委员会曾多次对藏王陵展开调查,进行过局部清理和测绘。1995年,霍巍结合藏文文献和新的考古调查成果,对藏王陵陵墓数目和各陵墓主人提出了系统全面的新认识,并指出吐蕃王陵的布局、封土形制及仪卫礼制、艺术表现风格等,都受到中原唐代文化的影响。③ 1993年,中国社会科学院考古研究所西藏工作队对山南琼结县藏王陵进行了多次考察和勘测,绘制了准确的陵区分布图,重新确定了陵墓的数目、各陵之间的方位关系,并对各陵墓的主人重新进行了考证,2002年发布了研究成果。④

1982年山南地区文管会在朗县发现了列山墓地,同年进行了两次调查和试掘,清理了3座小型封土墓葬,并在周边清理了3处建筑遗迹,包括房屋、祭祀场所及1石碑底座。调查和发掘显示,列山墓地以大中型梯形封土石室墓为主,葬具为石板拼成的长方形石棺,葬式为屈肢葬。⑤ 1987年又进行了第三次发掘,清理了墓地中的1处殉马坑和1座坛城形墓,出土有木器、陶器、麦穗、核桃壳、生石灰块、人骨和大量殉葬马骨等。⑥ 列山墓地的发掘揭示了西藏境内典型吐蕃墓葬较为完备的墓葬特征和丧葬习俗。巴桑旺堆结合列

---

① Bruno Baumann, *Der Silberpalast des Garuda: Die Entdeckung Von Tibets Letztem Geheimnis* (München: Malik-Verlag, 2009).
② 王毅:《藏王墓——西藏文物见闻记(六)》,《文物》1961年第5-6期。
③ 霍巍:《西藏古代墓葬制度史》,四川人民出版社,1995年,第132-160页。
④ 王仁湘等:《西藏琼结吐蕃王陵的勘测与研究》,《考古学报》2002年第4期。
⑤ 索朗旺堆、侯石柱:《西藏朗县列山墓地的调查和试掘》,《文物》1985年第9期。
⑥ 西藏文管会文物普查队:《西藏朗县列山墓地殉马坑与坛城形墓试掘简报》,《西藏考古》1994年第1辑。

山墓地位置及大量藏文史料记载,推测该墓地属于吐蕃钦氏家族墓。① 1993年中国社会科学院考古研究所西藏工作队和西藏文管会试掘了4座小型墓葬,清理出了较为完整的墓室结构、碑亭和房址,出土了带有古藏文字母的木构件和1枚古藏文骨质印章。②

1984年,西藏文管会普查队在乃东县发现了普努沟墓地,并进行了调查和试掘。墓地共计323座,均为带石砌边框的封土石室墓。对其中的6座进行了清理,可见有单棺和双棺,人骨为屈肢葬式,有的遗留有火化痕迹,随葬品有陶器、铜器、铁器、漆器、磨制石器、竹简、绿松石等,是西藏境内首次发掘出土的吐蕃时期遗物,为吐蕃考古提供了具有断代意义的参照物。③

1985年西藏文管会文物普查队在扎囊县发现了斯孔村墓地,清理了1座小型封土墓。梯形封土堆内部有网状石墙,墓室为竖穴洞室墓,由墓道、墓穴、墓室和耳室四部分组成。墓室为方形,四面攒尖顶形制,发现散乱的人骨、陶器、荞麦和青稞等遗物。④

1987年,考古工作者对安多、比如、索县、那曲四县的石棺葬进行了调查和试掘。⑤ 在安多县发现了芒森、东巧两处墓地,芒森墓地共计67座封土墓,东巧区发现1座封土墓,出土有铁器、铜器、陶器、漆器残片等;比如发现蓬盼、孟才、白嘎三处墓地,其中白嘎墓地有5座封土框墓,出土有铜镞、铜刀、人骨等;索县天葬台发现2座石棺葬,为竖穴土坑石棺葬具,出土陶器、绿松石、殉葬马匹(附带马鞍马具)等;那曲县发现了如宁石棺葬。这批墓葬从地面封土、墓葬形制和出土器物来看,应属同一时期墓葬,虽然以"石棺葬"命名,但显然属于吐蕃时期的封土石室墓。由于分布在吐蕃墓葬发现较少的藏北地区,研究价值较为重要,这一区域与藏文文献记载的"苏毗"政权的范围较为接近。

1989年,西藏文管会文物普查队在墨竹工卡县同给白山墓地清理5座墓葬,为带圆形封土的长方形竖穴石砌墓,墓室由墓道、主室、后室和耳室四部分组成,是较为少见的吐蕃时期多室墓结构。出土有散乱的人骨,由于被盗严重,随葬品无存。⑥

1990年,西藏文管会文物普查队在仁布县发现了让君村墓地,随即对其中5座破坏严重的墓葬进行了抢救性清理。这几座墓葬均属较低层的平民墓葬,均为竖穴土坑墓,葬具为石棺,墓主人为侧身屈肢葬式,出土有陶器、铁器、铜器等随葬品。⑦ 同年,又在萨迦县夏布曲流域发现1358座吐蕃墓葬,试掘清理了其中16座。其中吉龙堆墓地清理2座长方形竖穴墓葬,出土2件陶钵;给白山墓地清理5座,封土有梯形和塔形,墓葬形制有竖穴方形、长方形,以及方形穹隆顶墓室结构,出土有面质石龟;典据墓地清理了3座,均为

---

① 巴桑旺堆:《试解列山古墓葬群历史之谜》,《西藏研究》2006年第3期。
② 中国社会科学院考古研究所西藏队、西藏自治区文物管理委员会:《西藏朗县列山墓地的调查与发掘》,《考古》2016年第11期。
③ 西藏文管会文物普查队:《西藏乃东普努沟古墓群清理简报》,《文物》1985年第9期。
④ 何周德:《西藏扎囊斯孔村墓葬群的调查与试掘》,《考古与文物》1995年第2期。
⑤ 西藏文物管理委员会文物普查队:《藏北石棺葬调查试掘简报》,《考古与文物》1990年第1期。
⑥ 西藏文管会文物普查队:《西藏墨竹工卡县同给村墓群的调查与试掘》,《南方民族考古》1991年第4辑。
⑦ 西藏文管会文物普查队:《西藏仁布县让君村古墓群试掘简报》,《南方民族考古》1991年第4辑。

无封土的长方形竖穴石棺葬,个别有头厢,葬式为仰身屈肢葬,随葬有陶钵;给屋热琼墓地清理了3座,墓葬形制为长方形竖穴土坑墓和圆形竖穴土坑墓,均未发现遗物;宁山墓地、九巴当山墓地、给屋热钦墓地和祖姆山墓地仅做了调查和记录工作。①

这一时期,考古学者在亚东县的帕里镇发现6处共计85座吐蕃时期的封土石室墓,有3条祭祀坑,墓区内发现有环绕墓葬的石圈和白土圈,以及房屋基址;白朗县境内发现古墓葬10处180余座,经过试掘发现有不同的墓葬形制;更本油拉墓地发掘1座无封土的竖穴土坑墓,侧身屈肢葬式;滔溪墓群有大型墓葬21座、小型墓葬76座、长方形祭祀坑1条,试掘的4座小型墓均为长方形竖穴土坑石棺墓,侧身屈肢葬式,出土有双耳铜罐;土隆卜墓地清理出1座封土墓,出土有木炭灰及烧过的人骨,估计为火葬墓;②昂仁县发现古墓群12处,在布马墓地清理了2座中型带圆形封土的石室墓,地表残存类似"茔域"的石砌遗迹,墓内出土有石、骨、陶器等,不见金属器,值得注意的是,墓葬中发现有人殉和人牲迹象,其中一件头骨上留有"环锯头骨"的痕迹,这是西藏境内首次发现的人殉现象。③

在1990年的文物普查中,在拉孜县境内先后发现了多处规模宏大的墓地,总计达千座,尤其以曲玛县查木钦墓地最具代表性。据初步统计,此处墓地共有130多座大中型封土墓葬,一些墓葬前面排列有长条形的殉马坑。墓地附近的山顶上发现有石砌建筑基址,墓地内发现1通古藏文墓碑和1对石狮,这些特征与山南藏王陵、朗县列山墓地十分接近,据推测为吐蕃末代赞普朗达玛家族后裔的坟茔。查邬岗墓群清理墓葬和殉马坑各1座,出土有穿孔石器。在定日县的门追墓群,清理了2座封土石室墓,形制为长方形和椭圆形竖穴石棺墓,出土有人骨和羊骨残块,人骨为屈肢体葬式,随葬品有陶片、玛瑙珠等;唐嘎墓群清理了1座墓葬,也为梯形封土的竖穴石棺墓,出土有1件陶杯。④

1991年西藏文管会文物普查队在曲松、加查两县发现了一批吐蕃墓葬,发现地点包括曲松县下洛乡井嘎墓地、色吾乡墓地,加查县计乡西定村墓地,安饶乡者母村墓地、诺米村墓地、邦达乡邦达墓地等。对邦达墓地的其中1座中型墓葬进行了试掘,封土为梯形,内有网格状石砌体结构,石砌墓室平面为凸字形,出土物有散乱人骨、陶片、铜钉、木屑等。⑤

1993年山南地区文管会清理了扎囊县结色沟墓地的5座墓葬,均为带石砌边框的封土石室墓,其中一座墓中出土陶器10件,包括高足杯、高足壶各1件。

唐代王玄策镌刻的《大唐天竺使出铭》的发现,是这一时期吐蕃考古的重大发现。⑥该石刻位于吉隆县城北面的一处山沟崖壁上,海拔4130米,镌刻年代清楚,题铭内容记载

---

① 西藏文管会文物普查队:《萨迦县夏布曲河流域古民族调查试掘简报》,《南方民族考古》1991年第4辑。

② 索朗旺堆:《西藏考古新发现综述》,《南方民族考古》1991年第4辑。

③ 西藏文管会文物普查队:《西藏昂仁县古墓群的调查与试掘》,《南方民族考古》1991年第4辑。

④ 西藏文管会文物普查队:《西藏拉孜、定日二县古墓群调查清理简报》,《南方民族考古》1991年第4辑;索朗旺堆:《西藏考古新发现综述》,《南方民族考古》1991年第4辑。

⑤ 西藏自治区文管会文物普查队:《西藏雅鲁藏布江中游曲松、加查两县古墓葬的调查与发掘》,《南方民族考古》1993年第5辑。

⑥ 西藏自治区文管会文物普查队:《西藏吉隆县发现唐显庆三年〈大唐天竺使出铭〉》,《考古》1994年第7期。

了王玄策在唐高宗显庆三年(公元658年)自唐蕃古道出使印度的事迹。该石刻首次用实证材料确认了唐蕃古道的具体路线,以及小羊同国的地理方位,是研究唐代早期唐蕃关系以及中外交通史的重要发现。

20世纪90年代对于西藏境内吐蕃时期墓葬的调查和发掘工作收获是极为丰富的,不但大致弄清了西藏吐蕃时期墓葬的分布范围和数量,同时通过清理其中一大批各种规格和形制的代表性墓葬,初步形成了对于吐蕃时期墓葬特征的整体认识。各大墓地具有相对统一的文化面貌,显示出吐蕃统治时期在文化和政治上的统一性。这些墓地选址多以依山临江、视野开阔的河岸坡麓为特点,在分布上大多以大墓为中心向两翼或四周排布,大型墓地建有石砌"茔界"、祭祀场所等,封土有梯形和塔形,封土内有石砌的方框结构或网格状结构,墓穴多为长方形竖穴石室结构,葬式多为屈肢葬,较多殉葬动物,等等。这些特征为我们认识青藏高原其他地区吐蕃时期墓葬的选址、墓葬形制和丧葬习俗提供了非常重要的参照。

(三)古格王朝时期

西藏西部后弘期的考古工作在20世纪80年代之前基本上还是寂寂无闻的。中华人民共和国成立后中国的文物考古工作者第一次对阿里地区进行考古调查是在1979年。早在1957年,去西藏拍摄藏族人民新生活的中央新闻电影制片厂摄影师在当地驻军协助下来到古格故城遗址拍摄,胶片带回北京后剪辑成一部纪录片,文物考古专家看到后无不震惊,遂报请国家文物局、文化部,将故城遗址列入国务院公布的第一批全国重点文物保护单位。1979年6—9月,西藏自治区文物管理委员会与新疆维吾尔自治区文物管理委员会共同组织考察了古格故城,对城址保存的建筑、壁画和出土文物,结合相关文献记载的古格历史进行了介绍。[①] 1981年9月,西藏工业建筑设计院对古格故城进行了测绘,7年后出版了《古格王国建筑遗址》。

1985年6—10月,西藏自治区文管会专门组织考察队对古格遗址进行了大规模、系统的考古调查和发掘。由于西藏本土专业人员的短缺,文物出版社、故宫博物院、陕西省文物考古研究所、四川大学等数家内地单位共同派员参加了此次田野考古工作。这是迄今为止对古格王国故城所作的最全面、最深入的考察,弄清楚了遗址总面积、遗迹数量和分布情况,出土、采集了一大批古格王国时期的遗物。1991年《古格故城》上下卷出版,公布了考察和研究的成果。考察队1985年还对普兰、日土等县进行了调查,发现了日土县日姆栋等3处岩画,这也是西藏岩画调查与研究的开端。[②]

由于这些工作,80年代末90年代初,西藏文化界掀起了一阵"阿里热""古格热"。1986—1987年的第二批援藏队和1990—1992年的第三批援藏队工作都集中在日喀则以东地区,阿里地区的考古工作暂告一段落。但从1992年起到1999年的8年内,阿里地区考古工作进入了蓬勃发展阶段,迄今为止许多重要的成果基本上都是在这8年内取得的,这为以后的工作奠定了坚实的基础。活跃在阿里地区的主要有三方力量、两支队伍,即西

---

① 西藏自治区文物管理委员会:《阿里地区古格王国遗址调查记》,《文物》1981年第11期。
② 张建林:《日土岩画的初步研究》,《文物》1987年第2期;西藏文管会文物普查队:《西藏日土县古代岩画调查简报》,《文物》1987年第2期。

藏文管会分别与陕西省考古研究所和四川大学的考古专业人员合作组建的两支考古队,他们的调查和发掘工作分别集中在札达县的皮央·东嘎石窟群和托林寺。

1992年5—8月,西藏文管会和四川大学考古专业人员组成文物普查队,对阿里等地区进行全面普查工作。普查队第一小组考察了著名的札达县皮央·东嘎石窟群以及象泉河南岸的吉日、岗察、芒扎等石窟地点。[①] 1994—1996年间,调查队又多次调查皮央·东嘎石窟群,[②]对遗址内主要的寺庙建筑、石窟、佛塔等重要遗迹作了调查、编号、测绘和清理性发掘,基本上确定了该遗址的文化性质、分布范围与年代,使皮央·东嘎石窟群成为古格王国境内继古格故城扎不让之后考古资料最为丰富的一处遗存,填补了中国佛教石窟寺艺术在西藏高原的空白。

对西藏后弘期的重要佛教寺院——托林寺的发掘开始于1997年,当时由国家文物局组织"阿里文物抢救保护工程",陕西省考古研究所与西藏文物局的业务人员共同承担全面调查和局部发掘任务。发掘工作持续了三年,1999年结束。出土了数量众多的各类文物,为研究西藏古格王国史、西藏西部佛教发展史和西藏佛教艺术史提供了极为重要的资料。

2005—2007年,为配合萨迦寺的维修工程,西藏文物保护研究所与陕西省考古研究所联合对萨迦寺开展了调查和发掘,清理了萨迦北寺的得确颇章、古绒、乌孜宁玛大殿,南寺羊马城墙及护城河等,对萨迦寺主要建筑的历史沿革、建筑格局和工艺、北寺建筑遗迹内的早期壁画及出土的擦擦等遗物有了较详细的了解。

经多年的文物普查可知,阿里地区文物的分布,与自然环境的客观条件相关性非常高。所调查的各类文物点,包括石器、岩画、墓葬、寺庙、石窟等不同门类,其分布状况大体上沿阿里的几条主要河流如狮泉河、象泉河、噶尔河等流域分布,南部地区比较集中,北部发现的文物点可至日土班公湖一带,而越过北纬34°则多为荒凉的无人区,人畜罕至,很少寻得文物的线索。而象泉河流域又属于整个阿里地区文物最为集中分布的区域。自20世纪80年代以来开展的考古调查和发掘工作,基本上都集中在这一区域,尤其以古格故城和皮央·东嘎洞窟为代表。随着古格王朝时期遗存的考古调查、发掘和藏传佛教艺术史研究工作的推进,阿里地区更早时期的遗迹逐渐浮出水面,吸引了考古学者的注意,开展了一些辅助性发掘和调查。由于这些遗迹分布比较零散,数量也不是很丰富,在时空中的价值还没有充分体现出来,因此学界的重视程度还比较有限,发掘也没有形成规模,但这毕竟为未来的西藏西部考古打开了一扇窗,指引了新的方向。

三、近年来西藏考古工作新进展

(一)旧石器时代

近10年来,西藏旧石器时代考古取得了巨大的进展,不断刷新了青藏高原人类占据

---

① 西藏自治区文物局、四川联合大学考古专业:《西藏阿里东嘎、皮央石窟考古调查简报》,《文物》1997年第9期。

② 西藏自治区文物局、四川联合大学考古专业:《西藏阿里东嘎、皮央石窟考古调查简报》,《文物》1997年第9期。

的最早年代记录,同时对于古人类对青藏高原拓殖和永久占据过程的研究取得了新的认识。

尼阿底遗址是首次在西藏境内发掘的具有地层关系的旧石器时代遗存,位于藏北高原色林错湖岸,海拔4600米,是一处规模宏大的旷野石器遗址。2016—2018年,中国科学院古脊椎动物与古人类研究所和西藏自治区文物保护研究所联合对该遗址进行了发掘,出土了大量石叶技术产品,被认为是古人类为获取石料进行石制品加工的场所。光释光测年为距今4万—3万年,回答了困扰学界半个世纪的关于西藏旧石器时代遗存具体年代的问题。该遗址还出土有似阿舍利石器和勒瓦娄哇技术制品,为研究西藏西部晚更新世人群扩散的通道提供了重要材料。石叶技术与宁夏水洞沟遗址和西伯利亚多个遗址的勒瓦娄哇技术传统较为接近,且时代相当,因此其石叶技术由中国北方传来的可能性较大。

梅龙达普洞穴遗址位于西藏阿里地区革吉县,是青藏高原科学考古迄今为止发掘的首个史前洞穴遗址,也是世界范围内海拔最高的超大型史前洞穴遗址,海拔约4700米。2018—2023年,该遗址由西藏自治区文物保护研究所与中国科学院古脊椎动物与古人类研究所联合进行了发掘,共发现旧石器时代至新石器时代各类遗物万余件,包括石制品、陶片、动物骨骼、青铜器、骨器、铁器等。石制品包括石核、细石核、细石叶、石片和工具等。该遗址由一字排开的3个独立洞穴组成,对一号洞穴洞口上部地层的 ^{14}C 测年表明该遗址保留有距今近4000年的新石器时代人类活动遗存,二号洞穴主文化层不晚于距今4.5万年,甚至可能早至距今8万年,为探讨远古人群在极端高海拔环境中的生存能力与演化,解决人类最早登上高原腹地、早期现代人扩散路线、动植物资源驯化利用等重大科学问题提供了关键性证据。

夏达错遗址位于西藏阿里地区日土县夏达错湖北岸阶地上,海拔4237米。1992年,西藏自治区文管会文物普查队发现了夏达错东北岸、北岸地点。夏达错东北岸地点包含了手斧、薄刃斧和砍砸器等阿舍利工业的典型器物,很可能与南亚次大陆北部混杂有砍砸器传统的阿舍利传统相关,存在早期人类自青藏高原西部拓殖高原的可能性。

邱桑遗址位于拉萨市堆龙德庆区邱桑村雄曲河东岸一处巨大洪积扇上,海拔超过4000米。在河谷的钙化沉积坡上,发现手脚印遗迹共两处:一处为邱桑温泉西南坡地,发现者通过光释光测年,认为手脚印的年代约距今2万年,其他学者分别用铀系法、光释光、^{14}C方法测出的年代分别为距今约8000—7000年和距今1.3万—1.2万年。另一处位于邱桑温泉西侧山脚,研究者对手脚印进行铀系法测年,测得一组手脚印可早至22.6万—16.9万年,将年代提早到了中更新世晚期。然而,一些考古学者认为该年代存在较大问题,真实年代可能要远远晚于这一时间。

在西藏周邻的相关区域,旧石器时代考古也取得了重要的收获,发掘了甘肃甘南夏河县白石崖溶洞遗址、四川稻城皮洛遗址、青海玉树丁都普巴洞穴遗址和称多县塘达遗址等,时代从中更新世晚期到全新世中期(距今19万年到5000年之间)。这些发现将青藏高原最早的史前人类活动的历史大幅推前至距今19万年,证明了古老型智人——丹尼索瓦人曾长期生活在青藏高原东北部,并构建了青藏高原东北部较为连续的史前狩猎采集人群活动年代框架,初步揭示了他们的文化特征、生存策略和迁移模式。从遗存分布和文化特征来看,一方面,西藏腹心地带的新发现进一步强化了青藏高原旧石器文化与华北地区的关联性;另一方面,高原东部出现的阿舍利技术体系遗存也提示我们关注并阐释远古人群登上高原的东部路线,以及这些地区与南亚次大陆之间的联系。西藏西部出现的莫斯特石器工业传统,也暗示着高原早期占领者有自西向东扩张的可能。但从新石器时代以及更晚近的青藏高原人群基因构成来看,从东北方向登上高原的早期人群,以及来自华北地区的文化影响仍然是其中的主流。自西藏西部地区输入的更多的是文化因素,而非南亚次大陆人群的直接迁入。从整个青藏高原人类发展历程看,来自南亚次大陆的人群基因贡献是极其微弱的,关联性最强的是中国北方主体人群和中国西南地区的古代民族。这一历史趋势实际上可以逆推至旧石器时代,因为如果来自南亚次大陆的旧石器时代人群在高原上形成规模化、季节性的生存模式,必定会在后世高原人群的基因构成中观察到,除非这些人群因某种原因与高原人群的祖先形成基因隔离,完全灭绝或原封不动撤回到周边低海拔区域,而这对于古代文化多元复杂且具有连续发展特性的青藏高原来讲,发生概率是比较低的。退一步讲,如果有南亚次大陆旧石器时代人群从西部通道大量迁入高原,其背后的动力机制会是什么? 如果考虑到南亚次大陆相对于早期人类所具有的极丰富的自然资源和相对稳定的生存环境,这一迁徙方向似乎是很难理解的。

(二) 新石器时代

全新世的青藏高原高海拔地区是细石叶细石器的聚集地,这一技术产品最初主要分布在东亚和东北亚等地区。应该是在距今 15000 年前后,细石叶技术自华北南部向高原地区扩散,经青藏高原东北缘青海湖沿岸、昆仑山口和青南高原,在距今 11000—10000 年进入高原腹地。青藏高原北部边缘发现大量细石器时代遗存,包括 151 号遗址、江西沟 2 遗址、铜线遗址、拉乙亥遗址、安达其哈、西大滩、野牛沟、下大武、参雄嘎硕等遗址,出土较多石制品、大量野生动物骨骼、用火遗迹、炭化植物食物等,个别遗址出现陶片,年代为距今 13000—6000 年,海拔分布在 2500—4560 米之间,石制品技术特征与华北地区、黄河上游低地区域的"阳原技术""拉乙亥技术"存在密切关联。这些遗存均为更新世晚期小型猎食群体的临时性营地。

西藏境内细石器遗存分布范围更广,基本上遍布全区各地,延续时间长,时代在距今 11000—3000 年。虽然新发现的细石叶技术地点很多,藏北目前共有 40 个地点见诸报道,但多为地表采集,仅有少部分遗址进行了绝对年代测定。尼阿底遗址第 3 地点出土石制品 1100 多件,以典型的细石叶技术产品为主要特征,年代为距今 1100—1000 年,是目前在青藏高原腹地发现最早的细石叶技术遗址。色林错 LD 地点发现大量细石器技术石制品、少量粗砂陶及动物遗存,活动年代跨度为距今 6800—400 年,是藏北高原腹地第一个有明确地层信息、连续的中全新世以来的人类旷野活动点。

藏西发现的地点包括仲巴县城北细石器地点、噶尔县丁仲胡珠孜细石器地点、札达县日乌孜细石器地点和布让曲拉细石器地点、若热沟与麦多得布地点、日土县下曲垄遗址等,多数属于地表采集,无地层关系和具体测年。藏南日喀则聂拉木县喜马拉雅山脉北坡山麓发现的亚里地点,根据附近灰坑内采集的灰烬样本测年,推测该遗址的年代应该早于距今 3800 年。雅鲁藏布江中游拉萨河附近和川西—藏东区,细石器与陶片伴生较多,其年代多在距今 5500—3500 年,包括卡若遗址、昌果沟遗址、小恩达遗址等,已进入典型的新石器时代。

由这些发现可以看到细石叶技术人群从华北南部逐步扩散到整个青藏高原的过程。

至距今5500年,青藏高原出现陶器、农业和定居等文化因素,细石叶技术人群范围也逐渐缩小到藏南、藏东的山间峡谷或盆地。分子生物学的研究表明,细石叶技术人群的规模化进入时间,与全新世早期人群的大规模进入时间一致。细石叶技术群体在迁徙到高原后并没有消失或被完全取代,而是在高原上继续生存演化,他们可能形成了高原上现代藏族祖先的主体。

近年来西藏境内的新石器时代考古发现取得了突破性进展,其中重要的工作包括玛不错遗址、夏达错遗址、邦嘎遗址等的发掘。

玛不错遗址(海拔4410米)是一处距今约4000年的史前聚落遗址,位于西藏自治区日喀则市康马县玛不错的湖滨滩地上。2020—2021年,中国科学院青藏高原研究所、西藏自治区文物保护研究所等联合对该遗址开展了考古工作。遗址内发现火塘、墓葬等遗迹,墓葬形制有石棺墓、竖穴土坑墓,葬式主要有俯身抬头直肢葬、二次捡骨葬、疑似的"乱葬"三种类型,根据形制大致可以分为三期。陶器装饰纹样以刻划纹为主,还有戳点纹、压印纹、抹划纹等,出土石器、陶器、骨器、蚌饰品、滑石珠、玉管珠等遗物。玛不错遗址代表了一种新的考古学文化类型,是一种以渔猎生业为支撑、实现对高海拔地区永久定居的文化模式,对建立西藏史前考古学文化的序列、探索人类适应高寒缺氧的极端环境过程及策略等问题具有重大意义。陶器的技术风格与横断山区同期遗存类似,但其建立联系的途径尚不清楚。该遗存在西藏史前考古学文化中的时空位置还有待更深入的探讨。

2020—2023年,四川大学考古文博学院联合西藏自治区文物保护研究所对夏达错遗址进行了正式考古发掘。根据AMS测年结果,遗址年代为距今8900—8500年,是该地区文化内涵最复杂、保存堆积最完整的全新世时期狩猎采集旷野遗址,也是阿里地区首次确认的具有原始堆积的湖泊狩猎采集者遗址。该遗址延续时间较长,出土了包括1处方形居址在内的丰富遗迹、石制品和动物骨骼遗存,推测该遗址可能存在窝棚一类的建筑遗存。石制品包含有石片石器、细石器和磨制石器三种技术类型,特别是6件磨制穿孔石针,不仅是青藏高原年代最早的磨制石器,也是目前世界上已知年代最早的石针,为探索青藏高原西部全新世早期的人类活动提供了重要的考古证据。

邦嘎遗址位于山南琼结县邦嘎村,被认为是曲贡文化的代表性遗址之一,年代为距今3000—2200年。继1985、2000、2001年发掘之后,2015—2018年由西藏文物保护研究所和四川大学考古系等联合进行了新一轮发掘,揭露出房址、石构建筑、灰坑等遗迹,出土有陶器、磨制石器等器物,大麦、小麦等植物遗存,以及绵羊、山羊、牦牛、黄牛等动物骨骼。此次发掘提供了关于该遗址的文化属性、生计模式等问题的重要资料,显示出邦嘎遗址的文化面貌与曲贡文化存在较大的差别,而与曲贡晚期的石室墓遗存较为接近,其主体堆积年代应属曲贡晚期遗存之后,为距今3000—2200年。[1] 遗址出土的牛骨证明为家养黄牛和家养牦牛,黄牛与石峁遗址出土的古代黄牛、现代青藏高原黄牛基因具有极高相似性,推测史前时期青藏高原的黄牛极有可能由我国西北直接传入。[2] 值得注意的是,基本上同一时期的青海诺木洪文化遗址中也出土有家养牦牛骨骼,这些新发现为解决牦牛的起

---

[1] 西藏自治区文物保护研究所等:《西藏琼结县邦嘎遗址2015年的发掘》,《考古》2020年第1期。

[2] Ningbo Chen *et al.*, "Evidence for Early Domestic Yak, Taurine Cattle, and Their Hybrids on the Tibetan Plateau," *Science Advances* 9, (2023) 13 (December 2023).

源与传播问题提供了第一手材料。

拉颇遗址位于林芝市波密县倾多镇巴康村,是一处新石器时代晚期遗址。2011年10月,西藏自治区文物保护研究所对该遗址进行了试掘,测年显示其年代为距今约4700年。2021年,国家文物局考古研究中心、西藏文物保护研究所等单位联合开展了对拉颇遗址抢救性发掘工作,发现有墓葬、灰坑、疑似房址、柱洞等遗迹,出土有陶器、石器、骨器等遗物。石器以打制石器为主,磨制石器数量较少。打制石器多为以石叶为代表的细石器。磨制石器有双孔石刀、石凿、石斧、石纺轮等。陶器均为平底器,主要为陶钵和陶罐,陶系以夹砂陶为主,有黑灰陶、灰陶、红褐陶,器表多经磨光。器表纹饰有绳纹、弦纹、斜线方格纹、附加堆纹、附加泥条等,骨器可辨识者主要为骨锥和骨针。该遗址地理位置较为重要,为认识藏南地区的史前考古学文化面貌提供了重要参照。

最近几年来,新石器时代人群拓殖高原的过程成为学界关注的焦点之一。根据青藏高原的考古调查、研究和测年结果,学界形成了一系列初步的认识:在距今15000年前后,掌握细石叶工艺的人群涉足青藏高原东北部的青海湖盆区域。大体在距今9000年前后,原先游弋于海拔3000米左右的狩猎采集人群已进入高原腹地海拔4000米的区域。在距今5200年前后,黄土高原发展起来的粟作农业人群扩散至青藏高原东北部2500米以下的河谷地区开始定居;距今3600年前后,麦作农业的发展促使史前人类大规模定居至海拔3000米以上的区域。气候变化被认为是促使史前人类向高原扩散的重要因素。这一阐释体系对于青藏高原大部分地区的考古发现来说是站得住脚的,但对于局部地区的考古发现,例如昌都卡若遗址的定居粟作农业、玛不错遗址的渔猎定居模式、藏西的南亚次大陆文化因素等,都是无法协调融通的。而这一模式强调了青藏高原的主体人群,也就是藏族的祖先来自华北地区,则是得到了考古资料、基因证据和语言研究的多重支持,而且其年代也是彼此吻合的。

近年来的基因研究结果表明,藏缅语系人群与亚洲蒙古人种有着较早的共同祖先,现代藏族人群来源于距今6000年左右的中国黄河中上游的仰韶文化和马家窑文化粟作农业人群。在距今2800年前后,以黄河上游的宗日遗址为中心,向尼泊尔等高海拔地区辐射和扩散。当然当代西藏人群还接收了来自其他母系的遗传成分,这些成分可能与更早以前已经存在于青藏高原高海拔区域的人群有关。

现代语言学的研究也表明,汉藏两种语言同属汉藏语系,二者间存在亲缘关系,都是由原始汉藏语发展而来的。汉藏语系发源于中国北方地区,大约6000年前,这一语言共同体分化出单个群体,逐渐产生了方言,并最终发展成为单独的语言,从而形成汉藏语系中的各种语言。

(三) 早期金属器时代

西藏的早期金属器时代大致指公元前1500年到吐蕃时期之前。这一时期以牛羊为主的畜牧业、以青稞为主的高原农业和铜冶金手工业逐渐在青藏高原出现和流行,成为促进青藏高原大部分地区被永久占据的决定性因素。在青藏高原的北部,青铜时代出现了齐家、卡约、辛店和诺木洪文化的遗存,在海拔3000米以上的柴达木盆地,诺木洪文化遗址星罗棋布,近年来青海省文物考古研究所与西北大学合作开展了夏尔雅玛可布遗址的发掘,增进了对高原北部边缘区域青铜时代文化的认识。在青藏高原东部,石棺葬遗存继续有所发现,尤其是安多、那曲和班戈的石棺葬,将以川滇西北和横断山区为分布核心的此类型墓葬,大大地向高原的腹心地带延伸。在卫藏地区,曲贡文化晚期已经进入早期金属器时代,在堆龙德庆的曲贡文化遗址中发现了早期冶金遗存,[1]显示在距今3000年前,西藏腹心地带已经发展出自己的冶金业。对于卫藏地区早期金属器时代,考古发掘还较为薄弱,乃东县结桑墓地的发掘发现了早于西藏西部地区的洞室墓,为我们揭开了该地区早期金属器时代文化的冰山一角。[2]

自2012年以来,西藏的考古工作将西部地区的早期金属器时代这一时段作为发掘和研究的重点。尤其在2018年之后,西藏自治区文物局组织的联合考古取得了丰硕的成果,对于西藏西部地区乃至整个西藏的早期金属器时代的认识取得了突破性进展。

2012—2018年,中国社会科学院考古研究所与西藏自治区文物保护研究所合作,相继启动了对西藏阿里地区象泉河上游地区故如甲木墓地、卡尔东城址和曲踏墓地的考古发掘工作,取得了丰硕的成果。故如甲木墓地位于噶尔县象泉河上游北岸一级台地上,海拔4300米。共发现和清理了11座大小不等的墓葬,年代为距今1800—1700年,相当于中原的东汉魏晋时期,这一时期与文献记载的西藏西部象雄王国接近。墓葬皆为竖穴土坑石室墓,多为二次葬,墓葬内出土有丝织物、黄金面具、金属用具和兵器、石器、骨器、木器、草编器、陶器、料珠等,以及大量人和动物骨骸。故如甲木墓地很有可能是一处象雄部族贵族墓地。墓地中发现的经新疆南部输入的中原地区物品,包括"王侯"文织锦、漆器和茶叶等,显示出丝绸之路的巨大影响力。"青藏高原丝绸之路"的开通和各类外来物品的输入,对西藏西部的社会发展起到了巨大的推进作用。

曲踏墓地位于阿里地区札达县象泉河上游南岸,共分为三个区:Ⅰ区清理小型洞室墓4座、方形石砌墓9座、瓮棺葬5座,出土遗物较为丰富,包括陶器、铁器、木器残片、织物残片、骨质纽扣、贝饰、婴幼儿骨殖、羊骨、植物种子、红玉髓珠、蚀花玛瑙珠、玻璃珠、铜饰珠等,属婴幼儿墓地,年代为公元前3—前1世纪。Ⅱ区墓地发掘了6座较大型竖穴洞室墓,有单室墓和双室墓两种类型,墓室内有长方形箱式木棺、成组的陶器以及大量马、羊等动物骨骸。木棺内有墓主人骨骸及大量随葬用品,包括彩绘陶器、金属器、木器、纺织工具、草编器物以及大量珠饰等。

卡尔东城址位于噶尔县门士乡故如甲木寺东1.5公里处的卡尔东山顶上,海拔4300米,是迄今为止阿里地区发现的面积最大、时代最早、年代跨度最大的古城址。城址周缘有石砌围墙,地表分布大量石砌房基,地面采集到大量文化遗物,包括陶片、磨制石器、金属器残片、珠饰、骨器等,另有大量动物骨头。该城址是集居住和军事防御于一体的大型城址,年代为公元2—8世纪,很可能是象雄国的都城"琼隆银城"。

2018年以来,西藏自治区文物保护研究所、四川大学考古系、陕西省考古研究院等单位,分别在象泉河上游地区的札达县发掘了格布赛鲁墓地、皮央东嘎遗址与墓群(格林塘、萨松塘)、桑达隆果墓地、萨扎墓地,以及普兰县的宗朵墓地、日土的日冬墓地以及改则的

---

[1] 李映福、哈比布:《西藏堆龙得庆县嘎冲村遗址冶炼遗物的发现与初步研究》,《藏学学刊》2014年第1辑。

[2] 《西藏山南考古发掘墓葬40座 其洞室墓为目前西藏已知最早》,中新社拉萨4月2日电(记者赵朗),http://kaogu.cssn.cn/zwb/xsdt/xsdt_3347/xsdt_3348/202304/t20230403_5617711.shtml。

门土墓地。这些墓地之间空间距离不算太遥远，文化面貌与故如甲木墓地和曲踏墓地非常接近，反映了西藏西部地区自公元前3世纪至公元3—4世纪之间的考古学文化面貌。在札达县邻近的北印度加瓦地区、库蒙地区和尼泊尔穆斯塘地区，也流行与象泉河上游谷地类似的墓葬形制、随葬器物和丧葬习俗，可见在西喜马拉雅地区，早期金属器时代文化有着较为统一的表现，且在相当长的时段内保持着稳定的传统，应该属于同一个文化系统，其分布区域和年代大致与文献记载中的象雄国对应。

近年来，在以往工作的基础之上，四川大学又新发现了7处史前墓地。这些墓葬从史前时代一直延续到历史时期，形成了一个完整的序列。这些考古发现说明西藏西部连绵不绝地有人类活动留下来的文化遗存，这让西藏西部的考古工作进入一个新的局面。

如果说故如甲木墓地、曲踏墓地及其他同时期墓地代表了西藏西部在早期金属器时代发展全盛时期的考古学文化，则格布赛鲁墓地可以解释这一时代是如何开始的。格布赛鲁墓地位于札达县县城以北约10公里处的桑达沟内，是阿里地区迄今发现的年代最早的墓地。其中最早的第一期年代为距今3600—3000年，以石室墓为主，共8座，葬式主要为仰身直肢葬，随葬小型圜底彩绘陶罐、珠饰、铜饰、细石器、磨制石器等；铜器有工具和装饰品两类，包括铜刀、铜针和铜镞等。经检测，有红铜、青铜、砷铜3种材质，砷铜数量最多，成型技术以锻打为主、铸造为辅。这批砷铜器的铅同位素比值与这一时期较为流行砷铜器的河西走廊西部并不吻合，暗示其应该有其他的来源地，邻近西藏西部的北印度库蒙喜马拉雅地区是最有可能的产地（这个区域盛产铜铁矿，而且也是恒河上游地区有砷铜的"红铜窖藏文化"的分布区）。在格布赛鲁墓地和皮央东嘎墓群、格林塘墓群均发现了早期铁器，其年代为公元前8—前5世纪，应该是迄今为止西藏境内发现的最早的铁器，从器物造型和分布区域来看，很可能也与库蒙地区的铁矿和冶炼遗址密切相关。

虽然西藏西部地区的文化面貌显示出多元性和复杂性特征，但在人群构成上，该区域的古代人群长期保持着较为单纯的结构。从DNA研究来看，古代西藏西部人群主要是来自东亚和北亚的古代蒙古人种，与当今藏族和西南地区的一些少数民族较为接近，并且自公元前5世纪以来，西藏西部种群一直保持着遗传连续性。虽然在公元1世纪，南亚印度河流域人群对西藏西部人群产生了影响，但这种影响非常有限，而且并非如同物品流通一样跨越喜马拉雅山脉河谷地带直接实现的，而是辗转通过中亚地区产生的融合。事实上，在当今藏族群体各类型线粒体库中也没有发现高频率南亚地区线粒体类型。这表明喜马拉雅山在高原人群迁徙中起到了极强的遗传阻隔作用。

（四）吐蕃时期

由于各种原因，西藏吐蕃时期墓葬的发掘一直处于停滞状态。自2020、2021年起，西藏自治区文物保护研究所、浙江省文物考古研究所联合启动了当雄吐蕃墓地的考古发掘工作。该墓地位于拉萨市当雄县当曲卡镇当曲居委会，海拔4300米。共清理了36座封土墓，墓葬基本都由地上封土、封土下石墙和墓室建筑组成。墓葬中出土有金银器、陶器、铜器、铁器残件、漆器残片、贝类制品、擦擦、织物、石质黑白围棋子，以及各类宝石和半宝石等。其中金银器、漆器、织物和围棋子，都反映了吐蕃与唐朝之间的文化交流情况。

温江多遗址位于拉萨市以南约30公里的曲水县，是吐蕃时期重要的政治和佛教中心之一。2021年陕西省考古研究院与西藏自治区文物保护研究所等合作，对该遗址进行了发掘,清理出了塔基、龟趺碑、石刻佛龛构件、绿釉建筑构件、陶器、金属器等,揭示了吐蕃至宋元时期建筑、生活和宗教遗存的重要特点,尤其是展示了唐朝佛教建筑的技术和艺术对于吐蕃地区的影响。

在山南浪卡子的查加沟和多却乡,山南地区文物局2000年清理了2座出土有金饰件的墓葬。查加沟墓葬因洪水冲毁,地表不见明显的封土堆,但保留有砾石围砌的梯形边框,这一特征证明其为吐蕃时期的墓葬。墓葬内出土有黄金制品、铜饰、石串珠、贝饰、铁质兵器、陶器、丝织物等108件(片)。多却乡墓葬残存木质葬具,墓主人葬式为仰身直肢葬,额部有圆形黄金饰物,面部罩薄金片,颈部围绕有黄金、珊瑚、玻璃器装饰的项饰,头部有束发的金管,腰部系挂青铜短剑。当时发掘者认为其年代为距今2000年前后。

该区域新发现的那龙墓地位于浪卡子县洞加村那龙山坡的冲积扇上,海拔4700米。2021年山南市文物局对墓葬进行了抢救性清理。墓葬为长方形竖穴土坑墓,以木棺作为葬具,棺顶垒石片封顶。木棺可分为东、西两部分,分别放置墓主和随葬品。随葬品有纺织物、铜器、木器、铁器、料珠等遗物。^{14}C测年结果为公元6—7世纪,是典型的吐蕃时期墓葬。墓葬内出土的一件完整的冠饰,与该墓地早年出土的圆形金饰、弓状金耳坠、盘羊金饰、金戒指等遗物,为研究吐蕃金银器提供了宝贵的实物资料。这实际上也证明此前浪卡子县发现的几座出土金饰的墓葬年代应为吐蕃时期。

昌果吉墓地位于边坝县边坝镇登卡村,2021年8月西藏自治区文物保护研究所对该墓地进行了考古发掘,共清理石棺墓14座、殉马坑1座、灰坑1个。出土陶器、铜器、铁器、木器、石器、珠饰、绿松石片等各类标本40余件。测年数据表明,除一座墓葬的年代为汉晋时期外,其他墓葬年代均为唐代。从墓葬形制和出土器物可以观察到来自四川岷江上游的文化的影响,这条距今约2000年前后的古道,让各民族间的交往交流交融日益深入并加强,将沿途各族民众的命运紧紧地联系起来。

西藏境内吐蕃时期的考古发现地点,均位于唐蕃古道的沿线,因此其文化面貌展现出与青海地区、唐朝境内、中亚和西亚地区不同程度的关联性。吐蕃的墓葬形制和大部分出土遗物,基本上具备吐蕃本土的文化特征,但一些长距离输入的奢侈物品,如丝绸、漆器、金银器、各类宝石和半宝石等,则是吐蕃时期唐蕃古道上文化交往、交流和交融的体现,也是中华民族多元一体格局的重要实证。

2012—2013年,四川大学中国藏学研究所、四川大学考古系、西藏自治区文物保护研究所、山南地区文物局联合组队,在藏王陵开展了地面勘测、石刻测绘、钻探、试掘等工作,首次确认一号陵存在吐蕃时期的陵垣,为研究藏王陵陵墓制度及其与唐陵制度的关系提供了重要的线索。发现了吐蕃帝国崩溃后西藏地方政权曾在藏王陵陵区进行一系列修缮和祭祀活动,显示出藏王陵作为一处"圣域"在西藏历史中的特殊地位。特别是第三期石墙及建筑基址的存在表明,大致在甘丹颇章政权时期,对吐蕃王陵有过修缮活动。[①]

近些年来,考古学者在西藏东部地区也开展了很多佛教考古调查,其中最重要的收获是发现了在"西藏芒康—青海玉树—四川石渠—甘肃扁都口"一线上,以益西央高僧为代

---

① 四川大学中国藏学研究所等:《西藏琼结县藏王陵1号陵陵垣的试掘》,《考古》2016年第9期。

表的工匠集团镌刻的大量吐蕃时期摩崖造像。这些摩崖造像的年代集中在9世纪初年，也就是吐蕃最强盛的时期。造像的团队中既有藏族的高僧、祖师、工匠，同时又有汉族的工匠。他们使用了藏语、汉语和梵文三种文字来刻写《心经》。这些重要的考古材料，反映出多民族融合、多文化交汇、相互借鉴的历史面貌。外来的波罗艺术风格被吐蕃上层统治阶级吸纳，形成自身的独特风格，实现了本土化。[①]

四、未来西藏考古工作的展望

过去的一个世纪，西藏考古工作取得了丰硕的成果，足以初步构建起西藏史前至吐蕃时期的考古学文化框架体系，多学科交叉研究也在西藏得到实践和普及，并向纵深发展；同时，在学科队伍上，培养了一批藏族文物考古专门人才，形成了较为全面的藏族考古团队；在工作模式上，汉藏学者紧密团结、分工合作、携手共进，克服了诸多困难，逐步达成了成熟而稳定的协作模式。

考虑到西藏近年来取得的考古成果、研究现状和现实需求，未来西藏地区的考古工作，可以立足于现有考古资源和站点基地，依托当前考古援藏合作模式和数量有限的高原考古团队，重点探索对于完善西藏考古时空框架体系有重大价值的目标区域，侧重弥补古代中原与西藏边疆关系中的关键缺环，进一步复原"青藏高原丝绸之路"路网系统和文化交流状况，探究汉藏关系发展脉络以及高原多民族融入多元一体中华文明的进程。同时需拓宽视野，关注南亚北部的关联区域，内外兼顾、多点并举地展开发掘和研究工作。

1. 新石器时代在时空体系上的空缺较为严重，需要在不同区域开展更多、更细致的工作

目前随着考古新发现的不断涌现，虽然已逐步建立和完善西藏史前考古学文化框架体系，但空白区域仍然较多，例如卡若文化出现之前的新石器时代文化面貌，卡若文化与宗日文化、曲贡文化之间的缺环，最新发掘的康马县玛不错遗址和阿里格布赛鲁遗址所处的时空背景，藏东和藏南地区以林芝和墨脱为中心的区域考古学文化的类型等。此外还有一些青藏高原重大的史前研究课题亟待解决，例如青稞和牦牛的起源与传播路线、西藏早期冶金的起源、史前西藏地区在东亚和南亚之间的互动交流网络中的地位和作用等，这些问题的解决都需要在目前较为薄弱的区域进一步加强发掘和研究工作。

2. 适时开展无人区的考古调查和研究工作

可可西里地区、三江源以及藏北羌塘高原地区，都是高海拔的无人区，以前因条件极其艰苦、资金和人力短缺，考古工作存在巨大的空白。但这些区域是厘清西藏边境区域与中原和西南内地关系的重要环节，是汉藏人群实现在高原上永久定居的重要通道。高原旧石器和细石器的拓展过程、来自中原北方和黄河上游地区的人群和文化因素迁徙和输入的路线，都与该区域密切相关，可以说，如果说藏南地区是藏文化形成的"果"，则这些区域就是它的"因"之所在。当前时机已经成熟，应该对该区域开展广泛和深入的考古工作。

---

① 霍巍：《青藏高原东麓吐蕃时期摩崖造像的发现与研究》，《考古学报》2011年第3期。

3. 强化阿里地区和藏南地区的考古发掘与研究工作

阿里地区和藏南地区毗邻中印边境,具有高度的政治军事敏感性,也是国际学术界关注度极高的区域。两个地区地域广阔,文化遗产资源内涵丰富,足以实证自古以来就与西藏腹心地带以及中原北方地区存在密不可分的关系。外国学者在周邻地区,如北印度和东北印度的喜马拉雅山地、尼泊尔穆斯塘地区等,开展的考古工作已相当系统,而我方的工作则起步较晚,相对滞后,理应通过大规模的考古学发掘以及考古资料的价值阐释,在国际竞争和交流中展现新时期中国考古学派的实力和影响,同时也以实际行动向国际社会展示我国高度重视西藏文化遗产的发掘和保护的客观事实。

4. 启动南亚毗邻地区的考古发掘与研究工作

中国考古学者应在加强西藏边境地区考古研究的同时,适时开展南亚地区的考古研究工作,以客观、科学的考古工作,增进对于印度、巴基斯坦和尼泊尔等中国西藏毗邻国家和地区的古老文明的认识。一方面可以探讨古印度河文明的发展轨迹及其与古代中华文明的区别与联系,进行跨文明的比较研究;另一方面可以深入考察这些区域的古代人群和文化与青藏高原腹心地区、中国西南地区的联系和交流状况,从考古学的视角来观察和理解这些区域与西藏地区的不可分割性。

史前暴力研究新进展

张　炼（中国社会科学院大学历史学院）

自 20 世纪 80、90 年代起，考古科学与各类遗存分析技术得到快速发展，"后过程"范式下对于考古材料的"情境化"（contextualize）解读也在新的学科内外背景下被高度重视，对于特定社会现象更为深入的阐释成为可能。[①] 这种情境化趋势既包括对特定研究对象（如单个遗址、特定遗迹遗物等）的综合分析，也涉及研究主题的社会情境化，即从基础的考古材料上升到关于具体社会行为、情景的研究，如法律、宗教、酒及饮食、手工业、风俗礼仪等主题，"几乎一切都能与考古学建立联系"。[②] 后者的发展与考古学"透物见人"的目标直接相关，也与近年来强化考古学和相关人文社会科学联系的要求相呼应。[③] 考古学能够从其他学科的既有研究中汲取营养，来自物质材料的独特见解又会给这些人类社会中备受瞩目的主题带来新的价值。

"暴力"作为"二战"后哲学、心理学、社会学等学科共同关注的对象，因其控制性、破坏性、象征性、表演性、反抗性等成为人类社会与政治生活中的重要内容。在此背景之下，它同样获得了考古学界的关注，成为《美洲古物》（American Antiquity）所提出当代考古学所应克服的 25 项重大挑战之一。[④] 有趣的是，尽管暴力与战争始终与人类社会相伴，但对史前暴力的关注却经历了反复的过程，它直到 20 世纪末才最终成为史前考古学界的一个重要主题。史前暴力为何、如何进入考古学家的视野？史前暴力研究关注的具体问题

[①] 伊安·霍德：《后过程考古学的发展历程》，《南方文物》2020 年第 3 期，第 259－264+251－252 页。

[②] Bentley, R.A. and Maschner, H.D.G., "Introduction: On Archaeological Theories," in *Handbook of Archaeological Theories*, eds. Bentley, R.A., Maschner, H.D.G., and Chippindale, C. (Lanham: AltaMira, 2008), 1.

[③] Michael Shanks and Christopher Tilley, *Re-Constructing Archaeology: Theory and Practice* (London: Routledge, 1992).

[④] Kintigh, K.W., Altschul, J.H., Beaudry, M.C., Drennan, R.D., Kinzig, A., Kohler, T.A., ... Zeder, M.A., "Grand Challenges for Archaeology," *American Antiquity* 79.1 (2014): 5-24; 中译可参见基斯·W. 金泰格等：《考古学的重大挑战》，《北方民族考古》第 16 辑, 科学出版社, 2024 年, 第 387－416 页。

是什么？考古学家如何辨认、解释史前暴力？基于近年来数以百计的相关研究成果，本文试图在中文学术界为这些问题提供简要的解答。

一、史前暴力研究简况

在20世纪社会暴力与战争频发的阴影之下，史前考古学首先试图回答的问题便是：暴力是否深深地植根于人类的本性之中？有别于同样热衷相关讨论的其他人文社会科学，考古学能为这种研究提供长达百万年的时间深度。① 考古学需要确认，在漫长的史前社会中是否存在暴力现象，以及它出现的频率。

相关讨论的背景或许可追溯至轴心时代对人本正义与暴力统治的思考，②并直接继承自启蒙时期霍布斯与卢梭对人类"自然状态"理解的分异，在反映"历史事实"的考古材料基础上焕发出新的活力。③ 相关研究者最初受到了反战左翼思潮的强烈影响，他们试图利用史前材料证明人性中和平的一面，进而批判20世纪的人类歧途。④ 由此，强调合作分享的"原初丰裕社会"理论成为理解史前人类的主要模型，⑤冲突和暴力则在该研究领域中默默隐去身影。⑥ 但是，从当下的研究倾向来看，今天的暴力相对于史前最大的变化其实是专业化程度上的提升，以至于其威力与影响都被无限放大。由此造成的时代问题不会因史前社会的行为如何而被放大或缩小，关于人性善恶的判断也无法从史前暴力事件中轻易得出结论。⑦

1996年，劳伦斯·基利（Laurence Keeley）出版了《文明之前的战争：和平野蛮人的迷

---

① Ian Armit, "Violence and Society in the Deep Human Past," *The British Journal of Criminology* 51.3 (2011): 499–517.

② 一个典型的案例见于柏拉图的《高尔吉亚篇》，对于谁才是最幸福的人的问题，主张"正义之人"的苏格拉底辩赢了主张"以狡黠、暴力建立统治的僭主"的卡利克勒。孟子对霸道与仁义的取舍同样有着相似的人道主义底色。

③ Robert M. Sapolsky, *Behave: The Biology of Humans at Our Best and Worst* (London: Vintage, 2018), 305–26; Andrea Dolfini, Rachel J. Crellin, Christian Horn, and Marion Uckelmann, "Interdisciplinary Approaches to Prehistoric Warfare and Violence: Past, Present, and Future," in *Prehistoric Warfare and Violence: Quantitative and Qualitative Approaches*, eds. Andrea Dolfini, Rachel J. Crellin, Christian Horn, and Marion Uckelmann (Cham: Springer, 2020), 1–20.

④ Laurence H. Keeley, *War Before Civilization: The Myth of the Peaceful Savage* (Oxford: Oxford University Press, 1996), 3–24.

⑤ Marshall Sahlins, *Stone Age Economics* (London: Routledge, 1972); Robert L. Kelly, *The Lifeways of Hunter-Gatherers: The Foraging Spectrum* (Cambridge: Cambridge University Press, 2013), 9–15.

⑥ Niall Sharples, "Warfare in the Iron Age of Wessex," *Scottish Archaeological Review* 8 (1991): 79–89.

⑦ Jürg Helbling, "War and Peace in Societies without Central Power: Theories and Perspectives," in *Warfare and Society: Archaeological and Social Anthropological Perspectives*, eds. Ton Otto, Henrik Thrane, and Helle Vandkilde (Langelandsgade: Aarhus University Press, 2006), 113–39; Nam C. Kim and Marc Kissel, *Emergent Warfare in Our Evolutionary Past* (New York: Routledge, 2018), 7–8.

思》(War Before Civilization: The Myth of the Peaceful Savage)①一书,标志着欧美考古学再次开始重视史前暴力。此后,相关研究大大深入,首先确定了史前暴力的广泛存在,并转向对每个相关案例复杂情境的细致讨论。在近30年间,对于史前暴力的研究在各个细分领域的考古学中得到关注,宏观的讨论也在纷繁的个案中得到细化,以欧美、西亚地区为主的各种新旧材料都在这一领域中贡献出新知。②

研究对象的细化,按规模可分为人际间暴力、社群间暴力/冲突、战争;按文化与时间尺度可分为狩猎采集者的暴力、农民暴力、国家暴力;按研究层次可分为暴力识别、暴力阐释……这些不同时空背景下的多样化暴力个案,为理解史前暴力提供了海量的细节。并且,在每个个案中,研究者最为关注的问题从暴力与人性的关系转向了暴力的工具性及其在社会中的位置。③ 暴力本身的特质使其既能参与社会等级的构建,也能成为调解社会矛盾的手段,甚至可能构成特定社会文化意识形态的核心内容。它在不同社会中有着相当不同的表现,需要研究者在相关情境的参考下仔细辨认其动因、机制、影响、意义,以真正构建起对具体暴力行为的整体理解。

这一时期同时迎来了考古科技的发展,这也为史前暴力研究提供了相当重要的助益。对暴力行为的识别得到了突破,计算机断层扫描、高精度三维扫描与模拟重建等技术揭示了更多关于暴力直接证据的考古信息,④同位素分析则提供了从营养状况讨论暴力与不平等现象的新路径。⑤ 得益于计算机模拟技术的发展和相关个案材料的不断积累,宏观视角下对暴力行为和人类社会关系的整体讨论也开始出现。⑥

整体而言,对暴力的关注让考古学得以进入与之相关的诸多宏大理论问题的讨论中

---

① Laurence H. Keeley, *War Before Civilization: The Myth of the Peaceful Savage*.

② 相关论文多达数百篇,论文集便有 10 余本,较全面的梳理可参见:Christopher Knüsel and Martin J. Smith, "Introduction: The Bioarchaeology of Conflict," in *The Routledge Handbook of the Bioarchaeology of Human Conflict*, eds. Christopher Knüsel and Martin J. Smith (Abingdon: Routledge, 2014), 3–24; Andrea Dolfini, Rachel J. Crellin, Christian Horn, and Marion Uckelmann, "Interdisciplinary Approaches to Prehistoric Warfare and Violence: Past, Present, and Future".

③ Andrew K. Scherer, "Recent Research on the Archaeology of War and Violence," *Annual Review of Anthropology* 50 (2021): 403–21.

④ Nohemi Sala, Juan Luis Arsuaga, Ana Pantoja-Pérez, Adrián Pablos, Ignacio Martínez, Rolf M. Quam, ... Eudald Carbonell, "Lethal Interpersonal Violence in the Middle Pleistocene," *PLOS ONE* 10.5 (2015): e0126589; Ulf Bertilsson, "'In the Beginning There Was the Spear': Digital Documentation Sheds New Light on Early Bronze Age Spear Carvings from Sweden," in *Prehistoric Warfare and Violence: Quantitative and Qualitative Approaches*, 129–48.

⑤ Amber M. VanDerwarker and Gregory D. Wilson, "War, Food, and Structural Violence in the Mississippian Central Illinois Valley," in *The Archaeology of Food and Warfare*, eds. Amber M. VanDerwarker and Gregory D. Wilson (Cham: Springer, 2016), 75–106.

⑥ Rahul C. Oka, Marc Kissel, Mark Golitko, Susan Guise Sheridan, Nam C. Kim, and Agustín Fuentes, "Population Is the Main Driver of War Group Size and Conflict Casualties," *Proceedings of the National Academy of Sciences* 114.52 (2017): e11101–e11110;彼得·图尔钦:《超级社会:一万年来人类的竞争与合作之路》,山西人民出版社,2020年。

去,并为考古学理解其所研究社会提供了一个新的必要角度。与此同时,也对考古学的实践提出了相应的要求,既要有意识地在考古材料中识别相关现象,也要加强与其他相关学科的合作,从信息提取技术到暴力行为理论阐释等多个方面汲取资源。

相较而言,国内考古学研究较少直接关注史前暴力,相关讨论主要集中在国家起源及早期国家阶段不同群体间的剧烈冲突上,以"牺牲"[①]和"战争"[②]为主要的研究主题,某些包含明显暴力行为证据的案例也得到了较深入的分析,如旧石器时代的一些特殊个体,[③]或商代都城中大量发现的极端杀戮行为。[④] 此外受到关注的研究主题则是如"猎头"这样特征较为显性的现象,[⑤]暴力行为的其他面向则较少涉及,因此也缺少对于暴力及相关概念的体系化理解。尽管近年来以人类骨骼考古学为主的相关技术学科已经在国内取得了长足的发展,[⑥]但此研究领域中与暴力直接相关的具体研究不多,专门讨论史前暴力现象的则更少。[⑦] 其他相关研究论著则多只简单介绍可能存在暴力痕迹的人骨现象,在发掘报告中有时会单独分类出"非正常死亡"的条目,但都缺少足够深入的分析与阐释。[⑧] 因此,本文试图梳理全球史前暴力研究的新进展,以期推动国内学界对史前暴力的关注,丰富这一理解中华文明起源与发展的新兴研究向度。

[①] 李建民:《略谈我国新石器时代的人祭遗存》,《中原文物》1981 年第 3 期,第 27 - 29 页;黄展岳:《中国古代的人牲人殉》,文物出版社,1990 年;王磊:《试论龙山文化时代的人殉和人祭》,《东南文化》1999 年第 4 期,第 22 - 27 页等。

[②] 严文明:《黄河流域文明的发祥与发展》,《华夏考古》1997 年第 1 期,第 49 - 54+113 页;冈村秀典:《中国新石器时代的战争》,《华夏考古》1997 年第 3 期,第 100 - 112 页;贾汉清:《从顾家坡墓地的发掘看史前时代文化交叉地带的部落冲突》,《华夏考古》2004 年第 4 期,第 77 - 86+96 页;宋柯欣:《山东地区酋邦时代战争试探》,《殷都学刊》2018 年第 1 期,第 59 - 66 页;韩建业:《新石器时代战争与早期中国文明演进》,《社会科学战线》2020 年第 10 期,第 99 - 107+282 页等。

[③] Xiu-Jie Wu, Lynne A. Schepartz, Wu Liu, and Erik Trinkaus, "Antemortem Trauma and Survival in the Late Middle Pleistocene Human Cranium from Maba, South China," *Proceedings of the National Academy of Sciences* 108.49 (2011): 19558 - 62; Shang H., and Trinkaus, E., "An Ectocranial Lesion on the Middle Pleistocene Human Cranium from Hulu Cave, Nanjing, China," *American Journal of Physical Anthropology* 135.4 (2008): 431 - 7.

[④] Roderick Campbell, *Violence, Kinship and the Early Chinese State: The Shang and Their World* (Cambridge: Cambridge University Press, 2018);李硕:《翦商:殷周之变与华夏新生》,广西师范大学出版社,2022 年。

[⑤] 严文明:《涧沟的头盖杯和剥头皮风俗》,《史前考古论集》,科学出版社,1998 年,第 334 - 338 页;陈星灿:《中国古代的剥头皮风俗及其他》,《文物》2000 年第 1 期,第 48 - 55 页。

[⑥] 张雅军:《从体质人类学到人类骨骼考古学——骨骼上书写的"人类简史"》,《中国社会科学报》2017 年 5 月 11 日第 7 版;熊建雪:《骨骼考古与中国古代社会生活史的复原》,《学术月刊》2022 年第 9 期,第 183 - 191 页。

[⑦] 主要的相关文献见:Qun Zhang, Xuezhou Li, Qian Wang, Hui-Yuan Yeh, Hong Zhu, Yanguo Qin, and Quanchao Zhang, "Osteological Evidence of Violence during the Formation of the Chinese Northern Nomadic Cultural Belt in the Bronze Age," *Archaeological and Anthropological Sciences* 11.12 (2019): 6689 -704.

[⑧] 如王一如:《沟湾遗址新石器时代人骨研究》,吉林大学硕士学位论文,2015 年,第 22 页。

二、史前暴力研究的基础概念

　　作为一种普遍存在的社会行为，暴力行为的相关概念主要由其他人文社会科学所建立，有着更为丰富的细节作为支撑。在古今一致的考古推理原则之下，[①]考古学家们大体接受了其他领域学者对于暴力概念的基本描述，并在此基础上建立了展开具体分析的理论框架。概括而言，"暴力"（violence）最基本的含义是指，出于某种原因而对他者使用的强制性力量，大多数情况下直接表现为武力（个人的或组织的）。[②] 这样的暴力是由行动者有意识发出的，是一种"主观暴力"（subjective violence）。而在当代人文社会科学中，吸引更多关注的则是被无意识体验的"客观暴力"（objective violence）。[③] 此二者由浅至深，构成了我们对于暴力概念的基本理解。需要明确的是，这里的主观与客观指个体感受层面，而非暴力被使用与否。客观暴力也会被个体主观地利用。

　　主观暴力常见于日常生活中，大多被看作是待解决的一桩具体社会问题，关注微观层面中暴力行为的形成及规避。这类行为通常会被视作"对事物'正常'和平状态的扰乱"，[④]并以"事件"的形式表现出来。它会留下直接的物理结果，对人或物造成破坏。这种暴力几乎与生物的发展历程相始终，是行之有效的一种生存策略。主观暴力随着社会规模的扩大与社会复杂程度的提升而发展出更加丰富的形式，其中最为极端的便是战争。除此之外，也存在着不包含恶意，而更多地体现为一种仪式的暴力行为，其目的在于释放不满以缓和社会矛盾，或以其表演性构建意识形态。人类学的证据告诉我们，这是小规模社会利用暴力的重要途径之一。[⑤] 主观暴力不完全是负面的，它既可能是维持社会稳定的合法工具，也可能是社会变革的必要途径。在考古学材料之中，研究者能直接观察到的大多是主观暴力留下的痕迹，后续阐释所试图确立的则是对于不同主观暴力类型的基本判断。

　　客观暴力置身于文化或政治经济结构之内，要么不可直接感知，要么已被习以为常。[⑥] 这些种类的暴力被认为造成的危害更大，是大多数主观暴力的深层次原因。不仅

[①] 陈胜前：《考古学如何重建过去的思考》，《南方文物》2020年第6期，第29－34页。

[②] 罗竹风主编：《汉语大词典》，第5卷，汉语大词典出版社，1990年，第822页；"violence, n." *OED Online*, Oxford University Press, https://www.oed.com/dictionary/violence_n；雷蒙·威廉斯：《关键词：文化与社会的词汇》，生活·读书·新知三联书店，2015年，第513页。

[③] 斯拉沃热·齐泽克：《暴力：六个侧面的反思》，中国法制出版社，2012年；沈春花：《当代西方暴力理论研究的新趋势》，《当代外国文学》2019年第2期，第134－142页。

[④] 斯拉沃热·齐泽克：《暴力：六个侧面的反思》，中国法制出版社，2012年，第2页。

[⑤] 彭兆荣：《仪式中的暴力与牺牲》，《中南民族大学学报（人文社会科学版）》2006年第2期，第5－10页；Douglas P. Fry and Patrik Söderberg, "Lethal Aggression in Mobile Forager Bands and Implications for the Origins of War," *Science* 341.6143 (2013): 270－3.

[⑥] Johan Galtung, "Violence, Peace, and Peace Research," *Journal of Peace Research* 6.3 (1969): 167－91；约翰·加尔通：《和平论》，南京出版社，2006年，第284－306页；斯拉沃热·齐泽克：《暴力：六个侧面的反思》，中国法制出版社，2012年，第181页。

如此,客观暴力还进而成为维持统治与剥削关系的一种权力形态,它不需要真正实施主观的暴力行为,而只需拥有这一能力,便可对人的需求进行剥削,因此直接与其他社会因素相连,并最终造成不平等的社会现实。客观暴力由于其不可见性在考古学中更难得到辨识,但它终归会以某种物质形式表现出来。这为相关分析提供了机会,但也意味着对于考古学材料精度的更高要求。在现有的研究案例中,有考古学家利用食物分配控制造成的不平等现象,结合其他观察到的主观暴力现象,对史前美洲社会中的结构性暴力展开了分析;[1]也有学者试图直接从人骨材料显现的日常暴力行为中分辨其背后的客观暴力。[2]

总体而言,暴力的概念是多义的。[3] 对于小规模社会,多样化的主观暴力更为常见,客观暴力也在孕育之中,通常会在群体间的竞争与对抗中有所体现。后者出现的核心前提是,存在某群体对于其他群体的优势地位。对于等级化的复杂社会,客观暴力则更为常见。除了个体或小规模群体中的暴力行为外,还会发展出针对社会整体的主、客观暴力,这也可被理解为"强制的暴力和非强制的暴力",它们共同组成了国家及其他复杂社会实现社会管理职能的主要手段。[4] 在这样的理论指导下,考古学中暴力行为的研究思路将主要从考古遗存中辨认出主观暴力并结合其所处的具体情境做出相应阐释。对于个别特殊案例,则能在此基础之上进一步推导客观暴力的可能性。

三、史前暴力研究中的核心问题

暴力发生的下限很低,它在某种程度上是人类乃至所有生物所拥有的最为直接的力量,广泛存在于历史之中。在此,我们依据不同文化与时间尺度,简要归纳目前该领域的主要研究问题。

1. 史前暴力与狩猎采集者

尽管今天的考古学界已明确,即便在旧石器时代也广泛存在暴力现象,[5]但毋庸置疑,基于当前对狩猎采集社会的理解,这样的小规模社会在内部仍大体保持着一种平等合

---

[1] Amber M. VanDerwarker and Gregory D. Wilson, "War, Food, and Structural Violence in the Mississippian Central Illinois Valley," in *The Archaeology of Food and Warfare*, 75-106.

[2] Haagen D. Klaus, "The Bioarchaeology of Structural Violence: A Theoretical Model and a Case Study," in *The Bioarchaeology of Violence*, eds. Debra L. Martin, Ryan P. Harrod, and Ventura R. Pérez (Gainesville: University Press of Florida, 2012), 29-62.

[3] 谭红春:《暴力:人类一份爱恨交加的"遗产"》,《贵州社会科学》2015年第3期,第18-23页。

[4] 王巍:《关于中国文明起源研究的几个问题》,中国社会科学院考古研究所、瑞典国家遗产委员会考古研究所编:《中国考古学与瑞典考古学》,科学出版社,2006年,第20页。

[5] Marilyn Keyes Roper, "A Survey of the Evidence for Intrahuman Killing in the Pleistocene," *Current Anthropology* 10.4 (1969): 427-59; Grant S. McCall and Nancy Shields, "Examining the Evidence from Small-scale Societies and Early Prehistory and Implications for Modern Theories of Aggression and Violence," *Aggression and Violent Behavior* 13.1 (2008): 1-9.

作的社会组织形态。① 那么,暴力及相对应的竞争、冲突、压迫等与平等相抵牾的特质,如何能够在狩猎采集社会出现,便成为一个问题。不仅如此,在大猩猩、黑猩猩、狒狒等人类的灵长类近亲中,都能发现大量暴力证据,这表明我们的灵长类先祖社会中很有可能也存在着较为频繁的暴力现象。于是,问题便转换为,狩猎采集群体如何应对社会中暴力与不平等的趋势,并最终发展出以合作为核心的社会结构。②

对于这一问题,人的社会性和个体间较小的身体差异首先被强调。在此基础之上,致命武器的发明进一步均质化了武力差异,使得群体生活中难以诞生具有绝对强力优势的"暴君"统治者。③ 不仅如此,狩猎采集者群体还会主动结盟对抗,甚至是处死那些具有攻击性的个体。④ 这样一种对待社群内暴力的态度与取向,与人类早期社会演进中不断出现的食物共享、狩猎合作模式、后代抚育模式等相互匹配,最终塑造了狩猎采集者独特的社会生态。⑤

狩猎采集者暴力中的另一个问题是对战争,即"社群之间的致命人际暴力"⑥的溯源。考古学及人类学界对此很早便有激烈的争论,一派学者认为战争脱胎于国家与文明,并随着人类的发展而愈发激烈;另一派学者则主张战争及群体间斗争存在于人的本性之中,史前时代便十分流行,现代文明反而使其得到了一定控制。从目前的研究成果来看,两种观点都反映了一定的现实,史前社会常常发展出一定的自我保护机制以规避大规模的冲突,但由于缺乏统合不同群体间利益的有效工具,以社群为单位的冲突并不少见。⑦ 这种现象本质上是一种极端的竞争形式。同时值得注意的是,尽管从20世纪60年代开始,欧美人类学界就长期认为当代的许多狩猎采集社会中存在本质性的战争,⑧但更新的研究则指出,这些现

---

① Robert L. Kelly, *The Lifeways of Hunter-Gatherers: The Foraging Spectrum*.

② Luc Moreau ed., *Social Inequality before Farming? Multidisciplinary Approaches to the Study of Social Organization in Prehistoric and Ethnographic Hunter-gatherer-fisher Societies* (Cambridge: McDonald Institute for Archaeological Research, 2020).

③ Duncan N.E. Stibbard-Hawkes, "Egalitarianism and Democratized Access to Lethal Weaponry: A Neglected Approach," in *Social Inequality before Farming? Multidisciplinary Approaches to the Study of Social Organization in Prehistoric and Ethnographic Hunter-gatherer-fisher Societies*, ed. Luc Moreau (Cambridge: McDonald Institute for Archaeological Research, 2020), 83–102.

④ Christopher Boehm, *Moral Origins: The Evolution of Virtue, Altruism and Shame* (New York: Basic, 2012), 75–131.

⑤ Nancy Lindisfarne and Jonathan Neale, *Why Men? A Human History of Violence and Inequality* (London: Hurst, 2023), 19–102.

⑥ Douglas P. Fry, *The Human Potential for Peace* (Oxford: Oxford University Press, 2006), 91.

⑦ Robert L. Kelly, *The Lifeways of Hunter-Gatherers: The Foraging Spectrum*, 205–8; Mark W. Allen and Terry L. Jones eds., *Violence and Warfare among Hunter-Gatherers* (Walnut Creek: Left Coast Press, 2014); Robert M. Sapolsky, *Behave: The Biology of Humans at Our Best and Worst*, 305–26; Nam C. Kim and Marc Kissel, *Emergent Warfare in Our Evolutionary Past*.

⑧ Napoleon Chagnon, *Yąnomamö: The Fierce People* (Holt, Rinehart and Winston, 1968); Steven Pinker, *The Better Angels of Our Nature: Why Violence Has Declined* (New York: Viking, 2011).

象大多都是由欧洲殖民接触所导致的,从而回护了狩猎采集社会的平等模式。①

在目前的旧石器考古研究中,还会将战争与暴力的频率和具体的史前人群相联系。尼安德特人因壮硕的体型与频繁的骨质伤痕而很早便被认为带有较强的攻击性与斗争性,但后续的研究又关注到了其社群内对受伤者的持续照料,结合大量深入的个案分析,这些伤痕逐渐被认为可能是尼安德特人搏斗狩猎方式的结果。② 在晚期智人向全球扩张的旧石器社会晚期,受害者高达数十人且留下直接武器遗存的大规模暴力冲突现象开始出现,反映了这一时期不同人群间互动的多样面貌。③

2. 史前暴力与社会复杂性

在农业与定居社会出现之后,社会复杂性的发展是考古学研究的核心,它与暴力之间的关系也是史前暴力研究中最具代表性的方向。

从马克思主义诞生开始,把暴力与不平等社会,乃至文明与国家的起源相联系,便始终在相关研究的理论层面占据位置,④并一直延续至20世纪60、70年代的人类学研究中,发展出以罗伯特·卡内罗(Robert L. Carneiro)为代表人物的国家起源冲突论,并与其他强调社会自身积累性发展的理论,成为该领域的两大主要取向。⑤ 伴随着对史前暴力行为相关考古材料研究的深入,考古学对这一理论资源的利用也从简单的材料比附,发展到与社会情境紧密相关、体现文化过程逻辑的具体阐释,⑥强调冲突暴力的合作与强调互惠共赢的合作作为解释史前社会复杂性发展的两大路径,持续发挥着作用。⑦ 同时值得注意的是,随

---

① R. Brian Ferguson, *Yanomami Warfare: A Political History* (Santa Fe: School of American Research Press, 1995); Jonathan Haas and Matthew Piscitelli, "The Prehistory of Warfare: Misled by Ethnography," in *War, Peace, and Human Nature: The Convergence of Evolutionary and Cultural Views*, ed. Douglas P. Fry (Oxford: Oxford University Press, 2013), 168 – 90; Nancy Lindisfarne and Jonathan Neale, *Why Men? A Human History of Violence and Inequality*, 347 – 64.

② Judith Beier, Nils Anthes, Joachim Wahl, and Katerina Harvati, "Similar Cranial Trauma Prevalence among Neanderthals and Upper Palaeolithic Modern Humans," *Nature* 563 (2018): 686 – 90; Jörg Orschiedt, "Violence in Palaeolithic and Mesolithic Hunter-Gatherer Communities," in *The Cambridge World History of Violence*, eds. Garrett G. Fagan, Linda Fibiger, Mark Hudson, and Matthew Trundle (Cambridge: Cambridge University Press, 2020), 60 – 4.

③ Jörg Orschiedt, "Violence in Palaeolithic and Mesolithic Hunter-Gatherer Communities," in *The Cambridge World History of Violence*, 64 – 74.

④ 早期社会学实际上总是将"强力"看作是政治组织的必要因素,虽然近来的人类学对此做出了许多批判,认为人类最初的社会政治组织反而拒斥强力约束,但也承认强力在其中扮演了重要角色。可参考约翰·A. 霍尔、G. 约翰·艾坎伯雷:《国家》,吉林人民出版社,2007年,第25－33页;约翰·格莱德希尔:《权力及其伪装》,商务印书馆,2021年,第18－25页。

⑤ Robert L. Carneiro, "A Theory of the Origin of the State," *Science* 169.3947 (1970): 733 – 8; David Webster, "Warfare and the Evolution of the State: A Reconsideration," *American Antiquity* 40.4 (1975): 464 – 70.

⑥ Timothy Earle, *How Chiefs Come to Power: The Political Economy in Prehistory* (Stanford: Stanford University Press, 1997), 105 – 42.

⑦ Richard J. Chacon and Rubén G. Mendoza, eds., *Feast, Famine or Fighting? Multiple Pathways to Social Complexity* (Chan: Springer, 2017).

着模拟技术及进化分类学等领域的发展,暴力与战争所代表的冲突行为在人类社会复杂性发展中的作用被进一步重视,相关过程以数学模拟的方式得到了更为深入的理解。[1]

概而言之,暴力与社会复杂性的关系大致可从个体和群体的角度分别讨论。暴力首先是一种帮助个体或精英阶层获得权力的有效工具,能够直接导向不平等关系。在群体层面上,暴力与冲突可被视为一种选择压力:只有发展社会权力与组织能力以掌控并提升施展暴力的能力,一个社群/政治体才能有效应对他者所带来的暴力威胁并生存下去。由此,更为简单的社会被消灭或兼并,更为复杂的社会则被保留并获得相应的资源。

但若进一步审视其中的细节,学者们便发现很难从中建立一条普适的逻辑链条。其中的问题在于,暴力既可能是复杂社会的成因,也可能是其结果。[2] 一派学者认为在经济基础允许的前提下,实际的冲突并不那么容易爆发,而会等到某个社群的社会复杂性得到一定发展、优势明显时才会由其发动袭击,以整合其他社群。另一方则认为一旦有新的因素出现,便很容易爆发社群间的冲突,而最终导致整体社会复杂性的上升。在实际情况中,这两种情形都有出现,战争与社会复杂性的关系是复杂交错的。因此,有学者甚至作出了这样的无奈判断:"我们当前能够确信的观点只是,战争(与暴力)几乎总是与某个社会发展强大领导权与等级体系的过程相随;但它究竟在其中扮演了怎样的角色,则是需要具体研究的。"[3]但总体而言,一旦政治组织走向成熟,无论是利用还是压制,暴力及相关行为都是需要被其控制的,暴力机构必然是复杂社会中重要的一部分。

3. 史前暴力的文化解释

以上两大主题都试图从客体角度讨论史前暴力的性质与功能,但作为一种具有高度象征性的社会行为,暴力在每种具体文化中都有着独特而重要的意义。这种主体视角下的解释也是史前暴力研究中的重要组成部分。

有考古学家认为,史前暴力的行为逻辑是建立在所谓道德侵犯(moralistic aggression)和道德推脱(moral disengagement)之上的。[4] 简单地理解,前者指类似复仇的心理、微小的摩擦,进而逐渐被放大,从而诱发暴力;后者指将暴力的施加对象非人化,以减轻自身的心理障碍。经过这样的心理建构后,暴力行为才能被自然地作为工具来利用。换句话说,暴力行为需要经过特定的意识形态来渲染,为其赋予能被理解的意义,并将之合法化。

象征性的仪式性暴力也植根于这样的行为逻辑。这通常发生在某个社群之中,且社群成员或多或少是其参与者、见证者。在大多数情况下,真正施展暴力行为的个体只是社

---

[1] Richard McElreath and Robert Boyd, *Mathematical Models of Social Evolution: A Guide for the Perplexed* (Chicago: The University of Chicago Press, 2007); Peter Turchin, "Warfare and the Evolution of Social Complexity: A Multilevel-Selection Approach," *Structure and Dynamics* 4.3 (2010): 1-37;彼得·图尔钦:《超级社会:一万年来人类的竞争与合作之路》。

[2] Paul M. Bingham, Joanne Souza, and John H. Blitz, "Social Complexity and the Bow in the Prehistoric North American Record," *Evolutionary Anthropology* 22.2 (2013): 81-8.

[3] Helle Vandkilde, "Warfare and Pre-State Societies: An Introduction," In *Warfare and Society: Archaeological and Social Anthropological Perspectives*, 109.

[4] Ian Armit, "Violence and Society in the Deep Human Past," *The British Journal of Criminology* 51.3 (2011): 499-517.

群意志的代表,遭受暴力对待的个体也有很大的可能性本身便支持这一行为。这样的暴力行为更像是一场表演。① 使暴力行为与宗教、信仰相联系的,正是其与疼痛、死亡之间的密切联系。事实上,仪式性暴力在很多时候反而是对日常暴力行为的预防,遭受暴力对待的个体正是为此需要付出的代价。将这一观点发扬光大的是法国人类学家勒内·基拉尔(René Girard),他的理论核心是"模仿",认为这一方式是人类欲望的来源,以及开展行动的准则。对他人所有物质状态的模仿导向了冲突,解决由此引发的暴力的方法便是开展暴力,但后者必须由社会所选取的"替罪羊"来承担。②

北欧新石器晚期至维京时代的战士文化是暴力被社会性推崇的一个显著案例。③ 在这样的社会中,武器是最为核心的物质文化载体,常表现为基于实用性武器制作的非实用产品的流行。这一现象通常被解释为社会对于武士身份或勇武特质的普遍推崇,以至于形成了一套完整的意识形态与社会文化网络,影响到整个社会的诸多方面。④

四、暴力遗存的考古学判定

在具体的史前暴力考古学研究中,首要任务是发展出判定暴力存在与否的可靠标准。这一工作并不简单,对于同一研究对象也常常出现许多不同的观点。大体而言,考古学家们试图通过人骨、埋藏模式、聚落形态、武器、图像与塑像等材料的不同视角切入,⑤同时联系其所处的具体情境,以作出相对可靠的阐释。

1. 人骨材料

在反映暴力行为的考古材料中,人骨材料是较为直接可靠的。⑥ 曾有学者制作出一套人骨中暴力行为分析的流程图(图 1),对古代人骨可能反映的各种伤害情况做了归纳

---

① 彭兆荣:《仪式中的暴力与牺牲》。

② 勒内·基拉尔:《祭牲与成神》,生活·读书·新知三联书店,2022 年;《替罪羊》,东方出版社,2002 年。

③ Timothy Earle, *How Chiefs Come to Power: The Political Economy in Prehistory*, 122–31; Jean Guilaine and Jean Zammit, *The Origins of War: Violence in Prehistory* (Oxford: Blackwell Publishing, 2005), 158–232.

④ Mark Hall, Nicholas Evans, Derek Hamilton, Juliette Mitchell, James O'Driscoll, and Gordon Noble, "Warrior Ideologies in First-millennium AD Europe: New Light on Monumental Warrior Stelae from Scotland," *Antiquity* 94.373 (2020): 127–44; Neil Price, *Children of Ash and Elm: A History of the Vikings* (New York: Basic Books, 2020), 302–26.

⑤ R. Brian Ferguson, "Violence and War in Prehistory," in *Troubled Times: Violence and Warfare in the Past*, eds. Debra L. Martin and David W. Frayer (Abingdon: Routledge, 1997), 321–57; Ian Armit, "Violence and Society in the Deep Human Past," *The British Journal of Criminology* 51.3 (2011): 499–517.

⑥ Debra L. Martin and Cheryl P. Anderson, "Introduction: Interpreting Violence in the Ancient and Modern World When Skeletonized Bodies Are All You Have," in *Bioarchaeological and Forensic Perspectives on Violence*, eds. Debra L. Martin and Cheryl P. Anderson (Cambridge: Cambridge University Press, 2014), 3–14.

总结。其中比较重要的是死前期（antemortem）、围死期（perimortem）[①]与死后期（postmortem）的区分。这组来自法医人类学的概念代表了与死亡有关的不同时段，前两者内发生的骨质伤害能为重建人类行为提供有效帮助。基于人骨的愈合特性及其丧失活性后的性质变化，骨质破碎的发生时间能够得到较准确的判断。根据伤害的具体特征还能划分不同的伤害类型，甚至直接辨认出造成伤害的器具。实验考古的设计能帮助我们有效地做出此类判断，如对欧洲新石器时期木槌对头骨伤害所做的实验。[②] 但这类结论有着较强的时空范围限定，主要是间接的类比证据。在某些案例中，还会直接发现造成伤害的物体，其中最为常见的便是嵌入骨内的箭镞等投射物。除伤害本身，人骨鉴定还包括年龄及性别，这为进一步分析暴力行为的具体性质提供了基本信息，是相关研究必不可少

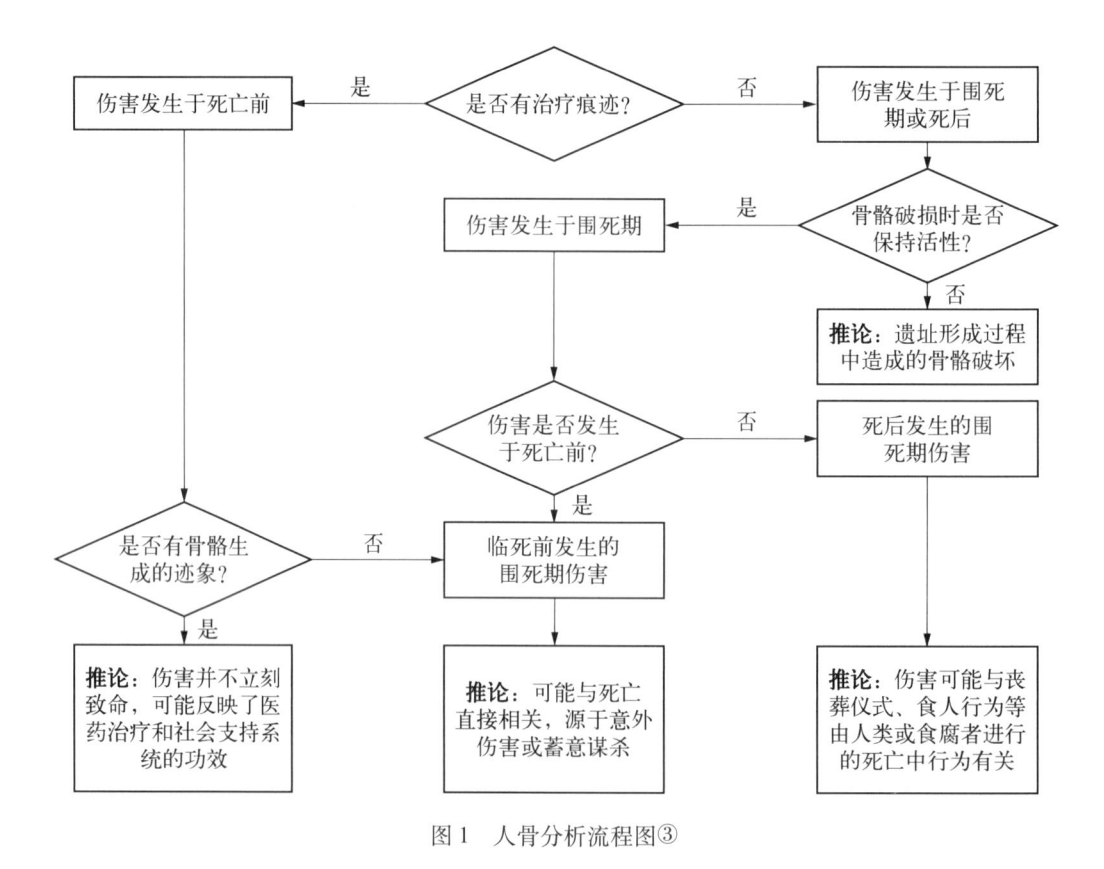

图 1　人骨分析流程图[③]

[①] 围死期指死亡前后的短暂时段，该概念广泛运用于国外法医人类学界，但在国内尚未得到广泛传播，可参见方俊杰、陈林：《法医损伤学引入围死期损伤概念之讨论》，《中国法医学杂志》2020 年第 5 期，第 531－532+537 页。

[②] Meaghan Dyer and Linda Fibiger, "Understanding Blunt Force Trauma and Violence in Neolithic Europe: The First Experiments Using a Skin-skull-brain Model and the Thames Beater," *Antiquity*, 91.360 (2017): 1515–28.

[③] Phillip L. Walker, "A Bioarchaeological Perspective on the History of Violence," *Annual Review of Anthropology*, 30.1 (2001): 577.

的。一些较近的研究还结合了 DNA 分析,成功地辨别出参与暴力行为的不同亲属群体,并由此对暴力行为的规模作出了判断。①

但在实际的操作过程中,骨质伤害是否由暴力行为造成,还需进一步的分析,意外、二次葬等不同情况均可能造成难以区分的伤害模式。骨质伤害遗存实际上能够提供的有关暴力行为的信息可被分为两个层次,分别是单独而直接的损伤,以及可还原致伤武器与行为模式的损伤。后者通常能较明确地解读出暴力的信息,前者则更具多义性,其与暴力关系的确定需要其他分析视角的帮助。根据近现代暴力伤害所建立的伤痕模式对此非常有帮助。举例而言,颅骨部位的伤害更可能源自人际间暴力,这也在许多考古案例中得到证明。② 集中在尺骨远端的骨质损伤也被总结为"格挡损伤"(parry facture),被认为是在搏斗中极易出现的损伤模式。③ 更准确的判断则需要借助人骨材料所处考古情境的帮助。埋藏模式是其中重要的一环,零散杂乱、人骨数量多、埋藏地点简陋特殊等埋藏类型更可能是暴力所致。除此之外,某些部位人骨,尤其是头颅的缺失与移位,也可能代表仪式性暴力行为的存在。

还需要注意的是,人骨反映的伤害代表着程度较严重的暴力,日常生活中的相关行为通常只会对皮肤、肌肉组织造成损伤。19 世纪印第安原住民间的战争数据便显示,只有约三分之一的伤害会深入人骨,且其中的很大一部分也并不致死,因此会逐步愈合。④ 同时,人骨保存的复杂情况也会影响到具体案例中的分析。因此,仅仅是人骨材料并不足以完整地考察史前社会中的暴力行为,对其他考古材料的综合分析同样是必要的。

2. 聚落的布局与形态

防卫建筑常被直接用来证明战争的存在,主要的证据是其形态与选址所展现的功能性,居址中明显遭到焚毁、破坏的地层也能反映冲突现象。聚落布局的集中化以及聚落间"无人区/战略缓冲带"的出现,也可能是战争或冲突频繁化的结果。⑤ 但这些要素也并不是毫无问题的,对于防卫建筑的判定便仍存在许多争论。最初判断为防御性城墙的遗迹常常在之后的研究中被否定,如西亚著名的杰里科(Jericho)遗址,⑥以及中国江汉地区出

---

① Kurt W. Alt, Cristina Tejedor Rodríguez, Nicole Nicklisch, David Roth, Anna Szécsényi Nagy, Corina Knipper, ... Manuel A. Rojo Guerra, "A Massacre of Early Neolithic Farmers in the High Pyrenees at Els Trocs, Spain," *Scientific Report* 10 (2020): 2131.

② Phillip L. Walker, "A Bioarchaeological Perspective on the History of Violence," *Annual Review of Anthropology*, 30.1 (2001): 573–96; Anastasia Papathanasiou, "Evidence of Trauma in Neolithic Greece," in *Sticks, Stones, and Broken Bones: Neolithic Violence in a European Perspective*, eds. Rick J. Schulting and Linda Fibiger (Oxford: Oxford University Press, 2012), 249–64.

③ Margaret A. Judd, "The Parry Problem," *Journal of Archaeological Science* 35.6 (2008): 1658–66.

④ George R. Milner, "Nineteenth-Century Arrow Wounds and Perceptions of Prehistoric Warfare," *American Antiquity* 70.1 (2005), 144–56.

⑤ R. Brian Ferguson, "Ecological Consequences of Amazonian Warfare," *Ethnology* 28.3 (1989): 249–64.

⑥ O. Bar-Yosef, "The Walls of Jericho: An Alternative Interpretation," *Current Anthropology* 27.2 (1986): 157–62.

现极早的大量史前城垣遗址,①其外围设施在晚近研究中都被证明可能主要用来防洪。在当代景观考古的潮流下,城墙的纪念碑性则被高度强调,认为其庞大规模所造成的可见性、确定边界与社会控制的象征性,才是许多情况下此类建设开展的导因。② 并且,即便能够确认建筑的防御性,较长的使用年限也意味着暴力行为的发生与此类建筑的使用并不具有必然的联系。

3. 专业化武器

专业化武器(包括攻击性与防御性武器)的出现,也被认为是高频率冲突的证据。许多地区的考古材料都表明,成熟武器基本上出现于铜石并用时期前后,此时社会中的防御性建筑及其他暴力现象通常十分常见,暗示着战争的出现。③ 在此之前,工具多是多功能的,大多数都能被用来实施暴力行为,这也为相关材料的分析增添了难度。但除了从人骨伤痕上反推器具情况之外,对相关武器功能早期分化的研究也能为暴力分析提供帮助。箭镞的发展演化便是很好的例子。狩猎用箭镞通常更为宽大,以扩大伤口、增大血流速度,使猎物更快死亡。战争用箭镞则更为修长且制作精良,以提高射程、射速及穿透力。这种分化在斯堪的纳维亚半岛新石器时期的凹坑陶文化(Pitted Ware Culture)中便能发现。④ 在龙山时期的中原和江汉地区,特殊的三棱镞也因形态上的特征而被认为与战争有关。⑤ 除此之外,武器作为可被占有的物品,同时也可能成为标识个人勇武或战士身份的物质载体。这种现象的出现,往往意味着较频繁冲突的存在以及战士群体在社会中较高的重要性,以至于催生出了与此相匹配的社会意识形态与物质文化。⑥

4. 史前图像与塑像

图像是对史前行为、思想的主观记录,其中也包含许多与暴力相关的证据。欧洲旧石器岩画中就有表现弓手间相对以及人体中箭的场景。⑦ 澳大利亚北部还发现了从距今约

---

① 刘建国:《中国史前治水文明初探》,《南方文物》2020 年第 6 期,第 5-11 页。

② Mike McCarthy, "Boundaries and the Archaeology of Frontier Zones," in *Handbook of Landscape Archaeology*, eds. Bruno David and Julian Thomas (Abingdon: Routledge, 2008), 210-7.

③ 法国:Alain Beyneix, "Neolithic Violence in France: An Overview," in *Sticks, Stones, and Broken Bones: Neolithic Violence in a European Perspective*, 207-22;土耳其:Yılmaz Selim Erdal and Ömür Dilek Erdal, "Organized Violence in Anatolia: A Retrospective Research on the Injuries from the Neolithic to Early Bronze Age," *International Journal of Paleopathology* 2.2-3 (2012): 78-92;中国:韩建业:《新石器时代战争与早期中国文明演进》;钱耀鹏:《史前武器及其军事学意义考察》,《文博》2000 年第 6 期,第 21-29 页。

④ Rune Iversen, "Arrowheads as Indicators of Interpersonal Violence and Group Identity among the Neolithic Pitted Ware Hunters of Southwestern Scandinavia," *Journal of Anthropological Archaeology* 44 (2016): 69-86.

⑤ 王清刚:《试论龙山时期的三棱镞》,《江汉考古》2017 年第 5 期,第 89-91 页。

⑥ Timothy Earle, *How Chiefs Come to Power: The Political Economy in Prehistory*, 123-31.

⑦ Marilyn Keyes Roper, "A Survey of the Evidence for Intrahuman Killing in the Pleistocene," *Current Anthropology* 10.4 (1969): 447.

1万年前持续6000年以上,反映不同阶段狩猎采集者间暴力行为的岩画材料。① 新石器时代西班牙地中海东部岩画中也流行着反映暴力斗争的内容,其绘画技法和丰富程度都得到一定程度的提高,且表现出明显的地区差异。结合相关的其他考古材料,该范围内史前社会不同程度的暴力行为,被认为随着时间的推移而不断提高,且在晚期出现了精英人物的形象。这类现象的产生可能是农业人群扩张所引起的复杂社会反应的结果。② 在郑州商城中曾发现跪坐陶人像,③在殷墟遗址中曾发现囚犯陶塑,④这与商文化中其他暴力证据相结合,无疑能反映社会中时刻被彰显的强制性力量。但是,尽管史前图像与塑像有着十分强的说服力,但其数量过于稀少,属于可遇不可求的分析对象。

整体而言,史前暴力的考古学观察需要结合多方面的信息,其中人骨材料是最主要的研究对象,但其所能反映的信息或多或少存在着较大的局限。

五、考古学材料所见史前暴力行为的阐释

在人类社会构建早期平等并最终走向不平等的漫长发展过程中,暴力无疑扮演了重要的角色,其所发挥的功能可能是积极的,也可能是消极的。对于每一个相关个案,史前暴力可能有着十分多样的面貌。但根据当前学界丰富的相关研究成果,我们已经能够总结出一些针对不同考古材料情境的阐释模式,来帮助我们构建对于史前暴力的基础性理解,并作为进一步扩大研究深度、广度的参考。

从根本上说,暴力最直接的作用是生存竞争及解决冲突。主观暴力的爆发本质上是一场竞争高潮的开始,而最终的胜利者在大多数情况下都能得到相应的战利品;暴力本身有着极强的表演性,常常成为仪式中的重要环节,并参与到信仰行为之中,继而成为一种文化意识形态下的仪式性暴力;暴力的发生总是意味着某种程度的伤害,因此在许多情况下有关主体其实并不希望它真正发生,而更多的是利用暴力的威胁来达到目的、获取权力,暴力由此成为一种权力的象征;主观暴力在发达的不平等社会中因维持社会稳定的需求而被隐去,而依靠经济政治结构来施展社会压迫,进而成为客观暴力;暴力的革命性又让它成为许多情况下弱势群体社会表达的唯一途径,以及反抗压迫的有效工具……暴力在不同场合下的不同表现在人类历史上不断上演,但它们的共同本质与基本主题则是不同社会群体间的竞争以及竞争完成后的压迫与反压迫。因此,暴力似乎与社会动荡及社会变革建立了无法分离的密切关系。

---

① Paul Taçon and Christopher Chippindale, "Australia's Ancient Warriors: Changing Depictions of Fighting in the Rock Art of Arnhem Land, N. T," *Cambridge Archaeological Journal*, 4.2 (1994): 211-48.

② Esther López-Montalvo, "Violence in Neolithic Iberia: New Readings of Levantine Rock Art," *Antiquity* 89.344 (2015): 309-27; "War and Peace in Iberian Prehistory: The Chronology and Interpretation of the Depictions of Violence in Levantine Rock Art," in *Prehistoric Warfare and Violence: Quantitative and Qualitative Approaches*, 87-108.

③ 河南省文化局文物工作队:《郑州二里岗》,科学出版社,1959年,第31页。

④ 中国社会科学院考古研究所:《殷墟的发现与研究》,科学出版社,1994年,第246页。

在考古学及广义的历史学科中,以上对暴力的阐释不能脱离具体的行为过程与社会细节。我们观察到的首先是需要解读、还原的社会事件,然后才能在相应的社会背景下提出阐释。主观暴力与客观暴力在这里也有着不同的表现形式。

对于史前社会中主观暴力行为的起因、经过、结果这一整体景象,也有考古学家作出了相应的归纳(图2)。从宏观的文化适应角度来看,主观暴力首先是对环境、社会政治等因素变动的一种反应,与迁移、政治权力的再生产等不同行为属同一层次,并会产生相互作用。不同尺度下的暴力行为由此出现,并具体表现为谋杀、家内暴力、性别暴力、食人、猎头、战争等现象。个体与家户层面的暴力可能是更宏观的文化现象的一个反映,但更多情况下不会有更大、更深远的社会影响。群体及跨群体的暴力则会造成更为明显的社会影响,并进一步推动暴力的激化或消弭。在这一情况下,对死者的处理也是暴力行为不可

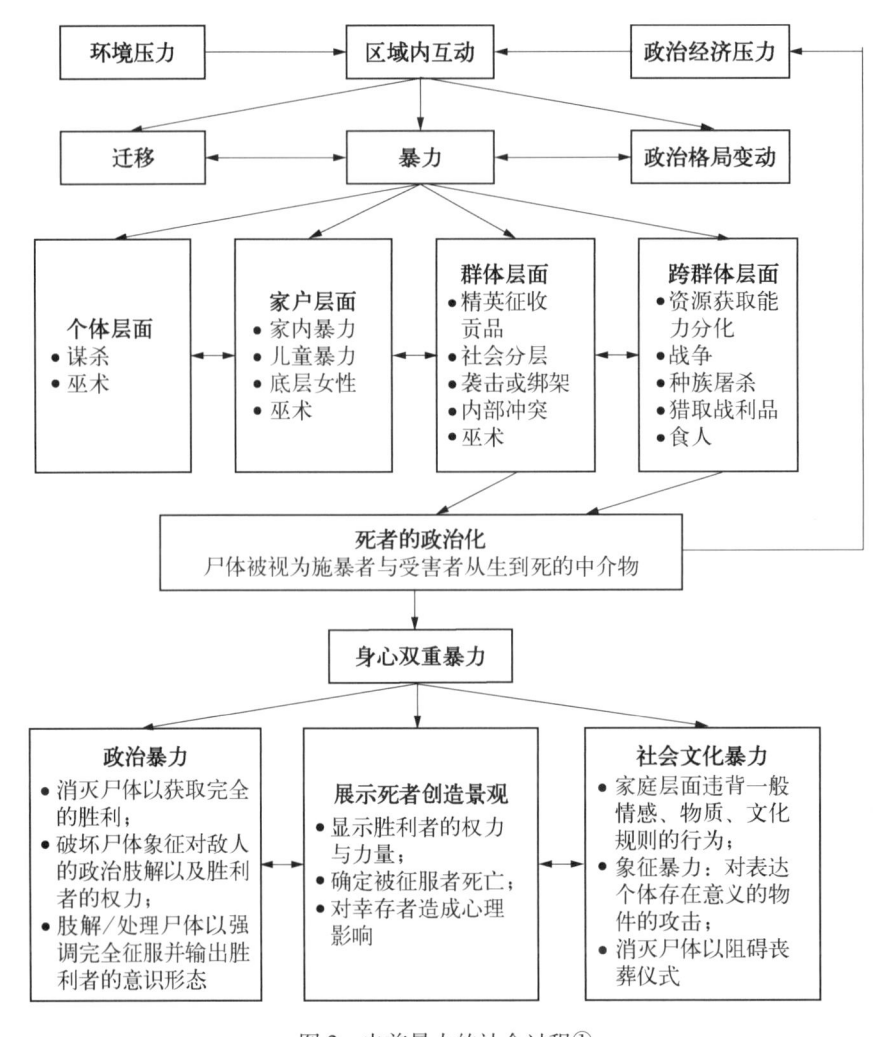

图 2　史前暴力的社会过程①

---

① Ventura R. Pérez, "The Politicization of the Dead Violence as Performance, Politics as Usual," in *The Bioarchaeology of Violence*, 13 – 28.

缺少的一部分,能够显著地提升其功效,并最终制造出能被考古学观察到的特殊景观,如屠杀坑、肢体破损不全、毁墓等现象。暴力行为的运行需要放在社会文化整个系统中考量,因此再次凸显对于考古情境的强调。

客观暴力运行模式的建立,则更需要对考古材料中"蛛丝马迹"的细致观察。这在成熟的不平等社会中相对简单,因其考古信息的丰富程度远比史前遗存高,同时客观暴力的实践也更加充分。对于史前社会,客观暴力的分析很大程度上需要依托于主观暴力的辨认,并进而探讨暴力行为与威望、社会文化、经济模式等社会因素的综合关系。①

总而言之,这些不同的阐释与所面临的材料情境直接相关。研究者常常使用当代意义上描述暴力类型的概念来理解史前的类似现象,并取得了一定的成果。在这些推理与阐释的基础上,我们能大致总结出几种史前暴力现象的基本类型及与其对应的行为阐释模式:

(1) 独立的人际间暴力现象。这类行为通常由个别人骨反映的非正常死亡现象所体现。由于事件的独立性,做出有效阐释相对较为困难。这可能代表着早期小规模社会发生的一起谋杀事件,但也有可能仅仅是一场意外。②

(2) 人骨材料反映的大规模集中暴力现象,如屠杀坑的出现。此类现象的出现往往会引来大量的直接相关研究。当然,对于此现象的解释同样可能是多元的,既可能是宗教仪式的结果,也可能是群体间冲突所致。对遗迹内人骨遗存的全面综合整理是研究此类现象的基础,进一步的分析也需要和社会整体情境相联系。在欧洲考古学中,最典型的案例便是对于中欧距今 7000 年左右线纹陶文化(Linearbandkeramik,简称 LBK)中发现的多个大型异常埋葬坑的分析,其中便出现了食人、战争、屠杀等多种解释。③

(3) 特定社会中暴力现象频率的升高,以及其他反映社会紧张化证据的出现,如防御设施、武器的精细化等。这一现象通常代表了社会发展中冲突阶段的到来,其中的暴力现象可能直接涉及不同社会群体之间的竞争,预示着早期战争的出现。④ 当然,正如以上所讨论,单一的材料在论证这一主题时往往存在争议,而要求综合全面的分析。这也受战争本身的性质所决定,真正的战争涉及的不光是武力,而是整个社会的动员能力与凝聚力,涉及生产与再分配系统、文化意识形态、社会政治行动、组织体系等诸多方面。因此,战争

---

① Timothy Earle, *How Chiefs Come to Power: The Political Economy in Prehistory*, 7 – 8.

② Bérénice Chamel, Françoise Le Mort, Hélène Coqueugniot, Olivier Dutour, and Loic Mindaoui, "Interpersonal Violence or Hunting Accident among the Last Hunter-gatherers? A Flint Projectile Embedded in a Thoracic Vertebra from the Early Neolithic Site of Tell Mureybet, Syria," *Paléorient* 43.2 (2017): 25 – 34.

③ Bruno Boulestin, "Mass Cannibalism in the Linear Pottery Culture at Herxheim (Palatinate, Germany)," *Antiquity* 83.332 (2009): 968 – 82; Christian Meyer, Christian Lohr, Detlef Gronenborn, and Kurt W. Alt, "The Massacre Mass Grave of Schöneck-Kilianstädten Reveals New Insights into Collective Violence in Early Neolithic Central Europe," *Proceedings of the National Academy of Sciences* 112.36 (2015): 11217 – 22.

④ Helle Vandkilde, "Archaeology and War: Presentations of Warriors and Peasants in Archaeological Interpretations," in *Warfare and Society: Archaeological and Social Anthropological Perspectives*, 57 – 74.

常被认为同时具有破坏性与建设性,它的直接结果常常是毁灭;但作为一种威胁却会使社会其他方面得到有效的强化与整合。①

(4)某类特定暴力行为的广泛出现,如某人体部位的缺失及利用。这种现象的出现首先应是宗教仪式性的,而针对不同部位则有着不同的含义。最受关注的现象是头部的缺失,被看作是猎头习俗的反映。② 其他如肢体的普遍缺失,则被看作是食人现象的结果。③

(5)针对特定群体(如性别、族属等)的普遍暴力。这类行为通常与特定的伤害模式相伴,如对于女性所遭受的家内暴力(domestic violence),研究者便从现代案例中归纳出了一套以面部损伤为主,上肢及躯干前侧损伤为辅的统计学判断标准,并成功地运用在了对于美洲大平原区域史前社会的分析中。④ 除了提前建立伤害模型的分析,此类暴力行为的阐释更多地建立在对于不同群体间暴力现象差异的对比上,同时也与经济分工等其他方面的社会情境有所关联。⑤

(6)暴力殉葬与献祭(human sacrifice)。这一暴力现象通常发生在社会复杂性较高的阶段,作为宗教或政治意识形态的核心内容在世界范围内广泛出现。⑥ 对于史前考古而言,相关现象并不多,或是难以得到足够的证据支持其存在。在其他背景材料保存较为完好的美洲地区,也有学者做出了相应尝试。⑦ 在中国,人牲人殉有着极强的社会传统,集中体现在殷商时期。更早的新石器晚期也有许多可能反映此类现象的材料,有较多相关的既有研究,这也将是中国史前暴力研究的一个重要方面。

这些模式的共性是其背后所反映的竞争与冲突,无论是个人间还是不同定义标准的社会群体间,暴力最后的结果大多是某种优势地位与不平等关系的确立与维持,或者对于既有权力关系的反抗。它们之间的差异除了尺度规模与施加对象外,便在于与社会其他方面如生产分配、宗教意识形态、社会文化等的不同联系程度。不同模式之间在许多情况

---

① 伊恩·莫里斯:《战争》,中信出版社,2015年;彼得·图尔钦:《超级社会:一万年来人类的竞争与合作之路》。

② Palmira Saladié and Antonio Rodríguez-Hidalgo, "Archaeological Evidence for Cannibalism in Prehistoric Western Europe: From Homo Antecessor to the Bronze Age," *Journal of Archaeological Method and Theory* 24.4 (2017): 1034–71.

③ Ian Armit, *Headhunting and the Body in Iron Age Europe* (New York: Cambridge University Press, 2012).

④ Shannon A. Novak, "Beneath the Façade: A Skeletal Model of Domestic Violence," in *Social Archaeology of Funerary Remains*, eds. Rebecca Gowland and Christopher Knüsel (Oxford: Oxbow Books, 2006), 238–52.

⑤ Tiffiny A. Tung, "Gender-based Violence in the Wari and Post-Wari Era of the Andes," in *The Routledge Handbook of the Bioarchaeology of Human Conflict*, 333–54.

⑥ Karel C. Innemée, ed., *The Value of a Human Life: Ritual Killing and Human Sacrifice in Antiquity* (Leiden: Sidestone Press, 2022).

⑦ 如 Haagen D. Klaus, Jorge Centurión, and Manuel Curo, "Bioarchaeology of Human Sacrifice: Violence, Identity and the Evolution of Ritual Killing at Cerro Cerrillos, Peru," *Antiquity* 84.326 (2010): 1102–22.

下有着十分密切的联系,如模式(5)针对具体目标群体的暴力最终也可能转化为模式(2)或模式(6)的极端现象。对于实际的暴力现象而言,其表现可能更为多元复杂,也需要更为综合的分析。

六、结　　语

　　暴力是一种定义较为清晰的社会行为,它普遍见于几乎所有人类社会之中。对于狩猎采集者和早期的定居社会,内部暴力是被排斥且边缘化的,它的出现要么是迫不得已,要么是在意识形态外衣下的一种反制与仪式性表达。社会外部的暴力则尚未大规模出现,其对具体社会的影响也尚小。社会的分化与不平等的起源是一个漫长的过程,暴力尽管参与了全程,却只有达到一定阶段后才会逐步迸发出潜力。复杂性的发展最初带来的是异质性,即社会的多元分化,暴力在最初的组织与整合过程中并不是必要的,反而是被压制的。而等到社会规模达到一定程度,单个社群内的个体无法建立相互之间的普遍联系,权力的运作便有了空间,暴力由此化身为一种极为有效的统治工具,这便是作为此后时段研究重点的组织化暴力。这是当前史前研究对于史前暴力的粗线条认识,也是理解史前社会的一个有效向度。对于暴力行为而言,中国的考古材料中还有相当多值得发掘的部分。本文是一个引子,而能更为切实地推动相关研究的则是更可靠的考古信息提取方法和更开放多元的理论阐释。在我们当前的时代,暴力与战争再次成为全球关注的一个核心议题。这一方面增加了当前社会对史前暴力的兴趣,另一方面也显示出暴力研究本身的非凡深度与时代意义。

书 评

介绍一部即将出版的研究中国冶金史著作

李水城

香港中文大学彭鹏教授撰写的《探本寻源：早期中国的铜器冶铸与青铜技艺》(*Origins: Copper and Bronze Metallurgy in Early China*)一书将由阿姆斯特丹大学出版社于近期出版，愿此书早日付梓，以飨读者。

《探本寻源：早期中国的铜器冶铸与青铜技艺》一书对中国早期铜器冶铸与青铜工艺起源这一复杂问题做了全面细致的探索和研究。作者对大量的原始材料和相关文献做了深入分析，并对诸多存在理论偏见或方法论缺陷的传统观点及新兴理论进行了批判和反思。此书的重要之处是不仅关注了早期金属遗存，还深入探讨了青铜冶炼和制作过程，强调社会机制在早期金属器的生产、技术研发与传播中所扮演的重要作用。作者的批判性视角和严谨分析贯穿全书，一系列独特见解给我留下了深刻印象，也为读者全面了解这方面的学术问题提供了全新的理解框架。

本书第一章的导言全面概述了新、旧大陆的早期冶金史，指出了它们的发展轨迹，以及其间的显著差异。作者为此建议，研究全球早期冶金史应避免使用单线或普遍进化理论。作者同时强调，即使聚焦于旧大陆内部，我们在理解冶金史的发展时，也应谨慎看待单线或普遍演化理论，以及单向且笼统的洲际传播理论。在中国的具体背景下，作者提出了以下几个值得深入思考的问题：如冶金究竟是本土发明的，还是主要源于欧亚世界的外部动力？在中国的青铜时代初期，"文化边地"的金属使用者对中原地区二里头文化三至四期（约公元前 1610—前 1520 年）的工业基础是否扮演了关键的角色？中国文明在欧亚大陆冶金的起源和早期发展中扮演了怎样的角色？是哪些因素塑造了这一角色？为回答这些问题，本书将引领读者踏上一段探索早期中国冶金起源和发展的曲折历程。

本书第二章聚焦两项与中国青铜冶金起源密切相关且引人关注的笔墨官司。第一是所谓的"失蜡法"论辩（lost-wax debate）。作者首先对失蜡铸造法做了详细介绍，该技术曾长期被误解为中原地区早期青铜工艺的基本方法。接下来，作者回顾了自 20 世纪 30 年代以来的一些重要研究：1935 年，卡尔贝克（Orvar Karlbeck）发表了一篇具有开创性的论文，尽管最初未受广泛关注，但随着 20 世纪中后期几项具有里程碑意义的研究相继推动，学界逐渐形成共识，认为早期中国青铜器制作主要采用块范铸造法（section/piece-mold process），而非失蜡铸造法（lost-wax process）。现有的考古发现可知，中国最早的失蜡法铸件（至少是不可忽视的早期见证）可追溯到春秋时期（公元前 770—前 476 年）。作者在早前的著作《中国青铜时代的金属制作：失蜡法》(*Metalworking in Bronze Age China: The Lost-Wax Process*)中已否定了过去20年来学界的种种新论,证实中国先秦时期已存在失蜡法铸造的青铜器。本书进一步驳斥了那些试图将早期中国对失蜡法铸造技术的"无知"(注意：这种"无知"在中国青铜时代的某些阶段更可能表现为"无视"或"忽略")作为中国金属工艺本土起源的论据。但这并不是说(如作者谨示)我们可借此"全盘否定中国冶金术的独立起源";作者想表明,早期中国对失蜡法"无知"的论据并不成立,也很难作为支撑中国冶金术独立发生的可靠依据。为此作者就学界对金属工艺体系中的华夏块范法与西方失蜡法的传统二元划分提出了发人深省的批评。基于其师贝格立(Robert Bagley)的早期观察,作者针对这一流传甚久的误解做了阐发,强调东西方真正的区别在于,华夏工匠多依赖模范铸造器物(特别是容器),而外部的西方世界常将金属捶揲成片后进行加工。这一论点便引出了第二个旷日持久的学术论战,即"捶揲法"的论辩(sheet-metal debate)。作者指出,这场论辩与"失蜡法"不同,除非在可预见的未来有重大的考古发现,否则不太可能得出明确的结论。对此我深表赞同。尽管如此,本节的批判性评论和深入分析仍然具有较高的学术价值和吸引力。作者特别指出,假若能发现二里头之前捶揲而成的相关容器,这将会是华夏青铜工艺受到外源(如欧亚草原)影响的一大佐证。

  本书第三章的讨论从中原地区转到了早期中国文化的边地,此即童恩正提出的"边地半月形文化传播带"(Crescent-shaped Cultural-Communication Belt)或罗森(Jessica Rawson)所称的陆上半月"弧"(arc)。本书将考古发现的金属器和冶金遗迹作为重要证据,也是进一步提出研究问题的基础。例如,在半月"弧"及外侧地区(以新疆为例),尽管在一些遗址发现了年代颇早的金属器,但却缺乏与之年代相应的冶炼证据,这引发出一个关键问题：即这些早期金属器是在哪里生产的？本章分析的多组金属器被作者视为区域间互动的指标,颇具见地。经过苦心搜索和细致筛选,作者找到了几个在二里头冶金产业出现之前或与其时代部分重叠、确定掌握冶金术的群体。其中最引人关注的是位于"西北弧"的西城驿(约公元前1880—前1680年)遗址和似继承其冶金传统的四坝文化(约公元前1670—前1530年)。这些考古学文化背后的族群应该完全有能力冶炼合金铜和生产青铜器。"东北弧"和"北弧"内也有几个候选群,如夏家店下层文化和朱开沟文化(二者均活跃于"公元前2千纪的早中期")。依作者之见,虽确定性稍低,但有可能具备冶金的能力。最近,位于北弧的石峁遗址(约公元前2300—前1800年;作者在第五章有详论)颇受学界关注,如果能发现确定的冶金证据,其冶金术应出现在二里头文化之前。对此我们不禁要问,出于西北弧内的冶金业——如西城驿文化、四坝文化,包括生产能力稍不明朗的齐家文化(约公元前2300—前1500年,或许该文化主要负责西城驿文化和四坝文化金属制品的流通？)——是否为中原地区二里头文化冶金产业基础的直接技术来源？北弧和东北弧在二里头文化的冶金产业中扮演了何种角色？考虑到半月弧内部潜在的高连通性(假设最早的冶金活动产生在西北弧),以及"北方地带"(此概念大致涵盖北弧和东北弧)与中原地区和"北方草原"(蒙古高原和南西伯利亚)之间的跨区域互动,很多问题更是由此而生。通过对这些问题的探讨,作者揭示了早期中国和以欧亚草原为代表的外部世界之间,通过半月弧作为过渡地带或中间环节进行文化和技术交流的诸多可能,读罢令人击节赞叹！

第四章着重论述了一个颇有启发的学术猜想：即北弧和东北弧内一些早期金属制品背后的冶金传统（其部分工艺甚或影响了后来的中原地区）至少部分源自北方草原，而并非完全依赖西北弧的技术传递或转化。作者通过反思科瓦列夫（Alexey Kovalev）团队整理的最新的考古发掘资料，并将林嘉琳（Katheryn Linduff）的"内亚视角"应用于冶金考古，更新了我们对内亚冶金景观的理解。此外，作者还以批判性的眼光审视了林嘉琳关于中国及欧亚草原史前黄铜（prehistoric brass）的潜在偏见。结合新的考古证据、研究方法和视角，作者以缜密的逻辑审视了中国与内亚的早期冶金活动的深刻内涵。具体而言，通过考察蒙古史前考古这一有待于深入探索的领域，作者探讨了蒙古草原冶金术的发展及使用金属的重要群体，特别是阿凡纳谢沃（Afanasievo，约公元前 3600/3300—前 2500 年）、切木尔切克（Chemurchek，约公元前 2500—前 1700 年）及新近发现的蒙克哈尔汗文化（Mönkhkhairkhan，约公元前 1800—前 1600 年）。本章的分析表明，蒙古草原的早期冶金活动几乎从未间断，而且多个文化群体都对此有贡献，这一认识让我们对该地区从铜石并用时代到青铜时代的冶金术发展有了更为清晰的理解。作者的分析有理有据，揭示了不同冶金群体之间错综复杂的相互作用，并强调了蒙古草原在欧亚大陆东部早期冶金发展与技术传播中扮演的关键角色，远超以往的认知范围。

第五章旨在探讨早期中国冶金起源面临的诸多争议与困惑。作者首先总结了他的研究与发现，指出技术传播论的部分合理性，并在这一视角下提出将中国视为欧亚大陆世界体系的一部分时，在早期中国可能共存有两种传播机制。第一种机制涉及中国、中亚、蒙古和南西伯利亚各文化群体之间长时段的技术互动。尽管这种互动可能不够稳定，也不显著或不频繁，但长此以往，仍可以有效地促进冶金知识的逐步积累与共享。第二种机制可归纳为快速而直接的远程传播，尤以塞伊玛—图尔宾诺（Seima-Turbino，活跃于公元前 2000 年前后）现象最具代表性，这有可能是将冶金术专业知识引入中国的一大重要动力。作者对这两种机制都进行了深入探讨，并根据现有证据推测，两者在史前时期的作用均不可忽视，它们甚至有可能在同一时段内共同发挥了影响。作者细致审视了现有的一些理论和相关解释，对某些过于极端或简化的论断提出质疑，如某些学者将塞伊玛—图尔宾诺现象视为中国冶金起源的唯一原因。与此同时，作者还对一些草率的鉴定和奇葩的观点提出尖锐的批评，如郭静云（Olga Rapoport）团队在证据不足的情况下，认定长江流域在 4 千纪早期（新石器时代中期的大溪文化，约公元前 5000—前 3300 年）已出现意义重大且影响深远的冶金工艺。作者在本章还强调了石峁所在北弧一带的潜在价值，正如罗森等学者所指出的，石峁似乎是草原冶金向中原传播的关键环节。确实如此，石峁有可能在促进不同文化之间的接触与交流方面发挥了重要作用，这与作者提出的两种冶金术传入中国的机制也并不矛盾。或许这种跨文化的交互还可能促成了青铜时代中国冶金技术和产业格局的重大转变。总之，作者的研究并未局限于中原地区青铜产业本身，而是将其置于更大的背景下，从长时段与多地区的角度探讨早期冶金术在中国的起源和发展，视野广阔，论述严谨。对一些极具争议的金属遗存，如让人百思不得其解、出自中国新石器中晚期的高锌黄铜（出自陕西临潼姜寨遗址，公元前 5 千纪），作者在对其提出合理质疑的同时，仍以开放的心态做了深入探讨。

本书的第六、七两章最引人入胜。其中第六章重点讨论了几个年代异常古老的金属遗存。如最近在新疆北部阿勒泰地区吉木乃县通天洞遗址发现的早期锡青铜。根据考古背景及同层位遗存的放射性碳测年结果,该遗物的年代不晚于公元前3000年,推测它很可能属于阿凡纳谢沃文化。如果该青铜确实是由锡(或其氧化物)与铜(或铜矿)有意识地混合冶炼而成,则有望跻身于全球已知此类铜锡合金最早遗物之列。不过,该样本与年代相似的欧亚大陆锡青铜遗物之间空间距离过大,它是如何出现在如此意想不到的区域?考虑到流动性较强的阿凡纳谢沃群体源于乌拉尔山以西的东欧大草原,并与欧亚草原西侧长期保持联系,作者推测这些人或许并非锡青铜的冶炼者,更可能是这一合金制品的携带者或使用者。进一步分析该锡青铜的微量元素,或将有助于我们确定其矿石产地及生产区域。尽管作者探讨了多种可能性,并对此类问题提出了合理的猜测,但又始终强调在证据有限的情况下应保持审慎的态度。通天洞的新发现与在中国境内发现的另一件古老的铜锡合金(甘肃东乡林家遗址的青铜刀,约公元前2800年)相映成趣,也增强了彼此的可信度。值得注意的是,在欧亚大陆西侧,此前一些年代过早的锡青铜最近也得到了确认,其重要性被作者敏锐地捕捉到,并做了详细阐述。这批合金铜标本出自东南欧的巴尔干地区,年代比传统主流论述确认的最早锡青铜(不早于公元前4千纪末)要早1000年以上。如最近在温查文化(Vinča)某遗址出土的一件锡青铜被确定为公元前5千纪中期,为巴尔干铜锡合金的早期存在提供了确凿的年代证据。研究表明,这些合金制品并非由铜(无论是金属还是矿物)与锡配炼合成,而要归功于该地区地下蕴藏的含铜锡矿,其生产过程与沃尔泰姆(Theodore A. Wertime)论述的合金砷铜(copper-arsenic)冶炼没有本质的差别。新疆通天洞(及甘肃林家)遗址的锡青铜是采用这种古老的方式冶炼的,还是采用了青铜时代更为流行的合金工艺?审慎的作者未给出明确结论。根据现有证据,两种可能性均无法轻易排除。

  巴尔干地区的早期锡青铜也让作者联想到新石器时代中国一种极具可比性的非凡合金,即出土于陕西临潼姜寨的高锌黄铜(约公元前4700—前4000年)。作者同时也重点探讨了巴尔干青铜与姜寨黄铜的显著相似,彰显了本书在宏阔视野下所做的深入且有据的类比分析。尽管它们出现在欧亚大陆两侧,相距甚远,但两类合金却有一些耐人寻味的相似之处。比如,其年代均被判定在公元前5千纪,年代之早更是令人刮目。此外,两者的合金成分惊人,初成时皆应金光闪闪,而且冶炼难度极高,在当时皆有不可低估的技术挑战。由于篇幅所限,本文无法逐一详述作者在这方面的分析,但需要强调的是,艺术/审美追求或许是欧亚大陆两侧这类非凡合金产生背后的重要诱因。

  作者在第七章进一步探讨了这一动因,在比较以姜寨黄铜为代表的对合金色泽的独特追求时,主张要从多地区和跨文化视角来审视中国青铜时代的冶金技术发展,并将以二里头为代表的中原地区冶金术的崛起和二里头冶铸技术的革命性转型纳入这一背景进行讨论。作者认为,如果自新石器时代晚期(甚至中期出现的姜寨黄铜)以来,中国境内的冶金术一直孤立发展,那么它与欧亚外部世界间的技术特征差异理应随时间推移更为明显。然而,欧亚各地的合金成分突然趋同,特别是包括中国在内的多个地区锡青铜技术在短期内骤现,亟须给出解释。尽管一些学者将这种趋同归因于冶金在化学上的某种普遍性,但冶金实践毕竟涉及人类的主观能动性。在本书的第一章,作者基于新大陆的实证材料,已有力地否定了全球冶金发展的单线性和普遍演化理念的有效性。针对以锡青铜为代表的欧亚冶金趋同现象,技术扩散应是目前最合理的解释,来自欧亚草原的技术刺激对中原地区青铜时代的形成与冶金产业的建立至关重要。此外,作者还受到乔姆斯基

(Noam Chomsky)的语言学和人工智能核心机制的启发,主张以"转换—生成"(transformational-generative)理论的新视角深入探讨本土的文化基因与内部动力,特别强调了华夏地区史前时期高度发达的制陶与治玉技术对青铜生产的刺激与重要推动。这一研究理念不仅有助于了解技术发展的复杂性,还能揭示多种技术间的相互影响,进而丰富我们对早期冶金实践的认识。

展望未来,作者或可在此基础上进一步关注社会经济和贸易在冶金发展及区域互动中的潜在作用。与铜冶金的出现类似,早期中国冶铁技术的不同传统及起源同样存在诸多亟待解决的问题,两者之间的比较研究和探索或许会带来意想不到的启发与收获。此外,本书的个案研究对深入理解早期文明中技术与艺术的关系,以及它们在发明、创新与传播过程中的互动关系,也具有重要的学术价值。期待越来越多的学者从艺术与审美动力的角度探讨冶金之外的技术史。这类研究不仅有助于揭示人类的创造力、技术与艺术间的复杂联系,也将加深我们对技术、艺术、产业与文明之间关系的理解,有望推动考古学、科技史与艺术史的跨学科研究。

本书通过深入探讨早期中国冶金术的起源,展示出作者扎实的学术功底、出色的批判性思维和敏锐的学术洞察力。依我之浅见,本书的最大贡献在于系统探讨了早期中国冶金传统的多样性及其多层次的起源,开辟了研究中国与欧亚外部世界技术互动的新视角。本人深信,此书不仅将为未来研究提供坚实的参考框架与诸多创见,亦有望对相关研究领域的范式拓展产生积极而深远的影响。

经典论文翻译

2050年：人类科学时代的来临[①]

布赖恩·费根（Brian Fagan）著

陈淳、张萌译（复旦大学文物与博物馆学系·科技考古研究院）

到2050年,1980年代的考古学将显得神秘而遥远,就像海因里奇·谢里曼（Heinrich Schliemann）和弗林德斯·皮特里（Flinders Petrie）的考古学世界对于我们今天而言一样遥远而不同。我们的后继者会羡慕我们脚下丰富的考古记录,但他们也会责怪我们没有做更多的工作来阻止其损毁。他们不得不与一种记录打交道,它们只是我们今天身边记录的苍白反映。他们大部分的探查工作不得不在博物馆和图书馆里进行,利用20世纪获得和编撰的藏品和记录。幸运的是,考古方法的革命,特别是遥感技术和计算机的使用,将弥补一些损失,使他们能够在不扰动未发掘遗址的情况下获取信息。我们的后继者也会尊重我们对独特考古学理论的持续探索,无论这种探索在我们看来多么令人沮丧。19世纪和20世纪见证了许多惊人的考古发现。我们发现了苏美尔人和亚述人的世界,特洛伊、迈锡尼和克诺索斯,玛雅文明以及最近秘鲁沿海的莫切黄金墓葬。我们发现了中国的帝陵,并在东非发现了重要的早期古人类化石。今天,我们已经没有更多的失落文明可以发掘,也不可能有像过去那样多的轰动发现。尽管21世纪肯定会看到戏剧性的发掘和令人激动的发现,但奥斯汀·亨利·莱亚德（Austen Henry Layard）和亚瑟·伊文斯（Arthur Evans）的时代已经一去不复返。

21世纪将是小物件的世纪。一些最重要的发现不是来自大型发掘,而是来自长达数月的对最微小线索的耐心侦查工作——一段金线、一把石刀、几块碎骨、一些微小的花粉颗粒。60年后,我们的同仁将会珍视我们将科学技术用于考古学的粗浅努力。从这些先驱性的努力中,将产生一系列的高科技应用,使未来的考古学家成为真正的科学猎手。微量元素分析、放射性碳断代和同位素分析只是一个开始。21世纪考古学将见证技术的奇迹,如探地雷达探测和非常复杂的石器微痕分析,这将令我们对过去人类行为的细节有惊人的洞见。

这个词就是细枝末节。我们的前辈在一个世纪前,甚至在最近,进行了大规模的发掘。伦纳德·伍利（Leonard Woolley）在乌尔雇用了数百名工人;墨西哥的特奥蒂瓦坎城

[①] Brian Fagan, "A.D. 2050: The Science of Humankind Comes of Age," *Archaeology* 1989, 42(1): 22-4.

是用一小队工人修复的。伍利和他同代人是文艺复兴式的考古学家,用他们的行家之手完成了各种任务,从修复苏美尔的竖琴到撰写乌尔城生活的通俗描写。今天的考古学家是专家,而他们培养的学生在未来的岁月里将追求更加专业的知识。因为我们的后继者将是高度专业化的,我们希望他们避开过度专业化的陷阱,不要用过细的镜头来观察过去。

考古学不再是探险英雄和一门心思的发掘者连续数周单打独斗的一门学科。它涉及团队工作,多学科专家一起通力合作,从田野开始一直延续到实验室。虽然这样的项目仍然少见,但它们显然证明了价值。一个国际研究小组正在东非图尔卡纳湖附近重建远古人类的环境、生活方式和文化。宾夕法尼亚州立大学的威廉·桑德斯(William Sanders)和一个多学科的同事团队经过多年工作,对墨西哥盆地的史前栖居模式的变迁进行了出色的勘查。在从植物学到近东钱币等领域的专家的协助下,乔治·巴斯(George Bass)正在发掘土耳其南部海域一艘青铜时代的船只。21 世纪,这种团队合作将成为常态而非例外。

"二战"后的岁月告诉我们,考古学不仅研究史前人类和古典文明。相反,考古学是了解人类史前和历史各个时期的一扇窗口,不仅揭示了 200 万年前东非草原上的生活,而且也为时间尺度另一端的现代物质文化提供了新的洞见。

到 2050 年,和人类学一样,考古学将成为历史研究不可分割的组成部分,与文献和口述传统一样成为历史学家的工具。历史编年学这种不断扩展的革命迹象已经初露端倪。例如,它们反映在一些历史考古学的项目中,比如德·索托(de Soto)在美国南部的旅行和南希·法里斯(Nancy Farris)关于殖民统治下玛雅人生活方式变化的杰出工作。

18 世纪和 19 世纪是民族主义的世纪。也许 21 世纪将是全球的世纪,这个时代,饥荒和环境退化等基本的世界性问题让人类走到一起,以解决共同关切的紧迫问题。当然,21 世纪将见证世界史前史研究作为一种全球现象而发挥其作用,从而减少对过去的民族中心主义的阐释。

考古学在 21 世纪中期将发挥何种作用?是否大多数人仍然认为它是一种奢侈,一种休闲的消遣,甚至供有闲者和富豪们享受的一种娱乐?20 世纪后期扭曲的价值观(将搜寻陶器和非法收藏视为令人艳羡的爱好)是否依然会流行?抑或考古学将被视为人文科学,是我们研究数千年历史中人类行为和人类多样性的主要途径之一?

尽管现在挽救大部分的考古记录免遭破坏可能为时已晚,但有许多迹象表明,考古学正在人类社会中发挥新的重要作用。它已经为成文史提供了新的视角,并重建了非洲、亚洲和美洲许多地区的历史,而这些地区的文字记载仅始于一个世纪之前。

60 年后,学校和大学的课程将把我们的祖先和史前时代作为我们人类集体遗产的一部分。各个时代的考古遗址将不只被看作是发现人工制品的地方,而是有关古人行为无价信息的宝藏。我们会意识到,对人类根本行为的诱人感悟来自对其长期的观察。这种感悟只能来自考古记录,不管它多么不完整。考古学也将成为全球经济的一个重要支柱,促进旅游业的发展,并通过精心保护的古迹收入来支持整个国家。这些遗址也将成为我们共同文化和知识遗产的重要象征。它们将加强我们人类大同的意识,并使我们更清楚地认识到我们何以如此行事——彼此之间的关系以及我们与周围各种自然环境的关系。

2050 年,过去将为现在和未来服务。考古学将成为人类真正的开创性科学之一。

一门濒危科学的希望[1]

罗伯特·邓内尔（Robert C. Dunnell）著

陈淳、张萌译（复旦大学文物与博物馆学系·科技考古研究院）

从表面看，考古学是一门健康而富有活力的学科。今天，从业考古学家比以往任何时候都多；考古田野工作和分析的经费投入也远超10年之前。借助自然科学和技术进步之力，考古学家们干得风生水起。

这些成果真实而可观。但从学理看，考古学麻烦不小，这种困境已缠绵了一个多世纪，现已达到了危机的地步。在这一严重威胁的背后是考古学理论和方法的缺陷。

考古学一直渴望成为科学。19世纪著名学者如赛勒斯·托马斯（Cyrus Thomas）和威廉·亨利·霍姆斯（William Henry Holmes）就曾感叹，考古学还不是一门"精确的科学"。过去20年中主导该行业的所谓"新考古学"，是希望考古学成为科学的最新肯定。这种愿景在考古学著作广泛采用的书名上得到了较为清晰的表述：《考古学的解释：明确的科学方法》（*Explanation in Archaeology: An Explicitly Scientific Approach*）和《考古学解释：考古学的科学方法》（*Archeological Explanation: The Scientific Method in Archaeology*）。简言之，考古学要想生存下去，就必须成为一门科学。然而，将考古学置于坚实科学基础上的尝试却失败了。

经过几十年的讨论，考古学的失败最明显的证据莫过于未能提高考古学解释的质量。"古典玛雅崩溃"就是一个极佳的例子。自从考古学家注意到佩滕地区古典玛雅的突然终结，他们一直试图寻找原因。他们提出了许多解释，从气候变化到生态失衡，到社会或政治动乱，再到战争和迁移。但我们仍然没有肯定的理由去选择一种解释而非其他。其他"大问题"也是如此，例如农业起源或文明的兴起。因此，当我们看到考古学解释快速变化时，我们必须反躬自问，考古学的"解释"是否只是一些想当然的故事。

对这个问题有各种反应。许多致力于科学方法的考古学家退缩到地质考古学、动物考古学和考古科技（archaeometry）等子学科中，这些学科是由非考古学的知识提供基本理论的。其他人则退缩到考古学理论的解释"学派"中。我们现在有生态学、经济和人口压力的方法，仅为几例，但没有令人信服的理由偏向一种而非其他。在大多数情况下，这些

---

[1] Robert C. Dunnell, "Hope for an Endangered Science," *Archaeology* 1989, 42（1）：63-6.

不同流派延续了对科学的传统追求,但在过去10年里,有些流派(结构主义和象征性方法)已经完全放弃了科学的方法论。无论我们如何描述它的各个部分,1980年代的考古学比以往任何时候都处于更大的学理混乱之中,它对科学的百年承诺正在减弱。我们现在如何处理这个问题——缺乏解释考古记录的科学基础——将决定下个世纪考古学的走向。

考古学的未来可能在于进化论。考古学家和人类学家现在已经迈出了重塑进化论的第一步,将我们的文化概念重新定义为类似于遗传学的性状传递过程。生物进化的主要特征源自1930年代达尔文理论和遗传学的结合,遗传学提供了达尔文系统陈述中所缺乏的性状传递机制。然而就人类而言,最重要的特征传递不是通过遗传,而是通过文化来实现的。传统上,文化被认为是特征(信仰、语言、技术)的一种结构,而在进化论中,它成为一种性状代代相传的机制。

然而,我们不能简单地用这种新方法来重新解释早期研究的结果。这是因为考古学家传统上对考古记录采取类型学的观点,将器物和组合划分为类型或种类。由于这些类型学是基于器物之间的共性,它们倾向于记录共性而漠视差异。由于进化机制如自然选择是以变异为基础的,所以我们的考古学"事实",即我们对器物和组合的描述是有缺陷的。对考古记录的重新描述不仅是一个令人担忧的前景,它还是一项令人生畏的体力活。但是,如果我们想要有一个以进化论为基础的科学考古学,就必须这样做。

我们从事考古的方式,从如何做田野工作到如何分析发现物,都需要做出重大改变。在未来的50年里,田野和实验室里采用的方法有望发生巨变。我们已取得的一个重要进展就是认识到,考古记录不仅是人类活动产生的,而且是由我们称之为形成过程的各种原因造成的。其中最主要的是土壤形成、风化、侵蚀以及动植物的干扰,所有这些都会对我们的发掘物产生巨大影响。人们刚刚才开始理解这种认识的意义。例如,我们不能再认为,在一个坑穴或房屋建筑中发现的物品必然告诉我们这些建筑是何时或为何使用的。这种认识迫使我们质疑先前的阐释,即我们现在承认它们是幼稚的。从长远来看,考古学家必须更加谨慎,收集更多的信息,包括野外观察和器物分析,以确定物品和建筑的共生关系是否有意义,或只不过是凑巧的形成过程的结果。

考古学有一个普遍的趋势,即提取更多的物件,并关注更小的物品。这一趋势将会加速,50年后,从两毫米到离子大小的物件将成为考古研究的主干。现在大多数研究聚焦的较大物件,将在阐释中发挥补充作用。

在21世纪,曾经是考古学标志的发掘工作,只有穷尽了所有其他获取材料的手段时才会被采用。这种转变已经开始,这是我们对考古记录的理解和保护考量进步的结果。遗址形成研究已经证实,遗址地表发现的器物准确反映了掩埋的堆积。因此,地表调查可以以较低的成本提供较大区域遗址的信息,同时不会破坏考古记录。与此相反,发掘费用高昂,并会破坏考古记录,至多只能获得几处相距遥远遗址的具体细节。

我们对地表沉积的更多关注将改变我们对考古记录的观察方式。遥感是一个新兴的领域;我们已经使用航照和其他手段,如探地雷达来确定遗址的位置并研究它们。未来的研究致力于发现为何遗址会产生不同的航空"标记",以及我们如何从遥感数据中提取更多的信息。例如,标示遗址的植被差异,不仅是由湿度条件和土壤中有机物的数量造成的,还与土壤化学有关。也许我们能利用植物覆盖所反映的土壤化学信息,来知道有关遗址的更多情况。卫星和航天飞机图像对考古学家很有吸引力,但其用途仅限于大范围考古现象(如道路)和一般的环境研究。传感器分辨率的提高和新型的传感器(特别是在微波范围内)有望使卫星图像的用途更加广泛,尽管它不会取代中距离和近距离的传感。

包括在遥感范围内的各种技术被用来研究地下沉积物,以最大限度减少或免于发掘的需要。即便现在电阻率和磁力测量被证明是可以提供有关地下沉积数据的田野技术。探地雷达是一项前途无量的新技术。在未来,图像分辨率的提高和新型传感器的应用将增进遥感技术的效用。近期的主要改进可能在于对这些技术产生的信息做计算机辅助分析。摄影测量学(使用照片和图像的度量特征)在其他学科中发展很好,但几乎没有用于考古学。任何在图像中清晰显示的东西都可以进行三维测绘;由此,摄影测量学可以用来提高考古测绘的精度,同时大大降低成本。这对大型遗址的影响最大,因为利用摄影测量和遥感技术,只需花费比小型遗址稍高的成本就可以对其进行测绘和分析。近距离摄影测量将取代现在构成大部分发掘记录的平面图和剖面图;照片是一种永久记录,可以随考古知识的增长进行分析和再分析。

考古学也将得益于普遍的技术进步。我们已经见到电子测距仪(EDMs)和激光传感器取代了传统的勘测设备,扩大了地面测绘的范围,同时提高了精度。劳动力成本是今天发掘的一个制约因素,所以如果经济条件许可,机器可能会在21世纪完成大部分常规的考古"工作"。当然,很多技术已经存在,农业设备甚至提供了一些原型(如用于地表采集的采石机)。

测年是许多考古研究的核心,而目前的测年方法基于其他科学,通常是化学或物理学。我们将继续努力优化诸如加速器放射性碳测年和树木年代学的测年方法,并开发涵盖人类存在整个时期的方法。目前的测年方法有其局限性。例如,对木头或骨骼样本进行放射性碳测年,只能为动植物的死亡时间断代——也即样本与大气中的碳分离的时间。它不能为出土木头或骨头的沉积物或与样品共出的人工制品断代。热释光测年法(TL)和黑曜石水合法是两种可能在2050年之前大显身手的方法。该方法测定某物体最后一次被加热的时间,如一件陶器烧造的时间。黑曜石水合法则是通过黑曜石工具新打制的刃缘等新鲜表面的吸水率来确定其日期。虽然热释光和水合测定已经在使用,但若要变得更普遍有用,两者都需要进一步发展。利用蛋白质转变——氨基酸和胶原蛋白的衰变——来测年,前景似乎不如上述方法更好,至少近期内如此。

通过采用更多的方法,考古学家能将更多种类的器物纳入绝对年代学的开发中。新技术也将减少对类型学断代的依赖。这对遗址形成研究的进一步发展和对考古学中采用进化论至关重要,因为前者对器物和封闭沉积物进行独立断代非常关键,而后者因为依赖出土的典型器物进行断代,来凸显作为变迁机制的历史联系(人群的迁移或技术的传播)。

考古学实验室分析的发展,将采用来自材料科学、工程和硬科学的技术方式。考古学家已经采用的材料分析的进展通常被贬为"专攻",并被视为可有可无。因此,这些进展没有整合到考古学解释的主流之中。对这一保守方面必须做巨大的改变。随着对材料在制造和使用中的表现有更好的了解,我们能够更好地区分功能和形制的变化。许多目前被认为是形制的特征,比如陶器羼和料的选择,可能会被证明是由技术和功能制约的。

所有的考古学家都知道廉价电脑对考古分析的影响。电脑无疑将继续承担越来越多重复和烦琐的分析工作。新一代科学设备对用户十分友好，人们无需成为物理学家就能完全胜任元素分析。另一方面，目前在考古学中，对电脑技术的迷恋（如大部分计算机制图）似乎是有了唾手可得的新玩具便可制作，而非真正专为考古学所用。较大程度上说，只有更好地集中在考古分析本身才能定义电脑技术的作用。

我所概括的21世纪考古学的广泛愿景，只是考古学可能采取的一条道路。这条道路或某些类似方案实现的可能性有多大？我们考古学的人文传统和简单的惰性，即"依然故我"的态度，是科学考古学的巨大障碍。尽管如此，我还是猜测考古学会采用科学的方法论，原因有二。

政府和企业为文化资源管理或"抢救考古"投入百万计的美元，联邦资金也支持许多研究性发掘。这已经提高了考古学家责任的层次——不仅在他们的学术同行中，对公众也是如此。但是，我们应该记住，所有的文化价值，包括目前赋予遗产和过去的价值，都是短暂的。我们能否认为，公众对文化遗产的承诺会持久，即使21世纪的经济条件愈加紧缩？知识，即使没有直接的实际用途或大众吸引力，也比我们目前提出的过时解释更容易作为保护考古遗址的辩护理由。私下以为，大多数考古学家都现实得足以将考古学再次转向科学的方法论，尽管这需要巨大的努力。在公众对考古学的同情和资助被取消之前，这项任务能完成吗？

有利于科学考古学的第二股力量，是考古学家和公众都意识到考古记录是一种不可再生的资源。大多数考古调查方法都会对考古记录造成不可挽回的破坏，而今天所做的有关哪些东西会或不会被记录、保存或调查的决定，将影响21世纪考古记录的内容。尽管保护伦理在这个行业中并不像人们所希望的那样流行，但认识到将考古管理决策与短暂学术时尚和文化价值观绑在一起的有害影响，将使许多考古学家接受科学考古学所提供的较少价值约束的理由。

如果考古学继续沿着人文主义的道路发展，我预计它将沦为一种晦涩难懂的学术追求，其发展轨迹与20世纪的语言学并无二致。另一方面，如果考古学能成功实现百年来的科学追求，那么它将成为一门富有活力且令人激动的学科。考古学可以在拓展历史科学和为我们生活的世界提供新的理解上发挥关键作用。无论考古学走哪条路，有一点是明确的：21世纪的考古学将与目前的实践没有什么关系。

再观史前史：改变考古学景象的书籍[①]

科林·伦福儒（Colin Renfrew）著

陈淳、张萌译（复旦大学文物与博物馆学系·科技考古研究院）

  1940年代末和1950年代，欧洲考古学的所有学生都必须努力面对当时传统学术中令人印象深刻的严谨与关注，以及围绕考古学某些重大议题真正的问题意识。因此，我发现自己一度对戈登·柴尔德（V. Gordon Childe）的《欧洲的史前迁移》（*Prehistoric Migrations in Europe*, Oslo：Aschenaug, 1950）感到着迷，并表示了反对。其中，柴尔德在他漫长的职业生涯中最后一次审视了欧洲史前史，并再次将其与仍未解决的印欧语系的起源问题联系起来，这个问题显然可以上溯到史前时代，现在仍在欧洲大部、伊朗、巴基斯坦和印度北部使用。我一直深受至今仍是所有考古学中最具挑战性工作的启发，柴尔德的《人类创造了自身》（*Man Makes Himself*, London：Watts, 1936年第一版, 1956年第三版）设法解释文明是如何在近东起源的。文化特征只是从一个社会传播到另一个社会的设想，现在大体已被摒弃，这也使得柴尔德的大部分工作变得十分陈旧。当我在剑桥大学学习科学时，曾读过理查德·布雷思韦特（Richard Braithwaite）的《科学的解释》（*Scientific Explanation*, Cambridge：Cambridge University Press, 1953）和卡尔·波普尔（Karl Popper）的《科学发现的逻辑》（*Logic of Scientific Discovery*, London：Hutchinson, 1959）。与放射性碳断代一起，考古学可以像其他系统学科一样采用推理框架的想法，是一股新潮流。任何人都可以看到，需要新的方法和新的哲学，并与一种更广阔的世界观相伴。

  最有效地提倡所谓新考古学连贯方法的两本书，是路易斯·宾福德和萨莉·宾福德（Lewis Binford and Sally Binford）的《考古学的新视野》（*New Perspectives in Archeology*, Chicago：Aldine, 1968）和同年出版的戴维·克拉克（David Clarke）艰涩难懂的《分析考古学》（*Analytical Archaeology*, London：Methuen, 1968）。虽然这些书重新定义了考古学理论，主张明确使用模型，但1960和1970年代的考古学思想变革的大部分基础工作，来自那些不自觉具有理论抱负的学者。战后首次将环境科学纳入考古学研究的大型区域性田野项目，很可能是罗伯特·布雷德伍德（Robert Braidwood）和布鲁斯·豪（Bruce Howe）的《伊拉克库尔德斯坦的史前调查》（*Prehistoric Investigations in Iraqi Kurdistan*,

---

[①] Colin Renfrew, "Re-examining Prehistory：Book that Altered the Archaeological Landscape," *Archaeology* 1998, 51 (5)：87-9.

Chicago：Oriental Institute，1960）。在近东，紧随其后的是罗伯特·亚当斯（Robert Adams）、弗兰克·霍尔（Frank Hole）和亨利·赖特（Henry Wright）所做的调查。在新大陆，则是理查德·麦克尼什（Richard S. MacNeish）对墨西哥特瓦坎河谷玉米驯化的分析、雷内·米隆（René Millon）在特奥蒂瓦坎和墨西哥谷地的调查，以及肯特·弗兰纳利（Kent Flannery）在瓦哈卡的工作；然后是在地中海地区的一批密集的勘查。

放射性碳革命打破了以设想器物和建筑风格共性为基础的欧洲史前史传播论年代学框架。通过对世界各地的年代加以比较，格雷厄姆·克拉克（Grahame Clark）在《世界史前史》（World Prehistory，Cambridge：Cambridge University Press，1961）中首次提出的一种全球观成为可能。这本书是将澳大利亚、东南亚和非洲史前史纳入跨大西洋视角的开山之作。当时的另一个特点是，人们真切希望从个案研究的比较中了解文化如何变迁，最好的例子就是《城市社会的演进》（The Evolution of Urban Society，Chicago：Aldine，1966），这是罗伯特·亚当斯对美索不达米亚和中美洲的研究。遗憾的是，除了布鲁斯·特里格（Bruce Trigger）之外，今天很少有人提倡这种观点。

建设性自我反思的倾向并不限于新考古学。它以格林·丹尼尔（Glyn Daniel）为先驱，他的《史前的思想》（Idea of Prehistory，London：Watts，1962；第二版，Glyn Daniel and Colin Renfrew，Edinburgh：Edinburgh University Press，1988）仍充满了我们看待过去的性质不断变化的洞见。戈登·威利（Gordon Willey）和杰拉米·萨布洛夫（Jeremy Sabloff）的《美洲考古学史》（History of American Archaeology，London：Thames and Hudson，1974；second edition，1980）、特里格的《考古学思想史》（A History of Archaeological Thought，Cambridge：Cambridge University Press，1989），和阿兰·施纳普（Alain Schnapp）的《发现过去》（Discovery of the Past，London：British Museum，1996）等著作，都是这种看法的重要后继者。

这些著作以及其他许多著作塑造了20世纪下半叶的思想氛围。包括抢救工作在内的公共考古学的兴起是另一股强大的力量，但我想不出有哪本书能概括和调查这一强大的运动。在最近有关考古学理论的争论中，有一种反对早期新考古学"科学主义"倾向的趋势。伊恩·霍德（Ian Hodder）对一些缺点做了最好的概述，他也极为清晰地分析了物质文化（包括人工制品）在社会中所发挥的积极作用。霍德也是为数不多的从社会人类学中汲取积极灵感的考古学家之一，他采取今天的民族志研究如《现在的过去》（The Present Past，London：Batsford，1982），并试图开发一种连贯的方法来对付令人头疼的阐释问题，就如在《阅读过去》（Reading the Past，Cambridge：Cambridge University Press，1986；第二版1991）一书中所见。在英国考古学中，理查德·布拉德利（Richard Bradley）开发了一整套有趣的新问题和新方法，例如在《武器之路》（Passage of Arms，Cambridge：Cambridge University Press，1990）一书中，他以一种富有启发性的方式分析了窖藏文物的意义。但他们的许多追随者又陷入了相对主义和特殊论的大海，缺乏方法论来说明这些器物使用的象征意义以实现他们更大的抱负。但是，所谓的认知—过程考古学赓续了早期新考古学的愿景，其中给予思想的作用和符号的功能以应有的强调。肯特·弗兰纳利和乔伊斯·马库斯（Joyce Marcus）坚持这种意向，同时成功地发展了认知的维度，这可以《中美洲早期村落》（The Early Mesoamerican Village，New York：Academic Press，1976）和《云中人群》（The Cloud People，New York：Academic Press，1983）为例，正如来自不同学术传统的巴里·坎普(Barry Kemp)在《古埃及:剖析一个文明》(*Ancient Egypt: The Anatomy of a Civilization*, London:Routledge, 1989)所做的那样。

目前,我认为考古学和考古学思想面临着两个巨大的挑战,二者都没有得到解决。第一个挑战是对世界文化、语言和遗传多样性做出连贯的说明,在这种多样性往往与偏执和歧视相伴的世界里,这是一项具有当代意义的任务,哈维尔·佩雷斯·德·奎利亚尔(Javier Pérez de Cuellar)的《我们的创意多样性》(*Our Creative Diversity*, Paris:UNESCO, 1995)中提到了这一点。梅里特·鲁伦(Merrit Ruhlen)在《世界语言指南》(*A Guide to the World's Languages*, Stanford:Stanford University Press, 1991)中对世界语言多样性的惊人范围做了极佳的总结,罗伯特·狄克逊(Robert M.W. Dixon)的《语言的兴衰》(*Rise and Fall of Languages*, Cambridge:Cambridge University Press, 1997)令人看到,当历史语言学中的陈旧假设受到质疑时,语言史前史的理解就会出现新的机会。阿哈隆·多尔戈波尔斯基(Aharon Dolgopolsky)的《诺斯特拉大语系与语言古生物学》(*Nostratic Macrofamily and Linguistic Palaeontology*, Cambridge:McDonald Institute for Archaeological Research, 1998)提供了这样的洞见,即如果某些仍然很不确定和有争议的假设接受存在各种语系的推想,那么就会有考古学的价值。

在路易吉·路卡·卡瓦利—斯福扎(Luigi Luca Cavalli-Sforza)、保罗·梅诺兹(Paolo Menozzi)和阿尔贝托·皮亚扎(Alberto Piazza)的巨著《人类基因的历史和地理》(*History and Geography of Human Genes*, Princeton:Princeton University Press, 1994)中含蓄地提到了采用分子遗传学所产生的某些可能性。但是,今天真正的进展来自DNA研究,而非他们主要采用的传统遗传标记如血型。

第二个挑战是更好地促进对人类认知发展的理解。学界开始理解导致我们这个物种出现各种过程中的一些问题,在保罗·梅拉斯(Paul Mellars)和克里斯托弗·斯特林格(Christopher Stringer)的《人类的革命》(*Human Revolution*, Edinburgh:Edinburgh University Press, 1989)一书中做了阐述,但是梅林·唐纳德(Merlin Donald)的《现代思维的起源》(*Origins of the Modern Mind*, Cambridge:Harvard University Press, 1991)首次连贯解决了有关认知变化的根本问题,即人类的思维过程。有关更复杂思维模式发展的真正有趣的部分是,在我们自身物种出现之后,认知考古学的发展尚未理出头绪。手头可能有些工具,例如哲学家约翰·塞尔(John R. Searle)的《社会现实的构建》(*Construction of Social Reality*, London:Allen Lane, 1995),强调支撑社会结构的"制度事实"(institutional facts),但这是一项有待于21世纪完成的任务。

人与物之间的纠缠:一个长时段的视角*

[英]伊恩·霍德著（美国斯坦福大学人类学系）
刘　岩译（北京师范大学历史学院）

最近几十年以来在人文、社会科学中,学者们的关注点已经"重新回到了物的身上",①这同之前对表达(representation)的关注,以及学术界长期以来一直存在的将主体与客体、精神与物质相分离的学术传统形成了鲜明的对比。举例来说,美国文学家比尔·布朗(Bill Brown)就一直提倡一种"物的理论",②同时哲学家唐·伊德(Don Ihde)的"物质材料阐释学"就反对实证主义和解释学之间的对立,并探索了技术和机器是如何影响我们从事科学研究以及看待万事万物的方式的。③ 在科学史上,相似的观点由史蒂文·谢平(Steven Shapin)以及西蒙·谢弗(Simon Schaffer)对波义耳(Boyle)的实验中所用到的真空泵进行研究时提出的。④ 同显微镜和望远镜一样,真空泵可以让人们发现新的事物。从行动者网络理论(Actor-Network-Theory),到人类学中对我们当代生活中的物质性(materiality)以及数量不断增多的"实物"的阐述,再到对看似受人摆布的事物的能动性(agency)、活跃性(vibrancy)以及活力(vitality)的探讨,各种不同的视角都集中在同样的观点上,那就是主体和客体、思维和物质以及人与物之间相互创造

---

* 本文译自 Hodder, I., "The Entanglements of Human and Things: A Long-term View," *New Literary History* 45 (2014): 19-36。本文经原作者推荐,翻译得到作者授权。

① Candlin, F., and Guins, R., *The Object Reader* (London: Routledge, 2009); Domanska, E., "The Return to Things," *Archaeologia Polona* 44 (2006): 171-85; Preda, A., "The Turn to Things: Arguments for a Sociological Theory of Things," *The Sociological Quarterly*, 40.2(1999): 347-66.

② Brown, B., *A Sense of Things: The Object Atter of American Literature* (Chicago: University of Chicago Press, 2003).

③ Ihde, D., *Expanding Hermeneutics: Visualism in Science* (Evanston, IL: Northwestern University Press, 1999).

④ Shapin, S., and Schaffer, S., *Leviathan and the Air-Pump: Hobbes, Boyle, and the Experimental Life* (Princeton, NJ: Princeton University Press, 1985).

了彼此。① 这些不同的视角都认为,人的生存及其社会生活都依赖着物质实物,并同物质实物发生纠缠;在上述关联的方法中,人与物之间相互创造了彼此。

在上述强调关键性的理论中会遗漏掉一个阴暗面:人与物之间关系的一个重要面向是这种关系不仅包括了人与物之间的网络关系,即对称的关系。相反,人与物之间的关系通常并不是对称的,这让人和物都受到了难以摆脱的特定路径的羁绊(entrapment)。

纠　　缠

我将纠缠(entanglement)定义为四种不同类型的人与物之间关系的总和:②即人对物的依赖(HT),物与物之间的依赖(TT),物对人的依赖(TH)以及人与人之间的依赖(HH)。因此,纠缠=(HT)+(TT)+(TH)+(HH)。在这个定义中,人与物之间以彼此关联的方式塑造了彼此。但对依赖性(dependence)而不是关系性(relationality)的关注,让人们注意到,人会陷入同物的关系之中。人所陷入的是一种双重的约束关系,人依赖着物,而且人所依赖的物反过来也依赖人。

区分出依赖关系(dependence)的两种形式是很有必要的。第一种也是更为一般的依赖关系表明,人们为了生存,为了实现自己的目标,需要对物进行利用。人通过对物的利用,让自己成为一个完整的人,让自己得以生存,让自己成为一个社会化的人,让自己可以吃东西、可以思考。以上我是在"依存"(reliance on)的层面上使用了依赖关系一词。但依赖关系往往还会产生另一种形式:即依附关系(depencency)。依附关系指的是某种形式的限制关系,这样的限制关系在世界体系理论及心理学领域内的各种形式的依附关系及相互依附关系理论中很常见。③ 人们常常陷入各种形式的依附关系之中,从而限制了人们作为社会人和个体人的自身能力的发展。

在纠缠的体系中,依赖关系同依附关系共同组成了一种双向的辩证关系。一方面,人依赖或依靠物来实现自身的目标(依赖关系)。人正是通过对工具及象征符号的利用来形成主体、社会,并去适应环境的,正是这种依赖关系让人得以生存和发展,这是纠缠关系体系中富有建设性意义的一面。正如伊丽莎白·格鲁兹(Elizabeth Grosz)所说:"是物质、

---

① Bennett, J., *Vibrant Matter: A Political Ecology of Things* (Durham: Duke Univ. Press, 2010); Gell, A., "Vogel's Net: Traps as Artworks and Artworks as Traps," *Journal of Material Culture* 4.1 (1996): 15-38; Ingold, T., *Making: Anthropology, Archaeology, Art and Architecture* (London: Routledge, 2013); Latour, B., *Reassembling the Social: An Introduction to Actor-Network-Theory* (Oxford: Oxford University Press, 2005); Miller, D., *Stuff* (Cambridge: Polity, 2010); Ryan, J.C., and Durning, A.T., *Stuff: The Secret Lives of Everyday Things* (Seattle: Sightline Institute, 1997).

② Hodder, I., *Entangled: An Archaeology of the Relationships between Humans and Things* (Oxford: Wiley Blackwell, 2012).

③ Rice, J.S., *A Disease of One's Own: Psychotherapy, Addiction, and the Emergence of Co-Dependency* (New Brunswick: Transaction Publishers, 1998); Wallerstein, I., *The Modern World-System: Capitalist Agriculture and the Origins of the European World-Economy in the Sixteenth Century* (New York: Academic Press, 1976).

是物创造了生活。"①另一方面,当人和物中的任何一方失去另一方而无法发挥作用时,便会形成依附关系以及相互依附关系。在这种人与物之间的依附关系中,人和物会限制、制约对方的行为。物往往同充满恶意的"生物物质性(biological materiality)联系在一起,这种生物物质性是(或者可能是)不知不觉中人类自身对自然的(通常是通过原子的或原子核的方式所进行的)干预的结果,也可能是危害人类的畸形怪体(Blob)的复仇……对人类造成危害"。②纠缠的组成部分,积极的依赖关系与消极的依附关系既让人的行动得以发生,也约束了人的活动,让人们陷入一种难以摆脱的纠缠之中。因为人对那些依靠人进行维护的东西产生依赖,所以,会陷入物的生命与时间性、让人难以捉摸的兴衰更替及贪得无厌的需求之中。物就像九头蛇海德拉(Hydra)一般,需要像赫拉克勒斯这样的大力英雄来让它们停止繁殖、解除对人的羁绊,然而这种羁绊本身极具诱惑力与创造力。

因此,我们可以将纠缠重新定义为由人与物之间的依赖关系和依附关系组成的辩证关系。"纠缠"理论试图发现人与物彼此之间相互羁绊的方式。但纠缠理论还试图发现人与物之间连续不断的、与日俱增的互动方式,这种互动是以人的经验为核心的。作为手工匠人(Homo faber),从我们发明了石斧的那一刻起,我们发现自己可以做更多事情,但我们同样发现自己陷入物对人的需要与需求,以及物的限度与不稳定性中。事实证明,我们很难让物完全融入社会——它们似乎有着自己固有的生命,对此我们无法对其进行预测或控制。

如果说物总是处在瓦解、变化的状态中并让我们陷入对物的维护之中,这的确有些夸张了;因为固体之物并没有汽化到空气中。每天清晨当我们醒来时,房屋依旧屹立不倒,为早餐麦片所准备的糖依然摆放在桌子上,同早餐面片一同食用的牛奶依然在冰箱中冷藏,汽车依旧停放在车库中,我们仍然可以驾驶着它上班,大街上也依然人来人往。而且当有东西出现故障时,我确实可以对它进行维修,因为我大体上会相信,我需要修理的所有东西都足够坚固到可以经受住人们对它所进行的维修。我还可以用我的智能手机打电话求助。那么总体上说,事实是否正如汉娜·阿伦特(Hannah Arendt)所说,人和社会并不依赖于物的稳定性呢?③

我对这个问题的答案是肯定的,总的来说,从表面来看,物的确是稳定不变的。但物在表面上的稳定不变是由我们或者某些人的辛勤劳动换来的。我们依赖糖的甜度,依赖麦片早餐中的牛奶,也依赖电网所传输的电力去照亮商场和街道。但为了产生这种上手(ready-to-handedness)的状态,④为了实现人们每天对稳定性与秩序的期待,有许许多多的

---

① Grosz, E., *Architecture from the Outside: Essays on Virtual and Real Space* (Cambridge, MA: MIT Press, 2001), 168.

② Grosz, E., *Architecture from the Outside: Essays on Virtual and Real Space* (Cambridge, MA: MIT Press, 2001), 167.

③ Arendt, H., *The Human Condition* (Chicago: University of Chicago Press, 1958).

④ 上手为海德格尔存在主义哲学的重要概念,也是纠缠理论重要的理论来源之一。张汝伦在论述海德格尔哲学时讲道:"事物首先对我们是作为上手的事物出现的,即作为有实用意义的东西或作为器具出现,而不是像传统哲学认为的那样,是作为客观认识对象或自然对象(海德格尔称之为'现成事物')出现。并且,我们不是在孤立状态中遇到上手事物或器具的,而总是在一个器具总体和 (转下页)

人和物需要在全世界范围内流动。为了将糖摆上餐桌,为了维持电网系统的正常运转,为了保证拖鞋、智能手机以及自行车的市场供应,需要大量的资源、人力和依附关系的流动参与其中。物有着可以让我们卷入其中的生命,而且社会也依赖着我们的能力去有效管控物的这种活跃性,去产生稳定的效应。相对而言,虽然我们总是忙于生计,并没有意识到我们在生活中所遇到的物和人有多么的复杂,但我们确实会同物的活力以及物与物间关系的集合产生千丝万缕的纠缠。

有一种说法认为,物是不稳定的这种观念是现代物理学的产物。在牛顿眼里,物质是由稳定的质量和力组成的,其中力通过引力和斥力让质量产生运动。但爱因斯坦向大家揭示了质量和能量是可以相互转化的,并给出了能量与质量之间的等量关系。① 现如今我们发现,物质是由非常活跃的原子组成的,而原子是由带正电荷的原子核以及原子核周围旋转着的核外电子组成的。在更低的质量级上还存在着质子、夸克、轻子(lepton)等等。所以在原子和亚原子的等级上,我们可以说物质"生成什么"(become)而不能说物质"是什么"(is)。在大尺度层面上,复杂性理论与混沌论都表明,自然环境比我们想象的更复杂、更不稳定,里面充满了不可预知的、非线性的效应。最近的哲学及社会科学研究也得出了相似的结论,而且还存在着探索物质在复杂的社会——物质世界中"所处状态"的新唯物主义表述。②

人与物相关联的视角所存在的问题

很多学者都论述了复杂网络、网络物(mesh)、混杂(mix)、链条以及参与,这些理论术语都是源自人对物的依赖、物与物之间的依赖以及物对人的依赖。莫斯(Mauss)写道:"灵魂与物体、物体与灵魂是合二为一的,灵中有物,物中有灵。"在这种人类学的传统下,其他人如玛丽琳·斯特拉森(Marilyn Strathern 1988)讨论了锁链性联结(enchainment)或

(接上页)指涉关系总体中遇到器具的。例如一支铅笔不是作为一个现成东西出现在我们面前的,而是作为一个书写工具,它之所以是书写工具,又与纸张、墨水等其他的书写工具联系在一起,也和制造它的种种器具联系在一起。作为器具,它必然要指涉种种别的器具。换句话说,没有器具总体,也就是没有人的实践世界,也就没有器具。另一方面,上手事物既然是器具,就有有用、有害、可利用等诸如此类的存在特点,它们并不是上手事物的性质,而是存在者得以成为上手事物的可能性的条件。海德格尔把上手事物存在的存在论规定称为'因缘'。因缘就是上手事物的实践(实用)关系:'例如,我们称之为锤子的那种上手的东西因其自身同锤打有缘(所以我们称之为锤子);因锤打,又同修固有缘;因修固,又同防风避雨之所有缘。'"(海德格尔:《存在与时间》,陈嘉映译,生活·读书·新知三联书店,2000年,第98页;张汝伦:《现代西方哲学十五讲》,北京大学出版社,2003年,第 299-300 页。)——译者注。

① Coole, D. and Frost, S., "Introducing the New Materialisms," in *New Materialisms: Ontology, Agency, and Politics*, eds. Coole, D. and Frost, S. (Durham, NC: Duke University Press, 2010), 1-46.

② Bennett, J., *Vibrant Matter: A Political Ecology of Things* (Durham: Duke Univ. Press, 2010); Coole, D., and Frost, S., "Introducing the New Materialisms," in *New Materialisms: Ontology, Agency, and Politics*, eds. Coole, D. and Frost, S. (Durham, NC: Duke University Press, 2010), 1-46.

散存于物中的额人格（distributed personhood）。① 斯特拉森用"锁链性联结"一词形容波利尼西亚以及美拉尼西亚人的文化。在这些文化中，人工制品并不是"自在之物"（a thing-in-itself）。物不需要从使用它的人那里获得身份，也不需要将身份带给别人。当物作为礼物进行流通与传递时，它成了义务和欲望关系链条中的一部分。"如果说在商品经济中，物和人承担的是物的社会形式，那么在礼物经济中，物和人承担的则是人的社会形式。"②在这一背景下，人是"可分之人"（dividuals）或具有"可分性人格"（partible persons），也就是说，人是社会再生产行动链条的产物，所以社会人（social persona）与个体人（individual persona）之间是不可分割的。由此可见，每个人都是他人的产物，或者说每个人都有一种身份，这种身份是通过婚姻、生育、养育等所有的社会行动产生的。束缚是由物的"礼物之灵"（hau）产生的，即物需要被移动，它需要流动。人们将礼物看作是需要很快摆脱的责任——将某件东西看作是固定不动的做法是错误的，物不可能固定不动。③

　　社会学家们一直认为，社会世界是由人与人之间的关系构成的。但拉图尔（Latour）、劳（Law）以及诺尔—塞蒂纳（Knorr-Cetina）已经研究器械、测量工具、实验室探针以及探测器是如何在构建社会关系中扮演行动者（actor）角色的。④ 这些学者对实验室中所产生的科学知识进行了探索，但同时他们还认为相似的社会/物的过程会在更大的背景中发生。他们主要关注大件实物的行动者网络，如被称作 ARAMIS 的计算机化的铁路运输系统，⑤但他们同时也研究如吸管、设计图纸、电脑屏幕等小件实物。

　　人们通常将上述学者所推崇的理论思想称作行动者网络理论（下文简称 ANT），这一

---

① Mauss, M., *The Gift*: *Forms and Functions of Exchange in Archaic Societies* (Oxford: Routledge, 1954), 25–6; Strathern, M., *The Gender of the Gift* (Berkeley and Los Angeles: University of California Press, 1988).

② Strathern, M., *The Gender of the Gift* (Berkeley and Los Angeles: University of California Press, 1988), 103.

③ 有关后殖民地研究中的纠缠和依赖关系，见：Dietler, M., *Archaeologies of Colonialism: Consumption, Entanglement, and Violence in Ancient Mediterranean France* (Berkeley and Los Angeles: University of California Press, 2010); Gosden, C., *Archaeology and Colonialism: Cultural Contact from 5000 BC to the Present* (Cambridge: Cambridge University Press, 2004); Martindale, A., "Entanglement and Tinkering: Structural History in the Archaeology of the Northern Tsimshian," *Journal of Social Archaeology*, 9.1(2009): 59–91; Nuttall, S., *Entanglement: Literary and Cultural Reflections on Post-Apartheid* (Johannesburg: Witwatersrand University Press, 2009); Thomas, N., *Entangled Objects: Exchange Material Culture and Colonialism in the Pacific* (Cambridge, MA: Harvard University Press, 1991).

④ Knorr-Cetina, K., *The Manufacture of Knowledge: An Essay on the Constructivist and Contextual Nature of Scientific Knowledge* (Oxford: Pergamon, 1981); Latour, B., "Postmodern？No, Simply Amodern: Steps towards an Anthropology of Science," *Studies in the History and Philosophy of Science* 21.1(1990): 145–71; Latour, B., *We Have Never Been Modern* (Cambridge MA: Harvard University Press, 1993); Law, J., "After ANT: Complexity, Naming and Topology," in *Actor Network Theory and After*, eds. Law, J. and Hassard, J. (Oxford: Blackwell and the Sociological Review, 1999), 1–14.

⑤ Latour, B., *ARAMIS, or the Love for Technology* (Cambridge, MA: Harvard University Press, 1996).

理论的目标主要侧重在关系性(relationality)上,而非重点关注如真与假、能动性与结构、人与非人、先与后、知识与权力、情境与内容、物质性与社会性、主动与被动这些明显确定的、具有本质特征的二元对立上。二元对立并非不存在,而是作为影响或结果而存在。"它们并不是按照事物的次序出现的。"[1]因此,ANT表现为一种"物质性的符号学"。这种符号学主要关注关系性,并将关系性应用到所有的物质材料中,从而产生一种关系性的物质性。

我们可以用拉图尔对"法国巴氏消毒法"的研究作为例子。在这一研究中,人们将微生物看作是"不可或缺的行动者"。[2] 作为物的微生物和人建立了联系,并且微生物还将人与物联系在了一起。我们内脏中的微生物将我们同我们吃的食物联系在了一起。它们还通过传染性疾病的传播同人联系在了一起,而且人为了自己的身体健康,也为了消灭微生物,人们彼此之间也要相互依赖。所以,这里明显存在着对依赖关系的关注。为了让酿酒商与消费者之间产生经济联系,我们依赖在巴氏消毒法中给啤酒杀菌的微生物。为了让我们的孩子吃上牛奶制品,我们依赖灭菌后的牛奶。在19世纪末、20世纪初,医疗保健所取得的重大突破让第一次世界大战得以进行,因为"如果没有细菌学家,将军们绝对无法让无数将士身陷泥泞不堪、老鼠滋生的战壕中长达四年之久"。[3] 这种依赖关系也有成本,那就是"全面建立新的职业、机构、实验室和技术"。[4]

如上所述,拉图尔认为行动者的组成十分多样,包括相互关联的实体,如卫生保健师、排水管、琼脂凝胶、鸡、农场以及各种昆虫。行动者可以是人,可以是非人,可以是单个物体,也可以是大型机构。这样做的目的是避免还原论,为了能够将人们的关注点集中在能够行动者们具有形制特征、可以行动的分散网络(dispersed networks)上。在这样的研究中,学者们对物不运转时以及出故障时所发生的事情很感兴趣。诺尔—塞蒂纳研究了一件出了故障的实验室设备及其所产生的影响。[5] 科学家们开始使用离心机来取代这件出故障的设备。通过改进离心机,科学家们重新定义了测量过程,由此科学家们不得不对想要解决的问题重新进行研究。可见,科学家、科学家所从事的研究以及从事研究所需要的设备三者紧紧地纠缠在一起。这一网络关系需要人持续不断地运用"社会的、技术的及财政的方式进行维护、监管和维修"。[6] "研究者自身所体现出的知识以及设备中所包含的知识之间,存在着实践层面的相互依附关系。"[7]拉图尔将这种相互依赖关

---

[1] Law, J., "After ANT: Complexity, Naming and Topology," in *Actor Network Theory and After*, eds. Law, J. and Hassard, J. (Oxford: Blackwell and the Sociological Review, 1999), 3.

[2] Latour, B., *The Pasteurization of France* (Cambridge, MA: Harvard University Press, 1988), 39.

[3] Latour, B., *The Pasteurization of France* (Cambridge, MA: Harvard University Press, 1988), 112.

[4] Latour, B., *The Pasteurization of France* (Cambridge, MA: Harvard University Press, 1988), 39.

[5] Knorr-Cetina, K., *The Manufacture of Knowledge: An Essay on the Constructivist and Contextual Nature of Scientific Knowledge* (Oxford: Pergamon, 1981).

[6] Preda, A., "The Turn to Things: Arguments for a Sociological Theory of Things," *The Sociological Quarterly* 40.2 (1999): 363.

[7] Preda, A., "The Turn to Things: Arguments for a Sociological Theory of Things," *The Sociological Quarterly* 40.2 (1999): 352.

系形容为"杂合化"（hybridization）。①

考虑到 ANT 在分析和阐释人与物之间的关系时,包含了依赖关系和依附关系之间的张力,或许使用"网络"（network）一词并不恰当。拉图尔认为,因为有关网络的观点关注的是互联网中的信息交换与全球互动,所以网络的思想确实已经失去了重要的化合能力。② 他认为,在 ANT 中,"网络"一词的初始含义是转变（transformation）和转译（translation）。它指的是联系的复杂性,这种复杂性让事物的联系超过了原本作为稳定区域性实体的存在。"网络"一词在西班牙语中被译为"red",在法语中被译为"réseau",在这两种译文中,"网络"都暗指由结网生物产生的网（web）或由金属等材料制成的网状物（mesh）这样的具象网络。蒂姆·英戈尔德（Tim Ingold）认为,上述两个具象网络的词语要比"网络"（network）一词更能给人一种根茎植物的流动感（rhizomic flows）。③ 蜘蛛网是蜘蛛身体的延伸,也让蜘蛛的生存成为可能。英戈尔德更喜欢用"织网"（meshwork）一词,因为这个词更能给人一种由力量和有生命力的集合体所产生的动感,而不是被网络联系在一起的毫无生气的物体。

然而,在行动者网络理论中,人们还是没有对人与物彼此在物质关联性（physical connectedness）上相互羁绊的方式给予足够的关注。拉图尔的关注点通常是将人与非人结合在一起,而且他拒绝文化与自然的对立。确实,整个行动者网络理论就是建立在摆脱诸如物质性与社会性、人与非人这种确定的实在主义二元论之上的。皮埃尔·勒莫尼耶（Pierre Lemonnier）在研究中采纳了拉图尔的对称方法,因为这一方法忽视了物质材料的制约并且关注的是社会学问题。拉图尔对此也作出了回应,他同意自己的视角中并不存在纯粹的、与社会无关的物质材料制约。④ 因为拉图尔一贯主张要跨越主、客体对立的二元论以及辩证关系,所以通常他对客体、客体关系本身,以及客体之间发生相互作用时所处的与人无关的生态环境背景不感兴趣。"客体无论如何都不会聚集在一起形成某种其他的东西。"⑤ANT 在进行分析研究时"并不会优先考虑物质世界",因为这一理论的目的就是取代主、客体对立。⑥ 对拉图尔来说,行动者网络理论的积极影响就是摆脱了二元论。⑦ 但将所有的东西都囊括在这一分散的、由人与非人构成的网络中是有风险的,因为

---

① Latour, B., *We Have Never Been Modern* (Cambridge MA: Harvard University Press, 1993), 11.

② Latour, B., "On recalling ANT," in *Actor Network Theory and After*, eds. Law, J. and John Hassard (Oxford: Blackwell and the Sociological Review, 1999), 15–25.

③ Ingold, T., Bringing Things Back to Life: Creative Entanglements in a World of Materials, *ESRC National Centre for Research Methods. Working Paper Series* 05/10 (2010), http://eprints.ncrm.ac.uk/1306/. Accessed 24 June 2011.

④ Lemonnier, P. and Latour, B., "Lettre à Mon Ami Pierre sur L'Anthropologie Symétrique," *Ethnologie Française* 26.1 (1996): 17–37.

⑤ Latour, B., *Reassembling the Social: An Introduction to Actor-Network-Theory* (Oxford: Oxford University Press, 2005), 85.

⑥ Olsen, B., *In Defense of Things: Archeology and the Ontology of Objects* (Walnut Creek, CA: Altamira Press, 2010), 149.

⑦ Knappett, C., *Thinking through Material Culture* (Philadelphia: Univ. of Pennsylvania Press, 2005).

这样做很可能不会将物自身有限的、不稳定的性质,以及物与物之间的关系考虑其中,而ANT所忽视的这些内容正是促使变化发生的主要动因之一。在自然界的循环中,在以日、月、年、十年及千年为尺度的时间节奏中,会发生许多变化。有很多腐蚀、损失和损耗的过程会影响到人类社会,而且在这些过程中,物会产生人们尚未认识、尚未预见的效应。因为人和非人之物彼此已经完全纠缠在一起,而且这些物质材料的变化同人产生了纠缠,所以人们不得不强迫自己作出反应和调整。在2005年出版的著作中,拉图尔放弃了人与物之间关系的对称性,因为"我想要做的最后一件事是通过'对称'来赋予自然和社会一种新的生命契约"。① 所以在拉图尔的分析中,物总是已经陷入由人与非人组成的网络之中,而且脱离社会环境之外的物的实物性质并不是拉图尔要分析的主要内容。

人和物在无形的网络(network)或有形的网络(mesh)中完全结合在一起的观点,是有问题的。在特定的历史时刻以及背景条件下,人看上去支配着物,但在其他的时空背景下,起着支配作用的则是物(例如,在更新世末期全球变暖以及我们当下正经历着的全球气候变暖中,起支配作用的是物)。在行动者网络理论中,一切都是相互联系的,这样一个深刻洞见是很重要的。但是,物质材料和实物还具有供人使用的可供性(affordance),可供性在不同的环境下都是持续存在的。这些物质材料所能提供的可供性(不论是否有具体实例证明)会产生多种潜能,也会产生各种各样的限制。所以与其说在相互关联的具象网络或者抽象网络中探讨人与物,倒不如说讨论具有历史偶然性的依赖关系与依附关系之间的辩证张力更为准确。人似乎已经陷入同物的关系网络之中;人与物之间彼此是紧紧联系在一起的。与其说从网络的视角看待有形之网(web),倒不如将这种有形之网看成是一种难以摆脱的羁绊。

作为羁绊的纠缠

我们可以用圣诞树彩灯,这种看上去微不足道、无比琐碎的东西为例,来论述纠缠的思想。在世界很多地方,这些小巧的圣诞树彩灯已经取代了危险且易燃的蜡烛,成了圣诞节必备用品的重要组成部分。我们很难说某些文化中的人们是否已经开始依赖圣诞树彩灯,但这些圣诞树彩灯确实为圣诞节注入了欢乐、祥和的气息,而且这种欢乐、祥和的气息是人们在节日期间最为看重的东西。每到圣诞节前夕,街头巷尾都会挂起圣诞树彩灯,彩灯已经成了预示着圣诞节将到来的主要元素。在美国,每逢圣诞来临,所有的街道、房屋和花园都挂满了彩灯。对圣诞树彩灯的大量使用,为世界各地的人们提供了大量生产彩灯的工作岗位。彩灯对电力的消耗很大,所以为了更有效地利用能源,圣诞树彩灯的材料已经从原来的白炽灯灯泡变为现在的LED灯管。在圣诞节过后,当我们将这些彩灯从圣诞树上、房屋上或者从街道上摘下时,它们就已经摆脱了纠缠、完成了使命。有时一枚灯管坏掉,会使整串彩灯不亮。因为各种各样的原因,我们每年都会扔掉很多圣诞树彩灯。

---

① Latour, B., *Reassembling the Social: An Introduction to Actor-Network-Theory* (Oxford: Oxford University Press, 2005), 76; Olsen, B., "Keeping Things at Arm's Length: A Genealogy of Asymmetry," *World Archaeology* 39.4 (2007): 579-88.

亚当·明特(Adam Minter)在他最近刚出版的新书《垃圾场星球》(*Junkyard Planet*)中就以圣诞树彩灯开篇。① 人们将一串彩灯拿在手中时几乎感受不到它的重量。但体积如干草垛般大小的一堆彩灯,其重量能达到2200磅。在中国南方的石角镇,像这般体积的彩灯堆还有很多。事实上,石角镇的工厂每年加工并出口的圣诞树彩灯累计可重达220万磅。廉价的劳动力和较低的环境标准,让石角镇成了回收圣诞树彩灯的一个重要中心。往返于中、美两国之间的集装箱货船不想在返回中国时空仓而归;它们将各式各样回收成本较低的垃圾运回中国,其中就包括了圣诞树彩灯。一直到最近,石角镇还有很多家工厂焚烧彩灯,待塑料烧化后回收铜丝,这将很多有害气体排放到了空气中。正如亚当·明特所说,现如今人们正在应用一种更为环保的方法。当中国人开始大量购买汽车时,原油价格开始上涨,而且用原油制成的塑料的价格也随之上涨。所以,人们开始寻找生产塑料的其他方法,这样人们就无须使用价格昂贵的原油来生产塑料。人们发现了一种可以将塑料从铜丝上分离并对分离下的塑料进行重新利用的新方法,这样人们就可以不用焚烧彩灯、不用通过烧化彩灯上的塑料来回收铜丝。这种新方法的具体步骤是先将彩灯扔进粉碎机中粉碎,之后在振动台上用水分开不同材质的材料。这样,被分离出的塑料可以用来生产拖鞋鞋底,而剩下的铜可以用来生产管道、电源线以及智能手机。

制作和回收圣诞树彩灯,为世界各国人民提供了大量的工作岗位。当被问到石角镇为何会成为圣诞彩灯回收中心时,当地一家工厂的经理回答道:"因为人们想赚钱……仅此而已。"②圣诞树彩灯是全球网络的一部分,这一网络的构成要素十分多样,包括宗教、商业、贸易和产品(包括拖鞋和管道)。如果没有了圣诞树彩灯,我们仍然可以正常生活,何况彩灯还消耗了很多资源,而且它们的废弃还会造成环境污染。然而,人们都愿意在圣诞节期间挂起彩灯。我们可以说,圣诞树彩灯是人与物之间关系网络的一部分。但我们还可以认为圣诞树彩灯是经济发达国家向其他国家输出废旧垃圾以及输出与垃圾相关的繁重、肮脏劳动的过程的一部分。有很多人以各种方式开始对圣诞树彩灯产生依赖,所以即便彩灯会产生环境污染与能源"浪费",还会加剧或强化全球的不平等,他们也不想停止对彩灯的生产、使用与回收。所以即便我们知道有些东西会让我们产生羁绊,但我们还是依赖着它们。

我们可以接受自己居住在明特笔下的"垃圾场星球",其中的一个原因可能是我们之中有很多人生活在远离污染、廉价劳动力以及恶劣工作环境的地方。当我们满心欢喜地拿起圣诞节彩灯并将它们挂在圣诞树上时,我们并没有察觉到我们这样做会产生全球范围内的纠缠关系与羁绊。中国以及其他新兴国家从回收西方的废物中大量获利——这些新兴国家所回收的废物,小到圣诞树彩灯,大到电视机、还有汽车、移动电话、废纸、废纸箱,无所不包。人们回收这些废物,但人们总以各种方式说服自己,让自己相信人们对物鲁莽且冲动的行为不会同我们生活的地球产生纠缠。举例来说,人们用"轻薄"笔记本("air"book)、云(cloud)和网络(web)这样的词语来表述一些新兴的数字技术,这些词语

---

① Minter, A., *Junkyard Planet: Travels in the Billion-Dollar Trash Trade*(New York:Bloomsbury,2013).

② Minter, A., *Junkyard Planet: Travels in the Billion-Dollar Trash Trade*(New York:Bloomsbury,2013), 3.

看上去是虚幻、无形的,即便人们对这些技术的表述是根据布满电缆线的建筑、对资源的大量利用、廉价劳动力,以及对有毒物质的生产与回收过程所做出的。如果将无线网络连接、数据流量使用以及给电池充电的活动考虑在内,那么一部性能一般的苹果智能手机平均每年会消耗掉361千瓦时的电量。① 一台有着星级能耗等级(Energy Star rating)的中等尺寸冰箱,一年也不过消耗322千瓦时的电量。主要问题并不在手机本身,而是所有可以让手机发挥功效的系统,正是这些系统的不停运转才让手机为人所用。许多电脑和服务器在24小时不间断运行。这些服务器的运行需要空调系统为它们降温。还有很多制造这些设备的生产中心,以及不间断地为多频段网络供电的电力系统。据马克·米尔斯(Mark Mills)估计,全球信息交流技术(ICT)系统每年共计可消耗15亿兆瓦时的电量,这相当于日本和德国一年发电量的总和。② 美国现在依然主要依靠煤炭来发电,所以米尔斯可以带着几分公正地说,"云技术是从煤炭开始的",而且手机的使用会让全球气候变暖。我们通常将社会网络看成是平面的。但实际上,社会网络还存在着纵向深度的维度,在这一维度中,暗物质、煤炭以及稀土资源羁绊着我们。我们很难放弃智能手机和大数据;我们已经在这些物的身上投入太多,已经多到危如累卵的程度,所以我们会患得患失,受到物的羁绊。看上去物已经控制了我们,至少我们同数码产品之间的关系已经不对称——即便圣诞树彩灯和智能手机会进一步加剧全球的不平等以及让全球气候变暖,我们依旧需要(或许我们认为自己需要它们)并依赖着它们。

纠缠关系不可逆转的进化式发展

作为一位考古学家,我所感兴趣的是人们从何时开始奋不顾身地需要物,何时开始对物产生了依赖。同大多数发达国家的现代房屋一样,在我的房子里也摆放着太多的东西。我们感兴趣的是那些如何让屋子里少一些凌乱、如何让我们的生活变得井井有条以及如何清理房间的建议。在我的房子里面摆放着数以千计的实物,而且很多物件中还包含着其他物件。以停放在我车库里面的两辆车为例。每辆车都装配着大约两千个零部件,这些零部件来自全世界不同的工厂、矿山以及零售商场。而且我们还没有开始讨论洗衣机、洗涤槽、电冰箱、割草机、衣服、鞋子(以及拖鞋)、电脑、火警报警器、防盗报警器等等。我们居住在一个被人工制品所包围的世界之中。但在过去,情况并不总是这样。

至少从距今7万年以来,解剖学上的现代人,即那些在生物学上同我们在各个方面都很相似的人,他们生活在由10—30人所组成的流动群体中。随着时间的推移,现代人所处的群体规模越来越大,有时候他们会绘制出令人叹为观止的壁画,制作出工艺精湛的工具。正因为他们随身携带的东西很少,他们在一定程度上可以成功地生存繁衍并过着流动的生活。这些规模较小的现代人游群,穿着用动物毛皮制成的衣服,在衣服上还可以清

---

① Neal, W. R., "Apple IPhone Uses More Energy than a Refrigerator? Report Examines Environmental Impact of Global Tech Ecosystem," *International Business Times* August 16 (2013).

② Mills, M., *The Cloud Begins with Coal* (National Mining Association and American Coalition for Clean Coal Electricity, 2013).

楚地看到动物的筋肉和植物的根叶。他们拥有篮子和盛装动物皮毛的容器,随着时间的推移,他们还拥有了诸如骨针一样的骨器。他们拥有木制长矛和弓,以及由燧石和黑曜石打制而成的工具和武器。他们居住在洞穴入口处或者由各种植物或野生动物骨骼建成的棚屋中。一位生活在 2 万年前的男人或女人所拥有的物质财富,在一张小桌子上就能摆得下。他们拥有的东西非常少。

而且当人们用光、用破或用坏了这些东西时,会轻而易举地更换它们。这些东西大部分是有机材质,人们很容易找到类似的材质并对它们进行改造。狩猎所得的动物毛皮可以替换穿破了的兽皮衣服,周边的树木可以更换木制长矛,生长在河中的茂密芦苇可以对篮子进行翻新。在许多情况下,石质工具可以用当地的石料制作而成,但一些燧石和黑曜石是人们从更远处的原料产地获得的或者同他人交换得到的。在某种程度上,人们为了生存,需要依赖他人,并且依赖对石料产地的使用权;但在大多数情况下,人们几乎没有同大量的人工制品产生纠缠,而且人们可以相对容易地获得自己所需要的东西。

随后在大约距今 1 万年前的中东地区,人们生活中的物品数量突然急剧增多。这里所说的物品指的是由人所加工制作的物质实物。科林·伦福儒(Colin Renfrew)已经探讨了这一时期与农业开始以及定居生活起源有关的、人与物之间程度不断加深的物质参与(material engagement)。正如伦福儒所指出的那样,"人类文化变得更为切实、更为物质"。[1] 那些在流动生活出现之后、与物质材料积累有关的物质参与还很有限。但当人们定居下来,人们生活中可能用到物质实物的数量就会增多。或许我们也可以反过来说,正是不断增加的物质实物积累,迫使人们过上了定居生活并开始从事农业生产。

已经成为人们日常生活一部分的新东西,其数量是相当惊人的。在公元前 12000 年至公元前 7000 年的这一段时间里,人类开始在由晒干泥砖建成的固定房屋居所内过着定居生活。房屋内可分为生活区域和储藏区域,而且通常还包括了埋葬与举行仪式的空间。[2] 从公元前 8500 年开始,出现了双层建筑;房顶是有形的,是由黏土、芦苇和木材建成的。房屋里面储藏着经由人类干预所驯化的谷物,以及被人驯化的成群的绵羊、猪和牛。后者表明了人同大量肉类资源之间存在关系,人可以拥有这些肉类,可以对其进行储藏、令其变干,并在宴会上食用它们。自从公元前 12000 年以来,人类广泛使用磨制石器,人们应用磨制技术制作了大量的石磨盘、石杵、石臼和研磨器;人们使用更为优质的石料制作磨光的石斧,这些石斧是用来砍伐树木的,而砍伐树木的目的是为修建房屋以及建造木棺提供所需的木材。人们发明了由烧制的黏土制成的陶器,这为定居的人群提供了储藏食物、炊煮食物和食用食物的器皿;烧制的黏土还用来生产器座、塑像以及印章。纺轮这种纺织工具的出现,表明人们已经可以生产各种纺织产品,但由于纺织产品是由羊毛和亚麻制成的,所以很难保存下来。人所发明的物品种类越来越丰富,包括工具(包括勺子和叉子),由动物骨头制成的衣服配件与装饰,以及骨制、贝制和石制的串珠和项链。我们

---

[1] Renfrew, C., "Symbol before Concept: Material Engagement and the Early Development of Society," in *Archaeological Theory Today*, ed. Hodder, I. (Cambridge: Polity, 2001), 128.

[2] Hodder, I., *The Leopard's Tale: Revealing the Mysteries of Çatalhöyük* (London: Thames and Hudson, 2006); Zeder, M.A., "The Origins of Agriculture in the Near East," *Current Anthropology* 52 (2011): S221-35.

知道，人们已经将木制容器的种类增加到碗和杯，而且篮子的种类也愈加多样。一张小桌子再也不可能摆下一个人所拥有的全部物质财富。现如今，人们所拥有的、由人自己创造的物质文化，数量真的是太多了。

而且对物的替换已经不再容易。人们所积累的物质材料越多，在照管与管理这些物质材料上所花费的精力就越多。人同物之间的纠缠程度正在不断加深。尤其让人颇感棘手的是房屋的墙壁。被晒干的泥砖非常容易吸收雨水、膨胀，之后收缩。这样，墙体很容易开裂、变形、弯曲，最后坍塌。人们不得不想办法让墙体屹立不倒、保持坚固；例如，人们会在房屋内修建木质支架，或者用支撑物来支撑墙体，再或者使用含砂的砖砌墙。所以人们同物，以及同照管与管理物之间的纠缠越来越深。一件实物可能还会牵扯到其他实物，因为人们会找到解决问题的新方法，而新方法本身离不开更多实物的支持。举例来说，为了获得可以让房屋保持坚固的木柱，人们不得不从定居的低地村落前往高地地区。为了能够将树砍下，人们需要磨光的石斧。所以，为了能够做成石斧，人们不得不前往磨制石器的原料产地去采集石料。一切似乎都在变得更为复杂，程度更深的纠缠似乎正在形成。

人同人造物之间越来越深的纠缠可以在动、植物的驯化之中最清楚地表现出来。小麦和大麦一旦被驯化，它们就再也无法凭借自身的能力自然落粒和散播。驯化的植物种子会一直附着在植物的茎秆上。所以如果人们想要以驯化的谷物为生，就要找到加工谷物的方法，这样才能将谷物的种子从茎秆上剥离下来。同那些靠采集野生植物为生的狩猎采集者不同，早期农民在食用驯化作物之前需要对谷物进行打谷脱粒并去壳。农民还必须去种植谷物，以获得新的收成。谷物种植已经让人陷入了更为繁重的劳动以及生产更多劳动工具（打谷场及其所需器具、用来给谷物去壳的筛子与筛网）的劳作之中。

在驯化的绵羊和牛身上，同样表现出了人与物之间程度越来越深的纠缠。因为人们会选择那些更为温顺的、更容易管控的动物进行驯化，所以那些被驯化的动物较其同种的野生动物体型更小而且侵略性更小。但为了确保驯化的动物远离其野生的基因库，人们需要对这些驯化了的动物进行管控、放养，并控制它们的繁殖。所以人们陷入了对驯化动物的照管之中；人们需要保护它们，为它们提供过冬的居所，还需要修建畜栏，以确保在每年的特定时间段内将雄性动物同雌性动物分隔开。而且只有当人们饲养绵羊的目的是获得羊毛、养牛的目的是获得牛奶时，人和动物之间的纠缠程度才会增加。我们知道，从很早的时候起，驯化的牛就被人们用来产奶，但由于当时大部分人无法消化乳糖，所以人们不得不将牛奶煮熟，并加工成如酸奶和奶酪这样的次生产品食用。中东地区一些最早的陶罐确实是用来加工牛奶的。所以牛的驯化让人和陶罐陷入了一整套的依附关系之中，在这套依附关系中，人们越来越受到物的羁绊。

在所有的这些例子中，我们发现，在中东地区农业的肇始阶段，人造物的数量正在不断增加，但我们同样发现物对人的羁绊程度也随之增加，人们陷入更为繁重的工作和劳动之中。上述两个不断增加的过程还存在着互动。当我们修理一件东西时，会受到另一件东西的羁绊。当我们修理一座快要倒塌的房屋，在房屋内修建一座木质支架时，我们需要到更远的地方，从高地地区获取粗大的木材，而且还要制作可以用来砍树的石斧。因为我们更加依赖牛，所以我们需要找到食用牛奶的方式；为了解决加热牛奶产生的问题，我们制作了陶罐，而陶罐本身需要燃料进行烧制。早期农民所拥有的东西数量变多了，但这些东西需要人们在更多的东西上投入更多的精力。

这一过程似乎带有方向性(directionality)。我在上文将东西(stuff)定义为人造物。自然物有着自身产生和消亡的生命周期。但人造物无法靠自身进行自我繁殖。除此之外，人造物为了发挥自身的功能，它们彼此需要：加热牛奶时需要容器，烧制陶容器时需要燃料。如果人们想要依赖物，他们不得不参与到物的生命之中，对物进行照管、修理、更换和管理。但为了做到这些，人们还需要更多的物。所以人与物之间的纠缠在数量上会逐渐增长，在程度上会不断加深，而且这种纠缠会让越来越多的东西卷入其中，而且越来越多的纠缠会在这些被卷入的东西身上发生。人造物是不稳定的。如果我们想要依赖它们，我们最终要对它们做出回应；它们会迫使我们同更多物之间产生更深的纠缠，会迫使我们沿着复杂程度不断增加的纠缠之路越走越远。

通过绘制过去7万年以来在人们日常生活中所支配东西的数量图，我们得到了一条上升的指数曲线。这条曲线在全球农业革命期间上升速度加快。但这一曲线增速最为明显的是自工业革命发生以来的那段时间。现如今在我们居住的世界中，摆放在卧室内的一张小桌子上面的东西数量，只占了整栋房屋内所有东西或一个成人所拥有东西数量的一小部分，而且同生产消费商品、修建房屋、营建城市、建设国家以及进行全球通讯所需的所有流动的物质资源相比，一张小桌子上面的东西数量宛如沧海之一粟。人在生活中所能支配东西在数量上的增加，是在1万年以前从中东地区开始的，这仅仅是一个小小的开端，它确立了人所能支配的东西在数量上不断增加的模式，而且这一模式至今仍在持续。

同7万年或1万年前不同，在我们当代的生活中，同人与物产生纠缠的东西在数量上的增加程度是我们难以想象的，更是难以控制的。它们正迫使我们沿着程度更深的纠缠之路越走越远，而在当下，这种程度更深的纠缠还包括了环境变化和全球气候变暖。当然我们会一如既往地尝试着解决这些问题，不断去探索并找到解决方案。但考古学带给我们的启示是，人们在解决问题上所做出的尝试往往让问题变得更糟，因为人们在尝试解决问题时，会用到更多的技术、更多的东西以及新的物质材料。人与物之间不断增加的纠缠犹如滚雪球一般，会不断累积，越积越多。

纠缠的进化方向：路径依赖

人与物之间难以摆脱的羁绊还带给我们另一个启示：即纠缠会在复杂程度和规模上不断增加，而且这一趋势变得越来越难以逆转，不可阻挡。我们已经知道，开始于末次冰期尾声以及全新世之初的农业革命，其特征就是人造物的数量急剧增加。而且也正是这一时期，人开始陷入照管谷物的更为繁重的劳动之中，因为谷物一经驯化就需要人的照管，于是人们陷入了忙于照管谷物的劳动之中。人们开始依赖驯化的牛和山羊，而这些驯化的动物需要人对它们进行放养、保护、挤奶和剪毛，同时还需要所有与之相关的劳动投入。从进化论的层面来讲，这些新石器时代所发生的变化成功地为我们讲述了一则关于谷物、牛以及其他生物是如何被驯化的生动故事。这些驯化的物种数量以指数的速率不断增长。现如今，全世界母牛和公牛的总数已经达到15亿头。人们已经十分依赖牛，如果没有了牛，地球上现存的人口规模将难以为继。纠缠的程度和数量也在增长。一头母牛或公牛平均每年要排放70—120公斤甲烷。甲烷是一种温室气体。全世界所有的反刍类动物每年累计排放2亿公吨二氧化碳。除此之外,人们为了获得更多的牧场和农田,正在不断砍伐热带森林和雨林,这会额外增加每年28亿公吨的二氧化碳排放量。根据联合国粮农组织(FAO)的统计数字,农业活动所产生的温室气体排放量占全球温室气体总排放量的18%。虽然我们已经发现了农业生产所带来的环境问题,而且对农业生产对环境所造成的影响已经计算出了具体的数值,但我们很难回到没有驯化动、植物的狩猎采集时代,也很难在那样的环境下生存——我们很难将人口规模缩减到可以维持人们以采集野生植物、狩猎野生山羊和牛为生的数量级。同样在新石器时代,一旦人们过上了定居的生活并在驯化动、植物上面投入了精力,人们就很难再告别村落、缩减人口规模、扔掉陶罐和研磨器,重新回到狩猎采集的生活方式。一旦人们在物的身上投入了精力,人们就已经陷入维护自己在物身上的投资和物所带来的收益之中。

从长时间的角度来讲,人与物之间的纠缠在数量上会越来越多、程度上会越来越深,这是因为人的"存在"依赖物,而且物也会依赖其他物,同时物也依赖人。物是不稳定的、有界线的,所以在纠缠内部也在持续不断地发生着变化。人们需要找到技术的、社会的和文化的策略,以应对纠缠内部所发生的变化。因此人们会越来越陷入对人造物的照管之中。因此,人类进化同生物进化存在着本质上的区别。正如约翰·梅纳德·史密斯(John Maynard Smith)所发现的那样,某种有机体的一部分发生的任意变化,往往将会由该有机体其他部分所发生的适应性变化进行补偿。① 但一台机器某一部分的任意变化通常意味着,人们为了应对变化不得不在技术上寻找解决途径,这些途径通常包括更多的投入、消费和间接成本。因此,纠缠的数量和程度都将有所增加。摆脱纠缠是不可能的,但在大部分实例中,我们可以将摆脱某种地方性纠缠(玛雅帝国或大英帝国的崩溃)更好地阐释为纠缠在范围和性质上的转化和改变。实际上人们很难摆脱纠缠,或让纠缠的程度降低,这是因为人们已经在现存的技术、物质材料和社会世界中投入了大量成本,还因为摆脱某一部分的纠缠通常意味着摆脱太多其他部分的纠缠。纠缠的方向性是一种副产品,它的产生是由于:1. 物在性质上的不稳定性和有界性;2. 物对其他物以及人的依赖;3. 人们很难回到以往的简单纠缠,也很难摆脱纠缠。修理或改进一台机器的某一零部件,通常还需要改进或修理其他的零部件;很快,修理这一行为本身也需要修理,因此加剧了变化的发生。纠缠在增速和羁绊上的不断增加,或许还是"外部"环境的影响逐渐减弱的结果。在人类的进化过程中,纠缠在范围上的扩大,意味着环境的方方面面都留下了人类干预的痕迹,都已经变成了人造物。能够脱离人的照顾而"独立存在"的物已经越来越少。(人类世中)整个环境本身就是一件需要人去照顾、修理和操控的人造物。在复杂的、无边界的人造物系统中,不可预知的变化和人对变化的回应可能会越来越多。

结　　论

在本文中,我试图完全避开有关物的关系性视角,去再现物的客体性。物的物性关系(thingly relations)包括了客体关系;物质材料为人提供了可供人使用以及生存发展的可

---

① Smith, J.M., *The Theory of Evolution* (Cambridge: Cambridge University Press, 1993).

能性(potentiality)。物的客观实在性对人的影响不仅仅局限在社会意义的层面。我们不能将物仅仅还原为关联性,还原为一种有关物的符号学。那样做会削弱物能够让人陷入纠缠的能力,尤其会削弱物让那些更为弱势的人群陷入纠缠的能力,不论那些弱势人群是艾滋病毒受害者,是被工作的重压所束缚的工人,是被抚养孩子所限制了自由的女人,还是受全球农业系统制约的人群。在现代社会我们已经发现,我们需要以可持续的方式并抱着对物负责的态度去使用物、照管物。但很多时候,照管和可持续性本身也包含了对动物、植物、地表景观、资源以及人的进一步管理和控制。所以物又一次战胜了我们,让我们陷入对物的照管之中。自从人类诞生以来,不论我们生活得多么与众不同,考虑问题多么周全,作为人类这样一个物种,我们同物之间的纠缠都已经越来越深。自从我们第一次使用工具、第一次用火,自从我们走上了依赖物的这条不归路,物的生命就已经将我们卷入其中,将我们牢牢缠住。历史学家们已经详细论述了在这种宏观的发展背景下人同物产生纠缠的各种路径。我们已经关注了农业的起源、财富或工业化的出现,以及民族国家或新的全球技术的出现。① 我们已经探讨了一些社会如何同枪炮、病菌与钢铁产生纠缠,让这些东西在整个美洲传播,我们还解释了为何影响人类历史进程的诸多活动发生在西方而不是在东方,我们将最终的原因归结为地理因素。②

为了理解我们人类以各种方式同物产生纠缠的不同路径,我们需要做的还有很多。但我们已经明确了大方向。因为人对人造物的依赖是沿着进化论的路径发生的,所以人与物之间的纠缠是一个长期的发展过程,最开始发展缓慢,但当纠缠的数量增多、程度加深时,其发展速度会急剧加快。

虽然我们已经认识到了短时段视角的危险,但往往还是会采取短时段视角。现如今,我们经常谈论对环境的可持续利用、可再生资源、绿色能源、保持生物多样性、可恢复的生态系统,并发现小即是美。我们尝试过了所有的这些路径,但产生的效果都是一样的,那就是人对物越来越多的投入、对使用权的管控、对纠缠的控制以及纠缠数量不断增多。这些短时段的解决方案缺少大格局和大视野,即我们人类陷入同物永无休止的纠缠之中,因为只有物才能让人的存在成为可能。虽然海洋和太空中散布的人造物垃圾的数量越来越多,虽然对海洋和太空的依赖会产生很多新的投入以及巨大的纠缠,但或许在将来,我们可以将对物的依赖拓展到海洋和太空。

认识到纠缠会在长时段里不断加深,增加了我们对纠缠的路径进行伦理学思考的风险,而作为人类来讲,这种伦理学思考是我们必须要做的。在保护森林、减少二氧化碳排放量、保护濒危物种方面,我们似乎已经做了我们所能做的事情。我们每个人的汽车所消

---

① Anderson, B., *Imagined Communities: Reflections on the Origin and Spread of Nationalism* (London: Verso, 1983); Castells, M., *The Rise of the Network Society*, Vol. 1, *The Information Age: Economy, Society, and Culture* (Oxford: Wiley, 2011); Hobsbawm, E., *The Age of Revolution: Europe, 1789–1848* (New York: Vintage, 1996); Marx, K. and Engels, F., *The German Ideology* (London: Lawrence and Wishart, 1965); Rousseau, J., *Discourse on the Origin and Foundations of Inequality among Men* (Oxford: Oxford University Press), 1994.

② Latour, B., "Will Non-humans Be Saved? An Argument in Ecotheology," *Journal of the Royal Anthropological Institute*, 15.3 (2009): 459–75.

耗的燃料似乎更少了,而且每一家的屋顶上似乎都装了太阳能板。所有这些做法都在解决诸如全球气候变暖这样的问题,而这样的做法也符合人类解决问题的一贯方式。在尝试着解决问题时,人类的本性就是不断地去摆弄与修理(fiddling and fixing),因此我们同物和技术之间的纠缠也越来越深。对物的贪婪是人内在的固有本性。我们从物的身上获取人体所需的矿物质和能量;人类大脑中的电化学活动依赖于周围世界所提供的食物;人类社会由物所建立,是建立在物的基础之上的。环境不仅仅作为我们解决问题的背景而存在;相反,它已经主动参与到人类这一物种的生存之中。而且正如我们所看到的,这种共同依赖关系会不可避免地产生依附关系以及更多的纠缠。所以正如我们一直以来所做的,摆弄和修理似乎是我们解决问题的唯一方式。但我们可能已经快要达到人类头脑冲动的可持续性的尽头。或许我们需要面对的是,调整我们同技术之间的共同依附关系很可能只会带来更多的问题,而不会让问题得到解决。考古学与人类演化中有关的不断加深的纠缠的长时段视角表明,我们需要深入认识人类自身以及人之所以为人的本质所在。在道德上,我们需要改变人之为人的本质特征,脱胎换骨,洗心革面。

宴飨研究一百年[*]

[加] 布赖恩·海登、苏珊娜·维尔纳夫著
叶灿阳译（中国人民大学考古文博系）
陈　淳校（复旦大学文博系）

导　　读

　　农业的起源是为了吃饭还是请客吃饭？在狩猎采集社会向农业社会转变之前，是否存在一个复杂化的不平等狩猎采集社会？最初的权力分化和不平等又是如何实现的？宴飨研究是与许多考古学上重大议题紧密相关的前沿领域，就宴飨理论与农业起源的关系来讲，它在以往的文化进化和环境适应视角之外，提供了从人类社会内部考察农业起源动力的新角度。本文是当代考古学宴飨理论的主要倡导者布赖恩·海登于2011年发表的一篇有关宴飨研究的系统综述，文章回顾了100年来宴飨研究的历史，引证了大量资料，包括宴飨研究的民族学与考古学经典文献，介绍了宴飨研究的最新理论与实践动态，并就未来的发展提出了建议。国内有关宴飨研究的译介虽然已有一定的数量，但目前为止尚未有系统的学术史梳理，本文正可以填补这一缺漏。随着中国史前考古学研究兴趣从时空框架和文化谱系转向生业和社会方面，相信宴飨理论会为理解狩猎采集社会向农业社会的转变、史前社会的复杂化与早期文明的仪式化表达等问题提供更多参考。

一、引　　言

　　在过去20年里，"宴飨"在人类学，尤其是考古学中变得十分瞩目。旨在解释宴飨实践各种动因的理论模型层出不穷，方法论上的进步也为相关行为的分析提供了批判性洞见。

　　本文旨在揭示，人类学与考古学是如何利用宴飨来了解传统及史前社会的动力机制

---

[*] 本文译自：Brian Hayden and Suzanne Villeneuve, "A Century of Feasting Studies," *Annual Review of Anthropology* 4 (2011): 433-49.

的。过去40年里,宴飨与一些重要理论问题建立起许多联系。在此之前大抵缺乏这种联系,当时宴飨被认为是一项有点琐碎或无关紧要的活动,与生计、贸易、繁衍、生存、战争和政治权力无关。然而,正如一些研究者所展示的,宴飨在这些领域中发挥着核心作用。

宴飨现在被视为理解人类文化演化及我们自身社会系统许多方面起源的一个关键元素,但在过去却几乎被完全忽视。本文强调宴飨的潜在重要性,它与村落的动力机制及社会整合、不平等与复杂社会的产生、追求能动性利益与政治权力、生产威望物品与新技术、开发驯化动植物、建立文化认同,以及确认性别活动相关。

二、宴飨活动的研究史

这里,我们将宴飨定义为:两个以上的人,为特殊活动(不是每天),而分享特殊食物(质量、制备或数量)的活动。① 宴飨理论的基本立足点在早期民族志,这些理论建立了人类学家和考古学家解释文化行为和考古遗存时的基本阐释模型。就像贸易、战争、生计和社会复杂化等其他研究领域一样,我们对宴飨的了解在过去100年里随着人类学范式的变迁而发展。

(一)早期经典的描述

在一些最早的经典中,有关于贵族举办宴飨的典故:在苏美尔早期城邦里,恩基神(Enki)为伊南娜神(Inanna)②供奉黄油蛋糕和啤酒;③在中国商代,信众为祖先供奉酒、汤和头茬稻米;④同样,在圆柱形印章和乌尔军旗上也有无数表现贵族酒宴的场景。在整个迈锡尼时代的早期文献中,十分注重对宴飨的描述,荷马史诗《伊利亚特》和《奥德赛》⑤中有大量表现宴飨的场景,包括在皮洛斯举办的海神宴(用了81头公牛),作为史诗朗诵场所的宫廷宴会,还有武士/贵族生活的所有重要方面。类似描述也见于其他古典文献,包括希波洛科斯(约公元前300年)对马其顿一场婚宴的精彩描述,以数量和种类令人难以置信的食物、礼品和表演为特点,并有许多歌手、小丑、裸女、杂耍演员和色情舞者助兴。⑥

---

① Brian Hayden and Michael Dietler, "Fabulous Feasts: A Prolegomenon to the Importance of Feasting," in *Feasts: Archaeological and Ethnographic Perspectives on Food, Politics, and Power*, 2001, 23 – 64.

② 恩基神是古代苏美尔人的水神、智慧之神和创造之神;伊南娜神是古代苏美尔人的爱、美、性、欲望和生育女神——译者注。

③ Diana Wolstein and Samuel Noah Kramer, *Inanna, Queen of Heaven and Earth* (New York: Harper and Row, 1983), 13.

④ Arthur Waley, *The Book of Songs: The Ancient Chinese Classic of Poetry* (New York: Grove, 1996), 316.

⑤ Susan Sherratt, "Feasting in Homeric Epic," *Hesperia: The Journal of the American School of Classical Studies at Athens* 73, no. 2 (2004): 301 – 37.

⑥ Orville H. Bullitt, *Search for Sybaris* (London: J. M. Dent, 1969), 56 – 8.

罗马时代的宴飨景象及描述激增,甚至出现了像阿比修斯编写的宴飨手册。①

伊本·法登是最早以民族志倾向记载他者文化宴飨的编年史家之一,他描述了公元921年一位维京酋长叹为观止的丧葬宴飨,其中将一名年轻女奴作为淫祀牺牲的献祭,是该文献最引人瞩目的叙述。② 欧洲其他原住民的宴飨记载一直持续到中世纪,包括《贝奥武甫》(Beowulf)中的描述,还有其他许多图像的描绘。③

所有这些早期记录的共同之处是,它们对观察者或参与者来说,都是极为重要事件的原始陈述。古典文献将宴飨描绘成贵族或宫廷文化生活的一部分。然而,它们从未告诉我们,这些宴飨本身为何重要,或宴飨在较广泛的社会动力中发挥着什么作用。除了早期基督教狂热分子对异教徒节日及其宴飨的谩骂外,这个"描述阶段"的宴飨研究通常缺乏任何道德评判。一直要到早期殖民探险时期,才有越来越多的人对了解人们为何不厌其烦地举办宴飨,产生日益浓厚的兴趣。

(二) 殖民时期

从16世纪到20世纪,伴随欧洲列强殖民地的建立,最初重点主要放在对殖民地各种文化的描述和分类上。④ 然而,随着时间推移,(殖民当局)最终制定了与原住民文化及其传统互动的政策,这使得部分殖民官员和传教士开始尝试理解当地传统。⑤

就奢侈宴飨的情况而言,对大多数负责为本国政府或公司谋利的欧洲行政人员来说,这看似完全浪费资源的行为令人难以理解。奢侈宴飨对税收有不利的影响,被简单视为一种非理性的浪费行为,是一种毫无道理的"原始"文化传统的组成部分。这种态度长久以来一直是发展中工业经济的特点,无论当权者是资本主义、社会主义还是共产主义。⑥ 因此,传统的宴飨活动常作为"经济陋习"被政府禁止(如荷兰、不列颠哥伦比亚和越南政

---

① Joan Edwards, *The Roman Cookery of Apicius* (Vancouver: Hartley and Marks, 1984); Katherine M.D. Dunbabin, *The Roman Banquet: Images of Conviviality* (Cambridge: Cambridge University Press, 2003); Barbara K. Gold and John F. Donahue, eds., *Roman Dining: A Special Issue of American Journal of Philology* (Baltimore: Johns Hopkins University Press, 2005).

② James E. Montgomery, "Ibn Fadlan and the Rusiyyah," *Journal of Arabic and Islamic Studies* 3 (2000): 1-25.

③ Stephen Pollington, *The Mead-Hall: Feasting in Anglo-Saxon England* (Hockwold-cum-Wilton, UK: Anglo-Saxon Books, 2003); Nicholas Fletcher, *Charlemagne's Tablecloth* (New York: St. Martin's Press, 2004), 16ff.

④ Arthur J.O. Anderson and Charles E. Dibble, eds., *Florentine Codex of Fray Bernardino de Sahagun* (Santa Fe: School of American Research, 1970); Elisabeth Tooker, *An Ethnography of the Huron Indians*, Vol. Bulletin 190 (Washington, D.C.: Bureau of American Ethnology, 1964).

⑤ Marvin Harris, *The Rise of Anthropological Theory* (New York: Thomas Y. Crowell, 1968), 516; Stevenson, H.N.C., *The Economics of the Central Chin Tribes* (Bombay: Times of India Press, 1943); Cyril Daryll Forde, "Applied Anthropology in Government: British Africa," in *Anthropology Today*, ed. Kroeber, A.L. (Chicago: University of Chicago Press, 1953), 841-65.

⑥ Brian Hayden, "Traditional Corporate Group Economics in Southeast Asia: An Ethnographic Study with Archaeological Implications," *Asian Perspectives* 50, no. 1 (2011): 1-23.

府都曾明令禁止），同时还指责这类宴飨习俗带有"偶像崇拜"的异端色彩。于是，从1884—1951年，西北海岸的夸富宴被取缔，荷兰人也认定印度尼西亚的牛牲献祭为非法，越南各省也禁止了传统的宴飨。此外，宴飨实践往往屈从于世界经济压力、原住民对资源控制的丧失和殖民者的传教活动。

（三）早期民族志时期

随着人类学和民族学各学科的发展，越来越多的一致性努力开始记录非西方的行为，并了解人们为何以如此陌生的方式行事。早期的实践者试图从信仰、社会网络、生存和环境来了解各种习俗如何符合情理。在所见的各种行为中，奢侈宴飨仍然是最令人困惑的现象之一，人们往往对其所知甚少。

人类学新领域中最著名的先驱是弗朗兹·博厄斯，他集中记录了西北海岸的各种文化。尽管他持特殊论的倾向，但是博厄斯根本上是以非常西方的视角来看待"夸富宴"的，从非常理性的投资、计息借贷、契约关系和经济竞争来对其进行明确的描述，①在许多方面类似于莫斯对同一时期贵重礼物的处理。② 但是，博厄斯也提倡从特殊论的文化历史视角来看待西北海岸的文化，一直到20世纪中叶，他在人类学中成功将其确立为主导的视角。因此，这一时期甚至后续时期对宴飨的许多民族志记载，都是高度描述性和不谈理论的。

随着经济大萧条和"二战"的爆发，民族志研究总体上出现了停顿，尤以宴飨研究为甚。一些博厄斯的追随者较为详细地描述宴飨，如加利福尼亚的"白鹿皮宴飨"③和西北海岸的秘密舞蹈社群，④他们偶尔对一些宴飨的竞争炫耀功能做深入的观察。其他民族志学家引用围绕宴飨的宇宙观信仰，认为是增加繁殖力的一种手段。例如，钦族（Chin）的某些宴飨被认为与增强主人生育力的信念有关。⑤ 同样，西蒙斯描述了那加人（Nagas）的奢侈宴飨，强调它们是将生命力从有成就的主人转移到纪念物的一种手段，然后村民们可以用这些纪念物来提高自己的繁殖力。⑥ 其他民族志学家如波斯特⑦更加关注宴飨的描

---

① Harriet Codere, *Fighting with Property* (Seattle: University of Washington Press, 1950).

② Marcel Mauss, *The Gift* (New York: Free Press, 1924).

③ William Goldschmidt and H. Jay Driver, "The Hupa White Deerskin Dance," *University of California Publications in American Archaeology and Ethnology* 35 (1943): 103-31.

④ Peter Drucker, "Kwakiutl Dancing Societies," *University of California Publications in Anthropological Records* 2 (1941): 201-30.

⑤ Stevenson, H.N.C., *The Economics of the Central Chin Tribes* (Bombay: Times of India Press, 1943), 137-8.

⑥ Frederick J. Simoons, *A Ceremonial Ox* (Madison: University of Wisconsin Press, 1968), 112, 128.

⑦ Post, R., "The Sinkaietk or Southern Okanagon of Washington: The Subsistence Quest," in *The Sinkaietk or Southern Okanagon of Washington: General Series in Anthropology*, Contributions from the Laboratory of Anthropology, ed. Leo Spier (Menasha, WI: George Banta, 1938), 2(6), 11-34.

述性方面。在学术圈外,英国殖民署的业余民族志学者,如史蒂文森[1]和麦基尔雷思[2]对宴飨在社会中或在获取政治权力的重要性上提出了一些有见地的观察。

(四)结构—功能论期

20世纪中叶,在拉德克利夫—布朗和马林诺夫斯基的主导下,人类学中的结构—功能主义学派兴起,宴飨开始被视为维持文化系统的组成部分。社会的冲突因素总体被淡化,而偏好整合、团结和创造的因素,为稳定和不变的社会提供一种氛围。[3] 因此,宴飨促进社会团结的主题逐渐深入人心,至今仍是考古学中对宴飨最常见的解释。

雷蒙德·弗斯[4]提供了这种观点的例子,他坚称宴飨为社会提供团结。同样,罗斯曼和鲁贝尔[5]将夸富宴解释为源于社会结构的需要。然而,在对博厄斯工作进行综述的《与财产斗争》一书中,科德尔[6]对夸富宴提出了一种以冲突为导向的解释。遵循马林诺夫斯基强调社会结构的心理基础,举办宴飨以提高个人威望或地位的看法也成为一种流行的解释,并在当下的民族志学者中延续。然而,总的来说,这一时期的民族志学家往往停留在对宴飨的基本描述上,并弱化了有关宴飨详细文化动力的任何解释或建模。

(五)探索期

随着1960—1970年代经济的繁荣和研究经费的回归,对宴飨和理论问题的兴趣高涨,最详细的叙述和各种理论解释就是在这十几年里撰写的。1960年代,功能主义的生态学范式很流行(很大程度上受系统论的启发),大量民族志研究将宴飨系统描述成主要为平衡地区和时间上的各种生计生产。这种观点的例子可以从皮多克[7]和萨特尔斯[8]对西北海岸夸富宴的解释中看出来,他们将其看作是现时储存剩余产品信用的手段,以便在需要的时候兑现。而萨林斯[9]在对波利尼西亚的酋长宴飨的解释中,将其看作是对不同专门化生产区资源进行再分配的手段。拉帕波特[10]对此也有类似看法,认为新几内亚定期的猪肉宴为人们需要时提供肉食蛋白。

---

[1] Stevenson, H.N.C., *The Economics of the Central Chin Tribes* (Bombay: Times of India Press, 1943).

[2] McIlwraith, T.F., *The Bella Coola Indians* (Toronto: University of Toronto Press, 1948).

[3] Marvin Harris, *The Rise of Anthropological Theory* (New York: Thomas Y. Crowell, 1968), 516.

[4] Raymond Firth, *Elements of Social Organization* (London: Watts, 1951), 230-1.

[5] Alan Rosman and Paula Rubel, *Feasting with Mine Enemy* (Prospect Heights, IL: Waveland Press, 1971).

[6] Harriet Codere, *Fighting with Property* (Seattle: University of Washington Press, 1950).

[7] Piddocke, S., "The Potlatch System of the Southern Kwakiutl: A New Perspective," *Southwestern Journal of Anthropology* 21 (1965): 244-64.

[8] Suttles, S., "Coping with Abundance: Subsistence on the Northwest Coast," in *Man the Hunter*, eds. Richard B. Lee and Irven DeVore (Chicago: Aldine de Gruyter, 1968), 56-68.

[9] Marshall Sahlins, *Stone Age Economics* (Chicago: University of Chicago Press, 1972), 190.

[10] Roy A. Rappaport, *Pigs for the Ancestors* (New Haven, CT: Yale University Press, 1968).

与功能主义生态学的方法不同,欧洲民族志学家强调从个人威望和地位动机来解释奢华的宴飨行为。例如,《与食物的斗争》(Fighting with Food)详细记载了美拉尼西亚古德诺岛大型宴飨激烈竞争的性质,[1]但最终将这些行为与领导人争夺威望联系起来。斯特拉森[2]求助于控制新几内亚举办摩卡交换(moka exchange)[3]的地位动机,而忽略了实际的利益。勒莫尼耶[4]在《战争与庆祝》一书中继续这种解释的议题,声称在新几内亚,威望具有内在的价值,是大人物之间竞争的首要目标。

同时,与较早的"社群"结构—功能主义视角不同,其他民族志家开始强调宴飨背后能动性驱动的利己动机。[5] 在一项关于毛利人宴飨的先驱性研究中,弗思[6]分辨出主持宴飨的许多目的,包括建立社会联系和同盟、增加经济效益以及政治妥协。基尔希[7]后来观察了东南亚巩固权力和权力争夺中宴飨的社会政治动因。稍后,韦纳[8]提出,包括礼物交换的丧葬宴飨对于新几内亚沿海群体展示世系的力量至关重要,进而在族群内和族群间协调政治权力也非常关键。维斯纳[9]观察到新几内亚头人为了平息由社会不平等产生的社会动乱,而组织平等主义的仪式宴飨。鲁伊尔[10]强调西北海岸贵族及其宴飨的剥削性。雷伊[11]和西利托[12]也强调了宴飨组织者和头人的利己动机,虽然这究竟只是为了声望,还是为了其他较直接的利益如政治权力、繁衍或安全,仍不清楚。但不管怎样,这些较晚的研究都强调了头人或野心家对宴飨较为"剥削性"的利用。

---

[1] Young, M., *Fighting with Food* (Cambridge: Cambridge University Press, 1971), 211, 224.

[2] Andrew Strathern, *The Rope of Moka* (Cambridge: Cambridge University Press, 1971); Christine Nairn, *Ongka's Big Moka* (*Kawelka*) (London: Image Media Services, Granada Television, 1991).

[3] 摩卡是巴布亚新几内亚哈根山地区一个高度仪式化的交流系统,已经成为"礼物经济"和"大人物"政治系统人类学概念的象征——译者注。

[4] Pierre Lemonnier, *Guerres et Festins* (Paris: Maison des Sciences de l'Homme, 1990), 47, 49.

[5] Daniel Feil, *The Evolution of Highland Papua New Guinea Societies* (Cambridge: Cambridge University Press, 1987).

[6] Raymond Firth, *Economics of the New Zealand Maori* (Wellington, NZ: R. E. Owen, 1959; originally published 1929), 309ff, 335.

[7] Arthur Kirsch, "Feasting and Social Oscillation," Southeast Asia Program Data Paper 92 (Ithaca, NY: Cornell University, Department of Asian Studies, 1973).

[8] Annette B. Weiner, *The Trobrianders of Papua New Guinea* (New York: Holt, Rinehart & Winston, 1988), 43–8, 117, 122–3, 134–5.

[9] Pamela Wiessner, "Of Feasting and Value: Enga Feasts in a Historical Perspective (Papua New Guinea)," in *Feasts: Archaeological and Ethnographic Perspectives on Food, Sharing, and Society*, eds. Brian Hayden and Susan Dietler (2001), 115–213.

[10] Edward Ruyle, "Slavery, Surplus, and Stratification on the Northwest Coast: The Ethnoenergetics of an Incipient Stratification System," *Current Anthropology* 14 (1973): 603–17.

[11] Reay, M., *The Kuma: Freedom and Conformity in the New Guinea Highlands* (Melbourne: Melbourne University Press, 1959).

[12] Sillitoe, P., "Big Men and War in New Guinea," *Man* 13 (1978): 252–71.

三、考古学中的宴飨

考古学关注宴飨的时间要比民族志和历史学要晚近得多,但与民族学家提出的观点相近。在考古学中,宴飨研究大致有三期:1970年之前的早期描述期;1970和1980年代是理论形成期;1990年代至今是理论发展期。在这些时期,宴飨考古研究至少在四个不同地区独立出现,包括爱琴海古典考古学、西欧新石器与青铜时代考古学、南美考古学和美国南部考古学。在这段时间里,考古学宴飨研究的数量过多,以至于因篇幅所限而无法全部涉及。因此,我们仅回顾宴飨考古学理论的关键发展,并向包括迈克·帕克—皮尔逊在内的学者以及他对巨石阵地区宴飨的有趣研究表示歉意,因为我们无法讨论所有值得称道的项目。

(一)描述期:1970年代以前

1970年代之前,对宴飨作了几乎不涉及有关文化动力的理论构建。以博厄斯派为主的流行研究,简单地将史前宴飨的物质遗存作为某地区文化历史的一部分来描述,而不必与文化的其他方面联系。一个明显的例外是图恩瓦尔德,1920年代,他将宴飨与群体团结和将宴飨用于政治以发动民众联系起来。[1] 但是总的来说,大多数考古学家似乎满足于鉴定宴飨的遗存,并将它们作为文化历史的组成部分来描述。

(二)形成期:1970—1980年代

弗里德曼和罗兰兹[2]还有后来的本德[3]是最早开发一些有关宴飨考古理论模型的学者,意在说明为何宴飨在史前社会如此重要,以及为什么人们要投入如此多的资源来举办奢侈的宴飨。作为1970年代典型的结构—马克思主义,弗里德曼和罗兰兹的解释框架大体上不考虑经济或环境因素,集中在社会结构决定经济生产的方式,以及社会方式如何有其内在的发展规律。他们声称,早期的部落政治(剩余产品)经济是由世系之间为了威望、攀附婚姻和祖先祈福(以繁荣和财富的形式)的竞争所驱动的。这种竞争主要采取了竞争宴飨的形式,并建立了一种正反馈循环,其中较高的产出能够举办更多的宴飨,从而提高威望,这导致多妻和更多的子女,导致产量增加而能举办更大的宴飨。弗里德曼和罗兰兹利用这种内在动力来解释后来酋邦的发展。虽然当时很少有人尝试将这种宴飨系统与较大的实际利益联系起来,但这些学者确实将宴飨置于考古学有关强化资源生产和经济竞争的理论前沿。

特别的是,正是在这个时期,许多地区的考古学家开始集中关注史前宴飨的迹象。古

---

[1] Pablo Kaulicke, "Las Fiestas y sus Residuos," *Boletín de Arqueología PUCP* 9 (2005): 387–402.

[2] Jonathan Friedman and Michael Rowlands, "Notes Towards an Epigenetic Model of the Evolution of 'Civilization'," in *The Evolution of Social Systems*, eds. Jonathan Friedman and Michael Rowlands (London: Duckworth, 1977), 201–76.

[3] Barbara Bender, "Emergent Tribal Formations in the American Midcontinent," *American Antiquity* 50 (1985): 52–62.

典考古学家最早注意到考古学宴飨的证据。这种兴趣可能是因为最早以迈锡尼史诗文献为依据的大量宴飨描述,还有线形文字 B 的叙述,宫殿中大量的动物遗骸,用于宴饮的大量陶器,还有描绘在陶器和壁画上的宴飨场景。迈锡尼及其他古典考古学家已经根据宴飨记录提出了一些阐释和理论洞见,关于通过宴飨来建立贵族的政治权力,特别是宫廷的(贵族特供)和教堂的(为一般民众举办)宴飨。①

在西欧,对新石器和青铜时代包括环壕、堤道营地、②石阵和古坟等纪念建筑的发掘,出土了大量陶器、牛、猪、羊和其他通常与丧葬纪念物相伴的动物。这些常常得到了适当的关注,并作为可能的宴飨遗迹来描述(尤其显示有大量浪费食物的证据)。③ 当时,除了认为其代表了分散人群的定期聚会外,很少有人试图了解宴飨在这些文化的社会或政治动力中可能发挥的作用。布拉德利④的观点可能是个例外,他提出新石器时代的宴飨在贵族兴起中,通过建立个人威望包括获得实际好处,发挥了作用。这一观点受到了弗里德曼和罗兰兹著作的潜在影响。这种方法在伊比利亚青铜时代丧葬宴飨阐释的后续发展中一直十分流行。⑤

南美考古学家受惠于描述宴飨政治作用的丰富民族史档案,还有出土的大量陶器和与宴飨有关的建筑和遗迹遗存。莫里斯⑥是最早提取这些大量信息,并对有关印加帝国如何利用宴飨来运行其行政组织并满足其大量劳动力需求进行建模的学者之一。于是开启了南美考古学贵族宴飨研究的一个有力传统,并一直延续到宴飨理论的发展期,主要关

---

① Yannis Hamilakis, "The Anthropology of Food and Drink Consumption and Aegean Archaeology," in *Palaeodiet in the Aegean*, eds. Sarah Vaughan and William Coulson (Oxford, UK: Oxbow, 1999), 55-63; Joshua Wright, eds., *The Mycenaean Feast* (Princeton, NJ: American School of Classical Studies, Athens, 2004); Laura Girella, "Forms of Commensal Politics in Neopalatial Crete," *Creta Antica* 8 (2007): 135-68.

② 堤道营地指的是英国南部新石器时代村落,为一椭圆形的可见围场,四周有数圈同心圆沟渠,低洼地带和沟渠上有数条堤道通过——译者注。

③ Smith, I., *Windmill Hill and Avebury* (Oxford: Clarendon Press, 1965); Wainwright, G. and Longworth, I., *Durrington Walls, Excavations 1966-1968* (London: Society of Antiquaries, 1971); Thomas, J., *Rethinking the Neolithic* (Cambridge: Cambridge University Press, 1991).

④ Richard Bradley, *The Social Foundations of Prehistoric Britain* (London: Longman, 1984), 21, 28-9, 51, 64-5, 126, 162.

⑤ Gonzalo Aranda and Juan Esquivel, "Ritual Funerario y Comensalidad en las Sociedades de la Edad del Bronce del Sureste Peninsular: La Cultura de El Argar," *Trabajos de Prehistoria* 63 (2006): 117-33; Gonzalo Aranda and Juan Esquivel, "Poder y Prestigio en las Sociedades de la Cultura de El Argar: El Consumo Comunal de Bóvidos y Ovicapridos en los Rituales de Enterramiento," *Trabajos de Prehistoria* 64, no. 2 (2007): 95-118; Raúl Garrido-Rena, "I Ransegalitanan Societies: An Ethnoarchaeological Model for the Analysis of Copper Age Bell Beaker Using Groups in Central Iberia," in *Social Inequality in Iberian Late Prehistory*, eds. Pablo Díaz-del-Río and Luis García (Oxford: Hadrian, 2006), 81-96.

⑥ Morris, C., "Maize Beer in the Economics, Politics, and Religion of the Inca Empire," in *Fermented Food Beverages in Nutrition*, eds. Gastineau, C., Darby, W., and Turner, N. (New York: Academic Press, 1979), 21-35.

注贵族利用宴飨来达成政治目的。① 近年来,此项关注已经扩大,许多学者研究世系和贵族的丧葬宴飨,②以及许多涉及性别角色、③专职人员、贵族及非贵族的宴飨以及其他新研究领域④的详细研究。1980年代,也开始关注哥斯达黎加丧葬宴飨的重要性。⑤

在美国西南部,考古学家主要利用民族史和民族志的记录来研究基瓦、大房子和其他仪式建筑中的史前宴飨。威尔斯和克朗⑥很好总结了美国西南部宴飨研究的历史。其中特别值得一提的是托尔⑦早期的研究,他强调了查科峡谷大房子里宴飨的规模和可能的再分配功能。布林曼⑧则侧重其他方面,认为普韦布洛时期祭祀建筑中的宴飨可能反映

---

① Bray, T., ed., *The Archaeology and Politics of Food and Feasting in Early States and Empires* (New York: Kluwer Academic/Plenum, 2003); Pablo Kaulicke and Tom Dillehay, eds., *Boletín de Arqueología PUCP*, *Encuentros: Identidad*, *Poder y Manejo de Espacios Públicos*, Vol. 9 (Lima: Universidad Católica del Perú, Departamento de Humanidades, 2005); Williams, P., et al., "Los Encuentros y las Bases para la Administración Política Wari," *Boletín de Arqueología PUCP* 9 (2005): 207–32; Langebaek, C., "Fiestas y Caciques Muiscas en el Infeiernito, Colombia: Un Análisis de la Relación entre Festejos y Organización Política," *Boletín de Arqueología PUCP* 9 (2005): 281–95.

② George Lau, "Feasting and Ancestor Veneration at Chinchawas, North Highlands of Ancash, Peru," *Latin American Antiquity* 13, no. 3 (2002): 279–304; Christine Hastorf, "Andean Luxury Foods," *Antiquity* 77 (2003): 545–54; Geoffrey Gummerman, "Big Hearths and Big Pots: Moche Feasting on the North Coast of Peru," in *Inside Ancient Kitchens*, ed. Klarich, E. (Boulder: University of Colorado Press, 2010), 111–32; Izumi Shimada et al., "An Integrated Analysis of Pre-historic Mortuary Practices," *Current Anthropology* 45, no. 3 (2004): 369–86.

③ William Isbell and Amy Groleau, "The Wari Brewer Woman: Feasting, Gender, Offerings, and Memory," in *Inside Ancient Kitchens: New Directions in the Study of Daily Meals and Feasts*, ed. Elizabeth Klarich (Boulder: University of Colorado Press, 2010), 191–220.

④ Tamara Bray, ed., *The Archaeology and Politics of Food and Feasting in Early States and Empires* (New York: Kluwer Academic/Plenum, 2003); Elizabeth Klarich, ed., *Inside Ancient Kitchens: New Directions in the Study of Daily Meals and Feasts* (Boulder: University of Colorado Press, 2010).

⑤ Michael Snarkis, "Central America: The Lower Caribbean," in *The Archaeology of Lower Central America*, eds. Frederick Lange and Doris Stone (Albuquerque: University of New Mexico Press, 1984), 195–232; Ana Blanco Vargas, Juan Guerrero Miranda, and Sergio Salgado González, "Patrones Funerarios del Policromo Medio en el Sector Sur de Gran Nicoya," *Vínculos* 12 (1986): 135–58.

⑥ Wirt H. Wills and Patricia L. Crown, "Commensal Politics in the Prehispanic Southwest," in *Identity*, *Feasting*, *and the Archaeology of the Greater Southwest*, ed. Barbara J. Mills (Boulder: University Press of Colorado, 2004), 153–72.

⑦ H. Wolcott Toll, *Pottery*, *Production*, *Public Architecture and the Chaco Anasazi System* (PhD diss., University of Colorado, Boulder, 1985).

⑧ Eric Blinman, "Poduck in the Protokiva: Ceramics and Ceremonialism in Pueblo I Villages," in *Architecture of Social Integration in Prehistoric Pueblos*, eds. William Lipe and Michelle Hegmon (Cortez, CO: Crow Canyon Archaeological Center, 1989), 113–24.

了社会等级群体,并很可能用来促进社群团结和化解社会冲突。① 在后续的研究中,波特②和林道尔③遵循同样的解释传统,而米尔斯④后来拓展了这个范围,从世系驱动力的角度来观察宴飨。

同样,在美国中部和东南部,西曼⑤开始论证霍普韦尔纳骨屋⑥的宴飨,可能涉及社群间的大事(他推测是食物再分配,但也有可能是结盟),这种解释得到了施赖奥克⑦的支持。奈特⑧和海曼⑨等人将社群间宴飨延伸到早期平台土墩的使用上,就如林道尔和布利茨⑩声称,社群的社会整合是这些宴飨的主要原因。在涉及该地区后来的密西西比酋邦时,许多研究从贵族和公共背景中分辨出大量的宴飨遗迹。⑪ 在遥远的东南沿海,古代期

---

① William A. Longacre, "Archaeology as Anthropology: A Case Study," *Science* 144 (1964): 1454–5; James N. Hill, "A Prehistoric Community in Eastern Arizona," *Southwestern Journal of Anthropology* 22 (1966): 9–30.

② James M. Potter, "Pots, Parties, and Politics: Communal Feasting in the American Southwest," *American Antiquity* 65, no. 3 (2000): 471–92.

③ Owen Lindauer, "A Schoolhouse Point Perspective on Salado Community Development," in *Salado*, ed. Jeffrey S. Dean (Albuquerque: University of New Mexico Press, 2000), 219–40.

④ Barbara J. Mills, "Performing the Feast: Visual Display and Suprahousehold Commensalism in the Puebloan Southwest," *American Antiquity* 72, no. 2 (2007): 210–39.

⑤ Seeman, M., "Feasting with the Dead: Ohio Hopewell Charnel House Ritual as a Context for Redistribution," in *Hopewell Archaeology: The Chillicothe Conference*, eds. David Brose and Nathan Greber (Kent, OH: Kent State University Press, 1979), 39–46.

⑥ 纳骨屋是霍普韦尔人在火化已故亲人时使用的木质建筑,当仪式结束后,参与者烧毁纳骨屋,并在上面建造土墩——译者注。

⑦ Andrew Shryock, "The Wright Mound Reexamined," *Midcontinental Journal of Archaeology* 12 (1987): 243–68.

⑧ Victor D. Knight, "Feasting and the Emergence of Platform Mound Ceremonialism in Eastern North America," in *Feasts: Archaeological and Ethnographic Perspectives on Food, Politics, and Power*, eds. David Dietler and Brian Hayden (Chicago: University of Chicago Press, 2001), 311–33.

⑨ Heyman, M., Abrams, E., and Freter, A., "Late Archaic Community Aggregation and Feasting in the Hocking Valley," in *The Emergence of the Moundbuilders: The Archaeology of Tribal Societies in Southeastern Ohio*, eds. Abrams, E., and Freter, A. (Athens: Ohio University Press, 2005), 67–81.

⑩ Owen Lindauer and John Blitz, "Higher Ground: The Archaeology of North American Platform Mounds," *Journal of Archaeological Research* 5, no. 2 (1997): 186–7.

⑪ Patricia Welch and Mary Scarry, "Status-Related Variation in Foodways in the Moundville Chiefdom," *American Antiquity* 60, no. 3 (1995): 414; Kelly, L., "A Case of Ritual Feasting at the Cahokia Site," in *Feasts: Archaeological and Ethnographic Perspectives on Food, Politics, and Power*, eds. David Dietler and Brian Hayden (Chicago: University of Chicago Press, 2001), 334–67; Jackson, H., and Scott, S., "Patterns of Elite Faunal Utilization at Moundville, Alabama," *American Antiquity* 68, no. 3 (2003): 552–72; Yerkes, R., "Bone Chemistry, Body Parts, and Growth Marks: Evaluating Ohio Hopewell and Cahokia Mississippian Seasonality, Subsistence, Ritual, and Feasting," *American Antiquity* 70, no. 2 (2005): 241–65.

晚段的贝壳圈和巨大的贝壳建筑也被说成是宴飨堆积的产物和相对复杂社会经济系统的宴飨遗迹,[1]尽管这些看法仍有争议。

还有许多较为孤立的宴飨研究,以建立特殊个案的模型,但当时尚未形成地区性趋势。有些例子论证了与古典玛雅球场相伴的宴飨遗迹、[2]拉布拉多史前狩猎采集者的宴飨建筑、[3]白令海峡爱斯基摩人的男人屋[4]等的记录,以及容克等人[5]对菲律宾酋邦宴飨遗迹的深刻分析。

在这个理论形成时期,宴飨与驯化等重大理论问题之间建立起联系,[6]包括用认知模型来解释北欧采纳驯化为何与宴飨有联系。[7] 从地理学家的视角,布鲁克菲尔德[8]认为宴飨与强化农业有关。弗里德曼和罗兰兹也认为与太平洋的强化农业有关,这种观点后来也在基尔希[9]对波利尼西亚考古学的解释中得到了响应。

在这一时期也较多提及考究丧葬宴飨的存在,并了解它们为何会在考古学和民族志不同解释流派的争论中成为一个重要的支点。[10]

---

[1] Russo, M., "Late Archaic Shell Rings and Society in the Southeast U. S.," *SAA Archaeological Record* 8, no. 5 (2008): 18 – 22; Schwadron, M., "Prehistoric Landscapes of Complexity: Archaic and Woodland Period Shell Works, Shell Rings, and Tree Islands of the Everglades, South Florida," in *Trend, Tradition and Turmoil: What Happened to the Southeast Archaic?* eds. David Thomas and Marjorie Sanger (New York: American Museum of Natural History, 2010), 113 – 46.

[2] Fox, J., "Playing with Power: Ballcourts and Political Ritual in Southern Mesoamerica," *Current Anthropology* 37 (1996): 483 – 509.

[3] Schwarz, F., "Recent Indian Communal Feasting Structures in Newfoundland and Labrador," presented at the Canadian Archaeological Association Annual Meeting Abstracts, Halifax, 1996; Pastore, R., "Excavations at Boyd's Cove: The 1985 Field Season," in *Archaeology in Newfoundland & Labrador 1985*, eds. Thomson, J. Sproull and Thomson, C. (St. John's: Newfoundland Museum, 1985), 218 – 32.

[4] Sheehan, G., "In the Belly of the Whale," *Archaeology* 42 (1989): 52 – 64.

[5] Junker, L., Mudar, K., and Schwaller, M., "Social Stratification, Household Wealth, and Competitive Feasting in 15th/16th-Century Philippine Chiefdoms," *Research in Economic Anthropology* 15 (1994): 307 – 58.

[6] Bender, B., "Gatherer-Hunter to Farmer: A Social Perspective," *World Archaeology* 10 (1978): 204 – 2; Bender, B., "Emergent Tribal Formations in the American Midcontinent," *American Antiquity* 50 (1985): 52 – 62.

[7] Jennbert, K., "Neolithisation — A Scanian Perspective," *Journal of Danish Archaeology* 4 (1985): 196 – 7; Jennbert, K., "Neolithisation Processes in the Nordic Area," *Swedish Archaeology* 1981 – 1985: 21 – 35.

[8] Brookfield, H.C., "Intensification and Disintensification in Pacific Agriculture," *Pacific Viewpoint* 13 (1972): 30 – 48.

[9] Patrick Kirch, *The Wet and the Dry: Irrigation and Agricultural Intensification in Polynesia* (Chicago: University of Chicago Press, 1994); Patrick Kirch, *On the Road of the Winds* (Berkeley: University of California Press, 2000), 164, 319.

[10] Hayden, B., "Funerals as Feasts: Why Are They So Important?" *Cambridge Archaeological Journal* 19 (2009): 29 – 52.

（三）发展期：1990—2000 年代

1990 年代，随着对宴飨解决考古学理论议题重要性的兴趣高涨，出现了许多民族考古学的研究。在非洲，迪特勒[1]开始关注将宴飨作为了解村落层次社群社会政治动力的一种手段。海登[2]提出将宴飨作为动植物驯化的一个可能背景，致使其与同事在东南亚和波利尼西亚进行了 10 年之久的一系列民族考古学宴飨研究。[3] 海登和迪特勒的工作都源于他们之前的民族考古学研究，他们都认识到宴飨在了解史前期各种发展进步上尚未开发的潜力。

在这个发展期，一系列关于宴飨的研讨会和论文集[4]为最新的考古建模趋势奠定了基础。其中，1996 年由海登和迪特勒组织的美国考古学会的专题研讨会，以及由此编辑

---

[1] Dietler, M., "Driven by Drink: The Role of Drinking in the Political Economy and the Case of Early Iron Age France," *Journal of Anthropological Archaeology* 9 (1990): 352–406.

[2] Hayden, B., "Nimrods, Piscators, Pluckers, and Planters: The Emergence of Food Production," *Journal of Anthropological Archaeology* 9 (1990): 31–69; Hayden, B., "The Proof Is in the Pudding: Feasting and the Origins of Domestication," *Current Anthropology* 50 (2009): 597–601, 708–9.

[3] Hayden, B., "Fabulous Feasts: A Prolegomenon to the Importance of Feasting," in *Feasts: Archaeological and Ethnographic Perspectives on Food, Politics, and Power*, eds. Dietler, M., and Hayden, B. (Washington, D.C.: Smithsonian Institution Press, 2001), 23–64; Clarke, M., "Akha Feasting: An Ethnoarchaeological Perspective," in *Feasts: Archaeological and Ethnographic Perspectives on Food, Politics, and Power*, eds. Dietler M., and Hayden B. (Washington, D.C.: Smithsonian Institution Press, 2001), 144–67; Adams, R., "An Ethnoarchaeological Study of Feasting in Sulawesi, Indonesia," *Journal of Anthropological Archaeology* 23 (2004): 56–78; Adams, R., "Maintaining Cohesion in House Societies of West Sumba, Indonesia," in *The Durable House: House Society Models in Archaeology*, eds. Beck, R.J. (Carbondale: Southern Illinois University Press, 2007), 344–62; Adams, R., *The Megalithic Tradition of West Sumba, Indonesia* (PhD thesis, Simon Fraser University, Burnaby, British Columbia, 2007); Hayden, B., and Villeneuve, S., "Who Benefits from Complexity? A View from Futuna," in *Pathways to Power*, eds. Price, T., and Feinman, G. (New York: Springer, 2010), 95–146.

[4] Wiessner, P., and Schiefenhövel, W., eds., *Food and the Status Quest: An Interdisciplinary Perspective*, Vol. 1 (New York: Berghahn Books, 1996); Bray, T., ed., *The Archaeology and Politics of Food and Feasting in Early States and Empires* (New York: Kluwer Academic/Plenum, 2003); Halstead, P., and Barrett, J., *Food, Cuisine and Society in Prehistoric Greece* (Oxford: Oxbow Books, 2004); Mills, B., ed., *Identity, Feasting and the Archaeology of the Greater Southwest* (Boulder: University Press of Colorado, 2004); Wright, J., ed., *The Mycenaean Feast* (Princeton, NJ: American School of Classical Studies at Athens, 2004); Kaulicke, P., and Dillehay, T., eds., *Boletín de Arqueología PUCP, Encuentros: Identidad, Poder y Manejo de Espacios Públicos*, Vol. 9 (Lima: Universidad Católica del Perú, Departamento de Humanidades, 2005); Aranda, G., ed., *Power and Prestige in Iberian Prehistoric Societies: The Social Context of Food and Drink Consumption, Cuadernos de Prehistoria y Arqueología de la Universidad de Granada*, special issue 18 (2008); Klarich, E., ed., *Inside Ancient Kitchens: New Directions in the Study of Daily Meals and Feasts* (Boulder: University of Colorado Press, 2010).

的《宴飨：关于食物、政治和权力的考古学和民族志视野》,[①]成为宴飨研究的分水岭。这本书或许是第一次将宴飨作为一种普遍现象加以关注，并对宴飨研究的一些主要理论立场和可能性做了综述。诸多讨论既非面面俱到，也非完全首创，但首次开辟了各种可能性和应用范围，有些设法为富有成果的洞见勾画了未来的研究方向。这一努力看来重振了一些业已受到关注的宴飨研究，并在总体上拓宽了宴飨研究的范围。[②]

在过去10年里，考古学家对与宴飨有关的动力机制有了较为多样化的了解。一些研究者已经开始观察首领在主持宴飨中个人政治利益与社群支持之间的互动，这给首领造成了为社群目的维持某种程度宴飨的预期和压力。[③] 宴飨还与涉及社会记忆、个人情感、社群价值观、[④]感官体验[⑤]以及宴飨视觉和表演方面[⑥]的意识形态和认知领域有关。也有学者声称，虽然宴飨"触及情感"，但这种效果是暂时的，政治人物需要"能够导向长期利益"的策略，[⑦]有些人甚至视意识形态为动员宴飨系统的一种权力来源。[⑧]

理论研究的扩展，促使学者提出宴飨与重大技术创新之间的联系，例如储藏、[⑨]农业、[⑩]

---

① Dietler, M., and Hayden, B., eds., *Feasts: Archaeological and Ethnographic Perspectives on Food, Politics, and Power* (Washington, D.C.: Smithsonian Institution Press, 2001).

② Aranda, G., and Esquivel, J., "Ritual Funerario y Comensalidad en las Sociedades de la Edad del Bronce del Sureste Peninsular: La Cultura de El Argar," *Trabajos de Prehistoria* 63 (2006): 117–33; Aranda G., and Esquivel, J., "Poder y Prestigio en las Sociedades de la Cultura de El Argar: El Consumo Comunal de Bóvidos y Ovicapridos en los Rituales de Enterramiento," *Trabajos de Prehistoria* 64, no. 2 (2007): 95–118; Garrido-Pena, R., "Iberian Segalitanan Societies: An Ethnoarchaeological Model for the Analysis of Copper Age Bell Beaker Using Groups in Central Iberia," in *Social Inequality in Iberian Late Prehistory*, eds. Díaz-del-Río, P., and García L. (Oxford: Hadrian, 2006), 81–96; Rosensvig, R., "Beyond Identifying Elites: Feasting as a Means to Understand Early Middle Formative Society on the Pacific Coast of Mexico," *Journal of Anthropological Archaeology* 26 (2007): 1–27.

③ Norman, N., "Feasts in Motion: Archaeological Views of Parades, Ancestral Pageants, and Socio-Political Process in the Hueda Kingdom, 1650–1727 AD," *Journal of World Prehistory* 23 (2010): 239–54.

④ Hastorf, C., "Andean Luxury Foods," *Antiquity* 77 (2003): 545–54.

⑤ Hamilakis Y., and Konsolaki, E., "Pigs for the Gods: Burnt Animal Sacrifices as Embodied Rituals at a Mycenaean Sanctuary," *Oxford Journal of Archaeology* 23, no. 2 (2004): 135–51.

⑥ Mills, B., "Performing the Feast: Visual Display and Suprahousehold Commensalism in the Puebloan South-West," *American Antiquity* 72 (2007): 210–39.

⑦ Lucero, L., "The Politics of Ritual: The Emergence of Classic Maya Rulers," *Current Anthropology* 44, no. 4 (2003): 525.

⑧ Vaughn, K., "Crafts and the Materialization of Chiefly Power in Nasca," *Archaeological Papers of the American Anthropological Association* 14 (2005): 113–30.

⑨ Kuijt, I., "What Do We Really Know about Food Storage, Surplus and Feasting in Preagricultural Communities?" *Current Anthropology* 50, no. 5 (2009): 641–4.

⑩ Hayden, B., "Nimrods, Piscators, Pluckers, and Planters: The Emergence of Food Production," *Journal of Anthropological Archaeology* 9 (1990): 31–69; Hayden, B., "The Proof Is in the Pudding: Feasting and the Origins of Domestication," *Current Anthropology* 50 (2009): 597–601, 708–9.

酿酒、①奢侈食品、②陶器和其他威望技术③的发展、丧葬宴飨的精致化、④纪念建筑的营建⑤以及对"烹饪"的理解。研究还扩展到探索参与宴飨者和不参与者所导致的不同人口结果⑥来建立复杂的政治系统,如复杂社群的建立、⑦在实践理论中的应用、⑧性别角色的塑造、⑨构建族群的认同⑩及开发高成本的符号行为。⑪

---

① Jennings, J., et al., "Drinking Beer in a Blissful Mood: Alcohol Production, Operational Chains, and Feasting in the Ancient World," *Current Anthropology* 46, no. 2 (2005): 275–303.

② Hastorf, C., "Andean Luxury Foods," *Antiquity* 77 (2003): 545–54; M. van der Veen, "When Is Food a Luxury?" *World Archaeology* 34, no. 3 (2003): 405–27; Yerkes, R., "Bone Chemistry, Body Parts, and Growth Marks: Evaluating Ohio Hopewell and Cahokia Mississippian Seasonality, Subsistence, Ritual, and Feasting," *American Antiquity* 70, no. 2 (2005): 241–65.

③ Hayden, B., "Forward," in *Ceramics Before Farming*, eds. Jordan, P., and Zvelebil, M. (Walnut Creek: Left Coast Press, 2009), 19–26.

④ Gummerman, G., "Big Hearths and Big Pots: Moche Feasting on the North Coast of Peru," in *Inside Ancient Kitchens*, ed. Klarich, E. (Boulder: University of Colorado Press, 2010), 111–32; Hayden, B., "Funerals as Feasts: Why Are They so Important?" *Cambridge Archaeological Journal* 19 (2009): 29–52.

⑤ Iriarte, J., Gillam, J.C., and Mazozzi, O., "Monumental Burials and Memorial Feasting: An Example from the Southern Brazilian Highlands," *Antiquity* 82 (2008): 947–61; Andrushko, A., et al., "Investigating a Child Sacrifice Event from the Inca Heartland," *Journal of Archaeological Science* 38 (2011): 323–33.

⑥ Morris, C., "Maize Beer in the Economics, Politics, and Religion of the Inca Empire," in *Fermented Food Beverages in Nutrition*, eds. Gastineau, C., Darby, W., and Turner, N. (New York: Academic Press, 1979), 21–35; Schmandt-Besserat, D., "Feasting in the Ancient Near East," in *Feasts: Archaeological and Ethnographic Perspectives on Food, Politics, and Power*, eds. Dietler, M., and Hayden, B. (2001): 391–403; Hayden, B., "Hunting and Feasting: Health and Demographic Consequences," *Before Farming* 4 (2003): 166–76.

⑦ Potter, James M., "Pots, Parties, and Politics: Communal Feasting in the American Southwest," *American Antiquity* 65, no. 3 (2000): 471–92.

⑧ Bruno, M.C., "Practice and History in the Transition to Food Production," *Current Anthropology* 50, no. 5 (2009): 703–6.

⑨ Klarich, E., "Behind the Scenes and into the Kitchen: New Directions for the Study of Prehistoric Meals," in *Inside Ancient Kitchens: New Directions in the Study of Daily Meals and Feasts*, ed. Klarich, E. (Boulder: University of Colorado Press, 2010), 1–16; Isbell, W., and Groleau, A., "The Wari Brewer Woman: Feasting, Gender, Offerings, and Memory," in *Inside Ancient Kitchens: New Directions in the Study of Daily Meals and Feasts*, ed. Klarich, E. (Boulder: University of Colorado Press, 2010), 191–220.

⑩ Sánchez, M., "El Consumo de Alimento como Estrategia Social: Recetas para la Construcción de la Memoria y Creación de Identidades," *Cuadernos de Prehistoria y Arqueología de la Universidad de Granada* 18 (2008): 17–39.

⑪ Bird, R. Bleige, and Smith, E., "Signaling Theory, Strategic Interaction and Symbolic Capital," *Current Anthropology* 46 (2005): 221–48.

尽管有这些理论上的探索,中程的物质关联研究却出人意料地很少受到关注。例如,仪式、宴飨、祭祀、供品和其他类似现象之间的区别通常是不明确的。一些考古学家试图在考古记录中定义标准,以帮助对宴飨的一般性识别。① 然而,对特定种类的宴飨行为的物质关联建模,是需要更多关注的。目前,与建筑活动相关的丧葬宴飨和劳动宴飨,是考古学界较为成功识别的宴飨活动类型。②

总的来说,宴飨行为通常是从动物群③和陶器④的数量和类型推断的,还有图像学。

---

① Hayden, B., "Fabulous Feasts: A Prolegomenon to the Importance of Feasting," in *Feasts: Archaeological and Ethnographic Perspectives on Food, Politics, and Power*, eds. Dietler, M., and Hayden, B. (Washington, D.C.: Smithsonian Institution Press, 2001), 23 – 64; Hayden, B., "Feasting in the Epipaleolithic of the Fertile Crescent," in *Guess Who Came to Dinner*, ed. Aranda, G. (Oxford: Oxford University Press, 2011); Rosenswig, R., "Beyond Identifying Elites: Feasting as a Means to Understand Early Middle Formative Society on the Pacific Coast of Mexico," *Journal of Anthropological Archaeology* 26 (2007): 1 – 27; Twiss, K., "Transformations in an Early Agricultural Society: Feasting in the Southern Levantine Pre-Pottery Neolithic," *Journal of Anthropological Archaeology* 27 (2008): 418 –42.

② Sara-Lafosse, R. Vega-Centeno, "Construction, Labor Organization, and Feasting During the Late Archaic Period in the Central Andes," *Journal of Anthropological Archaeology* 26 (2007): 150 – 71.

③ Hamilakis, Y., and Konsolaki, E., "Pigs for the Gods: Burnt Animal Sacrifices as Embodied Rituals at a Mycenaean Sanctuary," *Oxford Journal of Archaeology* 23, no. 2 (2004): 135 – 51; Gonzalo Aranda and Juan Esquivel, "Ritual Funerario y Comensalidad en las Sociedades de la Edad del Bronce del Sureste Peninsular: La Cultura de El Argar," *Trabajos de Prehistoria* 63 (2006): 117 – 33; Gonzalo Aranda and Juan Esquivel, "Poder y Prestigio en las Sociedades de la Cultura de El Argar: El Consumo Comunal de Bóvidos y Ovicapridos en los Rituales de Enterramiento," *Trabajos de Prehistoria* 64, no. 2 (2007): 95 – 118; Kansa, S., et al., "Resource Exploitation at Late Neolithic Domuztepe: Fauna and Botanical Evidence," *Current Anthropology* 50, no. 6 (2009): 897 – 914; Grimstead, N., and Bayham, F., "Evolutionary Ecology, Elite Feasting, and the Hohokam: A Case Study from a Southern Arizona Platform Mound," *American Antiquity* 75, no. 4 (2010): 841 – 64; Munro, N., and Grosman, L., "Early Evidence (ca. 12000 B.P.) for Feasting at a Burial Cave in Israel," *Proceedings of the National Academy of Sciences* 107 (2010): 15362 – 6.

④ Owen Lindauer and John Blitz, "Higher Ground: The Archaeology of North American Platform Mounds," *Journal of Archaeological Research* 5, no. 2 (1997): 186 –7; Potter, James M., "Pots, Parties, and Politics: Communal Feasting in the American Southwest," *American Antiquity* 65, no. 3 (2000): 471 – 92; Bray, T., ed., *The Archaeology and Politics of Food and Feasting in Early States and Empires* (New York: Kluwer Academic/Plenum, 2003); Deagan, K., "Reconsidering Taino Social Dynamics after Spanish Conquest: Gender and Class in Culture Contact Studies," *American Antiquity* 69, no. 4 (2004): 597 –626; Vaughn, K., "Crafts and the Materialization of Chiefly Power in Nasca," *Archaeological Papers of the American Anthropological Association* 14 (2005): 113 – 30; Mills, B., "Performing the Feast: Visual Display and Suprahousehold Commensalism in the Puebloan South-West," *American Antiquity* 72 (2007): 210 – 39.

不常见的研究包括植物考古学的结果、①石器分析或微观形态学,这些都能提供潜在的洞见。最近,土壤化学②和同位素分析③已经被用来检测过去的宴飨地点和实践。民族考古学的研究也为了解宴飨的物质关联作出了重要贡献。④

目前的文献充斥了对个别遗址的分析,但很少有区域性的综述。⑤ 特别是,海登提倡对整个互动区域宴飨的文化综合分析,以便较为全面的宴飨建模,并防止个别遗址有局限和带有偏颇的发掘问题。尽管有上述发展,我们仍需要做出更大努力,将宴飨的物证与较特定的宴飨类型联系起来,并将它们与过去文化系统的其他方面联系起来。总的来说,上述研究证明了从不同分析领域推进我们阐释的潜力,并为从理论上了解宴飨动力作出贡献。

---

① Deagan, K., "Reconsidering Taino Social Dynamics after Spanish Conquest: Gender and Class in Culture Contact Studies," *American Antiquity* 69, no. 4 (2004): 597–626; Mégaloudi, F., Papadopoulos, S., and Sgourou, M., "Plant Offerings from the Classical Necropolis of Limenas, Thasos, Northern Greece," *Antiquity* 81 (2007): 933–43.

② Wells, C., Novotny, C., and Hawken, J., "Quantitative Modeling of Soil Chemical Data from Inductively Coupled Plasma-Optical Emission Spectroscopy Reveals Evidence for Cooking and Eating in Ancient Mesoamerican Plazas," *Archaeological Chemistry* 968 (2007): 210–30.

③ White, C., "Isotopic Evidence for Maya Patterns of Deer and Dog Use at Preclassic Colha," *Journal of Archaeological Science* 28 (2001): 89–107; Pechenkina, E., Ambrose, S., Xiaolin, M., and Benfer Jr. R., "Reconstructing Northern Chinese Neolithic Subsistence Practices by Isotopic Analysis," *Journal of Archaeological Science* 33 (2005): 1176–89; Viner, S., Evans, J., Albarella, U., and Pearson, M.P., "Cattle Mobility in Prehistoric Britain: Strontium Isotope Analysis of Cattle Teeth from Durrington Walls (Wiltshire, Britain)," *Journal of Archaeological Science* 37 (2010): 2812–20.

④ Dietler, M., "Theorizing the Feast: Rituals of Consumption, Commensal Politics, and Power in African Contexts," in *Feasts: Archaeological and Ethnographic Perspectives on Food, Politics, and Power*, eds. Dietler, M., and Hayden, B. (Washington, D.C.: Smithsonian Institution Press, 2001), 65–114; Clarke, M., "Akha Feasting: An Ethnoarchaeological Perspective," in *Feasts: Archaeological and Ethnographic Perspectives on Food, Politics, and Power*, eds. Dietler, M., and Hayden, B. (Washington, D.C.: Smithsonian Institution Press, 2001), 144–67; Hayden, B., "Fabulous Feasts: A Prolegomenon to the Importance of Feasting," in *Feasts: Archaeological and Ethnographic Perspectives on Food, Politics, and Power*, eds. Dietler, M., and Hayden, B. (Washington, D.C.: Smithsonian Institution Press, 2001), 23–64; Adams, R., "An Ethnoarchaeological Study of Feasting in Sulawesi, Indonesia," *Journal of Anthropological Archaeology* 23 (2004): 56–78; Hayden, B., and Villeneuve, S., "Who Benefits from Complexity? A View from Futuna," in *Pathways to Power*, eds. Price, T., and Feinman, G. (New York: Springer, 2010), 95–146.

⑤ Twiss, K., "Transformations in an Early Agricultural Society: Feasting in the Southern Levantine Pre-Pottery Neolithic," *Journal of Anthropological Archaeology* 27 (2008): 418–42; Hayden, B., "Feasting in the Epipaleolithic of the Fertile Crescent," in *Guess Who Came to Dinner*, ed. Aranda, G. (Oxford: Oxford University Press, 2011).

四、宴飨理论的发展综述

　　从对相关的社会动力建模和了解考古遗迹而言,宴飨的研究已经成为一个复杂的阐释过程。正如我们所见,过去几个世纪里出现了有关考究宴飨的许多阐释流派。古典时期理论上的主位或观察性描述,最终让位于立足于宴飨习俗的不合理以及背后文化价值观的殖民解释。随着人类学的发展,建立了许多较为合理的解释模型:文化特殊论(博厄斯学派);心理学的功能论(威望或地位的驱动);结构—功能论(社会团结与合作的群体需求);生态功能论(储蓄或资源再分配);昂贵信号理论(人类行为生态学);能动性模型和自私的动机(为了实际利益);以及认知模型(强调意识形态动机和现象学经验)。

　　这些显然不是相互排斥的解释或动机。几乎所有宴飨都含有在参与者之间建立团结的元素,它们被用来向参与者和观众传递各种信息,并提高了主持者的威望。然而,关键的问题是,这些是否是考究宴飨的根本目的,它们的存在理由是什么。这在文献中仍然没有共识,但是上述的解释差异极大,为考古学家解释史前社会宴飨的证据提供了基础。

　　总的来说,结构—功能主义模型在解释宴飨上最为常见。该传统反映了20世纪中叶民族志学家的持久影响。因此,宴飨经常被解释为社群主义的起源[1](社群团结或社会认

---

[1] Pablo Kaulicke, "Las Fiestas y sus Residuos," *Boletín de Arqueología PUCP* 9 (2005): 387–402; Blinman, E., "Poduck in the Protokiva: Ceramics and Ceremonialism in Pueblo I Villages," in *Architecture of Social Integration in Prehistoric Pueblos*, eds. Lipe, W., and Hegmon, M. (Cortez, CO: Crow Canyon Archaeological Center, 1989), 113–24; Whittle, A., *Europe in the Neolithic* (Cambridge: Cambridge University Press, 1996); Lindauer, O., and Blitz, J., "Higher Ground: The Archaeology of North American Platform Mounds," *Journal of Archaeological Research* 5, no. 2 (1997): 186–7; Potter, James M., "Pots, Parties, and Politics: Communal Feasting in the American Southwest," *American Antiquity* 65, no. 3 (2000): 471–92; Bar-Yosef, O., and Belfer-Cohen, A., "Facing Environmental Crisis: Societal and Cultural Changes at the Transition from the Younger Dryas to the Holocene in the Levant," in *The Dawn of Farming in the Near East*, eds. Cappers, R., and Bottema, S. (Berlin: Ex Oriente, 2002), 55–66; Marciniak, A., "Everyday Life at the LBK Settlement: A Zooarchaeological Perspective," in *LBK Dialogues: Studies in the Formation of the Linear Pottery Culture*, eds. Lukes, A., and Zvelebil, M. (Cambridge: Cambridge University Press, 2004), 133–5; Marciniak, A., *Placing Animals in the Neolithic: Social Zooarchaeology of Prehistoric Farming Communities* (London: UCL Press, 2005), 207–8; Goring-Morris, N., and Horwitz, L., "Funerals and Feasts During the Pre-Pottery Neolithic B of the Near East," *Antiquity* 81 (2007): 1–17; Twiss, K., "Transformations in an Early Agricultural Society: Feasting in the Southern Levantine Pre-Pottery Neolithic," *Journal of Anthropological Archaeology* 27 (2008): 227, 436–7; Sánchez, M., "El Consumo de Alimento como Estrategia Social: Recetas para la Construcción de la Memoria y Creación de Identidades," *Cuadernos de Prehistoria y Arqueología de la Universidad de Granada* 18 (2008): 17–39.

同),有时被说成是多社群的事件(可能是为了贸易、婚姻、防御结盟或其他目的)。①

另一方面,采用强调宴飨资源分配作用的标准生态学模型在考古学中罕见,霍尔斯特德、②西曼、③可能还有杰克逊④为波弗蒂角⑤(Poverty Point)建立的"交易会"模型是例外。

最近,能动性模型强调了具有野心的个人为实现社会或政治目的而采用的策略;⑥或

---

① Pappa, M., Halstead, P., Kotsakis, K., and Urem-Kotsou, D., "Evidence for Large-Scale Feasting at Late Neolithic Makriyalos, N. Greece," in *Food, Cuisine and Society in Prehistoric Greece*, eds. Halstead, P., and Barrett, J. (Oxford, UK: Oxbow, 2004), 16–44; Heyman, M., Abrams, E., and Freter, A., "Late Archaic Community Aggregation and Feasting in the Hocking Valley," in *The Emergence of the Moundbuilders: The Archaeology of Tribal Societies in Southeastern Ohio*, eds. Abrams, E., and Freter, A. (Athens: Ohio University Press, 2005), 67–81; Abrams, E., and LeRouge, M., "Political Complexity and Mound Construction among the Early and Late Adena of the Hocking Valley, Ohio," in *Transitions: Archaic and Early Woodland Research in the Ohio Country*, eds. Otto, M., and Redmond, B. (Athens: Ohio University Press, 2008), 214–31; Taché, K., *Structure and Regional Diversity of the Meadowood Interaction Sphere*, University of Michigan Memoir 48 (Ann Arbor, MI: Museum of Anthropology, 2011).

② Halstead, P., "Waste Not, Want Not: Traditional Responses to Crop Failure in Greece," *Rural History* 1 (1990): 147–64; Halstead, P., "Carcasses and Commensality: Investigating the Social Context of Meat Consumption in Neolithic and Early Bronze Age Greece," in *Cooking Up the Past*, eds. Mee, C., and Renard, J. (Oxford, UK: Oxbow, 2007), 25–48.

③ Seeman, M., "Feasting with the Dead: Ohio Hopewell Charnel House Ritual as a Context for Redistribution," in *Hopewell Archaeology: The Chillicothe Conference*, eds. Brose, D., and Greber, N. (Kent, OH: Kent State University Press, 1979), 39–46.

④ Jackson, H., "The Trade Fair in Hunter-Gatherer Interaction: The Role of Intersocietal Trade in the Evolution of Poverty Point Culture," in *Between Bands and States*, ed. Gregg, S. (Carbondale: Southern Illinois University Press, 1991), 265–86.

⑤ 波弗蒂角是美国南部较早的土墩文化之一,延续时间从公元前1650—前700年——译者注。

⑥ Jonathan Friedman and Michael Rowlands, "Notes Towards an Epigenetic Model of the Evolution of 'Civilization'," in *The Evolution of Social Systems*, eds. Jonathan Friedman and Michael Rowlands (London: Duckworth, 1977), 201–76; Richard Bradley, *The Social Foundations of Prehistoric Britain* (London: Longman, 1984); Kim, S., "Burials, Pigs, and Political Prestige in Neolithic China," *Current Anthropology* 35, no. 2 (1994): 119–33; John Clark and Michael Blake, "The Power of Prestige: Competitive Generosity and the Emergence of Rank Societies in Lowland Mesoamerica," in *Factional Competition and Political Development in the New World*, eds. Brumfiel, E., and Fox, J. (Cambridge: Cambridge University Press, 1994), 25; Dietler, M., "Driven by Drink: The Role of Drinking in the Political Economy and the Case of Early Iron Age France," *Journal of Anthropological Archaeology* 9 (1990): 352–406; Dietler, M., "Theorizing the Feast: Rituals of Consumption, Commensal Politics, and Power in African Contexts," in *Feasts: Archaeological and Ethnographic Perspectives on Food, Politics, and Power*, eds. Dietler, M. and Hayden, B. (Washington, D.C.: Smithsonian Institution Press, 2001), 65–114; Hayden, B., "Nimrods, Piscators, Pluckers, and Planters: The Emergence of Food Production," *Journal of Anthropological Archaeology* 9 (1990): 31–69; Mark Patton, *Statements in Stone: Monuments and Society in Neolithic Brittany* (London: Routledge, 1993); Yannis Hamilakis, "The Anthropology of (转下页)

者只是简单地将贵族与平民相区分,或者是将不平等合法化的策略。[1]

海登[2]支持政治生态模型所特别强调的宴飨实际好处。这种能动性和生态学方法的基本前提,就是这种行为代价不菲(费时费力)、长期持续,而其普遍存在可能具有实际好处(适应性价值)。剩余产品(比如在宴飨系统中和为宴飨系统生产的剩余产品)可以用来获取实际利益,例如,在冲突的情况下建立联盟、在需要的时候建立社会经济的安全网络、为繁殖获取配偶、建立权威,以及提高物质生活质量等。在政治生态学范式中,举办宴飨的动机范围包括为主办者争取实际利益、开展大型工程项目以及各种规模群体的社会经济团结。

容克尔等人[3]根据菲律宾酋邦社会的民族史记载,独立开发出相似的宴飨政治模型。人类行为生态学较新的理论发展,也从昂贵信号行为来强调相似的原理。[4] 从这个视角来看,昂贵的宴飨向竞争者传递了主持者的相对实力,以及有形对抗的可能结果,因此能消弭冲突,节省花销和损失。

(接上页) Food and Drink Consumption and Aegean Archaeology," in *Palaeodiet in the Aegean*, ed. Vaughan, S., and Coulson, W. (Oxford, UK: Oxbow, 1999), 55–63; Amber Van Derwarker, "Feasting and Status at the Toqua Site," *Southeastern Archaeology* 18, no. 1 (1999): 11–24; James Wright, ed., *The Mycenaean Feast* (Princeton, NJ: American School of Classical Studies at Athens, 2004); Garrido-Pena, R., "Iberian Segalitanan Societies: An Ethnoarchaeological Model for the Analysis of Copper Age Bell Beaker Using Groups in Central Iberia," in *Social Inequality in Iberian Late Prehistory*, eds. Díaz-del-Río, P., and García, L., (Oxford: Hadrian, 2006), 81–96; Rosenswig, R., "Beyond Identifying Elites: Feasting as a Means to Understand Early Middle Formative Society on the Pacific Coast of Mexico," *Journal of Anthropological Archaeology* 26 (2007): 1–27; Gonzalo Aranda and Juan Esquivel, "Ritual Funerario y Comensalidad en las Sociedades de la Edad del Bronce del Sureste Peninsular: La Cultura de El Argar," *Trabajos de Prehistoria* 63 (2006): 117–33; Gonzalo Aranda and Juan Esquivel, "Poder y Prestigio en las Sociedades de la Cultura de El Argar: El Consumo Comunal de Bóvidos y Ovicapridos en los Rituales de Enterramiento," *Trabajos de Prehistoria* 64, no. 2 (2007): 95–118.

[1] Dietler, M., "Theorizing the Feast: Rituals of Consumption, Commensal Politics, and Power in African Contexts," in *Feasts: Archaeological and Ethnographic Perspectives on Food, Politics, and Power*, eds. Dietler, M., and Hayden, B., (Washington, D.C.: Smithsonian Institution Press, 2001), 65–114; Isaakidou, V., Halstead, P., Davis, S., and Stocker, J., "Burnt Animal Sacrifice at the Mycenaean 'Palace of Nestor' Pylos," *Antiquity* 76 (2002): 90; Girella, L., "Forms of Commensal Politics in Neopalatial Crete," *Creta Antica* 8 (2007): 135–68.

[2] Hayden, B., "Fabulous Feasts: A Prolegomenon to the Importance of Feasting," in *Feasts: Archaeological and Ethnographic Perspectives on Food, Politics, and Power*, eds. Dietler, M., and Hayden, B. (Washington, D.C.: Smithsonian Institution Press, 2001), 23–64.

[3] Junker, L., Mudar, K., and Schwaller, M., "Social Stratification, Household Wealth, and Competitive Feasting in 15th/16th-Century Philippine Chiefdoms," *Research in Economic Anthropology* 15 (1994): 307–58; Junker, L., "The Evolution of Ritual Feasting Systems in Prehispanic Philippine Chiefdoms," in *Feasts: Archaeological and Ethnographic Perspectives on Food, Politics, and Power*, eds. Dietler, M., and Hayden, B. (Washington, D.C.: Smithsonian Institution Press, 2001), 267–310.

[4] Bleige-Bird, R., and Smith, E., "Signaling Theory, Strategic Interaction and Symbolic Capital," *Current Anthropology* 46 (2005): 221–48.

除了上述解释流派之外,还有一些考古学家探究宴飨的认知和体验/现象学基础,以及这些变量的变化如何影响到其他的文化领域。认知模型的例子可以在鲍克塔和爱默生等人[1]的著作中找到。他们声称,密西西比诸中心的出现有意识形态、认知和现象学上的原因。哈米莱基斯、[2]沃恩、[3]普赖斯[4]和惠特利[5]也为其他地区提出了相似的范例。

因此,现在有非常多样化的方法被用来了解构成宴飨的特殊行为。这些方法从文化历史学到现象学都有。在过去的40年里,人类学和考古学领域在了解宴飨方面取得了显著进展,无论是理论建模方面,还是在论证其存在的考古学的方法论技术方面。在为社会复杂化、驯化、能动性、威望技术和性别等建模中,宴飨扮演了核心角色。但是,我们才刚刚开始了解宴飨现象的许多细节、复杂性和作用,仍有许多工作要做。

五、未 来 的 方 向

鉴于近年来有关宴飨研究备受关注和理论成果斐然的情况,宴飨研究的前景令人鼓舞,可以继续为过去的文化结构和动力提供新的重要洞见。我们认为,这个领域应该在以下几个方面从民族考古学和民族志的探索中获益:

1. 我们需要对宴飨做更多的民族考古学和历史学的比较研究,集中于它们在社群动力和政治中的作用、对主办者和参与者的好处,以及宴飨与社会生产单位的关系。我们需要知道为何死者积累的全部财富会在某些丧葬宴飨上被清算。我们还要检验许多家户、合作亲属和社群层面物质关系的许多假设。诸如物资借用的惯例、礼物食品的最终处理方式等实践行为,都亟待系统记录。

2. 研究还可以从更多原住民对自身宴飨习俗实践的记录中获益。一些值得注意的例

---

[1] Pauketat, T., and Emerson, T., eds., *Cahokia: Domination and Ideology in the Mississippian World* (Lincoln: University of Nebraska Press, 1997); Pauketat, T., Kelly, L., Fritz, G., Lopinot, N., Elias, S., and Hargrave, E., "The Residues of Feasting and Public Ritual at Early Cahokia," *American Antiquity* 67, no. 2 (2002): 257 – 79; Emerson, T. and Pauketat, T., "Historical-Processual Archaeology and Culture Making: Unpacking the Southern Cult and Mississippian Religion," in *The Archaeology of the American Southwest: A Tribute to the Life and Work of William H. Doelle*, eds. Hays-Gilpin, H. and Whitley, D. (2008), 167 – 88.

[2] Hamilakis, Y., "Eating the Dead: Mortuary Feasting and the Politics of Memory in the Aegean Bronze Age Societies," in *Cemetery and Society in the Aegean Bronze Age*, ed. Branigan, K. (Sheffield: Academic Press, 1998), 115 – 32.

[3] Vaughn, K., "Crafts and the Materialization of Chiefly Power in Nasca," *Archaeological Papers of the American Anthropological Association* 14 (2005): 113 – 30.

[4] Price, N., "Bodylore and the Archaeology of Embedded Religion: Dramatic License in the Funerals of the Vikings," in *The Archaeology of the American Southwest: A Tribute to the Life and Work of William H. Doelle*, eds. Hays-Gilpin, H., and Whitley, D. (2008), 143 – 66.

[5] Whitley, D., "Cognition, Emotion, and Belief: First Steps in an Archaeology of Religion," in *The Archaeology of the American Southwest: A Tribute to the Life and Work of William H. Doelle*, eds. Hays-Gilpin, H. and Whitley, D. (2008), 85 – 104.

子包括来自诸如吉特克桑等原住民群体①的土地诉求和自传记录。② 在这些案例中,原住民长老和拥有某种头衔的人会讲述宴飨在他们社会里的重要作用,让人类学家记录宴飨的重要性。在早期,原住民的少量口述曾被受过欧洲传统训练的学者记录下来(例如,乔治·亨特为弗朗兹·博厄斯所做的工作,威廉·贝农与马吕斯·巴尔沃所做的工作)。③但是,原住民社群的首领最近发起了新的记述浪潮。在吉特克桑人中,从古至今,提供宴飨在控制传统狩猎采集和捕鱼点的合作亲属团群中,仍然是掌握名分的关键。④ 然而,经常缺失的是对贵族和平民宴飨的各种描述,这是一个需要讨论的疏漏。

3. 我们需要了解更多借贷和赠礼的预期收益率信息,以及为什么在某些情况下或某些人仅是简单互惠,到其他情况则双倍或更多回报。我们还需要了解更多不同家庭的相对贡献,包括那些并不主持(甚至不参加)宴飨的家庭,以及宴飨预期回报违约的后果。

4. 作为了解宴飨与社群动力关系的一部分,建立模型来解释为什么在不断变化的现代经济或其他条件下,大规模传统宴飨仍然持续、加强或消失,这也是很重要的。

5. 特别需要了解更多一般狩猎采集者中的宴飨(如果仍有宴飨的话),以及它们的独有特点。

6. 我们需要宴飨物质关联的更多信息:所需食物的种类、数量和准备;用于准备和消费食物的名目及特征,包括它们的大小,特别是地点。

7. 在大部分地区,还需要更多关注并记录与疑似宴飨遗迹相伴的动植物遗存。这在大多数地区都是一个重大缺陷,有时丧葬遗存除外。⑤

总的来说,考虑各种可能性的解释是有益的,以便有更多的支持性论据并对各种观点进行检验,使得解释较为可信。上述各种观察和分析,对于理解人类历史上宴飨行为的演变尤为重要。如有这样一批令人鼓舞的历史洞见和未来的潜在议题,我们可以期待思想的"宴飨"源源不断而来。

[译文为中国人民大学科学研究基金(中央高校基本科研业务费专项资金资助)项目"中国北方旧新石器时代过渡期生态交错带的文化适应研究"(22XNH108)资助成果,2018年初稿得到了陈胜前教授的指导,2021年修订稿得到张萌博士指点,2025年校样稿得到甘创业和刘丹的建议,在此一并感谢!]

---

① Mills, A., *Hang Onto These Words: Johnny David's Delamuukw Evidence* (Toronto: University of Toronto Press, 2005).

② Ford, C., *Smoke from Their Fires* (Hamden, CT: Archon Books, 1968).

③ Beynon, W., *Potlatch at Gitsegukla* (Vancouver: University of British Columbia Press, 2000).

④ Adams, J., *The Gitksan Potlatch* (Toronto: Holt, Rinehart and Winston, 1973).

⑤ Aranda, G., and Esquivel, J., "Ritual Funerario y Comensalidad en las Sociedades de la Edad del Bronce del Sureste Peninsular: La Cultura de El Argar," *Trabajos de Prehistoria* 63 (2006): 117–33; Aranda, G. and Esquivel, J., "Poder y Prestigio en las Sociedades de la Cultura de El Argar: El Consumo Comunal de Bóvidos y Ovicapridos en los Rituales de Enterramiento," *Trabajos de Prehistoria* 64, no. 2 (2007): 95–118; Munro, N. and Grosman, L., "Early Evidence (ca. 12000 B.P.) for Feasting at a Burial Cave in Israel," *Proceedings of the National Academy of Sciences* 107 (2010): 15362–6.

国外考古研究文摘

American Antiquity
《美洲古物》 2022年

孟繁琇（东京大学人文社会研究科）

- Louderback, L.A. * (2002). Climate-driven Dietary Change on the Colorado Plateau, USA, and Implications for Gender-specific Foraging Patterns. *American Antiquity*, 87(1), 1–17.
  《以气候为驱动的美国科罗拉多高原的饮食变化及其对性别区别觅食模式的启示》
  　　作者利斯贝思·劳德巴克（Lisbeth A. Louderback）利用食谱宽度模型（Diet breadth model）分析了犹他州科罗拉多高原的北溪岩棚（North Creek Shelter, NCS）遗址的动植物、石器和古环境学数据，以重建全新世早中期人类的饮食变化。研究试图检验气候干旱化的加剧导致高收益食物资源减少的假说。研究结果表明，就植物资源而言，此假说是成立的，高等级植物在距今9800年后逐渐消失，被低等级的小型种子所取代；但不能支持动物资源假说，作为高等级动物资源的偶蹄类动物一直作为主要食物来源。另外，研究发现随着气候变得干旱，越来越多的小种子和磨石工具被应用，但并未导致低等级动物资源（如兔子）的增加。作者指出此种NCS的动植物数据所显示的模式可能反映了男女两性不同的觅食策略。作者建议应该从性别视角重新审视类似的考古记录。

- McNeil, L.D. * (2002). Turkeys Befriend a Girl: Turkey Husbandry, Ceremonialism, and Tales of Resistance during the Pueblo Revolt Era. *American Antiquity*, 87(1), 18–41.
  《火鸡与女孩为伍：普韦布洛反叛时期的火鸡养殖、仪式主义和抵抗故事》
  　　作者琳达·麦克尼尔（Lynda D. McNeil）在本文讨论的内容是，17世纪西班牙人对普韦布洛部族征收赋税和劳工的行为，是否对其千年来的火鸡养殖和仪式传统产生了不利影响，甚至影响到普韦布洛族的身份和传统，以及普韦布洛人是如何回应这些影响的。作者综合遗传学、考古学、民族志、图像学和民间传说等证据，指出尽管西班牙人破坏了普韦布洛火鸡养殖业，但火鸡在卡奇纳（Kachina）典礼中仍然至关重要，并在普韦布洛起义时期（公元1680—1692年）原住民抵抗和振兴的叙述故事中发挥了核心作用。其中关于"玉米少女"（又称火鸡女孩，即Turkey Girl，被迫害女英雄类型故事)及其火鸡伙伴的叙事,是原住民适应一个或多个西班牙基督教化的寓言并再利用的反映,以此作为对西班牙文化进行抵抗的表达方式,在推动振兴运动和塑造泛普韦布洛身份方面发挥了重要作用。

- Kennedy, J. R. *, Bingham, B., Flores, M. F., & Kemp, B. M. (2002). Ancient DNA Identification of Giant Snakehead (Channa micropeltes) Remains from the Market Street Chinatown and Some Implications for the Nineteenth-century Pacific World Fish Trade. *American Antiquity*, 87(1), 42–58.

《市场街唐人街小盾鳢(*Channa micropeltes*)遗骸的古代 DNA 鉴定及对 19 世纪太平洋世界渔业贸易的一些启示》

文章提供了对加利福尼亚州圣何塞市场街唐人街一座 19 世纪的中国侨民考古遗址中发现的乌鳢(*Channa* sp.)骨骼遗骸的线粒体 DNA 的鉴定结果。鉴定过程包括对八块鱼骨的 DNA 提取、抑制测试和重复硅提取等步骤,结果表明鱼骨属于原产于东南亚的小盾鳢(*Channa micropeltes*)。该结果首次提供了 19 世纪亚洲淡水鱼类在北美地区贸易的考古证据,并揭示了来自太平洋地区的保鲜鱼产品在华裔侨民中的分布流通。作者团队回顾了 19 世纪中国移民背景和侨民社区的渔业实践,探讨了中国小股份经营模式和由中国运营的进出口公司(Jinshanzhuang,即,金山庄)提供的贸易往来,如何促使中国渔民成功在太平洋地区扩散置业。最后作者提出了未来对比研究的方向,将中国以移民为基础的灵活捕鱼策略模式与北大西洋高度专业化的捕捞和大西洋鳕鱼交易的基本策略进行比较,以深入了解中国渔业策略在不同时期和地区的变化。

- Wygal, B. T. *, Krasinski, K. E., Holmes, C. E., Crass, B. A., & Smith, K. M. (2002). Mammoth Ivory Rods in Eastern Beringia: Earliest in North America. *American Antiquity*, 87(1), 59–79.

《白令海峡东部的猛犸象牙棒:北美最早发现》

本篇文章重点介绍了阿拉斯加内陆肖溪(Shaw Creek)沿岸霍尔兹曼(Holzman)遗址发现的北美最早测年的猛犸象牙棒,并探讨了北美地区的早期骨棒技术。作者团队具体描述了北美地区已发现早期骨棒工具的形态和功能,简要概述了西伯利亚、阿拉斯加和北美洲中部的关键发现。遗址中发现的双斜面象牙骨棒具有晚更新世的显著文化特征。作者提供了遗址相关背景及骨棒的发掘信息和年代,确定肖溪的斜角象牙棒比克洛维斯传统还要早。作者进一步对北美各地完整和近完整骨棒工具的长宽进行比较,使用科尔莫戈洛夫—斯米尔诺夫统计检验(Kolmogorov-Smirnov test)和鲁斯卡尔—沃利斯非参数均值检验(Kruskal-Wallis nonparametric test)测试了更新世晚期北美所发现骨棒长宽分布是否近似这个假设。作者也讨论了遗址中猛犸象牙材料获取和象牙工具生产方面的问题。作者团队主张这两件骨棒工具在风格和年代上与阿拉斯加另一关键遗址,也就是布罗肯猛犸遗址(Broken Mammoth site)中发现的工具相似,此发现有助于探讨更广泛背景下骨器技术传播等问题。

- Shott, M. J. *, & Otárola-Castillo, E. * (2002). Parts and Wholes: Reduction Allometry and Modularity in Experimental Folsom Points. *American Antiquity*, 87(1), 80–99.

  《部分与整体：实验制福尔瑟姆尖状器的修整异速生长和模块化》

  作者迈克尔·肖特（Michael J. Shott）和埃里克·奥塔罗拉—卡斯蒂略（Erik Otárola-Castillo）利用基于地标的几何形态学（landmark-based geometric morphometrics，简称LGM）方法，分析实验考古中所复原的福尔瑟姆尖状器复制品在消耗修整过程中的异速生长（Allometry）和模块化（Modularity）。作者引入了LGM研究中的新概念——生物学中的"模块"，适用于反映尖状器整体的部分并以一组相邻的地标（二维或三维坐标位置）所表示，模块化用以测量整体内部协变模式的程度。异速生长在研究中为伴随石器消耗修整的形变。文中探究了福尔瑟姆尖状器异速生长中刃部和茎部模块的因素。研究包含实验复原和量化分析，对尖状器复制品进行了五轮使用和修整实验，在每次使用和损坏周期后使用三维扫描技术记录，利用泛用型普氏分析法（Generalized Procrustes Analysis，简称GPA）和主成分分析法（Principal-component analysis，简称PCA）识别形态变化维度，量化各阶段尖状器模块损耗的类型、模式和修整情况，并利用协方差比率（Covariance ratio，简称CR）分析刃部和茎部的模块协变比率值。研究提供了重要的实验数据，结果表明福尔瑟姆尖状器存在清晰的模块化、有限整合和显著的异速生长特征。

- Giomi, E. *, Mills, B. J., Aragon, L. D., Bellorado, B. A., & Peeples, M. A. (2002). Reading Between the Lines: The Social Value of Dogoszhi Style in the Chaco World. *American Antiquity*, 87(1), 100–23.

  《阅读行间：查科世界中多戈什风格的社会价值》

  作者团队研究了陶器的多戈什风格（Dogoszhi Style）在查科世界中的作用，尤其是多戈什风格应用是否作为精英标志，是否表示参与更广泛的查科社交网络。研究应用查科社会网络数据库（Chaco Social Networks，简称CSN），在整个查科世界的宏观尺度上分析多戈什风格陶器和布莱克梅萨（Black Mesa）风格陶器的分布，考虑了诸如定居点大小、网络中心性以及多戈什风格在不同规格建筑的存在等因素。CSN数据库包含467个查科遗址的位置、规模以及纪念性建筑和公共建筑的信息，每个遗址的陶器组按照西南社会网络项目（Southwest Social Networks Project）设立的方法，在公元800年至1300年之间的10个50年区间内进行了划分。作者使用量化分析，计算了每个大房屋（Great House）遗迹在各个区间内器物组中的布莱克梅萨风格和多戈什风格陶器的百分比和相对频率，及各个区间的每个风格与其他遗址水平指标的比例。这些指标量化各遗址在查科定居系统中的重要性，包括遗址的规模级别、房间数量和特征向量中心性。研究结果表明，多戈什风格不仅与贵族阶层有关，还用于标记跨越大房屋社区的社会网络成员。多戈什风格陶器的不规则分布表明查科世界内存在复杂的社会结构。研究还强调了在精英类别内考虑差异中的重要性，以及陶器风格在传达查科世界大房屋居民在地位和社会互动差异所发挥的作用。本文指出，有必要打破精英这一宽泛范畴，以便更全面地理解不同社会景观中的角色。

- Krus, A. M. *, Richards, J. D., & Jeske, R. J. (2002). Chronology for Mississippian and Oneota Occupations at Aztalan and the Lake Koshkonong Locality. *American Antiquity*, 87(1), 124–41.

  《阿兹塔兰和科什科农湖地区的密西西比文化和奥内奥塔文化居址的时代序列》

  文章提供了阿兹塔兰(Aztalan)和科什科农湖(Lake Koshkonong)地区聚居点新的放射性碳测量结果,结合贝叶斯年代学模型分析,确定了该地区考古遗址时空框架,以辨明聚居过程。密西西比中期(Middle Mississippian)的阿兹塔兰遗址为伍德兰晚期和密西西比期混合的聚居点,该聚居点位于威斯康星州洛克河(Rock River)支流上,设有防御工事和墓葬中心,是有记录的与卡霍基亚(Cahokia)相关联的北方最大的村落,遗址共采集有68个放射性碳测量数据;遗址以南为奥内奥塔文化(Oneota)所在的科什科农湖遗址,作为小型的聚居点,共采集52个放射性碳数据。结果表明:(1)阿兹塔兰在伍德兰文化晚期(Kekoskee阶段)时的聚居始于公元900年或公元1000年初;(2)阿兹塔兰在密西西比时期的聚居于公元1200年代结束;(3)科什科农湖遗址的奥内奥塔文化聚居始于公元1050年后,并在公元1200年代确立;(4)科什科农湖遗址的奥内奥塔文化在阿兹塔兰的密西西比时期聚居结束后,持续到至少公元1300年代末。本文还表明阿兹塔兰在大部分密西西比文化聚居期间都具有防御栅栏并设有炮台,这表明此种多元文化景观中存在冲突与争夺。

- Eckert, S. L. *, & Huntley, D. L. (2002). Community Landscapes, Identity, and Practice: Ancestral Pueblos of the Lion Mountain Area, Central New Mexico, USA. *American Antiquity*, 87(1), 142–67.

  《社区景观、身份和实践:以美国新墨西哥州中部狮子山地区的古普韦布洛人为例》

  作者苏珊娜·埃克特(Suzanne L. Eckert)和德博拉·亨特利(Deborah L. Huntley)在报告中主要探讨了美国新墨西哥州中部的古普韦布洛人是如何通过社区景观、身份和实践相互联系的。作者主要以景观考古学为框架,理解人在自然和所构建环境中的各种生活方式。作者利用狮子山(Lion Mountain)地区良好的保存条件,收集区域调查数据,记录和整合新的和已记录过的遗址信息,收集用于建立遗址年代和社会联系的数据,且将遗址、遗迹和建筑景观分为非居住活动区域、住宅建筑和公共建筑三类;并应用古普韦布洛地区陶器年代学和均值陶器定年法(Mean Ceramic Dates,简称MCD)为遗址提供测年范围数据。通过实践理论和社会记忆的概念,分析社区居民是如何随着记忆和故事与特定地点相联系,随之创造和维持社区景观的。结合数据,作者阐述了古普韦布洛人如何在多代居民中利用社区景观来维持和转变社区身份。研究还结合建筑、陶器和黑曜石产源数据,并利用双重时间法(Dual Temporal approach),即前瞻(Forward-looking)和后视(Backward-looking)的角度进行分析,用以识别社会景观中重要的地标和形成社区身份的区域关系,进而讨论居住区域和仪式区域之间的时空关系。作者认为狮子山社区的居民是在他们自己构建的社区景观中生活和死亡的,社区景观通过集体记忆维系和变化,并随着时间的推移强化社区身份。

- Duffield, S.*, Walkus, J., White, E., McKechnie, I.*, Mackie, Q., & McLaren, D. (2002). Documenting 6000 Years of Indigenous Fisheries and Settlement as Seen Through Vibracore Sampling on the Central Coast of British Columbia, Canada. *American Antiquity*, 87(1), 168–83.
  《记加拿大不列颠哥伦比亚省中部海岸通过振动取芯取样法所见的6000年间的原始渔业和定居历史》

    文章介绍了振动取芯技术(Vibracore Technology)方法应用于不列颠哥伦比亚省中部海岸一个中晚全新世贝冢堆积遗址(EjTa-13)取样研究的实用性。振动取芯技术方法是获取考古沉积物垂直柱内完整地层记录和动物遗存的有效方法,同时便于获取放射性碳检测样本。作者团队从该遗址成功获取了七个芯样本,其中的考古沉积物被用于生成动物考古数据,并与其他遗址进行比较,以研究渔业资源的利用。研究结果表明,EjTa-13考古堆积物延伸至地表以下544厘米深处,而定居始于大约6000年前,一直延续到公元16世纪,其中99.8%的已鉴定脊椎动物为鱼类,主要包括鲱鱼(*Clupea pallasii*)、鲑鱼(*Oncorhynchus* sp.)、岩鱼(*Sebastes* sp.)和青岚鱼(*Hexagrammos* sp.),以及其他多种鱼类。这些鱼类资源在遗址占用期间被连续使用。与哺乳动物和鸟类相比,鱼类骨骼的丰度表明它们被高频率地捕捉和消耗,既用于即时消费,也可能作为优先选择被长期储存。作者团队指出这些结果说明了振动取芯技术在长期渔业管理模式研究方面应用的有效性,在未来沿海贝冢堆积的研究工作中具有巨大的潜力。

- Joyce, K., Louderback, L. A.*, & Robinson, E. (2002). Direct Evidence for Geophyte Exploitation in the Wyoming Basin. *American Antiquity*, 87(2), 236–47.
  《怀俄明盆地隐芽植物利用的直接证据》

    此研究为植物考古方向研究,通过对怀俄明盆地两个遗址(48UT375和48SW8842)磨制石器中淀粉粒的鉴定分析,为人类对球茎厚翅芹(*Cymopterus bulbosus*)等隐芽植物的利用提供直接证据。作者从十件磨制石器中共提取461颗淀粉颗粒,并从怀俄明南部收集两个种群厚翅芹属植株提取参考淀粉颗粒进行系统研究,建立统计下的形态特征以进行鉴定。研究中对颗粒的分类采用属级别(Cymopterus)或科级别(Apiaceae)。研究结果表明磨制石器上的淀粉残留物中虽只有不到30%被归类为厚翅芹属或伞形花科植物,但直接证明了厚翅芹属植物被采集、加工和食用,因此支持了关于怀俄明地区史前的采集者曾经采集和食用这些隐芽植物的假说。研究还指出,可预测的食物资源如厚翅芹属,可能是全新世中期怀俄明地区房址、灰坑数量增加和人口爆发的生态驱动因素之一。隐芽植物的地下休眠使其在环境变化中保持稳定,为人类提供了高回报率和可靠产量。

- Beck, M. E.*, Josephs, R. L., Ritterbush, L. W., & Roper, D. C. (2002). Regional Conflict, Ceramic Senescence, and Pawnee Raw Material Choice in the Late Contact Era. *American Antiquity*, 87(2), 248–66.
  《地区冲突、陶器老化与波尼人在新大陆接触晚期的原材料选择》

研究应用陶器原材料的岩相学方法,分析了美国中部大平原地区的波尼人在基特卡哈基村遗址(Kitkahahki Town site,编号为 14RP1)中陶器原材料的使用情况,以讨论在新大陆接触晚期陶器制造的最后几十年波尼人的技术变革和景观利用。作者指出,在 18 世纪末和 19 世纪初被占领的基特卡哈基村存在巨大的地区压力和冲突,可能改变或限制了妇女在村庄边界外的活动。作者团队将胎土质地和胚体组成分为"典型"和"非典型"两类,"典型"类代表公元 1100 年后的地区原材料使用模式,而非典型不属于这种模式。结果表明在接触时期,基特卡哈基村陶器使用了非典型的胎土质地、非典型的掺和物,或两者兼有。作者指出至少有一个陶工使用了与村庄紧邻的非典型材料,表明陶器原材料收集情况至少偶尔被调整改变,而原材料获取可能受到限制。

- Bebber, M. R. *, & Key, A. J. M. (2002). Optimal Linear Estimation (OLE) Modeling Supports Early Holocene (9000–8000 RCYBP) Copper Tool Production in North America. *American Antiquity*, 87(2), 267–83.
《最优线性估算模型证明北美全新世早期(距今 9000—8000 年)铜工具的生产》
    本研究主要依靠最优线性估算(Optimal Linear Estimation,简称 OLE)模型来推断北美铜工具生产的起源日期。北美发现最早的铜工具形制与美洲早期人类使用的木叶型(Lanceolate)两面器相似,但缺乏地层信息,因此在断代上存在困难。作者使用重采样方法(Resampling approach)抽取文献记录的十个早期铜质工具的放射性碳测年年代,用于 OLE 模型中变量分析,综合推断铜使用的起源时间。研究结果表明,在五大湖地区西部早期铜的发明是在更新世和全新世转变期间开始的。美洲早期人类群体可能在更新世末期开始向北迁移拓荒,并于距今 8200—8100 年开始使用铜。作者认为铜质工具的应用可以从晚更新世的早期人类迁移模式、石器材料的可用性以及狩猎采集者适应模式等角度进行理解。

- Oas, S. E. *, & Adams, K. R. (2002). The Nutritional Content of Five Southwestern US Indigenous Maize (Zea mays L.) Landraces of Varying Endosperm Type. *American Antiquity*, 87(2), 284–302.
《美国西南部五种不同胚乳类型的原生玉米地方品种的营养含量》
    本篇研究为作者莎拉·奥斯(Sarah E. Oas)和凯伦·亚当斯(Karen R. Adams)对美国西南地区的原生玉米进行的营养学研究。作者回顾了前西班牙接触前时期的玉米地方品种的研究和西南地区玉米地方品种农学和营养分析,并利用民族志学和实验数据,突出玉米颗粒颜色和胚乳类型在文化和营养方面的重要性,以讨论美国西南部传统玉米食品的营养特性。作者具体分析了在相同环境条件下进行的生长实验中,五种胚乳类型(pop、flour、flint、dent 和 sweet)玉米样本的宏量和微量营养数值。研究结果显示,在这些胚乳类型之间的宏量营养数值存在显著差异。玉米地方品种的多样化不仅在生态、象征等方面具有价值,而且还具有营养价值。与现代商业玉米标准相比,传统西南部玉米地方品种通常具有更高的热量价值,以及维生素和矿物质含量。除 dent 玉米外,所有品种都表现出更高的蛋白质含量。这意味着以西南部玉米地方品种为重点的饮食可能比先前理解得更有营养,这有助于更全面地了解这些作物的历史和在当代的重要性。

- McDonough, K. N. *, Kennedy, J. L., Rosencrance, R. L., Holcomb, J. A., Jenkins, D. L., & Puseman, K. (2002). Expanding Paleoindian Diet Breadth: Paleoethnobotany of Connley Cave 5, Oregon, USA. *American Antiquity*, 87(2), 303–32.
《扩大旧石器时代的食谱广度:美国俄勒冈州康利五号洞穴的古植物学研究》

  此篇文章通过对俄勒冈州康利五号洞穴(Connley Cave 5)的用火遗迹内外和地层土样的植物学系统分析,提供了北美更新世晚期到全新世早期的完整植物遗存组合数据,为理解北美早期狩猎采集者的生业模式提供了新的视角。研究样本来自康利五号洞穴遗址,它是西部有茎尖状器传统(Western Stemmed Tradition,简称WST)文化时期遗址,样本和放射性碳测年数据涵盖了晚更新世到全新世过渡期(约公元前13000—前8200年)。研究分析应用聚合式阶层分类法(Agglomerative hierarchical cluster analysis)和小提琴图等统计工具。研究结果表明,新仙女木期人类频繁访问康利洞穴,在晚夏和早秋季节采集植物,还显示出先民曾进行捕鱼和缝纫相关活动。环境指标表明,宝琳娜湿地(Paulina Marsh)在WST时期虽具有生产力,但人们并未始终把湿地植物作为食物采集活动的重点。康利洞穴的用火遗迹证实了内陆西部WST群体的饮食多样性,植物资源涵盖了各种生态栖息地的资源;而低等级植物资源偏离了基于卡路里优化模型的预期。作者主张采集选择可能受到卡路里回报以外的其他因素的驱动,不仅在全新世时期如此,而且在晚更新世时期也是如此,建议在人类行为生态模型中引入营养生态学的视角。

- Adair, M. J. *, Duncan, N. A., Young, D. N., Bozarth, S. R., & Lusteck, R. K. (2002). Early Maize (Zea mays) in the North American Central Plains: The Microbotanical Evidence. *American Antiquity*, 87(2), 333–51.
《北美中部平原地区早期玉米:微体植物学证据》

  本篇文章通过残留物分析提供了关于北美中部平原地区早期玉米(*Zea mays* ssp. Mays)使用的全面研究。通过加速器质谱(AMS)测得的新的年代数据(公元前361—前197年),表明玉米早于先前估计的时间抵达该地区。此外,还发现有南瓜(*Cucurbita* sp.)、野生稻(cf. *Zizania* spp.)和棕榈(*Arecaceae* sp.)等植物遗存。这项研究进一步加强了微植物分析在记录植物利用和早期玉米鉴定方面的重要性。通过对玉米微植物残留物的研究,指出早期玉米在东部平原的使用可能不仅仅是一种食物的选择,而可能与社会、仪式和宗教实践有关。这一发现挑战了以往对于北美洲玉米历史的基本认识,为玉米在不同区域和时期的多样化使用提供了新的理解。

- Lucas, G. *, & Olsen, B. (2002). The Case Study in Archaeological Theory. *American Antiquity*, 87(2), 352–67.
《考古学理论中的案例研究》

  本篇文章作者加文·卢卡斯(Gavin Lucas)和比约纳尔·奥尔森(Bjørnar

Olsen)对于考古研究中案例研究在方法论层面上作了理论反思和探究。作者通过探讨案例研究在考古学中的不同变体,以及1960年代至今的发展历史,来研究案例研究在考古学中的功能,特别是与理论关系中的角色。文章列举了博尼克(Bonnichsen 1973)在加拿大阿尔伯塔省进行的克里人(Cree)的米莉营地(Millie's Camp)考古实验研究作为例子。通过该案例,作者旨在通过对废弃的营地进行的考古实验,强调考古学解释的局限性,反思案例应用与理论的关系和局限性。卢卡斯和奥尔森指出,案例研究被有意识地选择,继而成为一个特定的控制或测试案例,即理论"可行"的操作。他们认为案例研究不应是测试或证明理论有效性的场所,而是为提出和修改、发展和挑战而存在的。作者主张,在案例研究和理论之间应该建立更为动态、相互影响的关系。

- Kitchel, N. R. *, & Mackie, M. E. * (2002). Plants and Subsistence during the Fluted-Point Period of the Northeast. *American Antiquity*, 87(2), 368–76.
《东北地区开槽尖状器时期的植物和生业》

    纳撒尼尔·基切尔(Nathaniel R. Kitchel)和玛德琳·麦基(Madeline E. Mackie)主要探究在北美开槽尖状器时期(Fluted-point Period,简称FPP)植食扮演的角色。研究的问题重点探究两个方面:一是FPP遗址中植物遗存稀缺是否是由考古遗迹的保存不佳造成的,二是FPP遗址火塘中存在的少量植物遗存对生业活动的启示。研究对象包括美国东北部的8个FPP遗址中11个有确切年代记录的遗迹及通过浮选回收的碳化植物遗物。作者还应用了两种求和概率分布(Summed probability distributions,简称SPD)的方法确定遗迹是否受到了优先性破坏。研究结果表明FPP火塘的数量与预期相当,与保存较好且种子可能构成饮食重要部分的地区相比,FPP火塘发现的植物遗物的频率更高。这些结果表明,在东北部FPP期间,虽然植食在食谱中发挥作用,但植食的广度相对较窄,与专门捕猎驯鹿的生业模式相符。

- Koenig, C. W. *, Kilby, J. D. *, Jurgens, C. J. *, Becerra-Valdivia, L. *, Ringstaff, C. W. *, Hanselka, J. K. *, Bush, L. L. *, Frederick, C. D. *, Black, S. L. *, Castaeda, A. M. *, Lawrence, K. L. *, Mackie, M. E. *, & Mead, J. I. * (2002). A Newly Identified Younger Dryas Component in Eagle Cave, Texas. *American Antiquity*, 87(2), 377–88.
《得克萨斯州鹰洞遗址的新仙女木时期新发现》

    作者团队主要介绍了得州州立大学在佩科斯峡谷下游地区鹰洞岩棚(Eagle Cave)的早期人类居址的发掘,并提供了遗址的布局、动植物遗存、年代学、地质和石器的综合分析结果。遗址发现古野牛骨遗物与石器及火塘直接相关。放射性碳测年和贝叶斯模型分析确定了该时代在距今12660—12480年之间。居址时代虽然与福尔瑟姆文化时段有重叠,但没有发现福尔瑟姆文化特征。动物遗存和石器分析表明至少有一头幼年古野牛被进行了二次或三次加工,而火塘中的植物遗迹分析确定了包括豆科(*Prosopis* sp.)等经济类植物的遗留,作者主张此遗址为夏季的居址。根据石器和骨骼遗存的组合分析,作者还提出了此地为与野牛捕杀相关的营地的可能性。

- Menz, M. * (2002). Domestic Architecture at Letchworth (8JE337) and Other Woodland Period Ceremonial Centers in the Gulf Coastal Plain. *American Antiquity*, 87(2), 389–405.

  《莱奇沃斯(8JE337)家庭建筑及墨西哥湾沿岸平原其他伍德兰时期仪式中心》

  作者马丁·门兹(Martin Menz)主要介绍和讨论了佛罗里达州西北部莱奇沃斯遗址(Letchworth,编号为8JE337)伍德兰时期第一个家庭建筑的证据。先前在墨西哥湾沿岸的伍德兰时期(公元前1000—公元1000年)的考古遗址的研究工作中极少发现房址,因此对伍德兰时期家户和社会互动了解十分有限。文章详细介绍了莱奇沃斯遗址的仪式中心,特别是新发现的房址(Block 1 Structure),并将其与该地区已发表的一些房址(Block-Sterns、McKeithen和Kolomoki)进行比较。作者指出这些房屋居民共享相似的定居模式和社区形式,但这些家庭建筑在大小、结构和内部特征上存在差异。莱奇沃斯的房屋表现出季节性的暂居特征,与其他更为集中和持久的村落社区形成对比。

- Hanson, K. E. *, Baumann, S., Pasqual, T., Seowtewa, O., & Ferguson, T. J. (2002). "This Place Belongs to Us": Historic Contexts as a Mechanism for Multivocality in the National Register. *American Antiquity*, 87(3), 439–56.

  《"这个地方属于我们":历史背景作为国家注册多元话语性的机制》

  本文主张国家历史名胜注册(National Register of Historic Places,简称NRHP)机制应考虑历史的多价值和多元话语性(Multivocality),纳入并调和在历史上长期被忽视的原住民社区的价值观和文化框架。作者以新墨西哥州埃尔莫罗山(El Morro)的铭刻石考古区(Inscription Rock Archaeological District,简称IRAD)为例进行历史保护再评估。早期的IRAD国家注册历史保护专注于早期西班牙征服者铭刻在欧美殖民历史中的重要性,未能充分考虑该地原住民和其他社区的声音。通过IRAD的重估工作,确定了两个古普韦布洛村落(Atsinna和North Atsinna)的国家古迹名录资格,以及其他历史文化遗产。作者强调了IRAD历史文化遗产的多样性和复杂性,并且需要考虑多种历史语境,以评估这些不同文化遗产类型在不同利益相关者之间的重要性。通过结合考古、民族志和档案数据,作者制定了三个独特但互补的历史语境——欧美殖民、美洲原住民文化和多元话语景观背景,以更全面地评估其在科学、社会和文化方面的重要性。这篇文章的核心思想在于呼吁采用更开放、灵活的考古学方法,以更好地满足多元文化的需求,同时强调了历史背景研究在文化资源管理中的关键作用。

- Wills, W. H. *, Przystupa, P. F., & Williams, K. (2002). Communication in the Chaco World: A Consideration of Time and Labor Mobilization. *American Antiquity*, 87(3), 457–86.

  《查科世界中的沟通:时间和劳动动员方面的思考》

  本篇文章主要讨论查科峡谷及其周边地区的大房屋(Great Houses)之间的潜在联络网络,及其在管理修建大房屋所需持续劳动力方面的相关性。在新墨西哥州查科峡谷的博尼托(Bonito)阶段,大房屋需要大量建筑材料以及对庞大劳动力高效动员和协调的能力。作者团队应用最小成本路径分析(Least Cost Path Analysis,简称 LCP),基于坡度对步行速度的影响,将大房屋遗迹之间的路径转换为行走时间;使用数字高程模型(Digital Elevation Model,简称 DEM),依靠激光雷达(lidar)数据集,分析地形对联络速度的影响,并整合所有路径生成单个数据集。分析中计算的成本根据托布勒徒步函数(Tobler's hiking function)进行调整,并根据此函数分析进一步探讨基于不同运动速度(包括步行和跑步)对路径所需时间的影响。作者团队认为,联络网络的高效性暗示了查科峡谷核心与周围社会距离不大;建造单个大房屋遗迹的大部分劳动力来自信息传递在 3 小时内即可完成的社区。总体而言,该研究通过结合地形和时间模型,为理解查科峡谷地区和大房屋遗迹之间的联络能力提供了新的视角,为古代社会的组织和互动方式提供了重要线索。

- Rick, T. C. *, Braje, T. J., Graham, I., Easterday, K., Hofman, C. A., Holguin, B. E., Mychajliw, A. M., Reeder-Myers, L. A., & Reynolds, M. D. (2002). Cultural Keystone Places and the Chumash Landscapes of Kumqaq', Point Conception, California. *American Antiquity*, 87(3), 487–504.
《文化关键地点与加利福尼亚州康塞普申岬角的库姆卡克地区的丘马什景观》

这篇文章应用了文化关键地点(Cultural Keystone Places,简称 CKP)的新概念,用以分析加利福尼亚州康塞普申岬角的库姆卡克地区的海岸环境利用模式和长达 9000 年的定居史。本文试图解决两个研究问题:一是人们何时开始沿着库姆卡克附近的海岸定居,二是库姆卡克的定居地和土地利用的考古数据如何与丘马什原住民的民族学和 CKP 的形成相联系。研究运用此地区 57 个考古遗址的调查和测年数据,及当代丘马什原住民社区的民族学资料,综合各个时期的定居点和土地利用的分布,提供了全面的地方历史生态图景,并强调了库姆卡克地区作为丘马什原住民 CKP 的文化和生态重要性。作者也鼓励对 CKP 框架的更多探究和应用,以联系世界各地文化关键地点的长期文化和环境景观。

- Jones, T. L. *, Hildebrandt, W. R., Wohlgemuth, E., & Codding, B. F. (2002). Postcontact Cultural Perseverance on the Central California Coast: Sedentism and Maritime Intensification. *American Antiquity*, 87(3), 505–22.
《加利福尼亚中部海岸的后接触时期的文化坚守:定居与海事集约化》

该研究探讨了加利福尼亚海岸地区中部北丘马什(Northern Chumash)原住民在西班牙入侵前后的定居和生存策略的演变。在西班牙于 1769 年抵达之前,当地原住民社群采用了以季节性移动为特征的混合经济模式,依赖于各种海洋和陆地食物。而西班牙人的到来,特别是在茨季伊维村落(Tstyiwi,CA-SLO-51/H)的后接触时期,使当地原住民进行了明显的适应性调整。研究数据来自三个发掘项目中有层位记录的遗物、鱼类骨骼和古植物遗物。作者应用玛加莱夫多样性指数(Margalef diversity index)分析功能性遗物多样性,应用广义线性模型(Linear model in R)分析功能性遗物、鱼类骨骼密度和炭化坚果密度函数。研究结果表明,在遭遇西班牙侵入后,茨季伊维居民试图避免与入侵者的接触,减少在不同居点的往来。古环境证据表明,西班牙人的土地利用活动(放牧、外来植物、防火灾)改变了陆地生态系统,从而限制了传统资源的可用性。遗址 CA-SLO-1197/H 的放射性碳数据显示,鱼类遗存的密度更高,原住民再次转向依靠本地资源,将居点转变为全年的渔业村庄。作者指出尽管茨季伊维村落的遗址功能特征发生了变化,文化的连续性仍然存在:考古记录显示了传统技术使用的增多,以及更多种类和更高密度的橡子等传统植物食物的使用。这表明居民试图维持和强化社会关系。研究结果显示,为了在殖民环境中维护社会自治,个体加强了在中部海岸从未见过的传统领域的工作。该研究凸显了在殖民环境中为维护社会自主性而采取的调整和强化传统实践的重要性。

- Sánchez-Morales, I.*, Sanchez, G., & Holliday, V. T. (2002). Clovis Stone Tools from El Fin del Mundo, Sonora, Mexico: Site Use and Associations Between Localities. *American Antiquity*, 87(3), 523–43.

《墨西哥索诺拉州埃芬迪蒙多遗址中的克洛维斯石器:各遗址点间遗址利用和关联》

本文详细分析了墨西哥埃芬迪蒙多遗址的克洛维斯文化石器组合并讨论了遗址功能问题。研究具体分析了三种石器技术模式:两面器、单面器和石叶,及其石材类型和分布。遗址的石器大多在地表散布,石器组合以两面器为主。石器包括克洛维斯石叶及石核,端刮器亦丰富。石材主要为本地流纹岩,其次是燧石和其他石器材料。地域上,湿地环境(第1地点)和周围高地(第5、8、9、10地点)都发现有克洛维斯人的活动痕迹。第5和第10地点被认为是克洛维斯人的主要活动区,推测为营地或是具有石器制作场所的多个营地的聚集地。湿地环境中发现石叶和数量众多的刮削器表明这里曾有多种非狩猎活动,可能与住所任务相关。作者认为,埃芬迪蒙多在地域上与美国西南其他克洛维斯遗址相似,但在索诺拉州和亚利桑那州的遗址独具特色,因为它不仅包含湿地环境中的克洛维斯巨型动物猎杀场地,还在附近的高地上发现了营地,这对于长期或重复使用同一地区的克洛维斯土地利用策略的评估具有重要意义。

- Smallwood, A. M., Jennings, T. A., Smith, H. L., Pevny, C. D., Waters, M. R., Loebel, T. J., Lambert, J., Ray, J., & Stephens, D. (2002). Using 3D Models to Understand the Changing Role of Fluting in Paleoindian Point Technology from Clovis to Dalton. *American Antiquity*, 87(3), 544–66.

《利用三维模型理解从克洛维斯到道尔顿文化北美早期尖状器技术中开槽作用的变化》

作者团体关注北美早期尖状器技术中的开槽(Flute)技术。文章探讨了开槽技术的使用如何随着时间的推移而变化,即从克洛维斯时期的出现到道尔顿文化(Dalton)时期的衰退。通过几何形态学(Geometric morphometrics,简称 GM)方法,作者量化比较了克洛维斯和道尔顿文化尖状器形态和开槽技术特征。研究结果表明,克洛维斯文化的开槽在形态上显示出更高程度的标准化,而道尔顿文化的开槽则呈现出更大的变化。开槽的形态差异主要在于其深度和凹槽的宽度,对应不同打制技术,反映了装柄技术和工具使用的差异。道尔顿文化中开槽的变化可能与定居地的增加、地方资源的使用和尖状器的多功能性有关。

- Buchanan, B., Kilby, J. D., LaBelle, J. M., Surovell, T. A., Holland-Lulewicz, J., & Hamilton, M. J. (2002). Bayesian Modeling of the Clovis and Folsom Radiocarbon Records Indicates a 200-year Multigenerational Transition. *American Antiquity*, 87(3), 567–80.

《克洛维斯和福尔瑟姆文化放射性碳记录的贝叶斯模型分析表明了一个跨越200年的多代转变》

  本文使用放射性碳测年数据和贝叶斯模型,推断北美旧石器时代克洛维斯文化与福尔瑟姆文化的年代跨度,以讨论两文化间的过渡关系。作者整合已知41个克洛维斯遗址和37个福尔瑟姆遗址的碳测年数据,使用IntCal20校准曲线校准碳测年数据集,并对两个文化进行了校准日期的贝叶斯建模,估计二者的起始和结束时间边界的概率范围及误差范围。研究结果表明,福尔瑟姆最初出现在距今约12900—12740年间,而克洛维斯则在距今12720—12490年间消失,二者之间有时间重叠。福尔瑟姆文化群体很可能在克洛维斯最后出现之前就已经出现几代人。这种重叠证实了克洛维斯与福尔瑟姆文化之间的人口连续性,反驳了之前认为两者之间存在间断的假设。这一转变可能与新仙女木事件相关环境变化、大型动物的灭绝以及野牛成为主要猎物有关。文章认为,福尔瑟姆文化的形成可能与在西部克洛维斯人口扩散中发生的成功的适应性创新有关,并在迭代中稳定下来。

- Kelly, R. L.*, Mackie, M. E., Robinson, E., Meyer, J., Berry, M., Boulanger, M., Codding, B. F., Freeman, J., Garland, C. J., Gingerich, J., Hard, R., Haug, J., Martindale, A., Meeks, S., Miller, M., Miller, S., Perttula, T., Railey, J. A., Reid, K., Scharlotta, I., Spangler, J., Thomas, D. H., Thompson, V., & White, A. (2002). A New Radiocarbon Database for the Lower 48 States. *American Antiquity*, 87(3), 581–90.

《美国48个州的新放射性碳数据库》

  这篇文章介绍了作者团队在2014—2020年期间汇编的美国48个州的放射性碳数据库。该数据库包含104027个放射性碳年代数据,将通过加拿大考古学放射性碳数据库(Canadian Archaeological Radiocarbon Database,简称CARD)向研究学者免费开放权限。文章详细描述了编制这些年代数据的过程、数据库的一般特征,并分享了从这一大数据编制项目过程中学到的经验教训。

- McCoy, M. D.*, Cheng, H., Mulrooney, M. A., & Ladefoged, T. N. (2002). Garden Offerings in the Kona Field System, Hawai'i Island: A Fine-grained Chronology and Its Implications. *American Antiquity*, 87(3), 591–600.

《夏威夷群岛科纳农田系统中的花园祭品:细粒度年代学及其启示》

  本篇研究分享了夏威夷群岛科纳农田系统(Kona Field System)发掘出的珊瑚祭品遗物,提供了与宗教活动关联的考古学证据及相关测年分析。作者提供了在凯阿拉凯(Kealakekua section)农园遗址的农田工事墙(Upland-to-coast oriented field walls，又称 Kuaiwi)遗迹发掘的具体信息和珊瑚遗存信息。作者使用高精度的铀系定年对珊瑚等样本进行了年代分析，以便将其置于夏威夷群岛国家宗教权威崛起更广泛的历史背景下讨论在花园中存放珊瑚的行为。结果发现最早的珊瑚供奉可以追溯到公元1422—1459年，与此地区农业活动同步，且珊瑚供奉行为在公元1635年中止。与夏威夷群岛的其他测年相比，尼胡阿岛(Nihoa)上的寺庙遗址和毛伊岛(Maui)的高地地区也出现了类似显著的珊瑚祭品使用和中止情况。作者主张中止模式表明一个长期存在的、可能侧重于生产力的传统，在公元1600—1700年间因宗教权威的转变而中断。

- Tune, J. W. *, Jennings, T. A., & Deter-Wolf, A. (2002). Prismatic Blade Production at the Sinclair Site, Tennessee: Implications for Understanding Clovis Technological Organization. *American Antiquity*, 87(3), 601-10.
  《田纳西州的辛克莱遗址所发现的菱形石叶：对理解克洛维斯技术组织的启示》

  文章通过对田纳西州发现的辛克莱遗址(Sinclair Site)以菱形石叶为代表的石器分析，延伸讨论克洛维斯文化石叶技术和技术组织模式。作者指出辛克莱遗址自更新世晚期开始就作为美洲早期人类生物采石场地和石器制作作坊而被利用。该遗址的主要活动之一为菱形石叶的生产。通过定量和定性分析，菱形石叶在技术和形态上被判断为具有克洛维文化特征。作者团队将辛克莱遗址石叶与其他中南部地区克洛维斯文化遗址石叶，按照遗址类型(生产场地、储存点和营地)进行了量化对比分析。作者指出石器生产场地所发现的石叶较大，且形态非特征化；克洛维斯群体为了迁移，从生产场地中选择了修长且形态特征化的石叶，作为资源储存在储存场所中；而在营地，将石叶作为工具进行使用和加工。作者强调辛克莱遗址所发现的菱形石叶对于克洛维斯文化石叶技术发展的理解具有深远作用。

- Martin, S. L. * (2002). Misunderstandings Regarding Carbohydrates in Human Nutrition. *American Antiquity*, 87(3), 611-3.
  《探讨碳水化合物在人类营养方面的误解》

  本文为一则评议通讯，作者史蒂文·马丁(Steve L. Martin)指出了2021期《美洲古物》所刊两篇文章(Gill *et al.* 2021; Lyons *et al.* 2021)中涉及人类营养方面的误解，即碳水化合物是人类饮食的重要组成部分。作者主张碳水化合物是一种非必需的宏量营养素，并引用北极的民族学证据支持人类不需要摄取植物而仅以动物制品为食也能生存的论断。作者引用加利福尼亚海峡群岛(Northern Channel Islands, 简称NCI)和加拿大不列颠哥伦比亚卡齐第一民族(Katzie First Nation)沿海史前人口的稳定同位素分析的研究结果，强调了海洋资源(即鱼类和贝类)提供了海岛居民饮食中大多数甚至近乎全部的蛋白质，因此讨论陆地食物资源是错误的方向。此外，作者强调这两篇文章使用膳食主食(Dietary staple)的术语来指代块根植物资源是不科学客观的。

- Erlandson, J. M., Gill, K. M. *, & Braje, T. J. (2002). The Big Picture Versus

Minutiae: Geophytes, Plant Foods, and Ancient Human Economies. *American Antiquity*, 87(3), 614-6.

《大图景与细枝末节：地生植物、植物食物和古代人类经济》

本文为此刊物同期评议通讯(Martin 2022)的回应。作者针对"必需"和"膳食主食"这两个术语的发难，进行了定义重申，并表明是评议者误解了隐芽植物和其他植物食物在北美极地外原住民人类饮食和生业经济中的基础作用。作者继续强调隐芽植物（如蓝壶韭球茎）在加利福尼亚海峡群岛和丘马什原住民食谱中的重要性，及该植物碳化颗粒在岛上的贝冢普遍存在的证据，都指向富含碳水化合物的隐芽植物在加利福尼亚海峡群岛是丰富、必需的资源，是丰富的卡路里来源，并配合补充了岛上丘马什原住民所依赖的富含动物蛋白质但碳水化合物和脂肪含量少的贝类和鱼类的食谱。作者还提到在骨骼生长和发育主要接受整个动物蛋白质的不均衡供应情况下，低蛋白质植物在同位素估计时可能被低估。因此作者仍旧保持原观点，强调隐芽植物消费的重要性。

- Hoffmann, T. *, Lyons, N., Blake, M., Martindale, A., Miller, D., & Larbey, C. (2002). Wapato as an Important Staple Carbohydrate in the Northwest Coast Diet: A Response to Martin. *American Antiquity*, 87(3), 617-9.

《对马丁的回应：瓦帕托——西北海岸地区食谱中重要的主食类碳水化合物》

本文同样为此刊物同期评议通讯(Martin 2022)的回应。作者保持先前研究观点，即隐芽植物（如瓦帕托 wapato，*Sagittaria latifolia*）在前接触时期的人类饮食营养中具有重要作用，并且在太平洋西北地区的住民中是饮食、文化和经济的主要食物，对此作者提供了进一步的证据。对于评议者所举环北极人群的无须碳水化合物饮食适应的例子，作者援引古植物学和民族植物学研究成果，认为这种蛋白质饮食适应并不排除植物类食物的应用，并由考古植物学证据支持。另外文章也回应了主食食物的定义，作者认为主食不应只考虑膳食和营养价值的直接作用，还要考虑食物的社会经济资源特征。

- Francis, J. *, Loendorf, L. L., Kornfeld, M., Larson, M. L., & Adovasio, J. M. (2002). Down the Rabbit Hole: Comment on Sundstrom and Walker (2021). *American Antiquity*, 87(3), 620-2.

《掉进兔子洞：评论桑德斯特伦和丹尼沃克2021年发表的文章》

本文是作者团队根据莱尼亚·桑德斯特罗姆(Linea Sundstrom)和丹尼·沃克(Danny N. Walker)对希普山(Sheep Mountain)云杉树皮网的研究的评论。作者团队中包括此网的初始分析者，认为桑德斯特罗姆和沃克忽视了初始研究者提供的遗址发现的信息，以及其他民族学证据。通过对考古和民族志数据的审视，作者团队认为希普山的捕网最适合用于羊和鹿。文章指出了桑德斯特罗姆和沃克忽视的重要细节，并强调了羊在当地生态系统中的重要性。

- Sundstrom, L. *, & Walker, D. N. (2002). Where's the Mutton? *American Antiquity*, 87(3), 623-6.

《山羊肉在哪?》

本文是作者莱尼亚·桑德斯特罗姆（Linea Sundstrom）和丹尼·沃克（Danny N. Walker）对《美洲文物》本期弗朗西斯和其团队（Francis et al.，2022）就作者（Sundstrom & Walker 2022）先前对希普山发现的树皮网研究提出的质疑的回应。弗朗西斯团队认为希普山网可能用于捕捉大型动物，而不是兔子或其他小型动物，并提供了六点原因（Francis et al. 2022）。本文对此六点做了逐一解释和辩护，作者强调了他们在原始描述和测量基础——对网孔大小的测量方法以及网绳的厚度提出的假设。此外，他们反驳了关于网可能被人类支撑而非插在地面的桩上的论点，并强调了网的形状和尺寸不适合坠网或其他传统捕猎技术。作者指出批评者对于遗址附近兔骨洞（Rabbit Bone Cave）遗址发现的忽视，并解释了捕猎兔子和小型动物的可能性。

- Laluk, N. C. *, Montgomery, L. M., Tsosie, R., McCleave, C., Miron, R., Russo Carroll, S., Aguilar, J., Big Wolf Thompson, A., Nelson, P., Sunseri, J., Trujillo, I., DeAntoni, G. M., Castro, G., & Schneider, T. D. （2002）. Archaeology and Social Justice in Native America. *American Antiquity*，87（4），659–82.
《考古学与原住民的社会正义》

  此篇为会议讨论章节，探讨考古学与社会正义在原住民背景中的交汇。在对原住民后裔和当地社区声音更多的关注中，考古学家逐渐意识到这些被边缘化的群体所面临的长期的不公正情况。其中原住民主权是讨论的核心，也是考古学领域去殖民化的关键。为了构建有响应性和参与性的文化遗产实践，本论坛文章汇集了历史学、民族学、考古学和法学方面的美洲原住民和非原住民学者，探讨考古学在推动社会正义方面的作用。文章涉及了美国原住民社区面临的各种关键问题，包括文化遗产法、去殖民化、饮食文化、基于社区的参与性研究和教育学。论坛汇编中的七篇论述记录了美国原住民考古学家和社区在社会正义概念中的参与的异质化情况案例研究。在讨论过程中，作者们构建了一个基于主权的社会正义模型，有助于原住民根据自身的需求和目标，对其文化遗产有更多的控制权。文章深度探讨反思考古学对现实社会和原住民社区的责任和效用，促进考古学家理解和反思推动社会正义的各种社会和政治因素，并利用这些理解改善考古学的实践方式和历史教育方式。

- Roth, B. J. *, & Romero, D. （2002）. Great Kivas and Community Integration at the Harris Site, Southwestern New Mexico. *American Antiquity*，87（4），743–57.
《新墨西哥州西南部哈里斯遗址的大基瓦和社区融合》

  文章作者芭芭拉·罗斯（Barbara J. Roth）和丹妮尔·罗梅罗（Danielle Romero）利用哈里斯遗址（Harris Site）发掘的新数据，探讨了基瓦（Kiva）建筑在社区整合中的作用。遗址位于新墨西哥西南部的明布勒斯河谷（Mimbres Valley），属于坑屋（Pithouse）晚期（公元 550—1000 年）的村庄。考古发掘记录了随着村庄从乔治敦（Georgetown，公元 550—650 年）时期到三环晚期（Late Three Circle，公元 750—1000 年）阶段的变化，家户和社区组织的变化，随之探讨了基瓦建筑和相关广场在村庄发展、家户扩展及社会等级发展过程中的作用。作者使用了围绕广场依序排列的基瓦遗址的发掘数据以及家户建筑数据，来研究坑屋晚期宗教空间中的角色。

- Smith, G. M., Sturtz, S., Camp, A. J., Adams, K. D., Kallenbach, E., Rosencrance, R. L., & Hughes, R. E. (2002). Leonard Rockshelter Revisited: Evaluating a 70-year-old Claim of a Late Pleistocene Human Occupation in the Western Great Basin. *American Antiquity*, 87(4), 776–93.

《再探莱昂纳德岩棚：70年西部大盆地更新世晚期人类居住主张的重新认识》

　　本文对美国西部大盆地的莱昂纳德岩棚（Leonard Rockshelter，简称 LRS）进行了重新发掘和研究，以重新评估70年前关于该地点更新世晚期人类居住的主张。研究结果表明，晚更新世没有人类访问莱昂纳德岩棚。人类在早全新世（距今12900—11700年）首次访问了该遗址，并在整个全新世时期断地使用该遗址作为存放装备的储存地点，而不是居住地。其中遗址发现有年代在距今8300—7800年（已校正）的绳索、完整的投掷尖状器和矛柄等重要遗物。

- Shott, M. J. * (2002). Inferring Use-life Mean and Distribution: A Pottery Ethnoarchaeological Case Study from Michoacán. *American Antiquity*, 87(4), 794–815.

《推断使用寿命的平均值和分布：墨西哥米却肯州的陶器民族考古学案例研究》

　　本文通过米却肯州普雷佩查（Michoacán Purépecha）的研究项目以及民族考古学的视角，探讨了如何推断陶器的使用寿命和分布。作者对墨西哥高原米却肯州地区的多个普雷佩查社区进行调查，收集了大量被毁坏的陶器数据，特别是用于烹饪和存储的陶罐，以及其他类型的陶器。研究项目编制了年度家庭清单，追踪了陶器的使用年限，并对一部分家庭进行了近乎每月的清点，以估计初期损伤的发生率以及其对使用寿命的影响。研究还采用了威布尔失效模型（Weibull failure model）来分析陶器的使用寿命。作者强调了使用形成理论（Formation theory）来解释陶器状态对理解陶器的使用寿命、消耗和弃置的重要性。形成理论要求将考古学数据与当代情境相结合，并以均质假设为基础，通过估算使用寿命作为研究陶器使用的参考点。作者指出研究应该关注物质记录，通过形成理论与物质记录相连接，以当代情境为参考点，来研究过去的行为变异。

- Magnani, M. *, Clindaniel, J. *, & Magnani, N. * (2002). Material Culture Studies in the Age of Big Data: Digital Excavation of Homemade Face-mask Production During the COVID-19 Pandemic. *American Antiquity*, 87(4), 683–703.

《大数据时代的物质文化研究：数字发掘新冠（COVID-19）流行期间的自制口罩生产》

　　作者团队另辟蹊径，介绍了一种利用数字数据研究当代物质文化的新方法。作者结合时事，以新冠（COVID-19）大流行期间在美国进行的口罩生产为例，通过使用市场分析应用程序（Alura），收集了来自手工销售网站 Etsy 的数据，分析了口罩制造的地理分布和材料变化。作者整理了与每个产品相关的所有文本数据，通过编程工具 Python 的自然语言工具包（Natural Language Toolkit，简称 NLTK）进行标记和词形还原，然后使用美国疾病控制与预防中心（CDC）的口罩使用和生产指南生成的关键词列表进行文本分析；另外还应用 Python 的软件包（Pandas 和 GeoPandas）对数据进行分组并与空间位置关联,计算了每个时间点和每个州中使用列表中术语的产品的总百分比,以研究口罩生产的时空模式,并在各州集合之间比较结果百分比。作者指出口罩生产与政治化、州政策相关的变化,并揭示了与党派政治有关的疾病缓解效果下降的联系。这种新方法为理解物质文化的变化分布和社会意义提供了前所未有的途径,凸显了数字时代的研究手段在当代社会中的重要性。

- Mathwich, N. M. * (2002). Range Limits: Semiferal Animal Husbandry in Spanish Colonial Arizona. *American Antiquity*, 87(4), 724–42.
《范围限制:西班牙殖民时期亚利桑那州的半野生动物畜牧》

作者妮可·马斯威奇(Nicole M. Mathwich)的动物考古学研究,探讨了在美国西南部西班牙殖民时期的原住民半野生动物管理实践的历史。作者以亚利桑那州诺加莱斯(Nogales)附近的一座西班牙殖民时期圣奥古斯丁传教点(Mission Los Santos Ángeles de Guevavi)发掘的动物群骨骼遗物为例,通过动物学鉴定、牙齿同位素测定和历史资料的综合分析,判断殖民时期可识别的半野生动物畜牧管理实践的特点和模式。作者总结了半野生动物畜牧实践的历史资料特征,并就动物年龄、饮食等进行分析。研究结果表明,牛和羊的管理存在明显的差异。牛群呈现出较为宽松的半野生管理策略,可能在更广阔的草原上放牧,而羊群则受到更多的监控,多用于羊毛和肉类生产。这种差异可能反映了不同的文化、社会和环境因素,以及对不同类型牲畜的不同需求和用途。同位素分析结果发现牛和羊的饮食策略也存在差异,牛可能更多地以草类为主食,而羊则更多地以 C_3 植物为主食。这些发现对于理解殖民时期原住民牲畜管理的实践和策略,以及牲畜在当时经济中的作用具有重要意义。

- Thompson, V. D. *, Holland-Lulewicz, J., Butler, R. A., Hunt, T. W., Wendt, L., Wettstaed, J., Williams, M., Jefferies, R., & Fish, S. K. (2002). The Early Materialization of Democratic Institutions among the Ancestral Muskogean of the American Southeast. *American Antiquity*, 87(4), 704–23.
《美国东南部古摩斯科格人民主制度的物化初现》

作者在本文中以美国东南部的佐治亚州奥科尼河谷的冷泉(Cold Springs)遗址为例,研究欧洲接触之前早期美洲原住民治理观念和民主制度的出现。冷泉遗址在过去40年的考古发掘中,主要集中在两座土丘墓以及其他大型圆形结构建筑,并发掘有数千个柱洞。研究使用了放射性碳测年等方法,结合历史时期文献,对遗址的细节进行了新研究。新研究结果确定了两个土丘墓的使用时间在公元550—650年之间。相关建筑持续的重建,大型"标志"柱的存在,表明了核心传统后来在该地区的持久存在。研究发现了多处会议厅遗迹,建造始于公元1000年前。总体的建筑布局,包括两个平台和大型会议厅房址,以及它们之间的广场区域,不仅与后来的欧洲接触前的美洲原住民遗址相似,而且与"历史"时期的克里克人(Creek)仪式场地以及当代的马斯科吉人社区相符。作者指出建筑和定居模式的相似之处表明了治理层面的连续性。作者主张,相比于传统上强调贵族和土丘的联系的观点,应更加重视原住民治理集体的角色。另外发掘出的"标志"柱被解释为氏族标志,平台土丘建设以及可能与会议厅相关的机构的地区传播,可能是由氏族等社会机构引起的。最后文章指出,考古学可以在不同形式制度的物质表现中发挥关键作用。

- Ward, G. M. V. *, Grooms, S. B., Schroll, A. G., & Kidder, T. R. (2002). The View from Jaketown: Considering Variation in the Poverty Point Culture of the Lower Mississippi Valley. *American Antiquity*, 87(4), 758–75.

《以杰克敦遗址为视角:考察密西西比下游波弗蒂角文化的变化》

这篇文章通过对密西西比河下游地区杰克敦遗址的考古研究,挑战了波弗蒂角遗址的文化历史框架在解释该地区考古记录时所存在的局限性。研究发现,杰克敦和波弗蒂角两遗址之间存在物质文化、建筑和饮食方式的差异。研究表明古代期晚段密西西比河下游地区的考古记录并未反映出一种统一的区域文化。相反杰克敦和波弗蒂角两遗址之间的关系显示出多极历史,社区在参与更大社会现象的同时,保持了多样化、本地化的实践。文章强调了对古代期晚段密西西比河下游社会变化多尺度特性的关注,这一特性表现为广泛的社会网络和多样化的本地实践。

Ancient Mesoamerica
《古代中美洲》 2023 年

毛玉菁（威斯康星大学麦迪逊分校人类学系）

- Williams, E. (2023). Salt-making in Mesoamerica: Production Sites and Tool Assemblages. *Ancient Mesoamerica*, 34(1), 1–23.
  《中美洲的制盐业：生产遗址和工具组合》
  　　前西班牙时期的中美洲饮食中几乎不含氯和钠，因此，盐是当地饮食结构中不可或缺的重要组成。盐在古代中美洲普世文化和历史中有着重要作用。本文结合民族志和民族历史学资料，讨论了米却肯州、科利马州、格雷罗州、墨西哥盆地和普埃布拉的传统盐业，特别关注了制盐地点和制盐的工具组合。本文详细介绍了古代中美洲的制盐技术和生产过程，揭示了各地盐生产的规模和复杂程度，并进一步探讨了古代中美洲的经济和社会，强调盐作为连接不同文化和地区的贸易商品的重要性。盐在中美洲也具有重要的文化意义，经常被用于仪式活动中。

- McKillop, H., & Sills, E. C. (2023). Briquetage and Brine: Living and Working at the Classic Maya Salt works of Ek Way Nal, Belize. *Ancient Mesoamerica*, 34(1), 24–46.
  《煮盐陶器和盐水：古典玛雅时期伯利兹"黑魂之地"盐业遗址的工作与生活》
  　　"黑魂之地"是古典时期最重要的玛雅水下盐场遗迹之一。在海底的碳化沼泽中，人们发现了一批保存良好的木桩，分属于十座木建筑，为复原该地的家户活动和盐业生产提供了新资料。这些建筑物中没有精英住宅，皆集中在用于盐生产的咸水资源附近。陶器、石器组合显示，这些木建筑中的住户在室内和室外从事多种多样不同的家户活动，包括烹饪、磨玉米、腌鱼与腌肉、伐木、磨工具和仪式等，其中腌鱼、制作煮盐陶器和木工等活动都与盐业密切相关，可视为制盐过程的一部分。遗址中发现了许多用于煮盐水的陶器，结合民族志资料，该地的制盐方法可能主要是盐水煮盐法。住宅和煮盐的厨房是分开的，但前者通常位于煮盐厨房的附近。盐业生产基于以亲属关系为基础的家庭结构，不被精英控制。

- Healan, D. M.*, & Hernández, C. (2023). Ceramic Sequence, Chronology, and

Cultural Dynamics of the Ucareo-Zinapecuaro, Michoacan Obsidian Source Area. *Ancient Mesoamerica*, 34(1), 47–67.

《米却肯州黑曜石产地乌卡雷奥—齐纳佩夸罗的陶瓷序列、年代学和文化动态》

  乌卡雷奥—齐纳佩夸罗位于西墨西哥的米却肯州,是前西班牙时期墨西哥中部乃至整个中美洲最重要的黑曜石产地之一。作为中美洲文明的"边缘地带",西墨西哥地区长期缺乏系统的考古学调查与研究,其年代与文化序列也模糊不清。近些年的调查研究显示,西墨西哥与中美洲其他地区,尤其是墨西哥中部,存在着密切的物质文化交往和人口流动。西墨西哥不仅是中美洲核心文化元素的被动接受者,也为中美洲文明贡献了关键元素。本文利用乌卡雷奥—齐纳佩夸罗多年调查与发掘的数据,对该地区的陶器序列进行了系统的分析研究,并结合 ^{14}C 测年数据制定了陶器分期年表,表明该地区的前西班牙人类定居史长达2000余年,其中有至少两次大规模人口流入,分别来自巴希奥和墨西哥中部。

- Darras, V. (2023). The Petate and the Cosmic Order: Discoveries from a Classic Period Residential Grave in Michoacan. *Ancient Mesoamerica*, 34(1), 68–84.

《编织垫与宇宙秩序:墨西哥米却肯州古典时期居室葬的发现》

  米却肯北部发现了一座特殊的古典时期居室葬遗迹,其上残留着一块编织垫的印痕,起标记墓葬位置的作用。此外,墓坑下部被一块表面有网格状和螺旋状刻划痕迹的安山岩石板所覆盖。本文简要回顾了编织垫在古代和现代背景下的不同用途,认为它是权力的象征。在这座墓葬中,带有刻痕的石板和编织垫都是连接人间和冥界的门槛或障碍物。放置在墓上的编织垫是一个调节和保护宇宙秩序的物体,它确保每个实体被恰当地分开并处于合适的位置。这个编织垫本身也被赋予了权力,作为连接人间和冥界的临时大门,它可以确保权力持续运行。

- Dehouve, D. (2023). Combination of signs in the codices of Central Mexico: Examples from Sacrifice and Dismemberment Representation. *Ancient Mesoamerica*, 34(1), 85–103.

《墨西哥中部手抄本中的符号组合:以祭祀和肢解的象征为例》

  在西班牙征服时期,中墨西哥使用的交流系统由一系列由图形元素组成的符号组成,包括象形文字和象征神灵的装饰物的图像。该系统具有高度的生成性,通过基本符号的不同组合来产生新的含义。本文采用了一种全新的方法来解读该系统,即通过考虑符号与其他符号的关联来解读符号。文中探讨的基本符号包括烟镜、燧石、羽毛球和头骨。不仅研究了这些单个基本符号的含义及其关系,还探讨了这些符号如何相互组合以产生意义。这些基本符号互相关联,几乎没有变体,且都与祭祀和人体直接相关。它们产生了以下几类基本组合:镜子—燧石、镜子—羽毛、燧石—头骨、燧石—黑曜石、头骨—羽毛,以及一种被称作"阿那瓦特"(anahuatl)的复合胸饰。

- Biar, A. (2023). Navigation Paths and Urbanism in the Basin of Mexico Before the Conquest. *Ancient Mesoamerica*, 34(1), 104–23.

《西班牙征服前墨西哥盆地的航行路线和城市化》

在研究阿兹特克首都特诺奇蒂特兰的城市空间时,岛屿和水路常常被忽视。本文通过研究航线弥补了这一空白。结合民族志、文字、图像考古发掘与调查资料等多学科研究手段,本文认为,特诺奇蒂特兰的城市领土既是湖泊空间集体社会化的结果,又有助于这一特殊湖泊文化及相关身份的形成。特诺奇蒂特兰是一座岛屿,这一特殊地理位置一定程度上决定了本地区存在水路和陆路两种航行路线类型,由城市网格和帝国、社区和家庭经济需求引导的水路和陆路路线可以通过码头、仓库、桥梁等人工设施等识别,表明湖泊和陆地两种环境之间道路网络存在连续性。特诺奇蒂特兰的航运和设施主要是为了支持以密集运输为基础的经济,这种运输主要通过水路进行,其中航运路线和设施的设计是为了最大限度地利用船只的载重量。

- Megged, A. (2023). "Enclosures with Inclusion" Vis-À-Vis "Boundaries" in Ancient Mexico. *Ancient Mesoamerica*, 34(1), 124–39.

《古代墨西哥的"包容性围墙"及"边界"》

索罗特语料库(Corpus Xolotl)是西班牙征服前的一批非字母文本。以该文本为索引,本文认为,现代西方的"边界"和"政治边界"的概念与古代墨西哥社会和阿兹特克时代的政体具有不同的含义,并提出"包容性围墙"一词,用以形容古代墨西哥的边界概念。在古代墨西哥,临时性的边界只在持续敌对的地区设立,并且即使在那时,敌对的民族国家或政治实体之间也不存在真正的、人为制造的障碍。这种被称为"包容性围墙"的东西实际上取代了物理、地理和社会边界。它既是一种隐喻,也是一种社会现实。这种社会围墙是可渗透的和偶然的,其作用不是隔离,而是容纳新来的群体和民族。古代墨西哥的许多政体实际上是族群和领土的混合体,其中外来族群在政体内部建立了内部飞地,构建了权力基础。这种本土性的边界概念一直延续到三国同盟的形成之后。

- Collins, R. H. (2023). Selective Memory: Monumental Politics of the Yaxuná E Group in the First Millennium BC. *Ancient Mesoamerica*, 34(1), 140–59.

《选择性记忆:公元前1000年亚苏纳E组建筑群的纪念性政治》

在寻求与过去权力的连续性与脱节性时,形成时期的中美洲新兴统治阶级积极推动着纪念性空间的变化,表明记忆在发展早期(公元前1000—公元250年)玛雅生活方式的共性方面起了重要作用。这种趋势在被称为E组建筑群的城市礼仪建筑群中表现得最为明显。本文通过对墨西哥尤卡坦州北部低地遗址亚苏纳的研究,展示了早期选择性策略在引导集体记忆中的应用。亚苏纳的E组建筑群是形成时期玛雅低地北部少数几个E组建筑群之一,因而成为与南部低地进行比较研究的关键遗址。本文认为,形成时期中期E组建筑群的更广泛模式源自中美洲东部不同群体之间持续的社会、宗教、政治和经济互动。随着形成时期晚期制度化统治在玛雅低地的出现,地方当局在指导E组建筑群的转变方面发挥了重要作用,并通过连续性和脱节性选择性地影响其含义和与日俱增的独立性轨迹。

- Matsumoto, M. E. *, Scherer, A. K., Golden, C., & Houston, S. (2023). Sculptural Traditionalism and Innovation in the Classic Maya Kingdom of Sak Tz'i', Mexico. *Ancient Mesoamerica*, 34(1), 160–83.

《古典时期墨西哥萨克兹玛雅王国的雕塑传统主义和创新》

　　萨克兹王国统治者的头衔是"领主",不同于其他玛雅强国的"神圣领主",因此,它通常被认为是一个政治权力较小的古典玛雅王国。最近在拉坎哈泽尔塔发现的一批石雕及其铭文,不仅表明了该遗址是萨克兹王国的首都,也为理解主要政体和次要政体之间的互动、艺术创新以及古典玛雅世界的社区认同发展提供了全新的资料。拉坎哈泽尔塔的石雕在形式、图像和象形文字内容方面与邻国相似,说明工匠参与了该地区更广泛的纪念碑生产文化。但这些石雕对于一个统治者头衔是"领主"的小国来说,又是独特的。这些石雕缺乏与南部博南帕克及雅士奇兰王国的联系,暗示了萨克兹王国在政治上远离雅士奇兰的控制范围,从而避免了雅士奇兰对当地文化传统施加强制性影响。铭文表明,萨克兹王国与帕伦奇王国可能形成了某种政治联盟。拉坎哈泽尔塔这种小王廷的领主可能致力于培育自己独特的文化特色,以强调其独立的政治特征。

Special Section: The Practice of Maya Warfare
专题:玛雅战争实践

- Hernandez, C. *, & Bracken, J. (2023). Unleashing Maya Warfare: Inquiry into the Practical Aspects of War-making. *Ancient Mesoamerica*, 34(1), 184–97.

《脱缰的玛雅战争:探究玛雅战争实践》

　　在玛雅考古学中,战争研究通常集中在其地缘政治、系统、进化和结构性影响上。本文提出,对战争实践的思考会促进战争研究方法的深入。所谓战争实践研究,是将注意力放在玛雅人准备和参与战斗的方式,以及他们如何处理战争后果等方面。主要研究问题包括玛雅人如何发动战争?各种战术类别(例如突袭或战斗)包含什么内容?这些战斗形式如何随时间而变化,其实施是否因社区或地区而异?战争过程如何融入政治和经济目标?对这些问题的调查将战争分析从过于宽泛、具体化的抽象研究,转变为研究具体的情景化过程,这一过程将推动社会关系和人类体验的方方面面。

- Hernandez, C. (2023). Tactical and Strategic Landscapes: A Study of Maya Fortification at Tzunun, Chiapas, Mexico. *Ancient Mesoamerica*, 34(1), 198–215.

《战术和战略景观:墨西哥恰帕斯州苏努的玛雅防御工事研究》

　　苏努遗址是一处拥有内外双重防御工事的重要兵塞。当外部防御工事被攻破时,防御者可以退回到地势较高且地形崎岖的社区内来对抗攻击者。在该遗址的军事景观中,海拔和神圣的地理元素至关重要。高山地形为居民提供了潜在的避难所和更高水平的保护。而仪式景观和神圣地标的维护是玛雅精英权威的核心。该地区和周边区域的山顶通常由精英所占据。在苏努遗址,最高峰坐落着仪式和行政管理的场所。山顶最大的建筑面向寺庙群,这些寺庙群共同代表了仪式景观。因此,当地的军事景观旨在为具有崇高地位的场所和象征提供最大的保护。尽管战争可能会影响并涉及所有阶层的人口,但保护权力之源和精英占据的地方是苏努遗址军事决策过程的重点,这表明防御工事促进了不平等的制度化。

- Bracken, J. (2023). Preclassic Maya Fortification at Muralla de León, Peten: Deducing Assets, Military Strategies, and Specific Threats Through Analysis of Defensive Systems. *Ancient Mesoamerica*, 34(1), 216-40.
《佩腾盆地"莱昂之墙"的史前玛雅防御工事:通过防御系统分析推断资产、军事战略和具体威胁》

"莱昂之墙"是位于佩腾湖地区一处山顶的防御工事,被一堵高超过5.5米、周长1.5公里的巨大石头围墙所环绕,其最初建造时间可追溯到前古典时期晚期(公元前400—200年)。在这一时期,玛雅南部低地社会政治复杂性的证据越来越多。"莱昂之墙"的地理位置特殊,很可能位于前古典晚期重要贸易路径之上。本文采用地理信息系统对该防御工事进行空间分析,认为"莱昂之墙"的作用并不仅仅是军事防御。它具有鲜明的纪念碑性,展现出控制感和力量感,重塑了当地地形和穿越它的运动模式,建立了一个对其所在盆地周围居住者可见的突出、清晰的空间形式。"莱昂之墙"将特定空间限制在内,强调其内整体统一性的同时,也有助于形成认同感。

- Miller, M. E. (2023). The Maya Battle, 786-1519. *Ancient Mesoamerica*, 34(1), 241-8.
《公元786—1519年的玛雅战争》

博南帕克遗址的壁画是古典时期保存最好、规模最大的玛雅壁画之一。它保存了大量有关玛雅战争的信息。尽管玛雅文字表明,古代玛雅战争中强调个人作用,博南帕克壁画却显示出古代玛雅战术中对团队合作的重视。无论是在侵略中,还是出于威慑目的,压倒性的武力都显得格外重要。这些战略战术即使在西班牙入侵时期也作用巨大。例如,在保卫尤卡坦半岛淡水资源时,这些战术体现得格外明显。此外,壁画中的盾牌可能暗示了在以往研究中未被识别的战士群体。

- Earley, C. C. (2023). Warfare, Sacrifice, and the Captive Body in Late Classic Maya Sculpture. *Ancient Mesoamerica*, 34(1), 249-65.
《古典时期晚期玛雅雕塑中的战争、祭祀和俘虏身体》

对玛雅战争的传统阐释往往集中在战争仪式上,包括用俘虏进行作为祭祀牺牲的必要性上。俘虏是古典时期晚期纪念石碑上常见的主题,博南帕克壁画等图像表明,在战斗中,俘虏最终被献祭。然而,文字和历史记录表明,战俘的命运实际上是多种多样的。因此,纪念石碑的图像并不能很好地表明俘虏的历史结果。本文认为,石碑上的俘虏图像通过为战士创造具体的社会身份,来帮助精英观众为战争做好准备。这些雕塑构建了一种包含胜利者和受害者在内的战士身份,并强调精英团体在维持政治和仪式权力方面的重要性。了解这些俘虏图像的交流方式,可以让我们更清楚地了解不同政体的战争实践有何不同,并表明背景是利用艺术了解战争的关键。

- Kim, N. C.*, Hernandez, C., Bracken, J., & Seligson, K. (2023). Cultural Dimensions of Warfare in the Maya World. *Ancient Mesoamerica*, 34(1), 266–79.
《玛雅世界中战争的文化维度》

    世界各地的考古研究表明,战争与暴力发生在广泛的文化背景中。本文思考了战争和暴力的文化本质,特别关注古典时期以及与政治策略、仪式实践和全面战争相关的问题。战争具有内在的文化本质,对塑造社会内部和社会间关系产生了深远的影响。与战争和暴力相关的制度和实践可以帮助我们理解维持社会凝聚力、稳定与和平的相互作用。本文驳斥了生态条件和战争会导致社会崩溃的观点,认为虽然古典晚期的环境、军国主义和大规模社会变革之间存在联系,但要注意不要过度依赖环境作为这一变化的主要因素。此外,有组织的暴力在整个古典时期具有重要的文化意义。战争不仅仅是对外部刺激的反应。战争的发生可能有多种原因,有时这些动机和社会背景并不明显。群体暴力是嵌入社会制度和文化实践中的。

- Šprajc, I. (2023). Equinoctial Sun and Astronomical Alignments in Mesoamerican Architecture: Fiction and fact. *Ancient Mesoamerica*, 34(2), 281–97.
《中美洲建筑中的二分日太阳与天文排列:虚构与事实》

    过去几十年中美洲的考古天文学研究表明,不管民用还是仪式建筑,都以天文为主要导向。它们针对特定日期的日出和日落,进而允许用日历来安排农业和相关仪式活动。传统观点认为,这些排列与太阳在春/秋分日的位置有关。本文驳斥了这种观点,认为这种观点并非源于实际观测,而是源于一种先入为主的认识:春/秋分日的太阳具有特殊的重要性。本文认为,这种近似于二分点太阳的建筑朝向最可能的原因是为了四分之一日,它发生在春/秋分前后两天,标志着至日之间的时间中点。天文在中美洲的宗教、世界观和政治意识形态中发挥了重要作用。只有正确识别相关天体指示物,才能对它们的含义、潜在意图和所采用的观察实践有恰当的理解。

- Badillo, A. E. (2023). Ballcourt Representations in Quiechapa, Oaxaca, Mexico: Ritual Offering, Fertility, and Life. *Ancient Mesoamerica*, 34(2), 298–315.
《墨西哥瓦哈卡州奎查帕的球场象征:祭祀、丰产和生命》

    墨西哥瓦哈卡州奎查帕两处天然岩石露头上发现了三十余处球场模型雕刻。这是瓦哈卡州唯一的石质球场模型,也代表了整个中美洲此类球场出现的最高密度。研究人员利用运动推断结构摄影测量技术记录了这些球场的3D空间、定量和视觉数据。运动推断结构摄影测量是一种利用2D照片生成可测量3D模型的全新技术,在考古学中已经得到了日益广泛的应用。奎查帕遗址早在形成时期晚期就与瓦哈卡谷地存在密切的交流互动,其两大中心聚落也都在中央修建了球场。本文认为,这些石雕球场大约修建于公元前100年以后,很可能与仪式举行的场所相关,小型水渠和下陷的发型表明,这些仪式可能涉及血液和水的使用。水通常来源于附近的天然泉水或河水。对于中美洲人来说,天然泉水是神圣的。而与这些石雕球场相关的仪式通常以丰产、死亡和重生等为主题。

- Walton, D. P. (2023). Stone Tool Functions, Household Activities, and Formative Lithic Economies in Northern Tlaxcala, Mexico. *Ancient Mesoamerica*, 34(2), 316–37.
《墨西哥特拉斯卡拉北部的石器功能、家户活动和形成时期石器经济》

本文是对特拉斯卡拉北部275件石器的微痕分析研究。石器来源于四个遗址:阿莫莫洛克(公元前900—前650年)、泰特尔(公元前750—前500年)、拉斯梅西塔斯(公元前600—前500年)和拉古纳(公元前600—前400年)。本研究将家庭活动与石器技术进行比较,并评估它们在区域经济中的作用。石片用于家庭生业活动和家庭手工业生产。随着时间的推移,用于纺织品生产的龙舌兰纤维需求不断增加,这种趋势在非精英家庭中尤为显著。与此同时,通过狩猎和其他方法获得的肉类的制备和消费也略有增加。砸击工具被用作厨房用具。放血则是用两种后期压制石片进行的。这些工具和其他工具既不用作交换,也不用于制作威望物品。而威望物品通常被视为中美洲形成时期经济的驱动力。

- Hutson, S. R. *, & Solinis-Casparius, R. (2023). Streets and Open Spaces: Comparing Mobility and Urban Form at Angamuco and Chunchucmil, Mexico. *Ancient Mesoamerica*, 34(2), 338–59.
《街道和开放空间:墨西哥安加穆科和丘楚科米尔流动性和城市形态的比较》

安加穆科和丘楚科米尔是少数拥有相对完整街道地图的中美洲城市中的两个。这些地图提供了宝贵的资料,可用于研究大部分人口如何在城市中流动、人们如何共同组织路径和开放空间网络、人们有着怎样的互动,以及它们如何促进社会身份的形成。本文应用了空间句法的理论和方法,用于量化建筑环境空间布局的各个方面。最常用的两种空间句法涉及集聚性和连通性。一个具有良好集聚性的地方,意味着有很多方法可以到达它和因为它而具有相对中心性的位置。同时,处于具有良好集聚性空间中的人可以毫不费力地到达建筑环境中的其他位置。连通性是指与特定空间接壤的可用相邻空间的数量。相邻空间越多,连通性越高。本研究发现,这两地的道路都是精心设计的。道路通过连接所有综合体的入口或通向公共区域来保障流通。此外,两地都不具有像特奥蒂瓦坎那样服务于集体政府所需的高度沟通性的正交街道。两地路径网络的相似性和差异性则暗示了政治组织的同与不同。

- Newman, S. E. *, & Rossi, F. D. (2023). The Fox and the Armadillo: An Inquiry into Classic Maya "Animal" Categories. *Ancient Mesoamerica*, 34(2), 360–82.
《狐狸和犰狳:古典时期玛雅"动物"类别的探究》

本文探讨了古典玛雅人对两种特定动物物种的理解:(灰)狐狸和犰狳。该研究并没有将彩陶上描绘的生物或象形文字中提到的生物作为特定种类的概括例子(即简单地将某动物归纳为"狐狸"或"犰狳")。相反,该研究展示了来自古代艺术、历史记载和文化的相关证据是如何产生的。古代玛雅地区的狐狸是灰狐狸,但许多资料中,对于狐狸的身体特征的描述似乎也包括了其他一些动物的特征。犰狳在古典时期文本和图像、考古发现的动物群以及历史和神话中都相对罕见。但也有证据表明它与人类有精神性的联系,也具有某种象征含义。考古证据表明犰狳是人类狩猎和食用的对象,但前西班牙时期对犰狳的描述又很难将其纳入现有分类体系下的任何动物。此外,犰狳也具有与凳子、丰产等有关的象征含义。总之,古代玛雅人对动物的体验是独特的,我们要认识到这种本体论差异,从而避免将西方生物分类学强行对应古代玛雅的动物分类。

- Watson, S. E. *, Schnell, J. T., Morell-Hart, S., Scherer, A. K., & Dussol, L. (2023). Health Care in the Marketplace: Exploring Maya Medicinal Plants and Practices at Piedras Negras, Guatemala. *Ancient Mesoamerica*, 34(2), 383–406.
《市场上的医疗保健:探究危地马拉彼德拉斯内格拉斯的玛雅药用植物和医学实践》

    本文以彼德拉斯内格拉斯东南市场中发现的植物残骸为研究对象,结合建筑遗迹、生物考古学证据、民族志材料等多学科手段,探究了古典时期(公元350—900年)该地区居民的治疗和医疗活动信息。该地发现了大量具有药用特性的植物遗骸,表明东南市场可能是一个治疗和交流的场所。此前,生物考古学研究已经发现诸多植物被用来治疗牙齿疾病的证据。与东南市场治疗性拔牙的证据相结合,发现的植物遗骸表明这里的植物可能被用以交易,也可能被用于现场治疗牙病。市场附近还发现了汗浴场和松树林。市场中用于治疗牙病的松脂可能来自这些松树林,一些芳香木炭则可能与汗浴活动有关。大量碳化种子和木材的发现还表明一些植物是直接在东南市场现场加工的。

- Sharpe, A. E. *, & Aoyama, K. (2023). Lithic and Faunal Evidence for Craft Production among the Middle Preclassic Maya at Ceibal, Guatemala. *Ancient Mesoamerica*, 34(2), 407–31.
《危地马拉塞巴尔遗址前古典时期中期玛雅手工艺生产的石器和动物证据》

    本研究考察了玛雅低地塞巴尔遗址中使用石器、动物骨骼和贝壳等材料制作的文物,以探索早期手工艺专家的出现和社会作用。在前古典时期中期(公元前1000—前350年),古代玛雅社会经历了向定居生活的关键转变,这些变化包括用于仪式活动的大规模纪念性建筑的发展、日益集中的定居模式以及对威望物品的控制。这一时期的塞巴尔居民在遗址中心附近的仪式区域、小型寺庙和居住区内从事各种手工艺生产,表明精英很可能负责这些活动。这种手工艺生产也是前西班牙时期中美洲家庭手工业生产的典型结构。塞巴尔的专业手工业者采用标准化技术,利用各种各样的石器来制作贝壳器和骨器。包括黑曜石和海洋贝类在内的许多材料都来自外地,表明塞巴尔与能提供这些资源的群体有联系。这种采用石器加工骨器和贝壳器的手工业生产,很可能是新兴精英用以确立其精英身份的重要手段。

- Paris, E. H. *, Baquedano, E., Peraza Lope, C., Masson, M. A., Kennett, D. J., Serafin, S., & Meanwell, J. L. (2023). Metalworking at Mayapan, Yucatan, Mexico:

Discoveries from the R-183 Group. *Ancient Mesoamerica*, 34(2), 432‒54.
《墨西哥尤卡坦半岛玛雅潘遗址的冶金工业：R-183 建筑群的发现》

  R-183 建筑群位于墨西哥尤卡坦半岛的玛雅潘，是一处后古典时期（公元 1100—1450 年）的精英住宅区，也是与玛雅潘金属加工相关的最重要的考古发现之一。1998 年的抢救性发掘发现了一处小型窖藏，其中包含 282 个铜钟、2 个装满金属的微型陶容器以及一批生产残骸，这些残骸包括松散的铸造浇铸口和铸造失误的钟。小铜钟和金属碎片的金相分析结果表明它们使用了失蜡法铸造。X 射线荧光光谱分析则揭示了这批金属的材料包括铜铅合金、铜锡合金和铜砷合金。该结果也表明这批金属器的原材料源于一系列含铅、锡或砷的进口铜合金，和大量经过二次熔化和二次铸造的、源于墨西哥谷地和西墨西哥的金属器。

- Peraza Lope, C.＊, Masson, M. A., Cruz Alvarado, W., & Russell, B. W. (2023). Effigy Censer and Figurine Production at the Postclassic Maya City of Mayapan, Mexico. *Ancient Mesoamerica*, 34(2), 455‒75.
《墨西哥后古典时期玛雅潘的肖像香炉与塑像生产》

  墨西哥尤卡坦半岛玛雅潘的肖像香炉和塑像模具的空间背景表明，它们的生产和分配受到代表州政府和宗教团体的精英的严格监督。附属于玛雅潘的工匠为住在宫殿里的居民和城市公共建筑的供养人制作这些物品和其他受到严格限制的物品。与古典时期的玛雅王国一样，后古典时期的玛雅精英也赞助了这些具有象征意义的商品的生产。这一发现扩大了我们对后古典时期经济组织的理解。通常情况下，后古典时期的经济组织以其广泛的区域市场交换而闻名。但玛雅潘肖像香炉与小塑像分布在限定区域内的事实，证明了它们的主要用途是在国家赞助的仪式中，次要用途是在地位较高的葬仪中。因此，这些肖像香炉和塑像不能代表玛雅潘大多数城市居民的家户宗教活动。

- Knowlton, T. W. (2023). Theology and Economy in the Popol Wuj and Theologia Indorum. *Ancient Mesoamerica*, 34(2), 476‒88.
《〈波波·乌〉和〈印第安神学〉中的神学与经济》

  本研究比较了两个 16 世纪的基切玛雅文本：由传统主义基切精英撰写的《波波·乌》和由修士多明戈·德·维科撰写的《印第安神学》。《波波·乌》是基切玛雅人的圣书，记载了玛雅创世神话和历史。多明戈·德·维科是来自西班牙的修道士，他用基切语撰写的《印第安神学》是一部用于向玛雅人传教的神学文本，该书通过基切信仰的视角解读《旧约》和《新约》，力图通过基切概念和文学结构来传达基督教教义。古代玛雅宗教常被当代学者称为一种契约。在这种契约中，人类通过仪式活动来创造功德，以偿还对神的原始债务。但这种观点无法让我们理解伴随 16 世纪殖民统治而来的基督教债务和功德话语对玛雅宗教的影响。通过比较上述两部文本，本文认为，《波波·乌》中强调本体论等级中不同存在之间相互义务的传统主义神学论述，与具有以更商业化的宗教语言来偿还精神债务的基督教基切论述是并存的。

Special Section: Archaeology in Chichen Itza
专题：奇琴伊察考古

- Cobos, R. (2023). Special Section Introduction: Archaeology in Chichen Itza. *Ancient Mesoamerica*, 34(2), 489–90.

  《专题介绍：奇琴伊察考古》

  在古典时期的玛雅社区崩溃之后，奇琴伊察兴起于后古典时期的尤卡坦半岛（公元1000—1200年）。我们对奇琴伊察的年代和发生在它发展高峰的文化与社会事件的认知，主要有两大来源：第一，是玛雅人的历史记录，通常将奇琴伊察的年代记载得比其真实年代要早一些。第二，是非玛雅族群在奇琴伊察的出现。奇琴伊察的建筑和雕塑风格使很多人认为它的来源是托尔特克。本专题的几篇文章从不同角度对奇琴伊察的年代和文化等进行了细致的探讨。

- Fernández Souza, L.*, Hernández Álvarez, H., & Zimmermann, M. (2023). The Construction of Masculinities at Chichen Itza: A Functional Interpretation of Structure 2D6. *Ancient Mesoamerica*, 34(2), 491–508.

  《奇琴伊察的男性气质构建：2D6建筑群的功能性阐释》

  有关奇琴伊察对北部玛雅低地的霸权控制背后的权力结构的争论已经持续了几十年。本文提出"男性气质"一词对该问题做出回答，认为男性气质在支撑奇琴伊察的策略的象征性和实践方面发挥了基础性作用。本文关注仪式空间，男性不只在这些空间内被描绘，也在这里会面和举行仪式。2D6建筑群即是一处这样的空间。它是战士群体的社交场所，其结构和奇琴伊察以及其他中美洲城市中的建筑十分相似。在这些空间中，我们发现了对游行和仪式实践中男性个体的描绘，包括祭祀和自我献祭。2D6建筑群的长廊是一个半公共的表演空间，祭祀石和王座（或祭坛）戏剧性地排列在中心，石膏地板上还雕刻了几块玩十字戏用的版。石灰地面的化学分析结果表明这里发生了激烈的活动。

- Cobos, R. (2023). Chichen Itza and Its Economy at the End of the Classic Period: Tribute, Centralized Redistribution, and Maritime Stations. *Ancient Mesoamerica*, 34(2), 522–44.

  《奇琴伊察及其古典时期末期的经济：贡赋、集中再分配和海事站》

  传统观点认为，古典和后古典的玛雅交易通常在市场上进行。但在奇琴伊察，非市场经济的交换形式也同样存在，例如贡赋和集中再分配。本文认为，贡赋征收和集中再分配在奇琴伊察的鼎盛、扩张和领土统治中发挥了重要的经济作用。在10—11世纪古典玛雅崩溃之时，奇琴伊察很可能采取了机会主义的方式，从陆上和海上进攻、占领了一些地区并对之施行不同政策。一些地点被奇琴伊察完全占领，如尤卡坦中部和北部。在另一些地点，奇琴伊察则利用各种政治、军事和经济行动来榨取贡赋。本研究发现了一些沿海海事站,认为奇琴伊察利用这些海事站将其从低地获得的贡赋经海路运送到尤卡坦半岛,再在社区成员内重新分配。但值得注意的是,重建古代经济绝非易事。集中再分配和市场交换的物质证据在空间上是相似的。因此,该观点依然需要更多证据支持。

- Gallardo, A.*, Merlín, M.P., & Del Castillo Chávez, O. (2023). Movimientos Poblacionales del Clásico Terminal en Chichén Itzá, A Partir de la Morfología Dental de un Grupo de Niños Sacrificados. *Ancient Mesoamerica*, 34(2), 545–62.
《从一组被献祭儿童的牙齿来看奇琴伊察古典时期末期的人口流动》

    1967年,奇琴伊察发现了一座地下建筑,形似当地一种被称作"楚尔顿"的地下储藏室。^{14}C测年数据表明其年代大约是公元1000年,正值奇琴伊察的巅峰时期。其中的人类遗骸,至少属于75个不同个体,大多是亚成年男性,显然是一处原生祭祀后遗存。研究团队对牙齿进行了多变量分析,并与数十个前西班牙遗址进行比较,认为奇琴伊察楚尔顿中发现的儿童既不属于北部或南部低地的人口,也不属于南部高地的人口,他们可能是公元800年开始在奇琴伊察定居的长途商人群体的一部分。这些商人主导了尤卡坦半岛的海上和陆上贸易路线。

- Tiesler, V.*, & Miller, V.E. (2023). Heads, Skulls, and Sacred Scaffolds. New Studies on Ritual Body Processing and Display in Chichen Itza and Beyond. *Ancient Mesoamerica*, 34(2), 563–85.
《头颅、头骨和神圣的架子:奇琴伊察及其他地区仪式身体处理和展示的新研究》

    用于展示仪式牺牲者头骨的头骨架是奇琴伊察仪式中一项著名的创新。纳瓦特语中称这样的头骨架为"tzompantli"。本文研究了来自"新"奇琴、奥萨里奥建筑群和奇琴的卡拉科尔天文建筑群的人类遗骸和描绘死亡的图像,发现与古典时期的玛雅中心相比,奇琴伊察的尸体处理和头部展览现象有所增加。大多数身体处理方法并非像人们普遍认为的那样引进自外地,而是遵循了当地常见的做法。这些方法的证据广泛发现于尤卡坦半岛的诺帕特、卡巴、乌斯马尔和吉比尔查尔图恩等城市中心。与奇琴相比,这些地方更多倾向于展示身体部分,而非仅仅头骨。

- Hansen, R.D.*, Morales-Aguilar, C., Thompson, J., Ensley, R., Hernández, E., Schreiner, T.S., Suyuc-Ley., Martínez, G. (2023). LiDAR Analyses in the Contiguous Mirador-Calakmul Karst Basin, Guatemala: An Introduction to New Perspectives on Regional Early Maya Socioeconomic and Political Organization. *Ancient Mesoamerica*, 34(3), 587–626.
《危地马拉绵延的米拉多尔—卡拉克穆喀斯特盆地的激光雷达分析:介绍一种早期玛雅地区社会经济和政治组织的新视角》

    利用激光雷达技术,考古学家在危地马拉北部米拉多尔—卡拉克穆喀斯特盆地(MCKB)发现了大片集中分布的前古典时期(约公元前1000—公元150年)玛雅遗址。这些遗址通过堤道连接起来,形成了一个隐含的社会、政治和文化网络,其中也存在着经济互动。MCKB 内发现了超过 775 个古代玛雅聚落,周围的喀斯特山脊上还发现了 189 个以上的古代玛雅聚落,相当于至少六个级别的 417 个古代城市、城镇和村庄。许多遗址年代早至前古典时期中后期。大量纪念性建筑、一致的建筑形式、特定的场地边界、水管理/收集设施和 177 公里的高架堤道表明,其所需的劳动力投入极大地挑战着小型政体的组织能力,也体现了前古典时期的治理策略。

- Blanco Morales, E. S.＊, Acosta Ochoa, G., & Esparza López, R. (2023). La Isla de Atitlán: Un Nuevo Yacimiento de Obsidiana en el Occidente de México. Ancient Mesoamerica, 34(3), 627-39.
《阿蒂特兰岛:墨西哥西部的新黑曜石矿床》

  墨西哥西部拥有丰富且多样的黑曜石资源,但并不是所有黑曜石都具有人类希望的理想特性。例如,在哈利斯科州中部盆地的瓦勒斯地区发现的黑曜石,因其杂质较多,通常被称为"低品质黑曜石"。利用地球化学成分方法,将黑曜石原材料与用作人工物品原材料的黑曜石作对比具有巨大的研究潜力。本研究采用该方法,旨在确定阿蒂特兰岛上可获取的黑曜石的特性,并将其与来自拉霍亚遗址的石器生产中使用的黑曜石进行比较。结果发现岛上可获取的黑曜石品质较低,没有得到利用。

- Gillespie, S. D.＊, & Volk, M. (2023). An Archaeological Evaluation of the Olmec "Royal Tombs" at La Venta, Mexico. Ancient Mesoamerica, 34(3), 640-69.
《墨西哥拉文塔遗址奥尔梅克"皇家墓葬"的考古学评估》

  拉文塔遗址是形成时期中期的奥尔梅克区域性中心。几座潜在墓葬构成的 A 组建筑群被认为埋葬着拉文塔的统治者,结合纪念性石像的存在,许多人认为拉文塔存在个体领袖。但埋藏学证据表明这些墓中主要遗物是与石质容器相关的装饰品,不含有任何人类骸骨。此外,在计算机增强实地绘图成像的辅助下,对 A-2 土墩的地层分析表明,这些可能是墓葬的遗存是在一个单一的、短暂的施工阶段建立起来的,而不是在个别国王去世时花费了数十年的时间所修建的。A-3 土丘和墓葬 C、墓葬 D 的情况可能同样如此。A 组建筑群可能是举行许多重要仪式的场所,这些仪式对拉文塔维持其区域性中心的地位非常重要。总之,"墓葬"非墓的现象需要我们重新思考拉文塔晚期的政治仪式行动及其后果。

- Juarez, S. (2023). The Life and Death of Homes at Noh K'uh: The Cosmological Ceremonies of Late Preclassic Corporate Maya Households. Ancient Mesoamerica, 34(3), 670-89.
《"大神"遗址家庭中的生与死:前古典晚期玛雅集体家户中的宇宙仪式》

  "大神"遗址是位于墨西哥恰帕斯州的前古典时代晚期(公元前 400—公元 200 年)的玛雅遗址,其中发现了大型住宅群,聚集在门萨巴克盆地底部一处小型仪式建筑群周围。本文认为,这里的前古典晚期家庭是在强调集体身份和宇宙更新的企业政治体系下组织的。在家户房屋地板下发现的仪式性遗存包括绿石斧、作为贡品的珠子和完整陶罐。这些物体整合在房屋地板下,将这些建筑转变为宇宙的象征,并为房屋注入生命力。家户背景下对生命、更新和宇宙论的重视表明,这个社会是在集体政治经济模式下组织的。居民们可能参与了这些实践,并为家庭层面的行政和仪式活动创造半公共聚会空间。这些空间富含宇宙象征意义,可以将一些行政和仪式活动从核心仪式区移开。

- Linden, J. H. *, & Bricker, V. R. (2023). The Maya 819-Day Count and Planetary Astronomy. *Ancient Mesoamerica*, 34(3), 690–700.

    《玛雅的819天日历和行星天文学》

    819天周期是玛雅日历中最神秘的部分之一,数十年来一直未得到完全理解。其中有多个领域都需要进一步研究,包括它与肉眼可见行星的会合周期之间的关系。早期研究表明,819天的周期包含一个由四部分组成、以颜色象征方向的方案,其中用于标定特定时间间隔的历法点在4×819天的循环中以819天的增量推进。尽管早期研究试图展示819天周期与行星的联系,但它依然无法与可见行星的会合周期较好地契合。通过将日历长度增加到20个819天的周期,本文提出了一种新的模式,其中所有可见行星的会合周期与更大的819天日历中的历法点相一致。

Special Section：Archaeology and Landscape in Northern Michoacán：Revisiting the Zacapu Malpaís Archaeology from a LIDAR Perspective
专题：北米却肯州的考古学和景观：从激光雷达的角度重温萨卡普的马尔帕伊斯考古学

- Pereira, G. (2023). Special Section Introduction：Introducing Zacapu Archaeology and the Uacusecha Project. *Ancient Mesoamerica*, 34(3), 701–11.

    《专题介绍：介绍萨卡普考古学和乌阿库塞查项目》

    根据普雷佩查人的口述传统,16世纪初统治米却肯州的乌阿库塞查王朝的祖先的故事是在萨卡普地区开始的。该地区考古学最重要的两个宏观问题分别是米却肯高地塔拉斯坎王国的出现及其组织,以及中美洲北部边境的波动和与之相关的移民问题。20世纪80年代初期以来,对该地区的文化序列和塔拉斯坎王国出现几个世纪前的社会轨迹,人们已经有了相当深入的研究。2009年,乌阿库塞查项目启动,重点关注马尔帕伊斯火山流及其周边地区。该项目的早期阶段(2009—2014)成功地描绘了13、14世纪马尔帕伊斯城市地区的社会特征,涉及聚落、家庭生活、手工业生产、资源管理、仪式活动等。2014年,第二期研究启动,其研究范围已超出城市范围,以便将该地区置于更广泛的区域和历史视角下。二期研究的目标之一是确定这些聚落的腹地,以便更好地了解其领土以及农业活动对土壤和景观可能产生的影响。其他目标还包括评估马尔帕伊斯的后古典时期中期城市聚居区与先前(古典时期末期到后古典时期早期)或后来(近后古典时期和殖民时期)阶段相异的程度,并重新评估研究者在不同领域(定居网络、资源开发、人口流动)观察到的变化。到目前为止,研究主要集中在两个主要地区：遗址高度集中的马尔帕伊斯北部和马尔帕伊斯山脉的东南部。该项目极大受益于激光雷达技术。作为考古现场工作的重要补充来源，激光雷达技术为理解人类和火山活动的结合如何塑造米却肯州北部高地的景观和社会提供了全新的、全面的数据和方法。

- Reyes-Guzmán, N.﹡, Siebe, C., Chevrel, M. O., Pereira, G., Mahgoub, A. N., & Böhnel, H. (2023). Holocene Volcanic Eruptions of the Malpaís de Zacapu and Its Pre-Hispanic Settlement History. *Ancient Mesoamerica*, 34(3), 712－27.
《全新世萨卡普的马尔帕伊斯火山爆发及其前西班牙聚落史》

    本文关注位于萨卡普湖盆地西部、位于普雷佩查省中心的全新世晚期马尔帕伊斯萨卡普火山群。该火山群历史上有过四次重要的喷发：第一次喷发于公元前1450年；第二次约在公元前1000年；第三次喷发约在公元前150年；最近一次喷发则约在公元900年。在前西班牙时代，特别是米尔皮拉斯阶段（公元1200—1450年），这些地区人口稠密。本文采用火山学研究方法（地球化学研究和使用激光雷达高分辨率数字高程模型进行的详细绘图），根据岩浆来源（岩石化学成分、矿物组合）、年龄（放射性碳十四测年和古地磁测年法）、震级和动态，以及熔岩流就位持续时间来复原喷发特征，从而推断这些火山喷发对该地区前西班牙定居史的潜在影响。

- Pereira, G.﹡, Dorison, A., Quezada Ramírez, O., Gillot, C., & Michelet, D. (2023). Nueva Perspectiva Sobre el Sistema de Organización Territorial Epiclásico en la Región de Zacapu, Michoacán. *Ancient Mesoamerica*, 34(3), 728－51.
《米却肯州萨卡普地区古典到后古典过渡时期领土组织体系的新视角》

    公元600—900年是古典时期到后古典时期的过渡阶段，也是萨卡普盆地及其周边地区聚落显著扩张的时期。激光雷达和实地勘测表明，该地区存在着三座大型纪念性建筑群，共同构成了一片分布在广阔领土上的小型聚落网络。这些聚落单元在空间上是分散的，但它们形成了一个基于不同但互补的功能空间组合的连贯系统。其中包括大型公共纪念中心、与小型仪式建筑群相关的外围住宅区以及致力于农业和矿产资源开发的空间。这些要素是结构化社会政治实体的组成部分。这一系统的突出特征是致力于自然资源开发的空间与聚落核心的紧密结合。这种布局令人想起古代中美洲的"城邦"（altepetl）概念。"城邦"在中美洲世界观、神圣地理和权力概念中具有重要的象征意义。从这个角度来看，上述景观实体也被视为一个强大的自然财富的容器。

- Forest, M. (2023). The Big Picture：Reassessing Population Estimates and Socio-spatial Structure at the Zacapu Malpaís Urban Settlements Using LiDAR. *Ancient Mesoamerica*, 34(3), 752－70.
《总体情况：使用激光雷达重新评估萨卡普马尔帕伊斯城市聚落的人口数量和社会空间结构》

    近期，在墨西哥西部米却肯州北部进行的研究产生了一批重要的新数据，激发了我们重新思考后古典时期(公元 900—1541 年)该地区的聚落情况,即塔拉斯坎国家崛起之前和崛起期间的情况。特别是 LiDAR 数据,极大促进了对考古记录及其对该地区人口和社会动态的影响的重新评估。本文结合传统的实地研究数据与 LiDAR 数据,重新评估了公元 1250—1450 年在萨卡普盆地形成大型城市系统的人口聚集。与之前对萨卡普马尔帕伊斯遗址城市结构的人口估计和解释相比,这些数据集的整合既可以扩大分析规模,又可以提高分辨率,从而更清楚地勾勒墨西哥西部最早的城市化时期。

- Dorison, A. *, & Siebe, C. (2023). Evolution of Ancient Farming Systems and Demography in the Volcanic Highlands of Zacapu: A Model Drawn from Geoarchaeology and Archaeogeography. *Ancient Mesoamerica*, 34(3), 771-96.
《萨卡普火山高地古代农业系统和人口的演变:从地质考古学和考古地理学中得出的模型》

　　这项研究以马尔帕伊斯北部地区为重点,利用考古地理学和土壤科学方法来评估古代农业系统及其演变。本研究结合传统的实地调查技术、激光雷达数据和民族学资料,不仅发现了大量古典和后古典过渡时期的聚落,还发现了经过深度改造的农业景观,从而极大地改变了我们对这个熔岩流综合体中人类聚落的理解。由于保存完好,马尔帕伊斯成为激光雷达技术大展身手的绝佳场地。本研究展现了激光雷达的巨大潜力,发现激光雷达在解决土壤覆盖和地貌问题等方面时,与解决建筑特征问题时一样高效。结合现场数据,可使我们建立精确的模型。本研究成功建立了可信的农业系统模型,发现萨卡普的马尔帕伊斯人在古典与后古典的过渡时期,和后古典时期中期经历了农业实践的重大变化。13 世纪的外来者不仅带来了物质文化方面的新奇事物,而且还涉及社会和生活方式的基本方面的重大变化。尽管我们仍不清楚后古典时期早期转型的具体情况,但这里的经济似乎从古典时期自给自足的农业系统转向了城市阶段涉及大量外部投入的超地方战略,这或许预示着米却肯州北部后古典时期国家的贡赋系统。

- Quezada Ramírez, O. *, & Darras, V. (2023). Caracterización Espacial de Un Paisaje de Extracción Prehispánico: El Yacimiento de Dacita de Las Minas, Zacapu, Michoacán. *Ancient Mesoamerica*, 34(3), 797-825.
《前西班牙开采景观的空间特征:米却肯州萨卡普的拉斯米纳斯的英安岩矿床》

　　英安岩是一种火山岩,也是萨卡普湖盆地在前西班牙时期区域经济中的一种战略资源。该地区的古代居民用英安岩制造了一系列用于生业、手工业和仪式相关的石制品。2015 年,激光雷达在该地区的拉斯米纳斯矿床一带发现了第三个采矿设施,包含露天和地下开采的证据。拉斯米纳斯遗址出产的英安岩品质高,二氧化硅和玻璃含量高,因而成为一种受欢迎的材料。本研究结合田野数据和激光雷达数据,对采矿活动迹象进行系统的记录和绘图,发现了几种不同的开采策略,并在不同尺度上检查了它们的空间组织。在岩石上,该研究成功辨识出复杂且结构良好的开采过程留下的证据。拉斯米纳斯遗址的开采策略和组织可以与前西班牙时期的黑曜石采矿设施进行比较。这些大型、结构良好的采矿区与建筑群和农业设施的共存也表明,这种资源是更复杂的社会经济系统的一部分,矿产开发已融入一个完全组织化的区域经济网络中。

- Lefebvre, K.*, Dorison, A., & Urquijo Torres, P. (2023). Pueblos Viejos-Pueblos Nuevos: Transformación Del Paisaje En El Norte de Michoacán (México) a Inicios Del Período Novohispano (Siglo Dieciséis). *Ancient Mesoamerica*, 34(3), 826–46.
《旧城—新城:新西班牙时期(16世纪)初期墨西哥北米却肯州的景观转变》

16世纪,西班牙征服者迅速蔓延到现在的墨西哥西部。1522年开始,塔拉斯坎王国屈从于西班牙人。西班牙人得以进一步开展殖民和领土扩张计划。西班牙人一开始就制定了一系列确保对原住民控制的日常活动,包括传福音和促进新领土的经济开发。这些措施的第一步是重组塔拉斯坎人的定居模式。在征服前夕,塔拉斯坎人住在山顶和山坡上的小村庄里。西班牙人通过两个主要措施来改变聚落格局:一是将古代聚落(旧城镇)迁移到附近的山谷或平原,以防止这些遗址成为堡垒;然后,西班牙人再将人口重新聚集到更大的中心,这些中心被称作"会众"。在这些新中心里,山不再是世界观的核心,取而代之的是教堂,而教堂又是城镇和西班牙存在的新象征。与此同时,这些新城建在山和水体之间,表明殖民景观仍然参考了传统意识形态。总之,当地景观转变的最大原因是西班牙殖民者的到来,他们采取的措施完全改变了当地的空间分布,并对居民与景观之间的现有关系及神圣地貌产生了巨大的影响。

Compact Section: Ancient Maya Inequality
专题:古代玛雅的不平等

- Chase, A. S. Z.*, Thompson, A. E., Walden, J. P., & Feinman, G. M. (2023). Understanding and Calculating Household Size, Wealth, and Inequality in the Maya Lowlands. *Ancient Mesoamerica*, 34(3), e1.
《理解和计算玛雅低地的家户规模、财富和不平等》

对可靠的聚落数据进行定量分析,已经成为考古学中评估社会不平等程度的标准方法。本专题认为家户规模是古典时期(公元250—900年)玛雅聚落财富不平等的潜在反映。首先,利用踏查和遥感激光雷达调查的结果生成房屋大小数据。面积(平方米)和体积(立方米)额外提供不同的补充指标来指示住宅规模。然后,使用这些数据来计算基尼系数和洛伦兹曲线。基尼系数的范围从0到1不等,其中0表示完全平等,1表示完全不平等。本研究的基本结论是,产生社会不平等的机制包括财富的代际传递和资源获取的差异等。

- Thompson, A. E.*, Chase, A. S. Z., & Feinman, G. M. (2023). Measuring Inequality: The Effect of Units of Analysis on the Gini Coefficient. *Ancient Mesoamerica*, 34(3), e2.

《衡量不平等：分析单位对基尼系数的影响》
　　所有人类社会都存在不同程度的不平等,但考古学家衡量不平等的方式却有很大差异。在最近的研究中,我们使用相同的分析单位(房屋面积)来评估伯利兹南部古典时期(公元250/300—800年)玛雅人的住宅财富不平等。基尼系数显示,即使在外围地区,也存在高度不平等现象。然而,分析参数或测量单位(面积与体积)和分析单位(单个住宅建筑、一个家户团体内的所有建筑,或包括建筑环境在内的整个家户团体)会造成不平等指标的细微差别。一般来说,根据体积计算的基尼系数大于根据面积计算的基尼系数。这表明分析单位会影响基尼系数,从而影响我们对不平等程度的解释。

- Hutson, S. R. *, Stanton, T. W., & Ardren, T. (2023). Inequality, Urbanism, and Governance at Coba and the Northern Maya Lowlands. *Ancient Mesoamerica*, 34(3), e3.

《科巴和北部玛雅低地的不平等、城市化和治理》
　　科巴住宅群的屋顶表面积、建筑体积和住宅空间的基尼系数范围为0.423—0.551,和许多古代和现代文明的城市和社会、其他中美洲中心以及古典时期北部低地的大型城市(例如兹比尔查尔顿和丘楚科米尔)类似。这些数据并不支持"专制政权会表现出更大的财富不平等"的观点。我们也未能从中得出古典时期不平等加剧的模式。科巴和其他遗址的洛伦兹曲线并未表明存在任何可以将特定家户划分为财富阶层的证据。本文认为,古典时期的玛雅财富差异是流动、持续、公开的,这些聚落因此获得了活力和吸引力,从而发展为最大、最引人注目的古代玛雅城市。

- Shaw-Müller, K. *, & Walden, J. P. (2023). Inequality on the Southwest Maya Frontier: House Size Variations in Three Polities of the Rosario Valley, Chiapas. *Ancient Mesoamerica*, 34(3), e4.

《西南玛雅边境的不平等：恰帕斯州罗萨里奥山谷三个政体的房屋大小变化》
　　房屋大小作为一种劳动投资形式,常被用作社会经济不平等的指标。然而,缺乏地层信息的数据并不是估算劳动投资的可靠信息来源。这种情况在罗萨里奥山谷(今恰帕斯州)西南玛雅边境的三个政治体(罗萨里奥、奥霍德阿瓜和洛斯恩库恩特罗斯)古典时期晚期的家庭建筑数据中体现出来。虽然样本的房屋大小不平等通常不能作为特定时期劳动投资的指标,但依然可能意味着声望差异。本研究为每个政治体生成了洛伦兹曲线,并计算了代表房屋大小的五个变量的基尼系数。结果和古典时期玛雅低地中心的不平等数据相似。本研究还发现,最小、存在时间最短的政治体具有更为均等的房屋大小值,这可能是由于其顶级精英建筑比较简朴。相比之下,两个较大、历史较久的政治体由于拥有大量宫殿而表现得更加不平等。

- Marken, D. B. (2023). Residential Size and Volume Differentiation across Urban Zones at El Perú-Waka', Peten, Guatemala. *Ancient Mesoamerica*, 34(3), e5.

《危地马拉佩腾地区秘鲁瓦卡城市区域的住宅规模和体积差异》

埃尔秘鲁瓦卡位于古典时期玛雅核心地区的西部边缘,是低地地区人口最密集的城市核心之一。由于家户之间紧密相邻,很难明确划分各家户的边界。然而,调查和发掘数据表明,不同家户的物资供应和代际循环造成了城市内家户财富的显著差异。本文使用家户面积(平方米)和体积(立方米)计算了埃尔秘鲁瓦卡城市核心及其周边地区的基尼系数,以量化城市景观中的家庭差异。将整个研究区域的系数与各个城市区域(核心区、周边区、腹地)进行比较,本研究发现,尽管埃尔秘鲁瓦卡的家户差异整体上较高,但在特定的城市区域内,这种差异会显著变小。这表明居住位置对家户大小和建筑投资差异会产生影响。

- Horn, S.*, Tran, J., & Ford, A. (2023). Quantitative Analyses of Wealth Inequality at Classic Period El Pilar: The Gini Index and Labor Investment. *Ancient Mesoamerica*, 34(3), e6.

《埃尔皮拉尔遗址古典时期财富不平等的定量分析:基尼指数和劳动力投资》

埃尔皮拉尔是位于危地马拉和伯利兹边境处的古典玛雅遗址,其地理环境多样,每种微环境都为农业社区提供了不同的资源,对这种多样化资源基础的控制可能是埃尔皮拉尔崛起为该地区主导地位的一个因素。研究团队已经调查了埃尔皮拉尔多达70%的范围,揭示了城市中心周围聚落的分布。大规模的城市建筑、较小的仪式建筑群和次要中心的分布,反映了玛雅统治者在这一伯利兹河上游地区最大的古典时期城市中的财富和权力。先前的分析表明,埃尔皮拉尔的财富差距比古典玛雅社会常见的精英—平民二分法更为复杂。本文利用主要住宅单位的面积和体积来计算基尼系数,从而理解埃尔皮拉尔的财富不平等。本文探讨了聚落分类和居址的劳动投资,并结合基尼系数,将这些结果置于聚落模式的背景中进行探究,讨论了财富差距如何在物理和社会景观中分布。

- Canuto, M. A.*, Auld-Thomas, L., Yagi, H., & Barrientos Q., T. (2023). Gini Coefficient at La Corona: The Impacts of Variation in Analytical Unit and Aggregation Scale. *Ancient Mesoamerica*, 34(3), e7.

《拉科罗纳的基尼系数:分析单位和聚合规模变化的影响》

对不平等的量化受到分析单位(例如建筑物或住宅群)和这些单位聚合的空间单位(例如遗址或政体)的定义的影响。在处理区域规模的聚落数据时,本研究首先考虑二次或季节性居住对基尼系数计算的影响,这是区域规模人口估计中的常见考虑因素。然后,本研究使用来自危地马拉西北部的激光雷达获得的聚落数据来计算两个古代玛雅遗址的基尼系数:古典晚期拉科罗纳和前古典时期晚期的埃尔阿奇奥塔尔。得出的初步结论是,孤立的建筑物对基尼系数计算的影响虽小,但仍然很重要。拉科罗纳地区的经济不平等程度很高,特别是当宫殿(住宅)没有被排除在外时。与此同时,埃尔阿奇奥塔尔前古典晚期聚落的基尼系数甚至高于古典晚期的拉科罗纳。这表明,该地区的不平等并没有随着时间的推移而加剧。拉科罗纳和埃尔阿奇奥塔尔的极端基尼系数之间的共同因素可能是,它们在各自的时代都是"边缘"政体,都在某种程度上依赖于与外国霸权国家的关系。此外,这两个地区的比较表明,按地区汇总数据来识别和解释地区性差异是非常有启发性的做法。最后,"不平等"是一种绝对现象还是一种程度?我们目前还没有答案,也无法理解这些"不平等"对古代玛雅人来说是否显著。

- Munson, J. *, Scholnick, J., Mejía Ramón, A. G., & Paiz Aragon, L.（2023）. Beyond House Size: Alternative Estimates of Wealth Inequality in the Ancient Maya Lowlands. *Ancient Mesoamerica*, 34(3), e8.
《超越房屋大小:另外一种计算古代玛雅低地财富不平等的方法》

　　基尼系数是考古学中常见的计算不平等的方法,拥有对不同社会的不平等进行大规模比较的能力。但其本质上并不是经济不平等的衡量标准。本文将传统的、基于房屋大小(面积和体积)的财富度量方法和其他指示房屋面积和生活质量的指标进行对比,提出了房屋大小以外的、衡量不平等的方法。这种方法不仅考虑物质形式的财富,也有助于将个人整体福祉的其他非经济因素纳入考量,用以衡量更广泛的结构性不平等。本文以阿尔塔德萨克里菲西奥斯(意为"祭坛")遗址为例,发现在前古典时期晚期,各种物质财富不平等和社会福祉差距的基尼系数显示出显著的一致性,表明这些计算不平等的方法具有一定的稳健性。然而,在古典时期晚期,基于房屋大小的财富计算与基于墓葬物品的财富计算表现出明显差异,部分原因可能是将贵族墓葬纳入了考量。总之,社会不平等的变化需要进一步研究,以更好地理解这些变化以及它们与治理形势和经济交流变化的关系。

- Walden, J. P. *, Hoggarth, J. A., Ebert, C. E., Shaw-Müller, K., Ran, W., Qiu, Y., ... Awe, J. J.（2023）. Patterns of Residential Differentiation and Labor Control at Baking Pot and Lower Dover in the Belize River Valley. *Ancient Mesoamerica*, 34(3), e9.
《伯利兹河谷贝金波特和下多佛遗址的住宅分化和劳动力控制模式》

　　本研究是对伯利兹河谷贝金波特(意为"烤锅")和下多佛遗址发展路径和住宅规模差异的比较研究。从前古典时期晚期到古典时期晚期,贝金波特的城市礼仪中心、顶级精英和周边人口一起缓慢发展,使得精英能够更好地控制劳动力网络。而较小的下多佛则在晚期古典时期由新兴的顶级精英统治建立,周围已经有了长期存在的中级精英区,下多佛未能完全控制强大的中级精英劳动力网络。尽管基尼系数相似,但贝金波特的住宅尺寸差异更大,可能与该地精英对劳动力的集中控制有关。在古典时期的伯利兹河谷地区,住宅规模更能反映劳动力控制而非财富不平等。在不同政治层级的玛雅社会中,政治角色和职责都是多样化的,但这种趋势在高等级住宅中更明显。与下多佛相比,贝金波特的宫殿功能更多,反映了其较大的城邦规模。

- Montgomery, S. *, & Moyes, H.（2023）. Beneath the Surface, below the Line: Exploring Household Differentiation at Las Cuevas Using Gini Coefficients. *Ancient Mesoamerica*, 34(3), e10.
《表面之下,低于一线:利用基尼系数探索拉斯奎瓦斯的家庭差异》

本研究利用基尼系数分析了拉斯奎瓦斯(意为"洞穴")地区的住宅财富差异,并将这些结果与玛雅低地其他地区的基尼系数进行比较。研究发现,尽管基尼系数在小样本中存在偏差,但在拉斯奎瓦斯地区,靠近主要中心和祭祀洞穴的住宅显示出更高的财富差异。这可能表明这些住宅享有更多的劳动力或被居住的时间更长。整个拉斯奎瓦斯地区存在中等到高水平的社会不平等,但总体来看,所有样本的基尼系数差异较小,表明这些差异可能与样本大小偏差或其他非建筑体积相关的因素有关。本研究还发现,尽管基尼系数可以揭示社会不平等的总体趋势,但在解释住宅面积和体积差异方面有其局限性,特别是在无法区分由于正常积累过程还是短期内大量劳动力投入导致的大体积住宅时。地理和政治因素也可能影响财富差异的分布。总之,基尼系数需要与其他分析方法结合使用,以更准确地解释不平等的根源。

- Richards-Rissetto, H. (2023). Exploring Inequality at Copan, Honduras: A 2D and 3D Geospatial Comparison of Household Wealth. *Ancient Mesoamerica*, 34(3), e11.
《探索洪都拉斯科潘的不平等:家庭财富的 2D 和 3D 地理空间比较》

　　科潘城及其所在的科潘河谷(总面积 24 平方公里)的人口和社会政治状况随着时间的推移而变化。这些变化不仅影响了科潘的社会、政治和经济互动,还可能影响了家户的大小、建设和组织,对广场的影响尤其大。与其他玛雅地区的广场相比,科潘的广场通常有较小的房屋平台,包含多个庭院,并且非正式建筑群的比例较高。本研究计算了古典时期科潘的基尼系数,以通过家户面积、体积和修正体积来探讨财富不平等,并与其他玛雅地区的基尼系数进行比较。结果显示,科潘的财富不平等程度明显高于其他玛雅地区。然而,仅依靠基尼系数来解释不平等具有极大的局限性。为了更全面地理解科潘的财富不平等问题,还需要额外的地理空间分析,采用多指标基尼系数,以及与之前在科潘的研究进行比较和深入反思等。

Asian Perspectives: The Journal of Archaeology for Asia and the Pacific
《亚洲视角：亚洲及太平洋考古杂志》 2022、2023 年

沈 劼（斯坦福大学东亚语言与文化系）

- Biagi, P., & Vidale, M.（2022）. Lakheen-Jo-Daro, an Indus Civilization Settlement at Sukkur in Upper Sindh（Pakistan）：A Scrap Copper Hoard and Human Figurine from a Dated Context. *Asian Perspectives*, 61(1), 2–27. https://doi.org/10.1353/asi.2022.0001.

  《巴基斯坦上信德省苏库尔的印度河文明定居点拉克欣乔达罗：废弃铜器窖藏和人形雕像》

  比亚吉及维达莱此文介绍了青铜时代的拉克欣乔达罗（Lakheen-Jo-Daro）遗址，该聚落位于苏库尔市的北郊，距现今印度河河道北侧约 2.5 公里处，该处是河流穿越罗赫里山脉最北端石灰岩边缘的地方。该遗址于 1985 年被意外发现，首次试掘于 1994 年。在 1996 年发掘的一条探沟的剖面清理过程中，发现了一件铜制拟人形雕像，紧邻一个小木炭堆积。经放射性 ^{14}C 测定，其年代为公元前 3960±140 年（GrN-23123）。测定结果将这一层归属于印度河流域文明发展成熟期。同一探沟中还出土了其他重要且独特的标本，包括一组白色"皂石"小珠子和一小批铜管，推测用于制造皂石珠。

- Zhou, Y., Niu, X., Ji, P., Zhu, Y., Zhu, H., & Zhang, M.（2022）. The Hamin Mangha Site：Mass Deaths and Abandonment of a Late Neolithic Settlement in Northeastern China. *Asian Perspectives*, 61(1), 28–49. https://doi.org/10.1353/asi.2022.0002.

  《哈民忙哈遗址：中国东北新石器时代晚期聚落的大规模死亡和居址废弃》

  大量人类骸骨被发现于中国东北哈民忙哈遗址新石器时代晚期被迅速废弃的石屋中，似乎意味着一场史前悲剧的发生。本文以生物考古学调查的结果为基础，旨在解释该聚落多处房屋被焚后被遗弃的原因，以及在多处房屋中发现大量人类骨骼的原因。文章提供了地层沉积、文化背景和生物考古学数据，以检验关于该遗址大规模人类死亡原因的几种假说。周亚威等认为哈民忙哈居民的大规模死亡可能是由瘟疫

引起的,这与居民捕食带有传染性疾病的野生动物有关。在灾害发生后,部分房屋首先被填埋,幸存者处理了部分死者。后期其余房屋也被废弃,幸存者未对剩余的死者进行埋葬就离开了聚落去寻找新的居住地,仅带走了便于携带的工具和玉器。

- Guo, Y. (2022). The Circulation of Bronze Mirrors in Late Prehistoric Xinjiang (2000-200 B.C.). *Asian Perspectives*, 61(1), 50-91. https://doi.org/10.1353/asi.2022.0003.

《新疆史前晚期(公元前 2000—前 200 年)铜镜的流通》

新疆史前晚期遗址出土了大量铜镜,学者们一直致力于将其纳入中国镜起源的叙事之中。该研究将新疆的铜镜置于东欧亚草原的背景中,认为它们反映了多样化的本地发展和跨区域的流通模式。文章基于铜镜形状和结构进行分类:包括平缘钮镜、凸缘钮镜、长柄握镜、短柄插镜以及无钮无柄镜,并通过是否具有动物纹饰进一步区分。文章使用 ArcGIS 地图分析了不同类型铜镜在新疆的地理文化分布,结论认为新疆史前晚期铜镜的流通体现了文化交流过程中具有创造性的四个方面:多样性、流动性、连通性和适应性。多样性体现在新疆镜子的种类丰富性上;流动性挑战了学界长期以来对钮镜与握镜的二分法;连通性展示了草原各地频繁的多重交流,形成了跨区域风格,并促进了铸造技术和设计的传播;适应性则强调了本地的发明与创新。文章将地方和全球视角结合,揭示了新疆作为汉朝开通丝绸之路之前东西方交流枢纽,其间铜镜流通的复杂性。

- Anggraeni. (2022). Early Metal Age Settlement at the Site of Palemba, Kalumpang, Karama Valley, West Sulawesi. *Asian Perspectives*, 61(1), 92-111. https://doi.org/10.1353/asi.2022.0004.

《西苏拉威西卡拉马山谷卡伦邦帕伦巴遗址的金属时代早期聚落》

安格雷尼介绍了 2013 年在苏拉威西岛帕伦巴进行的发掘,该遗址的居住层保存良好,其中发掘出土了独特的带有雕刻拍印纹理的陶器碎片,年代为早期金属时代(约公元 300 年)。此外,还发现了进口的珠子、铁片、纤维或布料生产工具,以及后期被埋葬的陶罐分割的石铺路面。一只陶罐内埋有屈肢葬的儿童,这是卡拉马谷地此前从未发现过的葬式。靠近河口的同时期遗址受到了严重破坏,因此帕伦巴为研究早期新石器时代定居点衰落后卡拉马谷地内陆人类居住活动提供了重要证据。

- Valentin, F., Zinger, W., Fenwick, A., Bedford, S., Flexner, J., Willie, E., & Kuautonga, T. (2022). Patterns of Mortuary Practice over Millennia in Southern Vanuatu, South Melanesia. *Asian Perspectives*, 61(1), 112-42. https://doi.org/10.1353/asi.2022.0005.

《南美拉尼西亚南瓦努阿图千年来的葬俗模式》

瓦努阿图南部的历史始于距今 3000 年前拉皮塔文化的殖民,距今约 2000 年时与波利尼西亚人接触,近 250 年前则与欧洲人接触。瓦伦丁等重新分析了 20 世纪 60 年代考古发掘的旧数据并结合最新的发掘成果,采用田野人类学方法和新的 ^{14}C 年代测定,对瓦努阿图南部的葬俗进行了综合研究。该地区最早保存的墓葬可追溯到距今1270年前,之后的葬俗在19世纪经历了转变与延续。墓葬存在于地下和地表环境中,有屈肢葬和直肢葬形式,一些死者可能被包裹在易腐烂的柔软容器中,另一些则有埋葬后二次移动的证据。许多墓葬带有贝壳和石头装饰品。葬俗是了解一个文化习俗、信仰和跨文化交流的窗口,瓦努阿图南部的葬俗变化与延续反映了该地区内外复杂的互动历史。

- Molle, G., & Marolleau, V. (2022). "You Don't Have to Live Like a Refugee": New Insights on the Defensive, Economic, and Ritual Functions of a Fortified Pā on Ua Huka, Marquesas Islands. *Asian Perspectives*, 61(1), 143–68. https://doi.org/10.1353/asi.2022.0006.

  《"你不必像难民一样生活":对马克萨斯群岛乌阿胡卡岛防御工事的防御、经济和仪式功能的新认识》

  在中东波利尼西亚(Central-East Polynesia,简称 CEP),除了拉帕伊蒂(Rapa iti)的堡垒村庄外,鲜有与战争相关的记录。在马克萨斯群岛,以前的研究曾简要报告过在"边缘"的地区存在防御建筑,特别是一些作为防御性工事的"pā",但未对其进行深入调查。2015年,乌阿胡卡(Ua Huka)项目记录了马哈基(Mahaki)工事,该遗址位于海拔700—800米之间,在当地口口相传的传说中,它是霍卡图(Hokatu)社群在冲突期间使用的防御工事避难地。莫勒和马罗洛记录了多种类型的考古遗存,显示该区域兼具经济、防御和宗教功能。他们认为,人群间暴力活动的增多和环境压力促使了对高原地区的逐步占领。研究为马克萨斯群岛的"pā"以及它们在"恩纳塔(Enata)酋邦"领土中的作用提供了新的见解。

- Sarjeant, C., Piper, P., Nguyễn, K. T. K., Đăng, N. K., Đỗ, T. L., Bellwood, P., & Oxenham, M. (2022). Diverse Ceramic Technologies in Neolithic Southern Vietnam: The Case of Rach Nui. *Asian Perspectives*, 61(2), 190–219. https://doi.org/10.1353/asi.2022.0024.

  《越南南部新石器时代的多种制陶技术:拉克努伊的案例》

  新石器时代(距今4200—3000年)在越南南部出现了印纹刻划细陶,随之出现的还有聚落的兴起、谷物农业的发展以及新物质文化的传播。然而,不同遗址的陶器制作技术存在差异。萨金特等分析了在以栽培农业和采集为主要生计方式的拉克努伊遗址发现的陶器。通过扫描电子显微镜和能量色散 X 射线光谱法(SEM-EDX)对小部分陶片的黏土和羼和料进行分析,并将拉克努伊遗址的陶器与上游安山遗址的陶器进行比较。结果表明,与安山的聚落相比,拉克努伊遗址当地的陶工集中生产有限种类的器皿。也即是说,大约在3500年前,越南南部及更广泛的东南亚大陆的新石器时代居民,已经建立了反映其社会和文化传统的本地陶器技术。

- Reichert, S., Erdene-Ochir, N.-O., & Bemmann, J. (2022). A Unique Burial of the Fourth Millennium B.C.E. and the Earliest Burial Traditions in Mongolia. *Asian*

Perspectives, 61(2), 220-52. https://doi.org/10.1353/asi.2022.0025.
《蒙古公元前4000年的一个独特墓葬和最早的葬俗》

在现代蒙古地区的新石器时代一直备受研究者关注,因为这一时期构成了从旧石器时代的狩猎—采集—渔猎人群到公元前3000年左右随着阿法纳斯沃文化而出现的流动牧业的过渡阶段。雷谢尔等介绍了在蒙古中部后杭爱省的额尔德尼曼达勒中部附近的乌尔兹特(Ölziĭt Denzh)新石器时代墓葬的新发掘结果,并认为这是蒙古最早的墓葬遗存。该遗址包含近180个不明显的土堆,其中一个土丘已被发掘并确认为人工遗迹,其中发现了一具女性尸体,呈极度蜷缩的姿势,同时出土了两件独特的石制品。根据两个 ^{14}C 测年样品可知,该墓葬的年代为公元前4000年前半期。蒙古早期的墓葬在其他地区也有所发现,一部分位于蒙古北部的额金河谷,其他位于蒙古东部,每个地区都有不同的墓葬习俗和墓葬结构。作者指出在乌尔兹特所见的大型墓地与土堆之间的关联,似乎也代表了该地区此时期一种前所未见的独特丧葬习俗。

- Chao, G. (2022). When is a Qin Tomb not a Qin Tomb? Cultural (De)construction in the Middle Han River Valley. *Asian Perspectives*, 61(2), 253-84. https://doi.org/10.1353/asi.2022.0026.
《秦墓何时不再为秦墓?汉水中游地区文化建构的破与立》

在早期中国研究中,学者在解释考古遗存时常滥用"秦"这一术语,将其时间、政治和文化三个层面的意义混为一谈。这导致对历史的理解出现问题,并使非精英群体的能动性在历史叙述中变得不明显。赵家华通过对湖北襄阳王坡墓地的一组墓葬进行探索性统计分析,包括对应分析和主成分分析,并提出汉水中游地区的丧葬习俗的文化混合程度比过往研究所认为的更高。研究提出了一种替代性的方法来解释像王坡这样的墓地,强调文化混合,从而提供一个能够将非精英群体经历也包含进去的历史叙事,以展示汉水中游地区非精英人群在早期中华帝国形成中的作用。

- Arifin, K., & Permana, R. C. E. (2022). Recent Rock Art Sites from West Sumatra, Indonesia. *Asian Perspectives*, 61(2), 285-316. https://doi.org/10.1353/asi.2022.0027.
《近期在印度尼西亚西苏门答腊岛发现的岩画遗址》

印度尼西亚的岩画主要集中在该群岛的东部,直到1990年左右,东部都被认为是已知唯一有岩画分布的区域。然而,在过去30年中,对西苏拉威西、加里曼丹和苏门答腊等地区的调查工作发现了不少新的岩画遗存。阿里芬和珀尔马纳指出,来自东加里曼丹的铀系法测年显示最早的岩画出现在52000—40000年前。西苏拉威西的马罗斯洞穴中的岩画最古老者可追溯至40000年前。与东加里曼丹不同,苏门答腊省的遗址新发现的岩画多为白色颜料和雕刻,主要包括几何图案和小型人形图案。尽管许多图案与印度尼西亚其他较古老的岩画有些相似,但苏门答腊的岩画图案、背景以及所用颜料表明其为较晚的作品。这一发现十分特殊,因为岩画通常与缺乏文字的史前或传统人群有关,但是这些岩画是近代某个伊斯兰教团在仪式表演期间创作的。阿里芬和珀尔马纳讨论了来自四个遗址的白色颜料岩画的最新发现,阐明了其特征和背景,并与东南亚和澳大利亚的其他岩画进行比较。研究还利用民族志数据更好地理解这些洞穴的宗教用途,包括绘画的目的及其意义,以及在创作过程中可能进行的仪式。

- Horrocks, M., Peterson, J., & Presswell, B. (2022). A Ceramic and Plant and Parasite Microfossil Record from Andarayan, Cagayan Valley, Philippines Reveals Cultigens and Human Helminthiases Spanning the Last ca. 2080 Years. *Asian Perspectives*, 61(2), 317–36. https://doi.org/10.1353/asi.2022.0028.
  《菲律宾卡加延山谷安达拉扬地区的陶瓷、植物和寄生虫微化石记录揭示了过去约2080年间的栽培作物和人类蠕虫病》

  霍罗克斯分析了来自北吕宋卡加延河谷安达拉扬的考古样本中的植物微化石(花粉、植硅体和淀粉粒),并结合陶器和寄生虫学分析揭示该地区的人类活动。水稻(*Oryza sativa*)、芋头(*Colocasia esculenta*)和疑似木薯(*Manihot esculenta*)淀粉粒的发现证实了该地区种植这些作物。由于不同植物种在不同组织类型的产生和保存上差异较大,研究还展示了结合植物微化石方法的重要性,以便尽可能广泛地寻找与种植相关的直接证据。寄生虫学分析揭示了多种寄生在人类及其共生动物(狗、猪和老鼠)身上的蠕虫,这是首次在菲律宾古代遗存中发现寄生虫卵。结合该地区之前的陶瓷和冲积层记录,研究结果符合对过去4000—500年间卡加延河谷及其支流持续存在的新石器时代生计传统的认识。

- Bullion, E. A., Tashmanbetova, Z., & Ventresca Miller, A. R. (2022). Bioarchaeology in Central Asia: Growing from Legacies to Enhance Future Research. *Asian Perspectives*, 61(2), 337–67. https://doi.org/10.1353/asi.2022.0029.
  《中亚的生物考古学:用文化遗产增进未来研究》

  比利翁在文中回顾了中亚生物考古学的发展历史,强调了之前考古和生物人类学研究的重要性,这些研究开创了大规模系统性发掘及使用航空摄影等技术先河。文章还指出了过去研究中的政治和社会偏见,以及其精神遗留如何继续影响现代考古学实践。比利翁的目标是让越来越多关注中亚样本研究的西方学者注意到这些动态。一方面,政治意识形态,尤其是前苏联时期的政治意识形态,影响了对中亚人口的研究,使得研究重点长期围绕民族形成过程的叙事。因此,现代的研究者应当小心地将人类遗存置于社会和理论模型的背景下,这些模型持续影响着遗存从获取、馆藏到组织的各个方面。另一方面,分子方法的进步推动了对人类遗骸的研究,通常集中在区域性社会、饮食和遗传的变化上。然而,这些研究的样本量通常较小,且在广袤的中亚地区分布稀疏。

  因此,比利翁建议进行生物考古的研究者应专注于小区域尺度上生物和物质文化的记录,从下而上建立更广泛社会过程的模型。最后,该地区的伦理生物考古学要求承认并重视过去和现在中亚本土学者的贡献,同时为中亚学者和社区提供培训、研究和出版机会。

- Ankhsanaa, G., Mijiddorj, E., Davaatseren, B., & Taylor, W. T. T. (2023). Rock Art and Early Cultural Dynamics in Eastern Mongolia. *Asian Perspectives*, 62(1), 2–20. https://doi.org/10.1353/asi.2023.0001.

  《蒙古东部的岩画及早期文化动力》

  蒙古东部的考古遗存,尤其是其丰富的岩画和石刻传统,尽管在欧亚大陆东部人类社会的历史和史前史中扮演着重要角色,但却很少被纳入西方考古文献。安克萨纳等总结了蒙古东部三个省(肯特省、苏赫巴托尔省和东方省)的大量最新研究成果,以确定该地区从旧石器时代到历史时期的文化活动证据。鉴于该地区许多考古材料还有待进一步研究和阐释,蒙古东部的岩画图像为诸多课题提供了重要见解,包括末次冰期人类与披毛犀和猛犸象等巨型动物的共存、全新世时期前游牧文化对该地区的占领,以及青铜时代晚期和铁器时代与早期游牧文化和帝国相关的重要活动等。

- Wang, W., & Xu, W. (2023). Communities and Social Dynamics: A Comparative Analysis of Settlement Systems in the Yuxi Valley and Northeastern China. *Asian Perspectives*, 62(1), 21–44. https://doi.org/10.1353/asi.2023.0002.

  《社群与社会动态:玉溪河谷与中国东北地区聚落系统的比较分析》

  对较大规模社会形态发展的比较研究有助于理解社会变迁的内在动力。中国东北的红山社会和长江下游玉溪河流域的凌家滩社会代表了早期等级社会的规模和不同形态。之前的研究已对凌家滩玉器和红山玉器在器形、功能和象征意义上的相似性有所论述,但还没有比较过在其所处区域内这两种考古学文化的聚落和社会动态。王文婧和徐文鹏对长江下游的玉溪和东北的赤峰、上大岭、牛河梁四个地区从新石器时代到青铜时代晚期的社会轨迹进行了比较探索,并揭示了四个地区聚落和人口模式的异同。

- Yin, R., Luan, F., & Doyon, L. (2023). Changes and Consistencies in Bone Technologies as a Sign of Cultural Transition about 4000 Years Ago in Eastern China: Insights from the Yinjiacheng Site, Shandong, China. *Asian Perspectives*, 62(1), 45–76. https://doi.org/10.1353/asi.2023.0003.

  《作为中国东部约4000年前文化变迁信号的制骨技术的变化与稳定性:来自中国山东尹家城遗址的启示》

  目前对与中国古代复杂社会的出现相关的文化变迁的研究,在很大程度上依赖于有关陶器和石器技术、聚落模式的变化、墓葬习俗和声望物品的证据。然而,物质文化的其他方面是否遵循类似的演变轨迹,以及在多大程度上遵循类似的演变轨迹,目前仍不清楚。阴瑞雪等分析了在海岱地区尹家城遗址中发现的龙山文化骨器(76件)和岳石文化骨器(124件)。这两个文化实体对研究海岱地区新石器时代晚期与青铜时代早期之间文化变迁的动态具有特别重要的意义。通过评估,作者从类型多样性、技术诀窍和形态标准化这三个方面记录了制骨技术的变化。从类型学的角度来看,与龙山时期相比,岳石时期的工具类型更加多样化,但两个时期的骨器制造技术大致相同。此外,研究还揭示了两个文化系统在制造某些锥和矛头亚型时所使用的特定开料顺序。从形态上看,龙山生活用具的标准化程度普遍高于岳石,而岳石狩猎用具的标准化程度则高于龙山。研究认为,这种模式反映了尹家城的龙山和岳石定居者保有共同的技术诀窍。岳石狩猎工具类型的多样化和工具标准化程度的变化,是为了满足新出现的需求而应用了不特别严格的生产规则,这体现了制作工艺知识的延续。

- Li, Y., Yang, S., Han, D., Huang, L., Yang, G., & Li, Y. (2023). A Metal Production Center on the Southwest Frontier of the Han Empire: An Archaeometallurgical Study of the Heimajing Cemetery Site in Gejiu, Yunnan Province, China. *Asian Perspectives*, 62(1), 77–96. https://doi.org/10.1353/asi.2023.0004.
《汉帝国西南边陲的冶金中心:中国云南省个旧市黑马井汉墓遗址考古冶金学研究》
　　云南省东南部的个旧地区早在汉代就是中国重要的金属和矿石产地。过去在该地区进行的考古调查发现了一处古代冶炼遗址。在附近的黑马井汉墓遗址还发掘出大量与冶炼有关的遗物,包括铅盘、铜锭和冶炼废料。这些发现表明,墓葬中的居住者很可能参与了古代采矿、金属冶炼和金属生产行业。李映福等对与冶炼有关的遗物进行了考古冶金分析。结果表明,该地区生产铅、铜和不同的铜基合金。化学成分分析和铅同位素研究表明,滇国(今云南中部)和交趾(今越南北部)可能存在铜基产品的生产和供应系统,并通过跨区域资源配置形成了对铜基产品的需求。

- Horrocks, M., Brown, A., Brown, J., & Presswell, B. (2023). A Plant and Parasite Record of a Midden on Auckland Isthmus, New Zealand, Reveals Large Scale Landscape Disturbance, Māori-Introduced Cultigens, and Helminthiasis. *Asian Perspectives*, 62(1), 97–119. https://doi.org/10.1353/asi.2023.0005.
《新西兰奥克兰地峡贝丘中的植物和寄生虫记录揭示了大规模景观扰动、毛利人引入的栽培作物和蠕虫病》
　　最近在奥克兰地峡的纽马克特(Newmarket)发掘了一处毛利贝丘。为了解毛利人在地峡的活动情况,霍罗克斯等对贝丘中的植物(花粉、植硅石和淀粉粒)和寄生虫微化石进行了分析。植物微化石和 ^{14}C 结果表明,人类对地峡进行了大规模的扰动。并且从花粉可以得知,存在与毛利人引进的栽培作物芋头(*Colocasia esculenta*)、朱蕉(*Cordyline cf. fruticosa*)以及构树(*Broussonetia papyrifera*)相关的农业活动。此外还发现了构树的植硅体以及朱蕉和番薯的淀粉粒和木质部。寄生虫学分析确定了犬复孔绦虫(*Dipylidium caninum*)的卵,这种寄生虫会对地峡上的狗和人都造成不利影响。作者详细描述了这些微化石类型及其亲缘关系,并参照新西兰其他地方和更广泛的太平洋岛群地区的考古背景进行了讨论,回顾了太平洋岛群之前报告的这些栽培作物和寄生虫的宏观和微观化石的位置和类型。

- Pleuger, S., Breitenfeld, B., Zoljargal, A., Nelson, A. R., Honeychurch, W., & Amartuvshin, C. (2023). What's in a Hearth? Preliminary Findings from the Margal

Hunter-Gatherer Habitation in the Eastern Mongolian Gobi Desert. *Asian Perspectives*, 62 (2), 131–58. https://doi.org/10.1353/asi.2023.a909232.

《炉膛里有什么？蒙古戈壁滩东部玛加尔狩猎采集者居住地的初步发现》

  数千年来，由牧民和家畜组成的人类动物群落漫步在蒙古的草原环境中，并充分利用了戈壁草原沙漠等半干旱至干旱地区。然而，对这一地区出现畜牧业之前的时代的了解要少得多。在新石器时代（约公元前 6000—前 1800 年），戈壁的荒漠化程度远不如今天。零星分布的考古遗址证明，当时的狩猎采集群体成功地利用了丰富的湿地环境。蒙古东方省调查项目在德勒格尔干（Delgerkhaan）乌勒地区进行了地面调查，结果发现了一处新石器时代居住遗址。普洛伊格等介绍了遗址中地层发掘出的一个分层火塘和一个石器组合，以及一些动物骨骼残骸，应属蒙古新石器时代绿洲二期（约公元前 6000—前 3000 年）。玛加尔很可能是一个依赖野生植物和动物资源的区域性狩猎采集者居住网络的一部分，是该地区首个此类遗址，有助于揭示狩猎采集者的生存和居住策略。将该遗址与邻近地区地表散落的考古遗存，以及狩猎采集者居住的跨区域网络相结合，将有助于完善蒙古史前生活方式和转变的模型。

- Adhityatama, S., Triwurjani, Yurnaldi, D., Wahyudiono, J., Ramadhan, A. S., Dhony, M. D. K., Suryatman, Abbas, A., Darfin, Lukman, A., Pratama, A. W., & Bulbeck, D. (2023). The Mid-Second Millennium A.D. Submerged Iron Production Village of Pontada in Lake Matano, South Sulawesi, Indonesia. *Asian Perspectives*, 62(2), 159–83. https://doi.org/10.1353/asi.2023.a909233.

《印度尼西亚南苏拉威西岛马塔诺湖中公元 2000 年中期的庞塔达水下铁器生产村》

  马塔诺湖地区位于印度尼西亚东部南苏拉威西岛东卢武腹地，是印度尼西亚主要的铁器生产中心之一，以盛产镍铁矿而闻名。2016—2022 年期间在马塔诺湖曾发掘了一个水下村庄，该村庄的铁器加工业遗迹可追溯到公元 1000 年晚期。此研究则是关于该湖第二个与铁器加工有关的水下遗址庞塔达（Pontada），其历史可追溯到公元 14—15 世纪，之后该遗址沉入马塔诺湖湖面之下。文字和考古证据表明，该遗址的年代与爪哇东部的马扎巴赫特帝国从马塔诺湖进口含镍铁器并在整个卢武沿海地区进行交易的年代相吻合。

- Li, Y., Sun, Z., Qiu, T., Bai, J., & Huang, W. (2023). Iron Production Industry in Western Chongqing During the Late Ming Dynasty: A Perspective from Smelting Related Materials. *Asian Perspectives*, 62(2), 184–201. https://doi.org/10.1353/asi.2023.a909234.

《明代晚期重庆西部的铁工业生产：以冶金遗存为中心》

  李玉牛等介绍了在中国重庆西部的走马镇发现的四处与冶铁有关的遗址。其中两个遗址（炉堆子和铁砂子土）的年代为公元 16—17 世纪的明朝末年，另外两个遗址（高炉厂和碾米沟）的年代为 19 世纪的晚清时期。这些遗址出土了大量与冶炼有关的材料。作者从出土的炼渣、炉壁和铁矿石中采集的十个金相样本进行了制备和分析，增进了对 16、17 世纪重庆的炼铁技术的了解。

- Pearson, R. (2023). The Archaeology of Ancient Japanese Gardens. *Asian Perspectives*, 62(2), 202-44. https://doi.org/10.1353/asi.2023.a909235.

《日本古代园林考古学》

该研究概述了对约 20 个日本庭园遗址的考古研究成果，这些遗址的年代可追溯到公元 4—12 世纪，研究重点介绍了遗址平面图、结构遗迹、山石和水体，并对其中五个遗址的相关植物遗存进行了简要讨论。皮尔森认为日本园林的前身是部分早期中国和韩国园林，在飞鸟时代（公元 538—710 年），带有矩形池塘的庭园从大陆传入。自奈良时代（公元 710—794 年）起，庭园建造逐渐本土化，形成了日本的不对称弯曲风格，建筑物偏离中轴线布置。文章里呈现了早期园林的一小部分样本，包括两个早期采用大陆风格的案例（即上之宫和古宫）；一处皇宫遗址的庭院，其花园围绕着平安时代寝殿式建筑（带侧翼的高台建筑）及其改良后的净土式庭园；以及一个与退休天皇的宫殿有关的花园。

Journal of Archaeological Science
《考古科学杂志》 2023 年

李 涛（武汉大学历史学院）

- Cooper, C. *, Cooper, M., Richards, M. & Schmitt, J. (2023). Geographic and Seasonal Variation in $\delta^{13}C$ Values of C_3 Plant Arabidopsis: Archaeological Implications. *Journal of Archaeological Science* 149：105709. https://doi.org/10.1016/j.jas.2022.105709.

  《C_3 植物拟南芥 $\delta^{13}C$ 值的地理和季节变化的考古学意义》

  考古学家往往根据碳同位素数据推断过去的气候、生态系统、饮食和迁移模式。因此，研究人员持续探讨 C_3 植物中碳同位素分馏的复杂性，得到的数据将有助于考古学的阐释。一个重要问题是，当水不是限制因素时，单一物种的 $\delta^{13}C$ 值如何随气候在不同地点、年份或季节变化，这可能对考古学阐释有重要影响。凯瑟琳·库珀（Catherine G. Cooper）等研究了在欧洲五个田野地点生长的 C_3 植物拟南芥（*Arabidopsis thaliana*）的 $\delta^{13}C$ 值。研究持续了两年半，选择的五个田野种植地点包括西班牙巴伦西亚、英国诺里奇、德国科隆、德国哈雷以及芬兰奥卢，它们代表了拟南芥的原生气候范围，包括半干旱和亚湿润气候区。每次种植地点都收集了特定的气候数据。不同地点生长的拟南芥的 $\delta^{13}C$ 特征存在显著差异（$p<0.001$），在低纬度或靠近海洋的地方，观察到更高的 $\delta^{13}C$ 值。此外，在西班牙瓦伦西亚（$p=0.001$）、英国诺里奇（$p<0.001$）和德国哈雷（$p<0.001$）之间的年份或季节也存在显著差异。种植水平气候数据的主成分分析说明了环境因素的相关性，同时强调了日照长度对拟南芥光合作用过程中碳分馏的重要性。

- Lombard, M. * & van Aardt, A. (2023). Method for Generating Foodplant Fitness Landscapes: With a Foodplant Checklist for Southern Africa and Its Application to Klasies River Main Site. *Journal of Archaeological Science* 149：105707. https://doi.org/10.1016/j.jas.2022.105707.

  《生成食物性植物适应度景观的方法：南非食物性植物清单及其在克拉西斯河主要遗址的应用》

  玛莉兹·隆巴德（Marlize Lombard）等提出了迄今为止最完整的南非食物性植

物清单，并总结了南非和莱索托生物群落的地质年代起源。在宾福德的觅食半径理论的基础上，作者引入了一种三层式的方法，用于评估和比较不同尺度下的食物性植物的适应度景观。为了说明该方法的潜力，作者分析了克拉西斯河的景观，从克拉西斯河主要遗址（Main Site）出发，采用约12.5公里的觅食半径，并与约35公里的觅食半径进行比较。该研究的比较显示，从较小的觅食范围到较大的觅食范围，食物性植物的数量增加了74.5%，其中谷物、地生植物和种子的增加幅度最高。因此，可以合理预测克拉西斯河的觅食者可能会季节性地或在需要时扩大觅食范围，以收获这些可保存的食物。在宏观尺度上（与当前/近期南非、撒哈拉以南非洲、世界经济粮食作物和世界商业化粮食作物的使用相比），克拉西斯河粮食作物适应度景观的一般局限性、优势和独特性得到了突出。最后，基于南非和克拉西斯河的食物性作物清单，这一研究对人属（*Homo*）必然烹饪假说提出质疑。

- Eshel, T. *, Gilboa, A., Tirosh, O., Erel, Y. & Yahalom-Mack, N. (2023). The Earliest Silver Currency Hoards in the Southern Levant: Metal Trade in the Transition from the Middle to the Late Bronze Age. *Journal of Archaeological Science* 149: 105705. https://doi.org/10.1016/j.jas.2022.105705.
《南黎凡特地区最早的银币储藏：青铜时代中期到晚期的金属贸易》

　　在黎凡特地区，银币作为支付手段的最早使用通常被研究者们忽视，而将储藏银币作为货币的现象常被看作是铁器时代的特征。根据梅吉多、基泽尔和希罗出土银币的背景、类型学、化学和铅同位素分析，齐拉·埃舍尔（Tzilla Eshel）等首次证实南黎凡特地区银作为交换和价值手段的最早实物证据可以追溯到青铜时期中期三段（约公元前1700/1650—前1600/1550年）。进一步的发展可以通过对地中海南岸的塔尔·艾朱尔遗址的银币储藏的分析来获取，该遗址在稍后时期（青铜时代中期/晚期到晚期一段，约公元前1600/1550—前1400年）仍然繁荣，而黎凡特地区的许多其他遗址则遭到毁坏或被遗弃。对这些银币储藏的铅同位素分析显示，银的矿石来源发生了变化，青铜时代中期三段的银可能来源于安纳托利亚，到青铜时代中期/晚期到晚期一段，银可能来自安纳托利亚—爱琴海—喀尔巴阡山地区。通过将塔尔·艾朱尔遗址的结果与希腊伯罗奔尼撒半岛的迈锡尼王室墓葬中的银币进行比较，作者推测这两个遗址中的银币可能有着相同的矿源，可能是通过塞浦路斯进行中转的。

- Wang, Q., Liu, S., Chen, J., Li, Y., Lang, J., Guo, X., Chen, X. * & Fang, H. * (2023). The First Discovery of Shang Period Smelting Slags with Highly Radiogenic Lead in Yingcheng and Implications for the Shang Political Economy. *Journal of Archaeological Science* 149: 105704. https://doi.org/10.1016/j.jas.2022.105704.
《嬴城遗址首次发现商代高放射性铅的炼渣及其对商代政治经济的启示》

　　通过高放射性成因铅确定商代青铜器生产原料的来源，一直是早期中国冶金学研究中最重要的未解课题之一。在该研究中，王庆铸等证明商代嬴城遗址（约公元前1600—前1050年）的冶炼渣中含有高放射性成因铅，并且这些铜矿石可能来自距离嬴城6公里和17公里的埠口和吕祖洞。这是首次在商代的冶炼炉渣中发现高放射性成因铅。此外,来自嬴城的铅同位素与商代中期青铜器的铅同位素高度吻合,表明莱芜可能是当时含高放射性成因铅金属的一个来源区域。该研究的数据为探索商代青铜器的矿石来源提供了新方向,反过来有助于研究者了解商代国家的社会政治和经济组织。

- Atmore, L. *, Ferrari, G., Martínez-García, L., van der Jagt, I., Blevis, R., Granado, J., Haberle, S., Dierickx, K., Quinlan, L., Lougas, L., Makowiecki, D., Hufthammer, A., Barrett, J. & Star, B. (2023). Ancient DNA Sequence Quality Is Independent of Fish Bone Weight. *Journal of Archaeological Science* 149: 105703. https://doi.org/10.1016/j.jas.2022.105703.
《古 DNA 序列质量与鱼骨重量无相关性》

　　古 DNA 领域通常使用 50—200 毫克的骨材料作为提取考古遗骸中 DNA 的最低输入重量。尽管实验室和分析技术已专注于提高从较古老和质量较差的遗骸中提取可用序列数据的效率,但骨材料的输入要求很少得到严格的评估。在此,莱恩·阿特莫尔(Lane M. Atmore)等对 121 个尺寸受限的大西洋鲱鱼遗骸进行古 DNA 分析,这些遗骸的重量在 10—70 毫克之间,且每个样本均进行了单独测序,以探索从小型考古遗骸中成功提取古 DNA 的能力。作者对骨重量与多个相应变量之间的相关性进行了统计评估,包括文库成功率、内源 DNA 含量和文库复杂性(即获得的独特分子数量)。值得注意的是,作者发现骨重量与文库成功率、内源 DNA 含量或文库复杂性之间不存在相关性。该研究的结果表明,至少就鱼骨而言,即使是微小的骨头也能产生积极的结果,因此应重新评估所需的最低样本量。考古遗址本身是 DNA 序列质量的主要影响因素,而非骨骼的大小。这一研究扩大了被认为适合古 DNA 分析的标本数量,从而有助于减少古 DNA 研究的破坏性,并缓解一些与破坏性分析相关的伦理问题。

- Numrich, M., Schwall, C., Lockhoff, N., Nikolentzos, K., Konstantinidi-Syvridi, E., Cultraro, M., Horejs, B. & Pernicka, E. * (2023). Portable Laser Ablation Sheds Light on Early Bronze Age Gold Treasures in the Old World: New Insights from Troy, Poliochni, and Related Finds. *Journal of Archaeological Science* 149: 105694. https://doi.org/10.1016/j.jas.2022.105694.
《便携式激光烧蚀技术为旧世界青铜时代早期的黄金宝藏提供新视角:来自特洛伊、波利奥赫尼及相关发现的新见解》

　　莫里茨·努姆里奇(Moritz Numrich)等聚焦著名的特洛伊和波利奥赫尼(位于莱姆诺斯岛)"宝藏"中的金器。在这项科技考古研究中,总共分析了 61 件青铜时代早期的金器,年代在公元前 2500—前 2000 年。主要采用雅典国家考古博物馆的便携式激光烧蚀仪器进行采样,并在曼海姆的库尔特·恩格尔霍恩科技考古中心进行电感耦合等离子体质谱分析。这种方法的主要优点是能够在现场获得样品,无需运输,属于一种微损的方法,不会对物品造成肉眼可见的损伤。此外,该方法对研究对象的大小没有限制。该研究的核心目标是获得来自特洛伊和波利奥赫尼遗址的金器的高质量成分分析,以探讨其类型相似是否与金器的元素组成(包括微量元素)相一致。研究表明这些地点之间不仅存在金属采购的相似性,还可能存在金器或专业工匠的交换。在这之后的第二步,研究结果与来自南美索不达米亚乌尔地区的同时期金器数据进行比较,后者获得了最新的电感耦合等离子体质谱数据。最后,通过对来自金矿丰富地区的金器数据进行调查,缩小青铜时代早期金器在旧世界的可能来源范围。

- Lü, Q∗, Chen, Y., Henderson, J. & Bayon, G. (2023). A Large-scale Sr and Nd Isotope Baseline for Archaeological Provenance in Silk Road Regions and Its Application to Plant-ash Glass. *Journal of Archaeological Science* 149: 105659. https://doi.org/10.1016/j.jas.2022.105695.

《丝绸之路地区用于考古产地研究的大规模锶和钕同位素基线及其在草木灰玻璃中的应用》

生物可利用的锶(Sr)和碎屑钕(Nd)同位素是考古产地研究的重要工具。为了将锶和钕的同位素应用于产地分析,通常需要区域性同位素数据库和基线。对于广阔的美索不达米亚、伊朗和中亚的丝绸之路地区,由于可用数据严重缺乏,确定来源所需的详细同位素分布模式在短期内无法获得。在该研究中,吕骏骏等调查了控制锶和钕的同位素特征的地球环境因素,并利用经过严格标准筛选的考古学和地球科学的已发表数据,构建了这些丝绸之路地区的首个大规模的、半定量的锶—钕同位素基线。作者为中亚地区提出了3个同位素带:CA-1(山地),$\varepsilon_{Nd}<-7.5$,$^{87}Sr/^{86}Sr>0.7095$;CA-2(沙漠),$\varepsilon_{Nd}=-5$ 至 -2,$^{87}Sr/^{86}Sr \sim 0.709$;CA-3(黄土),$\varepsilon_{Nd}=-5$ 至 -2,$^{87}Sr/^{86}Sr>0.710$。该研究为伊朗提出的一般性同位素特征为 $\varepsilon_{Nd}=-8$ 至 -4,$^{87}Sr/^{86}Sr=0.7075$ 至 0.7090。美索不达米亚有3个同位素带:MP-1(洪泛平原和山麓),$\varepsilon_{Nd}=-6.5$ 至 -4(假定的扩展范围 MP-1N,$\varepsilon_{Nd}=-8$ 至 -6),$^{87}Sr/^{86}Sr=0.7080$ 至 0.7085;MP-2(沙漠),$\varepsilon_{Nd}<-8$,$^{87}Sr/^{86}Sr>0.7085$;MP-3(叙利亚幼发拉底河),$\varepsilon_{Nd}=-5.5$ 至 -2,$^{87}Sr/^{86}Sr=0.7080$ 至 0.7085。在可用数据的限制下,这些范围指示了每个同位素带生物可利用锶和碎屑钕同位素特征的整体趋势,这些特征受其地质背景、气候(如降水)和各种地表过程(如河流与风成搬运)的控制。该基线可作为地球化学背景的重要指南,以建议或验证草木灰玻璃的来源,作为综合的锶—钕同位素方法的一部分。该研究用两个案例研究来展示这种方法的潜力。通过研究美索不达米亚草木灰玻璃的同位素组成,作者提出了植物灰和用于美索不达米亚玻璃制造的二氧化硅原料可能起源于美索不达米亚北部。通过重新评估来自意大利圣洛伦索的中世纪草木灰玻璃,作者提出包括中亚和美索不达米亚在内的多样化来源。此外,作为这种同位素方法的一部分,通过在钕同位素基线提供的背景下研究钕同位素混合线,该研究揭示了来自不同生产区的伊斯兰草木灰玻璃的回收利用现象,并与从美索不达米亚向东地中海大都市的西向传播相关联。

- Paladugu, R., Richter, K.∗, Valente, M., Gabriel, S., Detry, C., Warinner, C. & Dias, C. (2023). Your Horse Is a Donkey! Identifying Domesticated Equids from

Western Iberia Using Collagen Fingerprinting. *Journal of Archaeological Science* 149：105696. https://doi.org/10.1016/j.jas.2022.105696.

《你的马是头驴！利用胶原蛋白指纹识别西伊比利亚地区的驯化马科动物》

在伊比利亚地区，自旧石器时代和铜石并用时代以来，分别发现了两种马科动物的骨骼遗骸，分别是家马（Equus caballus）和驴（Equus asinus）。这两个物种在经济和文化上扮演着不同的角色。区分这两个物种对于更好地理解它们在过去人类社会中的相对重要性至关重要。区分这两种驯化马科动物的最可靠形态学特征是基于颅骨测量和牙釉质褶皱，这导致只有一小部分考古遗骸能够被鉴定到物种级别。古DNA分析可以可靠地区分这两种马科动物，但在大规模样本中应用可能成本高昂，并且非颅骨元素的古DNA保存率通常很低。通过基质辅助激光解析飞行时间质谱（MALDI－TOF）进行的胶原肽质谱指纹分析，也称为质谱动物考古学（ZooMS），是一种破坏性最小且成本效益高的古DNA分析分类测定的替代方法。然而，目前的质谱动物考古学标记缺乏在马属以下级别的分辨率。在该研究中，罗尚·帕拉杜古（Roshan Paladugu）等报告了一种新型的质谱动物考古学肽标记物，利用酶胰蛋白酶可靠地区分马和驴。作者将该肽标记物应用于伊比利亚半岛的骨骼，这些骨骼的年代从铁器时代到近现代，该肽生物标记物有望促进对伊比利亚甚至整个欧亚大陆和非洲马科动物考古学研究中的形态数据的收集。

- Iacconi, C., Autret, A., Desplanques, E., Chave, A., King, A., Fayard, B., Moulherat, C., Leccia, É. & Bertrand, L. * (2023). Virtual Technical Analysis of Archaeological Textiles by Synchrotron Microtomography. *Journal of Archaeological Science* 149：105686. https://doi.org/10.1016/j.jas.2022.105686.

《利用同步辐射显微层析技术对考古纺织品进行虚拟技术分析》

古代纺织品考古遗存因其易腐烂的特性而十分稀少。但在某些情况下，纺织品的形态或化学特征可以被完好地保存下来。通过研究这些遗存，可以推断出关于过去的社会和文化生活的详细考古信息，例如丧葬习俗。在温带气候中，这些特殊保存的案例主要涉及与腐蚀金属制品（如铜或铁制品）紧密相关的纺织品，这一过程称为矿化。理解这些纺织品的一个重要步骤是研究记录其制造过程的形态测量参数，考古学家将其称为技术分析。该研究中，克莱蒙斯·雅科尼（Clémence Iacconi）等利用高分辨率的同步辐射显微层析技术（μ－CT），对考古纺织品进行非侵入性的三维技术分析，并克服传统技术的若干局限性。作者的研究表明，几种标准参数（如织物类型、纱线类型、捻线方向、线密度）可以通过这种分析来确定，而光学和电子显微镜往往难以获得此类参数的信息。此外，该方法还可以检验数据的统计代表性。通过对三种方法的比较，如手动测量（无论是来自表面还是选定的虚拟截面）和对三维体积的自动分析，作者对获得的定量结果所呈现的差异提出疑问。虽然手动选择测量点在本质上与感知偏差相关，但自动化过程也可能存在局限性和偏差，作者对此进行了详细说明，以使该方法在未来的使用中更加稳健。作者通过研究来自法国奥布省特鲁瓦附近的勒帕拉迪斯（Le Paradis）遗址的一件纺织品（公元前5世纪），分析了这些影响，这是一个难以用标准分析方法分析的零散纺织品的典型案例。

- Lefebvre, A.*, Pétillon, J., Cueto, M., Álvarez-Fernández, E., Arias, P., Ontañón, R., Berganza, E. & Marín-Arroyo, A. (2023). New Insights into the Use and Circulation of Reindeer Antler in Northern Iberia During the Magdalenian (ca. 21–13 cal ka BP). *Journal of Archaeological Science* 150: 105708. https://doi.org/10.1016/j.jas.2022.105708.

  《马格德林时期（距今约 21000—13000 年）伊比利亚北部驯鹿角使用和流通的新见解》

  在更新世末期,伊比利亚北部地区采集者与驯鹿之间的互动仍然缺乏充分的研究记录,特别是在驯鹿角的收集、加工和流通的原因和方式方面。亚历山大·勒费布尔(Alexandre Lefebvre)等回顾了距今约 21000—13000 年的制骨业,重点关注马格德林时期采集者如何将驯鹿角作为武器和工具生产的原材料进行使用和流通。从位于比利牛斯山脉两端的 11 个伊比利亚遗址中识别出 36 件驯鹿角,这些遗址位于坎塔布里亚地区和东部的加泰罗尼亚地区,尽管在识别生产目标(最终产品)方面存在偏差,但对这些遗址进行详细的技术类型学、年代学和地理分析后,揭示了伊比利亚北部存在一个稳定的驯鹿角制造业,以及坎塔布里亚地区与比利牛斯山脉之间的远距离联系。结合当代大型动物群数据,作者能够探讨驯鹿在伊比利亚北部的生态位扩展,以及在该半岛上驯鹿角的获取与流通策略。假设一些驯鹿遗存是通过进口原材料来支持制造活动的,作者推断驯鹿角的获取可能是在巴斯克地区以地方规模组织的,并可能扩展到邻近的纳瓦拉、坎塔布里亚和阿斯图里亚地区。另一方面,在加泰罗尼亚地区,结合动物和技术数据的分析支持了驯鹿角(连同皮毛)是从比利牛斯山脉北部以更长距离进口的假设。

- Debels, P.*, Galant, P. & Vernant, P. (2023). Drinking in the Dark. A New Method to Distinguish Use-alteration from Natural Alteration on Neolithic Pots and Evidence of Acid Liquid Storage in Karstic Cave Contexts. *Journal of Archaeological Science* 150: 105706. https://doi.org/10.1016/j.jas.2022.105706.

  《饮于黑暗：区分新石器时代陶罐的使用变化和自然变化的新方法以及喀斯特洞穴环境中酸性液体储存的证据》

  在法国南部的喀斯特地区,洞穴在新石器时代晚期被用作水源地。人们实施了不同的水收集策略,其中最常见的集水策略是将大型陶容器放置于滴水点下方。功能研究特别是微痕分析通常很少应用于陶器遗存,且溶洞环境的沉积后过程的识别仍然是影响解释的主要挑战。在勒克洛(Le Claux)的案例中,这种方法揭示了储存酸性液体的可能,该液体可能经过发酵。保利娜·德伯斯(Pauline Debels)等旨在通过提供一种区分自然磨损和人为磨损的新方法,为研究陶器遗存的使用磨损研究作出贡献,同时更好地理解法国南部新石器时代晚期的洞穴活动。

- Llobera, M.* & Hernandez-Gasch, J. (2023). Patterns on the Landscape: Untangling Pottery Surface Assemblages. *Journal of Archaeological Science* 150: 105711. https://doi.org/10.1016/j.jas.2022.105711.

《景观上的模式：解读地表的陶器组合》

马科斯·洛贝拉（Marcos Llobera）等描述了一种通过地表调查揭示活动模式的方法。具体而言，该研究提出一种从马洛卡岛铁器时代晚期（公元前 550—前 1 年）的地表陶器组合中提取和解释数据的方法，这些数据是 2014—2018 年"景观、遭遇与身份"考古项目（LEIAp）期间收集的。为实现这一目标，研究者推导出一种新的二进制（伪）度量或差异系数，该系数结合光谱双聚类算法，使研究者能够将景观中具有相似陶器组合的区域进行分组，这种新度量与研究者对陶器组合相似性的直觉判断更为一致，优于其他的二元度量。对聚落所得组的组成进行仔细检查，使研究者能够对景观中各个非纪念性聚落发生的活动进行推测。这些结果为这一研究提供了对该时期景观的更细致的理解，特别是揭示了非纪念性居住空间以及用于运输和农业活动的区域的存在。

- Kelly, D.*, Clark, M., Palace, M & Howey, M. (2023). Expanding Omnidirectional Geospatial Modeling for Archaeology: A Case Study of Dispersal in a "New England" Colonial Frontier (ca. 1600 – 1750). *Journal of Archaeological Science* 150: 105710. https://doi.org/10.1016/j.jas.2022.105710.

《扩展全向地理建模在考古学中的应用：以"新英格兰"殖民边疆（约 1600—1750 年）为案例研究》

地理空间景观连通性建模技术在考古学研究过去人类移动模式和景观互动中得到了广泛应用。最近，全向建模方法的发展为研究设计提供了新的途径，并需要在该领域中引入。迪伦·凯利（Dylan R. Kelly）等提出一种新颖的基于点的全向模型设计，以促进对早期殖民扩张（约公元 1600—1750 年）在美国东北部的社会和生态边疆景观——大湾湿地的理解。作者构建了特定案例的阻力面，并使用 Circuitscape 建模来模拟定居者从景观中心水体向外扩散的过程，同时考虑水路和陆路旅行的影响以及特定自然资源的可用性。当对考古记录进行统计测试时，模拟结果表现良好，并且多变量模型参数化的价值在定量和定性上均得到了强调。该案例为其他研究人员提供了一个框架，以推进他们对过去人类扩散和景观互动的情境知情模型。

- Steffen, M. (2023). Can Transport Costs Explain the Bear Absence of Marmot Bones at Shoreline Archaeological Sites on Vancouver Island? Finding Input Values for Central Place Modelling with Biological Scaling. *Journal of Archaeological Science* 150: 105725. https://doi.org/10.1016/j.jas.2023.105725.

《运输成本能否解释温哥华岛沿海考古遗址中缺少土拨鼠遗骨的原因？使用生物标度寻找中心地带建模的输入值》

中心地带模型是在考古背景下检验有关资源加工和运输的经济优化假设，这些模型需要输入资源部分的权重值，这些值通常通过对一个或几个感兴趣分类群的样本进行实测获得。然而，这种方法受到可测量标本数量的限制，通常依赖小样本量，无法考虑由于年龄、性别、健康和遗传等因素导致的体型变异。作为替代方案，可以引入生物标度方程，通过这些方程，可以在哺乳动物类群中估算不同体型的资源部分重量的平均值及其标准差。马丁纳·斯特芬（Martina L. Steffen）通过来自北美西北海岸的案例研究实现了这一方法。该研究探讨经济因素是否可以解释温哥华岛高海拔考古遗址与沿海贝丘遗址内土拨鼠（*Marmota vancouverensis*）骨骼相对丰度的差异。结果显示，高海拔遗址中丰富的土拨鼠骨骼与在捕获地点加工这些小型哺乳动物的经济效益一致。运输成本可以解释研究区域沿海遗址中几乎不见土拨鼠骨骼的原因，但这一结论并不排斥其他解释。该研究表明，生物标度方程在理论建模中对估算哺乳动物资源部分的输入值是有用的。

- Sykut, M. *, Pawełczyk, S., Piotrowska, N., Stefaniak, K., Ridush, B., Makowiecki, D., Kosintsev, P., Wilkens, B., Borowik, T., Fyfe, R., Woodbridge, J., Niedziałkowska, M. * * (2023). Variability in Feeding Habits of Red Deer *Sensu Lato* in Eurasia in the Late Pleistocene and Holocene. *Journal of Archaeological Science* 150：105726. https://doi.org/10.1016/j.jas.2023.105726.

《欧亚大陆晚更新世和全新世赤鹿觅食生境变异性》

　　赤鹿（*Cervus elaphus*）是一个分布广泛并在全新世期间在欧洲生存的物种。对偶蹄类动物遗骸中骨胶原的碳氮同位素分析已被应用于古生态研究，作为环境和饮食的指示指标。该研究中，马切伊·西库特（Maciej Sykut）等呈现了来自中欧、南欧和东欧以及亚洲的68个已进行放射性碳测定的赤鹿骨骼样本的稳定碳氮同位素组成，这些样本被归类为两种物种之一：欧洲赤鹿（*Cervus elaphs*）和美洲赤鹿（*Cervus canadensis*）。作者发现，欧洲赤鹿和美洲赤鹿的碳和氮的同位素比值重叠。在所有分析的独立因素（根据每个样本的地点和时间段确定）中，全新世欧洲赤鹿的$\delta^{13}C$值的变异性用森林覆盖率和7月平均气温可以很好解释，而$\delta^{15}N$值的变异性则可以用7月平均气温、年降水量和海拔解释。此外，将该研究的结果与已发表来源中收集的欧洲赤鹿的同位素数据结合，发现欧洲赤鹿骨骼中$\delta^{13}C$和$\delta^{15}N$值随着过去5万年欧洲环境波动而变化。作者认为，欧洲赤鹿根据环境条件的变化（例如气候变暖期间森林扩张以及在全新世中期至后期因人类活动和农业扩张导致森林被砍伐）调整了觅食栖息地。此外，作者还发现欧洲赤鹿对欧洲不同地区的地理条件变化有不同程度的响应。欧洲赤鹿的现代个体的$\delta^{13}C$值最低，与过去5万年其他欧洲赤鹿种群相比，它们更可能栖息于森林茂密的地区。

- Sun, Z., Liu, S. *, Zhang, J., Chen, K. & Kaufman, B. (2023). Resolving the Complex Mixing History of Ancient Chinese Bronzes by Manifold Learning and a Bayesian Mixing Model. *Journal of Archaeological Science* 151：105728. https://doi.org/10.1016/j.jas.2023.105728.

《通过多重学习和贝叶斯混合模型解析中国古代青铜器的复杂混合历史》

　　金属产地是青铜时代考古学的重要主题，能揭示古代复杂的文化和经济纠缠。然而，在涉及具有多样化贸易关系的复杂社会中，由于古代不同来源的金属频繁混合，识别金属来源往往具有挑战性。孙振飞等通过开发一种创新的方法来解释青铜器的铅同位素数据，从而解决上述问题。作者将多重学习和贝叶斯混合模型结合，定量重建金属来源对古代青铜器的贡献。该方法应用于解析中国周朝（公元前 11—前 3 世纪）复杂的金属流通系统，并揭示了来自华北、华中和华南的金属资源的显著历时变化。华北金属来源主要在西周早期（公元前 1046—前 950 年）被开发利用。此后，长江流域和秦岭山脉成为周人主要的金属来源。春秋中期（公元前 660—前 560 年）见证了这两种来源之间依赖关系的重大转变，表明金属流通系统发生了根本变化。华南金属资源的开发贯穿整个周代，可能与南岭地区的多金属矿床有关。这项研究揭示了周代金属勘探和混合的长期模式，也展示了新方法在解决其他文化背景下金属混合历史方面的潜力。

- Zhang, A., Wei, Z., Huang, J.* & Liu, C.* (2023). Shell Proteins and Microstructural Analysis Identify the Origin of Shell Arts with Species Resolution in Pearl Oysters. *Journal of Archaeological Science* 151：105729. https://doi.org/10.1016/j.jas.2023.105729.
《贝壳蛋白质和微观结构分析在物种分辨率上确定贝壳艺术的起源》

　　软体动物的外壳种类多，坚固耐用。在古代，人类常将这些外壳用作货币、装饰物或工具。中国的贝壳艺术"螺钿"距今有 3000 年历史，是中欧文化交流的载体。为了理解其生产过程以及背后的文化背景，识别艺术品的材料来源至关重要。张爱华等结合了蛋白质组学和微观结构分析，在物种分辨率和潜在成熟度的水平上，确定了三件清代螺钿样品的原料来源。贝壳蛋白质组学和多序列比对确定了分布于印度洋—太平洋地区的珍珠贝的基质蛋白（N66 和 Pif）。尽管其他因素（如温度、盐度等）可能影响壳体中珍珠层的厚度，但在珍珠贝中，厚度与壳体大小呈反比关系。作者推测了不同螺钿样本中原材料的成熟度，这些样本被定制用于不同的目的。该研究为识别贝壳艺术的原材料提供了框架和基础。

- Trayler, R.*, Landa, P., Kim, S. (2023). Evaluating the Efficacy of Collagen Isolation Using Stable Isotope Analysis and Infrared Spectroscopy. *Journal of Archaeological Science* 151：105727. https://doi.org/10.1016/j.jas.2023.105727.
《利用稳定同位素分析和红外光谱评估胶原蛋白分离的功效》

　　骨骼和牙齿胶原蛋白的稳定同位素分析是研究现代和已灭绝的人类和动物种群生态学的常用方法之一。然而，由于骨骼和牙本质是含有有机质和矿物成分的复合材料，因此在分析之前必须去除矿物质。罗宾·特莱勒（Robin B. Trayler）等调查了从骨骼和牙本质中去除矿物质的时间和有效性。时间步长实验结果表明，傅立叶变换红外光谱法（FTIR）可在短时间内量化矿物质去除效果，结合稳定同位素和元素分析，能跟踪胶原蛋白的变化。作者在三种现代材料（哺乳动物骨骼、哺乳动物牙本质、鲨鱼牙本质）上测试了上述方法，结果表明：（1）矿物质去除是必要步骤，因为结构碳酸盐对稳定同位素组成有很强的影响；（2）使用弱酸（0.1 M HCl）进行去钙化似乎不会改变胶原蛋白的元素和同位素组成。该研究方法可作为评估当前使用的其他去矿化方法（包括 EDTA 脱矿和脂质去除）需求和有效性的框架。

- Nudel, I., Bader-Farraj, A., Shpack, N., May, H. & Sarig, R.* (2023). Age

Estimation of Archeological Populations Using Secondary Dentin Analysis. *Journal of Archaeological Science* 151：105724. https：//doi.org/10.1016/j.jas.2023.105724.

《利用次生牙本质分析估算考古人群的年龄》

  最内层的牙齿组织被称为次生牙本质(SD)，已被确立为一个有价值的年龄评估参数，因为其厚度与年龄高度相关，并且可以通过微型计算机断层扫描(μ-CT)以非侵入性方式进行观察。在考古背景下，牙齿残骸的保存率较高，可以用作年龄指标，从而补充传统的基于骨骼的人口统计方法。由于 SD 年龄评估方法是基于未磨损的牙齿，因此在该研究中，伊泰·努德尔(Itay Nudel)等调整了该方法，以允许对高度磨损牙齿进行年龄估计，并进一步探索史前样本。为此，作者从已知年龄和性别的个体中选取 90 颗具有不同程度咬合磨损的下颌前臼齿。这些牙齿来自哈曼—托德骨质收藏馆(美国俄亥俄州克利夫兰市)和特拉维夫大学收藏馆(以色列)。结合 SD 测量和咬合损耗，稍微改善了年龄估计的标准误差，从基于 SD 的±7.7 岁和基于磨损的±9.5岁，降低到±6.5 岁。SD 年龄估算方法被用于评估来自三个纳图夫人和新石器时代遗址(哈约尼姆洞穴、艾因马拉哈，公元前 14900—前 11750 年；哈霍瑞，公元前 12175—前 8250 年)的个体年龄。通过将 48 颗前臼齿添加到先前的骨骼年龄评估中，人口覆盖率显著增加，从而创建了新的生命表。牙齿年龄评估的加入，代表了未被考虑的个体，改变了年龄分布，并将预期寿命提高了 1.8—4.7 岁。利用 SD 年龄分析，可将孤立、零碎的牙齿纳入古代人口统计研究，从而扩大样本覆盖范围，并为古代人群结构提供更好的洞察。

- Hicks, M.*, Anamthawat-Jónsson, K., Einarsson, Á. & Þór Þórsson, Æ. (2023). The Identification of Bird Eggshell by Scanning Electron Microscopy. *Journal of Archaeological Science* 151：105712. https：//doi.org/10.1016/j.jas.2022.105712.

《利用扫描电子显微镜鉴定鸟类蛋壳》

  考古学家和生态学家越来越多地开发新工具，以帮助研究者理解古生态系统的特征以及人类对其造成的影响。梅甘·希克斯(Megan Hicks)等提出一种改进的方法，用于识别通过考古、生态和古生态野外工作回收的鸟蛋壳碎片。该方法基于高分辨率扫描电子显微镜(SEM)成像技术，观察蛋壳内表面，并建立一套描述诊断特征的系统。这些特征包括乳头状突起(构成大部分蛋壳的钙质柱的突出端)的形状和纹理，以及乳突间隙和接触点的微观形态。作者还提出一种测量乳突空间密度的方法。最后，作者提供了一份来自 25 种鸟类的蛋壳视觉参考资料，其中大部分鸟类分布在作者的重点研究区域即北大西洋地区。通过特别关注一个分类群(鸭子，10 种)，作者确认蛋壳微观结构具有物种特异性。这种方法易于推广到其他地区和物种组合，作者提倡在更大范围内对蛋壳微观形态进行分类，以促进在考古和生态学研究中对蛋壳碎片的使用。

- Moreno-Ibáñez, M.*, Fibiger, L. & Saladié, P. (2023). Unraveling Neolithic Sharp-Blunt Cranial Trauma：Experimental Approach Through Synthetic Analogues. *Journal of Archaeological Science* 151：105739. https：//doi.org/10.1016/j.jas.2023.105739.

《通过合成类似物的实验方法揭示新石器时代的锐钝性颅骨创伤》

  研究人员可以通过实验研究过去发生的人际暴力。通过使用类人骨骼的类比，可以复制考古记录中的骨折，并了解其产生方式。米格尔·安赫尔·莫雷诺—伊巴涅斯（Miguel Ángel Moreno-Ibáñez）等的主要目的是描述和区分由石斧和石锛造成的锐钝性颅骨创伤，以检验对一个考古案例的先前解释。这为未来研究提供了一个比较参考框架。在本实验中，使用了七个聚氨酯球作为人类颅骨的模拟物，这些球体包有橡胶外皮，内部填充弹道明胶，并以允许在撞击时具有一定活动性的方式固定。这一系统构建了一个皮肤—头骨—大脑—颈部模型。实验中使用了石斧和石铲的复制品作为武器，模拟面对面的攻击。实验结果表明，存在一系列特征可以区分与每种武器相关的骨折模式，确认了先前的生物考古学解释。通过对两种武器所造成的颅骨创伤进行区分，可以得出关于攻击方向以及攻击者相对于受害者的位置等结论。这为重建围绕冲突的最可能场景以及个体的可能死亡原因提供了更好的依据，这在新石器时代尤为重要，因为此类颅脑创伤非常普遍。

- Gaastra, J. * (2023). Domesticating Details: 3D Geometric Morphometrics for the Zooarchaeological Discrimination of Wild, Domestic and Proto-Domestic Sheep (*Ovis Aries*) and Goat (*Capra Hircus*) Populations. *Journal of Archaeological Science* 151: 105723. https://doi.org/10.1016/j.jas.2023.105723.

《驯化细节：利用三维几何形态计量学区分野生、家养和初始家养的绵羊（*Ovis aries*）和山羊（*Capra hircus*）种群》

  家畜的驯化和管理为古代世界提供了重要的食物和纺织品来源。对这些动物的驯化、改良和管理过程的研究，为解读古代社会经济结构提供了基础。尽管这一重要性显而易见，动物考古学家在确定关键类群的驯化状态，甚至确定其骨质鉴定方面仍然面临着重大挑战。这在驯化过程的初始阶段尤为突出。通过几何形态计量分析，某些家畜物种（如猪）的认识取得了重要进展，但其他驯化动物的形态特征滞后了与其研究相关的进展。简·加斯特（Jane S. Gaastra）对羊驼类（绵羊和山羊）的距骨进行了几何形态计量学评估，以揭示其在区分野生、初始家养和家养形态类型方面的能力，从而推动对驯化过程的理解。

- Gallet, Y. * & Le Goff, M. (2023). A Complementary, Two-Method Spherical Approach to Direction-Based Archeomagnetic Dating. *Journal of Archaeological Science* 152: 105743. https://doi.org/10.1016/j.jas.2023.105743.

《一种互补的双方法球面方向考古磁性定年法》

  通过数据的矢量处理，伊夫·加莱（Yves Gallet）等提出了一种双路径球面法，用于基于地磁场方向变化的考古磁学测年。研究根据从窑炉结构所获取的数据，并采用滑动窗口技术确定了法国的参考曲线。双路径中的第一个路径是确定待测年方向与定义参考曲线的平均方向最接近的时间间隔。根据待测年方向与参考曲线方向之间的夹角以及 Fisher 概率密度函数，得出一条重合概率密度曲线，并据此估算出一个基于 95% 概率水平的年代区间。第二个路径是确定一个在 95% 的置信度下，测年方向与测年参考曲线方向在统计学上一致的考古地磁年代。与前一路径相比，这一路径有较大限制性，因为它要求测试方向和参考方向之间的吻合度非常高，而前者只是基于相对接近性。通过考古磁性定年的实例，作者证实这两种方法是互补的，应该联合起来使用，以应对考古磁性定年固有的一些局限性，特别是由于参考结构层数据的分散性所导致的局限性。

- Larsson, M. * & Bergman, J. (2023). Experimental Approach to Evaluate the Effect of Growing Conditions on Cereal Grain Size and Its Relevance for Interpreting Archaeological Cereal Grain Assemblages. *Journal of Archaeological Science* 152：105752. https://doi.org/10.1016/j.jas.2023.105752.

《实验方法评估生长条件对谷物粒径的影响及其在解读考古谷物组合中的相关性》

考古谷物的测量有望改善对考古出土植物组合的解读，并解决与过去农业实践相关的广泛研究问题。然而，理解影响谷物形态测量的多种因素的作用，对于验证形态测量在植物考古学中的应用至关重要。米卡尔·拉尔森（Mikael Larsson）等的目的是使用三个实验因素（不同土壤类型的地点、施肥强度、植物密度）调查生长条件对谷物粒径的潜在影响。该研究在瑞典南部的两个地点（阿尔纳普和霍尔马）进行了一项短期田野实验，研究对象包括去壳大麦、裸大麦、面包小麦、二粒小麦、单粒小麦、斯佩耳特小麦、黑麦和燕麦。实验结果表明，尽管所有三个因素都会影响谷物粒径，但施肥（$p<0.0001$）和不同土壤类型（$p<0.0001$）对粒径的影响最为显著，而植物密度的影响最弱（$p=0.005$），此外，不同的谷物种类对实验因素的反应也存在差异。作者进一步利用形态测量数据集，通过分析在不同实验因素下谷物粒径的样本范围，评估粒径变化与生长条件之间的关系。获得的实验数据揭示了生长条件如何影响谷物粒径，并在讨论中将结果与考古出土植物遗存中的谷物粒径组成相关联。

- Proffitt, T. *, Reeves, J., Falótico, T., Arroyo, A., Torre, I., Ottoni, E. & Luncz, L. (2023). Identifying Intentional Flake Production at the Dawn of Technology：A Technological and 3D Geometric Morphometric Study. *Journal of Archaeological Science* 152：105740. https://doi.org/10.1016/j.jas.2023.105740.

《识别技术萌芽时期的有意识的石片生产：一项技术和三维几何形态测量研究》

制作边缘锋利的石片通常被认为是古人类特有的一种适应方式。距今约330万年的大型石核和石片表明，早期人类生产石片的证据与后来的奥杜威文化（约260万年前）的记录存在差异。最近的发现显示，卷尾猴（*Sapajus libidinosus*）可以在打击行为中无意地产生边缘锋利的石片，这是打击行为的副产物。卷尾猴是唯一故意将两块石头相撞（石对石打击）以产生石英粉末的野生灵长类动物。在这个过程中，它们无意中产生了高频率的边缘锋利的石片。有研究表明，这些石片具有与描述古人类有意制作的石片的相同技术属性。在该研究中，托莫斯·普罗菲特（Tomos Proffitt）等比较了非刻意制作的卷尾猴石片、实验制作的石片（采用上新世—更新世期间两种制作石片的技术，即徒手和被动锤击法）以及来自坦桑尼亚奥杜威峡谷的奥杜威石片样本的基本形态测量、技术特征和三维形态测量。研究结果表明,无意的石块撞击产生的石片在形状、大小和技术属性方面与有意打制的石片有所重叠。然而,作者识别出一些可能对区分早期考古记录中故意打击技术和无意打制石片至关重要的特征,这些数据表明奥杜威石片更接近于有意识的徒手打制技术。

- Bas, M.＊, Salemme, M., Santiago, F., Godino, l., Alvarez, M. & Cardona, L. (2023). Patterns of Fish Consumption by Hunter-Fisher-Gatherer People from the Atlantic Coast of Tierra del Fuego During the Holocene: Human-environmental Interactions. *Journal of Archaeological Science* 152: 105755. https://doi.org/10.1016/j.jas.2023.105755.
《火地岛大西洋沿岸渔猎采集者在全新世时期的鱼类消费模式:人类与环境的互动》

　　玛丽亚·巴斯(Maria Bas)等旨在评估渔猎采集者在环境变化背景下食用海洋鱼类模式的变化。为实现这一目标,作者采用两种方法:首先,通过对来自阿根廷火地岛全新世中晚期不同考古遗址出土的古代和现代帽贝和贻贝进行稳定同位素分析,探讨同位素基线的变化以及鱼类骨骼遗骸的变化。其次,对同一地区和时期不同考古遗址的鱼类骨骼遗骸进行动物考古学定量分析。研究结果证实,在全新世的后半期,火地岛大西洋沿岸的海洋初级生产力有所下降,同时浮游植物对沿海食物网碳库的贡献减少。动物考古学定量分析和鱼类遗骸的稳定同位素分析表明,在这一整个时期内,大西洋沿岸消费的鱼类种类从近海鱼类转向近岸鱼类,这主要是由于阿根廷无须鳕(*Merluccius hubbsi*)出现频率的下降,可能与该物种的分布变化及其大规模搁浅的概率有关。

- Ralph, A.＊, Asmus, B., Baptista, P., Mataloto, R., Diaz, P., Rammelkammer, V., Richter, A., Vintrici, G. & Mahlmann, R. (2023). Stone-Working and the Earliest Steel in Iberia: Scientific Analyses and Experimental Replications of Final Bronze Age Stelae and Tools. *Journal of Archaeological Science* 152: 105742. https://doi.org/10.1016/j.jas.2023.105742.
《伊比利亚的石材加工与最早的钢铁:青铜时代末期石碑和工具的科技分析与复制实验》

　　伊比利亚西南部青铜时代末期(FBA)和铁器时代早期(EIA)的石碑一直是考古学关注的焦点。这些石碑展示了人类和动物的形象、武器、装饰品和战车等物品。此外,它们还让人们了解到史前石材加工和雕刻技术。然而,目前仍缺乏相应的岩石学研究以及对合适工具的思考。拉尔夫·阿拉克·冈萨雷斯(Ralph Araque Gonzalez)等侧重于多学科方法,包括岩相学和冶金学分析,并辅之以实验考古学。首先,利用岩相学方法,对西班牙卡皮拉(Capilla)的石碑进行准确的岩性测定。根据鉴定结果,从单矿物石英砂岩的露出中获得用于复制石碑的两块石板,并让一名专业石匠试用了所有 FBA-EIA 时期容易获取的材料所制作的凿子。考虑到这种极其坚硬的岩石需要坚固的雕刻工具,作者对葡萄牙罗查·多·维吉奥(Rocha do Vigio)FBA 时期遗址的一把长期被忽视的铁凿子进行了金相学研究,结果表明这把凿子是一把非均质的高碳钢凿。由于所分析的岩石是最坚硬的岩石之一,在雕刻实验中,青铜和石器工具被淘汰，而唯一显示出雕刻效果的工具是根据罗查·多·维吉奥钢凿复制的有着硬化边缘的钢凿。作者将其独特的工作痕迹与原始纪念碑进行比较，推测在伊比利亚 FBA-EIA 的过渡时期，碳钢的生产和硬化可能已经为人所知。只有获得制铁技术，人们才能利用卡皮拉市周围苏哈尔（Zújar）盆地中常见的石材制作石碑。

- Dolfini, A. *, Scholes, S., Collins, J., Hardy, S. & Joyce, T. (2023). Testing the Efficiency of Bronze Age Axes: An Interdisciplinary Experiment. *Journal of Archaeological Science* 152: 105741. https://doi.org/10.1016/j.jas.2023.105741.
《青铜时代斧头的效率测试：一项跨学科实验》

　　安德烈亚·多尔菲尼（Andrea Dolfini）等讨论了一个跨学科研究项目，通过对英国纽卡斯尔大北方博物馆收藏的史前斧头进行实验和微痕分析，测试欧洲青铜时代斧头的效率。作者探讨了从青铜时代早期到晚期斧头设计和斧柄安排的变化是否可能是出于提高工具效率的动机。研究团队由考古学、工程学和统计数据建模等领域的研究人员组成，针对研究问题进行了多次现场和实验室测试。随后，作者通过对青铜时代斧头原件的显微分析，验证了测试结果。数据表明，把手技术，尤其是把手与刀刃的组合的韧性，在决定青铜时代斧头的效率和工作性能方面，比斧头设计本身更为重要。这项研究为一个根植于 19 世纪考古学的问题提供了新的答案，并为通过跨学科的方式研究人类技术的发展开辟了新路径。

- Stroud, E. *, Charles, M., Bogaard, A. & Hamerow, H. (2023). Turning up the Heat: Assessing the Impact of Charring Regime on the Morphology and Stable Isotopic Values of Cereal Grains. *Journal of Archaeological Science* 153: 105754. https://doi.org/10.1016/j.jas.2023.105754.
《升温：评估炭化条件对谷物颗粒形态和稳定同位素值的影响》

　　目前，考古学界经常分析炭化作物的稳定同位素值。以往的研究强调了谷物形态和稳定碳氮同位素值如何随谷物炭化温度的变化而变化，但这类研究仅限于 260 ℃以下的温度范围，而且主要使用地中海谷物和豆类。伊丽莎白·斯特劳德（Elizabeth Stroud）等首次提供了炭化对两种北欧谷物（黑麦和燕麦）形态和同位素影响的实验数据。对黑麦、燕麦、面包小麦和去壳大麦进行新的炭化实验，将炭化窗扩大到 300 ℃，从而深入了解谷物的形态变化以及炭化和未炭化同位素值之间的差异。这一系列谷物和条件为对英国中世纪农业种植条件和实践进行稳定同位素研究提供了可能性。结果表明，从同位素角度看，230 ℃—300 ℃之间炭化谷物的 $\delta^{13}C$ 和 $\delta^{15}N$ 值应分别偏移 0.16‰和 0.32‰。形态和内部结构变化以及外部变形是随炭化温度和持续时间而变化的关键属性。该研究提供了评估面包小麦、去壳大麦、黑麦和燕麦等考古谷物是否属于同位素分析可接受的炭化范围的指导原则。

- Petchey, F. *, Dabell, K., Clark, G. & Parton, P. (2023). Evidence of Temporal Changes in the Marine ^{14}C Reservoir in the South Pacific and Implications for Improved Dating Resolution across a Radiocarbon Plateau (2600 – 2350 cal BP). *Journal of*

Archaeological Science 153：105756. https：//doi.org/10.1016/j.jas.2023.105756.

《南太平洋海洋碳十四的时间变化证据及其对提高放射性碳平台期（距今 2600—2350 年）年代分辨率的影响》

  太平洋地区的定居是人类迁徙的重要篇章,放射性碳(^{14}C)年代为其提供了时间标尺。在过去的 3000 年中,波利尼西亚文化在汤加和萨摩亚的发展源于早期的祖先人群。遗憾的是,在距今约 2650—2350 年之间,用于将 ^{14}C 年代转换为公历年代的陆地 ^{14}C 校正曲线相对平坦,导致对年代的解释精度较低。在此期间,南太平洋的海洋 ^{14}C 库似乎从陆地库中分化出来,具体原因尚不清楚。这种分化可能是完善沿海遗址年代学的关键。菲奥纳·佩切(Fiona Petchey)等在汤加塔布(Tongatapu)的塔拉西乌(Talasiu)遗址进行研究,该遗址既有拉皮塔晚期陶器,也有波利尼西亚文化早期的陶器。此外,作者还展示了如何通过仔细评估 δ^{13}C 和 δ^{18}O,并结合贝壳类生物的食性和栖息地,使受硬水影响的贝壳 ^{14}C 年代能够为因距今 2650—2350 年平台效应而模糊不清的年代学提供贡献。作者的发现对理解海洋和陆地 ^{14}C 库之间的关系具有重要的全球意义,并且对那些希望细化这一时期日期的研究者具有吸引力。

- Zhao, T., Peng, M., Yang, M., Lu, R., Wang, Y.* & Li, Y.* （2023）. Effects of Weathering on FTIR Spectra and Origin Traceability of Archaeological Amber：The Case of the Han Tomb of Haihun Marquis, China. A *Journal of Archaeological Science* 153：105753. https：//doi.org/10.1016/j.jas.2023.105753.

《风化对 FTIR 光谱及考古琥珀来源可溯性的影响：以中国海昏侯墓为例》

  考古出土琥珀文物不可避免地经历了不同程度的风化(典型的不可逆氧化),这会改变琥珀的外观特征和内部成分,进一步导致红外光谱中峰形/位置或信号噪声的变化,从而给考古出土琥珀来源的可追溯性带来挑战。赵彤等首先报告了来自缅甸、波罗的海地区和中国抚顺的 113 块不同氧化程度的琥珀的红外指纹特征参考数据库,以便与考古出土琥珀进行验证和进一步比较。应用主成分分析法(PCA)和线性判别分析法(LDA)对红外光谱数据进行降维、分类和预测。在这一研究中,作者以西汉海昏侯墓出土的四件珍贵考古琥珀器物(1—4 号)为案例,追溯考古发现琥珀的来源。通过光学显微镜,观察它们的外部和内部特征。对考古琥珀器物(1—4 号)和不同氧化程度的琥珀参考样品进行非破坏性分析(衰减全反射傅立叶变换红外光谱)。2 号考古琥珀的红外光谱在 1226、1149、1035 和 974 cm^{-1} 有峰值,这些峰主要出现在缅甸琥珀中。3 号和 4 号考古发现琥珀具有明显的氧化特征(颜色暗红、裂纹严重),在1050、921、553 和 476 cm^{-1} 的峰值与缅甸氧化琥珀趋同。然而,1 号琥珀的红外光谱特征与波罗的海琥珀、缅甸琥珀和中国抚顺琥珀的傅立叶变换光谱特征不太匹配。进一步应用 PCA 方法对光谱数据进行降维处理,并在 LDA 中评估了 15 个高贡献率的主成分得分,以获得准确的分类和预测结果。预测结果表明,基于现有的检测和分析技术,海昏侯墓出土的四件琥珀考古文物均来自缅甸。这些琥珀见证了丝绸之路上的文化交流与相互影响,缅甸琥珀原料在西汉时期通过陆路或海上丝绸之路运往中国。

- Dye, T. *, Buck, C., DiNapoli, R. & Philippe, Anne. (2023). Bayesian Chronology Construction and Substance Time. *Journal of Archaeological Science* 153：105765. https：//doi.org/10.1016/j.jas.2023.105765.

  《贝叶斯年代构建与物质时间》

  考古学时间有两种不同的视角：一种是以地层关系为模型的事件(event)时间观，另一种是以文物之间的谱系关系为模型的物质(substance)时间观，包括以分支、转化和网状变化为代表的三种变化模式。在物质时间中，年代学构建比事件时间更为复杂，后者只涉及转化。艾伦(Allen)的区间代数可用于指定与变化模式相关的时序关系，这些关系可通过贝叶斯(Bayesian)时序模型输出的后处理来确定。托马斯·戴伊(Thomas S. Dye)等通过一个实例，说明如何通过识别年代关系来帮助构建从盎格鲁—撒克逊(Anglo-Saxon)女性墓葬中出土的珠子的谱系序列。这些结果可能会鼓励考古学家在物质时间中进行年代学构建，以辅助历史推断。

- Ben Dor, Y. *, Finkel, M. & Ben-Yosef, E. (2023). A Probabilistic Approach to Provenance Studies Using Whole Object Elemental Composition：Chert (flint) as a Case Study. *Journal of Archaeological Science* 153：105767. https：//doi.org/10.1016/j.jas.2023.105767.

  《利用整体元素组成的概率方法进行产地研究：以燧石为例》

  确定考古发现的文物和"整块岩石"碎片(如鹅卵石和卵石)的产地，对于研究过去的社会以及重建地貌和沉积过程都非常重要。例如，确定考古文物的产地有助于研究人类社会的各个方面，如流动性、贸易路线、原材料采购策略和社会发展，而整体岩石碎片则是沉积物运输路线和地貌演变的有用指标。在该研究中，约阿夫·本·多尔(Yoav Ben Dor)等介绍了一种创新性的概率方法，通过一系列统计分析，探讨利用考古文物和岩石碎片的微量元素组成进行来源研究的局限性和潜力，并以地中海东部的燧石样本数据集为例进行演示。作者的总体目标是以尽可能高的分辨率确定沉积物来源，并将其归因于特定的地表岩石，因此此类分类的稳健性必须考虑所研究样本的固有变异性，而当考虑到一整套元素时，这就构成了一个复杂的问题。

  在这一研究中，通过应用一系列统计技术，说明了评估燧石文物产地研究的可能分辨率和潜在方案。使用斯皮尔曼(Spearman)相关性和克鲁斯卡尔-沃利(Kruskal-Wallis)检验对标记为不同层次的数据进行调查，并使用多维共轭体生成一个遵循原始数据统计特性的合成数据集，以模仿每个子集内不同元素的相关性。然后，对合成数据集进行迭代采样、过滤，并输入分类器，使用一系列分类指标(如准确率、召回率等)对分类器进行评估。使用这种概率方法，确定基于其分布的不同层次和类别的监督分类能力，并评估了在不同层次(如时代、年龄、地层和地点)区分来源所需要的标本数量。作者的研究结果表明，需要10—20个标本就能比较有把握地确定采集燧石的地层的地质年代和年龄(准确率大于90%)，而即使考虑到大量样本，也无法可靠地确定地表岩石。这种方法有潜力将来源不明的物品与随时间扩展的可能来源数据集进行比较，从而实现对未知来源物品及其相关性程度的分类。

- Rey-Iglesia, A.*, de Jager, D., Presslee, S., Qvistgaard, S., Sindbaek, S. & Lorenzen, E.*. (2023). Antlers Far and Wide: Biomolecular Identification of Scandinavian Hair Combs from Ribe, Denmark, 720-900 CE. *Journal of Archaeological Science* 153: 105773. https://doi.org/10.1016/j.jas.2023.105773.

《广泛分布的鹿角：公元720—900年丹麦里贝斯堪的纳维亚发梳的生物分子鉴定》

阿尔巴·雷伊-伊格莱西亚（Alba Rey-Iglesia）等采用生物分子方法，鉴定了丹麦里贝（Ribe）贸易城镇波斯托尔维特（Posthustorvet）遗址发现的发梳和相关作坊残留物中的动物物种，这些遗物的年代为公元720—900年，发现的物品包括四把不同寻常的梳子，它们具有不常见但带有地域特色的"斯堪的纳维亚类型"风格，由鹿角制成，出土年代为公元720—740年。通过肽质谱指纹分析（ZooMS）和古DNA分析，这些梳子被鉴定归属于驼鹿（*Alces alces*）和驯鹿（*Rangifer tarandus*）。作者的研究首次证实丹麦在铁器时代晚期/维京时代（Viking Age）对驼鹿鹿角梳的使用。驼鹿和驯鹿在当时并不在丹麦自然分布，它们在8世纪最接近的栖息地是斯堪的纳维亚半岛。根据线粒体DNA，被鉴定为驼鹿的梳子属于西欧有丝分裂基因组群，斯堪的纳维亚半岛和波兰的当代样本以及德国的一个全新世早期样本中都发现了该基因组群。与波斯托尔维特遗址出土的其他梳子和大量作坊残留物进行比较后，作者发现了不同类型的发梳和原材料。肽质谱指纹分析和古DNA发现证明，四把早期的"斯堪的纳维亚类型"梳子是旅行者带到遗址的成品。研究结果证实，在8世纪早期，即维京时代海上扩张的半个世纪之前，来自斯堪的纳维亚半岛的游客就已经出现在里贝这个北海南部边缘的贸易之地。

- Rademakers, F.*, Auenmueller, J., Spencer, N., Fulcher, K., Lehmann, M., Vanhaecke, F. & Degryse, P. (2023). Metals and Pigments at Amara West: Cross-Craft Perspectives on Practices and Provisioning in New Kingdom Nubia. *Journal of Archaeological Science* 153: 105766. https://doi.org/10.1016/j.jas.2023.105766.

《阿马拉西镇的金属和颜料：新王国时期努比亚惯习与供给的跨工艺视角》

苏丹的阿马拉（Amara）西镇是公元前1300—前1070年期间法老控制下的努比亚尼罗河上游的中心。弗雷德里克·拉德梅克斯（Frederick W. Rademakers）等介绍了对该镇出土的铜合金、铜基颜料和一种极为罕见的锡基合金进行元素和铅同位素分析的结果。这是首次对这一时期努比亚尼罗河上游的同类藏品进行分析。这项研究根据埃及和努比亚早先和同时代的做法和模式，考察了殖民背景下合金的选择和消费情况，以评估更广泛的资源管理和金属生产系统。通过颜料分析获得的互补信息，揭示了不同高温工艺之间的互动，特别是在共享供给系统方面，有了新的认识。从这一独特视角出发，颜料分析首次用于揭示金属组合中未反映的铜来源，同时将废铜合金确定为埃及蓝的关键着色剂。锶同位素分析的综合应用进一步凸显了识别埃及玻璃、费昂斯（faience）和埃及蓝生产系统之间联系的潜力，并将其与美索不达米亚等其他制造区域区分开来。对锡制品的分析进一步拓展了研究者对新王国时期潜在可用的锡来源及其在塑造铜合金成分中的作用的认识。总体而言，这种对铜合金及其在其他高温工业中的应用的整体性研究方法，将不同的研究领域联系在一起,形成了对新王国技术实践、供应网络和尼罗河流域材料库存的新理解。

- Kovalev, I. *, Rodler, A., Rehren, T. & Brons, C. (2023). Making and Working Egyptian Blue—A Review of the Archaeological Evidence. *Journal of Archaeological Science* 153: 105772. https://doi.org/10.1016/j.jas.2023.105772.
《埃及蓝的制作和加工——基于考古证据的综述》

    作为最早的人工颜料,埃及蓝拥有数千年的生产、加工和使用的历史。伊利亚·科瓦廖夫(Ilia Kovalev)等回顾了已发表的埃及蓝生产考古证据,旨在确定每个工艺步骤的一般性特征和潜在的诊断标准,以帮助未来对埃及蓝作坊的识别和解释。作者指出青铜时代晚期和希腊化至罗马晚期遗址在生产证据方面存在系统性差异,并提出一个区埃及蓝的初级生产和次级/艺术加工的模型。最后,作者注意到在其已知使用的大部分时期内,缺乏埃及蓝生产和加工的直接证据。

- Oxilia, G. *, Zaniboni, M., Bortolini, E., Sartorio, J., Bernardini, F., Tuniz, C., Di Domenico, G., Pavicic, D., Los, D., Radovic, S., Balen, J., Jankovic, I., Novak, M. & Benazzi, S. (2023). Enamel Thickness per Masticatory Phases (ETMP): A New Approach to Assess the Relationship Between Macrowear and Enamel Thickness in the Human Lower First Molar. *Journal of Archaeological Science* 153: 105776. https://doi.org/10.1016/j.jas.2023.105776.
《咀嚼阶段的牙釉质厚度(ETMP):评估人类下颌第一磨牙宏观磨损与牙釉质厚度之间关系的新方法》

    许多人类学研究探讨了牙釉质厚度在人体牙冠功能上的意义。尽管存在一些局限性,但牙釉质厚度(ET)值仍被用于推断人属(*Homo*)的分类归属,并识别对宏观磨损的功能适应机制。然而,只有少数研究尝试描述 ET 与下颌第一恒磨牙(M1)磨损模式之间的可能关系,旨在观察是否可以检测到环境和文化背景的适应性反应。格雷戈里奥·奥克西利亚(Gregorio Oxilia)等的研究旨在调查生活在克罗地亚(Croatia)新石器时代(公元前 6000 年早期)和青铜时代(公元前 2000 年后半期)之间的个体的 M1(磨损阶段 3;Molnar,1971)中可能存在的 ET 适应性反应信号,以便根据考古记录的人口结构和生存策略的变化,确定牙组织比例变化的信号。为此,作者探索了整个牙冠的三维平均珐琅质厚度(AET)以及不同个体和不同年代组之间的磨损模式分布。接着,作者介绍了名为"咀嚼阶段牙釉质厚度"(ETMP)的新方法,该方法涉及根据咀嚼阶段将牙釉质和冠状牙本质分为三个部分的虚拟切片,并相应地探讨 AET 的分布。最后,作者对牙冠进行了几何形态测量分析,以确定新石器时代、铜石并用时代、青铜时代的人群之间可能存在的形态差异。结果表明,青铜时代的个体与之前的群体存在差异,具体表现为:(1)整个牙冠及颊侧区域的 ET 值较高;(2)颊侧局部磨损模式显著;(3)后尖的远端延伸以及牙冠的中远端形状延展。这些形态可能代表了牙组织对不同功能需求(如考古学上记载的饮食变化)的适应性反应。因此,ETMP 研究提供了一种更细致的方法,即除形态学和宏观磨损分析外,还可以通过牙组织记录考古人群随时间变化的生物文化过程。

- Badillo-Sanchez, D., Ruber, M., Davies-Barrett, A., Jones, D. & Inskip, S. * （2023）. Botanical Collections as an Opportunity to Explore Nature Through the Time: An Untargeted Metabolomic Study in Historical and Modern *Nicotiana* Leaves. *Journal of Archaeological Science* 153: 105769. https://doi.org/10.1016/j.jas.2023.105769.

  《植物标本收藏：穿越时空探索自然的机会——对历史和现代烟草叶的非靶向代谢组学研究》

  植物藏品中的活体标本和干燥标本对社会科学研究具有重要作用，提供了获取个体植物、生态系统和环境研究的宏观和分子信息的机会。非靶向代谢组学是一种分析方法，允许同时研究生物体内存在的多种小分子，从而使研究者能够对不同的研究条件进行统计比较。虽然代谢组学方法已应用于植物藏品中的活体标本，但迄今为止尚未用于历史干燥材料。以烟草属草本植物（烟草）为例，迭戈·巴迪略-桑切斯（Diego Badillo-Sanchez）等提出了一项非靶向代谢组学研究，以评估历史干燥标本作为过去代谢组学信息来源的潜力。作者采用液相色谱法和高分辨质谱法，分析了四支现代手工烟草雪茄的极性和弱极性/疏水性提取物（分为茄衣、黏合剂和填充叶）的代谢组学特征，以及英国伦敦皇家植物园（Kew）收藏的八个19世纪末至20世纪初的烟草标本（七片烟叶和一份鼻烟粉）的代谢组学特征。研究结果表明，干燥植物材料中保存了大量极性分子和弱极性/疏水性分子，为代谢组学研究提供了理想信息。历史干燥样本的代谢组学特征非常独特，可以分为栽培烟草（*Nicotiana tabacum*）或野烟草（*Nicotiana rustica*），并且根据地理来源或转化/加工显示出差异。历史材料分子数据的统计模型使研究者能够验证历史藏品的标签，从而确定一个可能标记错误的标本，并为一个未知的烟草样本的物种提供一些线索。最后，烟草和现代雪茄在代谢组学特征上的差异表明，两者在代谢组学特征上有很大比例的相似性，而分子差异可能与植物的生长地点或过去两个世纪中的人为转化有关。这项研究表明，干燥植物藏品是一种可行的信息来源，如果将其应用于大量个体，可以得出植物材料随时间演变和人为改造的结论。这些研究结果对植物历史相关学科（如植物学、历史学和考古学）具有重要意义。

- Fontana, G. * & Bernard, S. （2023）. A New Method for the Energetics Analysis of Polygonal Masonry in Samnite Hillforts （Italy）. *Journal of Archaeological Science* 153: 105730. https://doi.org/10.1016/j.jas.2023.105730.

  《意大利萨姆尼特丘堡多边形砖石建筑的能量分析新方法》

  贾科莫·丰塔纳（Giacomo Fontana）等提出了一种基于统计的方法，用于对多边形砖石建筑及其能量学进行比较分析。通过三维建模，记录了四个不同萨姆尼特（Samnite）丘堡（公元前5—前3世纪）的墙体，以生成适合计算三个变量（面积、矩形度和间隙面积）的模型，这些变量用于对其建造中涉及的不同建筑技术进行比较评估。这使得研究者能够识别与不同劳动成本相关的砖石建筑风格，并据此生成适合于意大利中南部数百个丘堡的跨区域能量指数。这种形式化且可复制的多边形砖石建筑成本分析不仅适用于意大利的遗址分析，还可以应用于地中海地区广泛存在的类似遗址。

- Wang, X., Bocksberger, G., Lautenschlaeger, T., Finckh, M., Meller, P., O'Malley, G. & Oelze, V. * (2023). A Bioavailable Strontium Isoscape of Angola with Implications for the Archaeology of the Transatlantic Slave Trade. *Journal of Archaeological Science* 154：105775. https://doi.org/10.1016/j.jas.2023.105775.

《安哥拉的生物可利用锶同位素景观及其对跨大西洋奴隶贸易考古学的影响》

如今的安哥拉地区是跨大西洋奴隶贸易期间数百万被奴役的非洲人被劫持并被迫移居美洲的主要地区之一。锶同位素($^{87}Sr/^{86}Sr$)分析是重建考古和法医学背景下跨越地质特征明显的景观中,大规模人类迁徙活动的有效工具。然而安哥拉缺乏环境中的$^{87}Sr/^{86}Sr$参考数据,这阻碍了$^{87}Sr/^{86}Sr$分析在与安哥拉相关的物源分析中的应用,尤其是在识别非洲移民社群中被奴役者的地理来源方面。王学烨测量了来自大部分主要地质单位的101个植物样本,利用机器学习框架绘制了首个安哥拉地区生物可利用锶同位素($^{87}Sr/^{86}Sr$)地图。作者的结果显示,安哥拉不同地质单位之间的$^{87}Sr/^{86}Sr$比率跨度大,从0.70679到0.76815不等。具体而言,在安哥拉中部的安哥拉地块的平均$^{87}Sr/^{86}Sr$比率值高达0.74097(±0.00938,1 SD),明显比过去公布的中非和西非西部生物可利用的$^{87}Sr/^{86}Sr$比率更具放射性,但却与过去公布的四个美洲历史上奴隶制背景下人类牙釉质样本的$^{87}Sr/^{86}Sr$比率相吻合。该研究表明,安哥拉的锶同位素地图显著提高了评估在非洲以外发现的非洲被奴役者可能来源的能力,并鼓励未来在奴隶贸易的生命史研究中使用新兴的非洲同位素景观。

- Criado-Boado, F. *, Martinez, L., Blanco, M., Alonso-Pablos, D., Porto, Y. & del Barrio-Alvarez, E. (2023). Gazed Pottery: An Archaeometric-Cognitive Approach to Material Culture Visuality. *Journal of Archaeological Science* 154：105770. https://doi.org/10.1016/j.jas.2023.105770.

《被凝视的陶器：一种物质文化可视性的考古计量学与认知学研究》

费利佩·克里亚多-博阿多(Felipe Criado-Boado)等通过对史前陶器的眼动追踪研究,探讨了视觉感知的相关性。这项研究提出一种可行的方法,旨在通过定量技术了解物质文化的能动性,从而分析视觉感知行为、物质文化和社会复杂性之间的可能关系。特别值得注意的是,研究表明,凝视的水平性与早期陶器有关,而在后期更复杂社会的陶器材料中,凝视的垂直性有所增加。这些结果确认了观察者的视觉反应模式受每种陶器风格的物质特征影响。研究讨论了这些发现对改进考古现象解释学的意义,包括其在遗产管理中应用新方法的可能性。基于此,眼动跟踪分析似乎是一种强大而有益的考古计量学技术。

- Suhrbier, S. & Scharl, S. * (2023). Combining Geometric Morphometrics and Redundancy Analysis to Analyse Neolithic Architecture — A Case Study on Southwest German Longhouses 5000–4500 BCE. *Journal of Archaeological Science* 154：105771. https://doi.org/10.1016/j.jas.2023.105771.

《新石器时代建筑的几何形态计量与冗余分析——以公元前5000—前4500年德国西南部长屋为例》

长屋是中欧早期农业社会的典型建筑。在近 1000 年(约公元前 5500—前 4500 年)的时间里,这种以地基柱为特征的建筑一直是主要的建筑形式。在此期间,尽管许多建筑元素发生了变化,但建筑构造方法的多样性在公元前 5 世纪上半叶有所增加。因此,平面设计及其他建筑元素成为这一时期建筑年代测定的重要基础,这一点尤为重要,因为单个房屋平面图无法通过伴随灰坑中的相关发现确定年代。斯蒂芬·苏尔比耶(Stefan Suhrbier)等基于多变量方法,包括几何形态测量学、主成分分析和冗余分析,考察了德国西南部新石器时代中期(公元前 5000—前 4500 年)房屋布局的分类结果。结果显示,轮廓形状与粗略的年代分类以及各种建筑特征之间存在显著的相关性。新石器时代中期的长屋并未表现出从"船形"到"梯形"的连续性形状变化,相反,在较早的阶段,典型的轮廓仅为船形,而在较晚阶段则出现了多样性。这一转变可以置于更广泛的文化背景中,因为在此期间,出现了定居模式和农业实践的多样化过程。

- Wendt, C. * & Peters, K. (2023). Ancient Olmec Tar Trade Revealed by Combined Biomarker and Chemometric Analysis. *Journal of Archaeological Science* 154:105778. https://doi.org/10.1016/j.jas.2023.105778.
《利用生物标记和化学计量方法揭示古代奥尔梅克的沥青贸易》

墨西哥湾南部海湾沿岸的不同区域中,分布着焦油、玄武岩、高岭土和赤铁矿等资源。这种原材料分布的不均导致学者们认为,奥尔梅克领导人控制着原材料的源头和区域贸易,并从中获得了经济和政治权力。卡尔·文特(Carl J. Wendt)等为了加深对奥尔梅克用作黏合剂、密封剂和装饰品的沥青贸易的了解,在研究中创新性地使用基于生物标记物地球化学(抗生物降解分子化石)的分子考古学与化学计量学(多元统计)相结合的方法,以确定原油、渗出油、现代化应用和从十个形成期早、中期的遗址(公元前 1800—前 400 年)出土的考古文物之间的遗传关系。研究根据萜烷和甾烷质谱图上的峰值高度,计算出七个与来源相关的生物标记物比率。作者采用了层次聚类分析树状图,它可以直观地显示样本的遗传家族,其中聚类距离可以衡量相似程度。研究结果揭示了奥尔梅克商品交换和区域内互动的模式,以及精英控制部分沥青的采购和分配的可能性。

- Mavroudas, S. *, Alfsdotter, C., Bricking, A. & Madgwick, R. (2023). Experimental Investigation of Histotaphonomic Changes in Human Bone from Whole-Body Donors Demonstrates Limited Effects of Early Post-Mortem Change in Bone. *Journal of Archaeological Science* 154:105789. https://doi.org/10.1016/j.jas.2023.105789.
《对全身捐赠者的人骨进行的实验表明埋藏后的早期变化对骨骼的影响有限》

近年来,组织学分析在考古背景下重建丧葬处理方面得到广泛应用。对微观结构的成因变化,特别是细菌侵袭的程度和性质的解读存在相当大的分歧。一些研究人员认为细菌的来源是内源性的(即来自肠道),而另一些则认为细菌是外源性的(即来自土壤),这两种情境导致了不同的解释途径。此外,人们对细菌侵袭和其他微观结构改变的时间点和持续时间也知之甚少。缺乏实验研究,尤其是针对完整人类尸体的实验研究,成为对组织埋藏学数据进行可靠解释的障碍,也导致相关研究往往依赖于公认的知识和推理模式。

索菲娅·马夫鲁达斯(Sophia R. Mavroudas)等通过对得克萨斯州法医人类学中心不同埋葬条件下的五具人类尸体进行对照实验研究,在解决这些问题方面取得了进展。埋葬条件包括:(1)埋在土壤中,(2)埋在棺材中,(3)半埋在棺材里,(4)暴露在地面上,(5)暴露在未填埋的沟渠中,埋藏时间最长达30个月。与预期相反,不同的埋葬条件下的尸体在组织保存方面几乎没有产生显著差异。此外,在研究期间,任何遗骸上都很少发生生物侵袭。至关重要的是,这表明生物侵袭可能与通常认为的死后早期无关,这意味着之前的一些解释可能需要重新考虑,需要进一步开展工作来阐明影响不同保存情况的变量。

- Sergio, J.*, Gourichon, L., Muniz, J. & Ibanez, J. (2023). Discriminating Dietary Behaviour Between Wild and Domestic Goats Using Dental Microwear Texture: First Results from a Modern Reference Set and Early Neolithic Goat Exploitation in the Southern Levant. *Journal of Archaeological Science* 155: 105779. https://doi.org/10.1016/j.jas.2023.105779.

《利用牙齿微磨损纹理区分野生山羊和家养山羊的饮食行为:来自现代参考样本及黎凡特南部新石器时代早期山羊利用的初步结果》

当前的证据支持动物驯化发生在近东地区的多个地点和不同时期,而非单一起源。在这种情况下,越来越多的研究者认为黎凡特南部(southern Levant)极可能为山羊驯化的一个主要中心,与东部安纳托利亚和扎格罗斯山脉并列(eastern Anatolia and the Zagros)。然而,由于很难从形态上区分家养山羊和野生山羊,因此,评估这种动物在该地区的状态(即野生还是家养)受到限制。饮食重建是解决这一问题的有效方法,因为与自由放养的野生种群不同,管理动物的喂养由其主人控制。希门尼斯-曼琼·塞尔吉奥(Jimenez-Manchon Sergio)等首次提出利用共聚焦显微镜观察牙齿微磨损纹理(DMTA)来解决这一问题。对现存野生山羊和家养山羊的饮食行为如何反映在DMTA中进行表征至关重要。为此,作者构建了一个参考样本库,包含三种野生山羊物种,即伊比利亚半岛南部的西班牙羱羊(*Capra pyrenaica*)19只、阿尔卑斯山的北山羊(*Capra ibex*)12只、近东的努比亚羱羊(*Capra nubiana*)和地中海灌木地区广泛饲养的家养山羊(*Capra hircus*)各15只。初步结果表明,DMTA能够区分现存山羊的不同群体,所获得的结果用于表征黎凡特南部两个关键的早期和中期无陶新石器时代B遗址的16只山羊(*Capra format aegagrus*)的古饮食。这两个遗址分别是哈拉伊幸(约旦扎尔卡,约公元前8800—前7500年)和卡萨拉(叙利亚阿斯-苏韦达,公元前8700—前8200年)。考古遗存中的山羊表现出较高的变异性,可能是受到控制喂食的一个指示,这也支持了关于动物驯化初期多样化和实验性管理系统的假设。该研究展示了这一方法在研究早期动物驯化过程方面的潜力。在这一初步工作之后,参考样本库将包括更广泛的牲畜管理策略,考古材料也将通过即将进行的发掘和整合其他遗址的新样本而得到扩展。

- Westner, K. *, Vaxevanopoulos, M., Blichert-Toft, J., Davis, G. & Albarede, F. (2023). Isotope and Trace Element Compositions of Silver-Bearing Ores in the Balkans as Possible Metal Sources in Antiquity. *Journal of Archaeological Science* 155: 105791. https://doi.org/10.1016/j.jas.2023.105791.

  《巴尔干地区可能作为古代金属银的来源矿石的同位素和微量元素组成》

  巴尔干半岛的矿床在罗马和中世纪时期,曾被大量开采以提取银和其他金属。公元前5世纪初至公元前3世纪末,部落集团发行的钱币提供了间接证据,表明银矿开采早于罗马对该地区的征服。然而,识别过去金属生产中心和重建大规模银流动只能通过一个全面的潜在矿石的地球化学数据库来实现。在此,卡特琳·朱莉娅·韦斯特纳(Katrin Julia Westner)等呈现了来自巴尔干地区36个矿化点的128个矿石样本、1个定居点的半反应矿石(即考古样本)和1个安山岩(作为整体岩石和钾长石分离样本)的高精度铅—银—硫同位素数据和微量元素分析。每个矿石地点的选择都是根据其地质特征以及有据可查或假定的历史或考古意义而选定的。作者的数据重建了矿体的形成过程,这些矿体源于上地壳中大量储存的铅,经过构造和变质过程的改造,最终被岩浆活动重新移动。铅同位素图谱建立了与地质特征相关联的不同的同位素域,从而能够在溯源研究中加强对潜在金属源的评估。银同位素强调了以方铅矿或硫盐矿物为主要银载体的热液成因隐生矿的重要性,这些矿石可以界定为实际用于古代铸币的金银矿床。作者的研究表明,科帕奥尼克(Kopaonik)和兹列托沃(Zletovo)地区(塞尔维亚、科索沃和北马其顿)富含方铅矿的银同位素特征和含银量,加上历史上金属生产的现场证据和地理因素,这些银可能被用于巴尔干半岛内陆铸币厂发行硬币。

- Lonoce, N.*, Dalla-Zuanna, G., Fabbri, P., Vassallo, S. & Barbiera, I. (2023). An Unexpected Demographic Regime: The Western Necropolis of the Greek Colony of Himera (Sicily, Italy) (550 – 409 BCE). *Journal of Archaeological Science* 155: 105790. https://doi.org/10.1016/j.jas.2023.105790.

  《意想不到的人口模式:希腊殖民地希梅拉(意大利西西里岛)西部墓地(公元前550—前409年)》

  诺尔玛·隆诺斯(Norma Lonoce)等报道了对西西里岛古希腊殖民地希梅拉(Himera)西部墓地发掘的2865座坟墓的人口统计结果。希梅拉为理解古代西西里岛人口动态提供了绝佳机会,因为该地区被废弃后再未有人居住,因此提供了一个完好完整的材料。作者不仅收集了大量样本,目前正在对其进行研究,而且还通过历史资料精确地确定了该城市墓地的年代。5岁以下的儿童通常葬于陶罐之中,这意味着该墓地中0—4岁儿童的数量是可以被估算的。这种儿童死亡数据在古人口学研究中罕见。由于这些特殊性,作者结合前人研究(Barbiera et al., 2021)中已经使用过的人口统计方法,并将作者的结果与其他同时期希腊墓地进行比较,可以合理地推断出希梅拉的死亡率。分析表明,在希梅拉西部墓地(公元前6世纪中叶至前5世纪晚期),儿童和年轻人的死亡率相对较低,而成年人的死亡率更高。出生时的预期寿命可能在25—30岁之间。希腊城市梅塔蓬托(Metaponto)、阿克拉伊菲亚

（Akraiphia）以及希梅拉（Himera）东部墓地（公元前7世纪晚期至前6世纪晚期）的初步结果支持了该研究的结果。

- Phuc, P.*, Hue, N., Hue, P., Anh, T., Kien, N., Son, L., Nguyen, L., Xuan, T., Dinh, V., Long, N., Van Tiep, N., Vu, C., Thiem, L., Nguyen, N., Kiet, H., Hung, N.* & Tuyen, L*. (2023). Improved Thermoluminescence Dating for Heterogeneous, Multilayered, and Overlapped Architectures: A Case Study with the Oc Eo Archaeological Site in Vietnam. *Journal of Archaeological Science* 155: 105800. https://doi.org/10.1016/j.jas.2023.105800.

《用于异质、多层和重叠建筑的热释光测年方法改进：来自越南奥克埃奥考古遗址的案例研究》

范仲福（Phan Trong Phuc）等通过将热释光（TL）测年实验与计算机模拟相结合，探讨了异质、多层和重叠建筑的年代学研究。作者提出一种基于圆柱形结构的多层、异质模型，适用于发掘和埋藏状态。研究结果表明，作者的模型能够确定具有多层和重叠结构的建筑的年代，与使用传统球形和均质模型得出的年代相差十到数百年。作者提出的模型还明确显示出挖掘、破坏和辐射屏蔽对准确确定年代的重要作用。将这一模型应用于越南奥克埃奥考古遗址，得到4座建筑的实际年代应在公元615—953年左右，而同质模型预测的年代要早大约十到几十年。作者的研究首次为奥克埃奥遗址建筑群中重叠建筑的形成提供了科学证据，即公元794年左右建造了一座（较早的）建筑，延续约159年后被毁，可能是由于王国历史上的动荡所致。此后，在老建筑的基础上又建造了另一座（更年轻的）建筑。作者的研究结果与使用加速器质谱法（AMS）进行的放射性碳年代测定结果高度吻合，这对考古学具有重要意义，因为它们为与古代扶南王国有关的历史论证提供了有力证据，该王国横跨东南亚多个国家，包括越南南部。同时，它们还为重新确定有争议的复杂建筑的年代开辟了一种新的研究方法，可能改变研究者对世界范围内许多国家历史的认识。

- Sakai, M.*, Lai, Y.*, Canales, J., Hayashi, M. & Nomura, K. (2023). Accelerating the Discovery of New Nasca Geoglyphs Using Deep Learning. *Journal of Archaeological Science* 155: 105777. https://doi.org/10.1016/j.jas.2023.105777.

《利用深度学习加速纳斯卡新地画的发现》

坂井正人（Masato Sakai）等讨论了一项考古学研究，采用基于深度学习（DL）的目标检测技术，在高分辨率航空照片上发现纳斯卡地画。纳斯卡地画已被联合国教科文组织指定为世界遗产，由于考古地面实况数据极其有限，以及地画在规模和设计上的差异，仅依靠已知地画训练深度学习很难检测到新的地画。因此，作者开发了一套深度学习流程，以挖掘相关数据并能够应对考古学特有的挑战。通过这种方法，作者在纳斯卡平原北部发现了4个新的地画，分别是1个人形、1双腿、1条鱼和1只鸟。通过现场调查，这些地画得到验证。该方案能够识别新地画的速度比肉眼快约21倍，这一方法将为考古学的未来带来益处，开辟了实地调查与人工智能相结合的新模式。

- Samuelsen, J. * & Potra, A. (2023). Multiregional Pb Isotopic Linear Patterns and Diagenesis: Isotopes from Ancient Animal Enamel Show Native American "Foreign War Trophies" Are Local Ancestors. *Journal of Archaeological Science* 156: 105804. https://doi.org/10.1016/j.jas.2023.105804.

  《多区域铅同位素线性模式和成岩作用(岩化作用):古动物牙釉质的同位素表明美洲原住民的"外来战利品"实为本地祖先》

  头颅葬在世界各地普遍存在,通常被解读为外来者、祭品或战争的受害者。关于古代美洲原住民头颅葬的形成原因,学者们常在战争和祖先崇拜两种解释之间产生分歧。以往的研究大多认为,美国阿肯色州西南部的卡多(Caddo)头颅与下颌骨堆积(由大量的头骨与下颌骨组成)包含至少 352 位地区间战争的外来受害者(年代为公元 1253—1399 年)。虽然考古学中常用锶同位素来研究此类课题,但它并不能为遗骸的地理来源地提供结论性的答案。约翰·萨缪尔森(John R. Samuelsen)等利用古代动物牙釉质,构建了一个大规模、多区域的铅同位素背景,从而推进生物可利用铅方法,并利用其相关的线性模式来评估人的地理起源。通过评估人类牙釉质中铅污染的成岩作用,并分析牙齿和埋葬土壤的微量元素数据,进一步提升了研究的深度。作者从美国中南部的 28 个古代遗址获取并处理了 180 枚动物牙齿,通过将铅同位素的线性模式与锶同位素景观结合,确定头骨和下颌骨来自阿肯色州的西南部盆地,并强烈地暗示它们并非来自其他测试区域。这一发现凸显了铅同位素在人的地理起源研究中的重要性,同时也提醒研究者应当用适合的方法与证据来解释与头骨有关的暴力行为,并对其他解释保持批判性思维。这项研究是与俄克拉荷马州的卡多民族合作进行的,作为一个利益相关者团结起来取得成果的案例,为后裔社区和研究人员提供了关于遗物问题的答案。

- Rathmann, H. *, Lismann, S., Francken, M. & Spatzier, A. * (2023). Estimating Inter-Individual Mahalanobis Distances from Mixed Incomplete High-Dimensional Data: Application to Human Skeletal Remains from 3rd to 1st Millennia BC Southwest Germany. *Journal of Archaeological Science* 156: 105802. https://doi.org/10.1016/j.jas.2023.105802.

  《从混合不完整的高维数据估计个体间马哈拉诺比斯距离:对德国西南部公元前 3 千纪至前 1 千纪人类骨骼遗骸的应用研究》

  生物距离(Biological distance 或 biodistance)分析旨在识别考古背景下人类骨骼遗骸之间的相关性。然而,分析常常受到数据的碎片性和异质性的限制。在此,汉内斯·拉斯曼(Hannes Rathmann)等介绍了 FLEXDIST 这个灵活的软件工具,用于估计个体之间的生物距离。FLEXDIST 考虑了变量间的相关性,能够处理多种变量尺度(标称、有序、连续的或任意混合变量)和处理缺失值,并允许高维数据存在。概念上讲,FLEXDIST 使用混合数据主成分分析(PCA)计算马氏距离(马哈拉诺比斯距离),并在多个随机填补的数据集上迭代,以考虑案例不完整导致的不确定性。作者使用仿真框架,演示了 FLEXDIST 与高尔系数的性能比较,随后,作者将 FLEXDIST 应用于新收集的数据集。该数据集包含来自德国西南部的 64 具考古人类遗骸的可遗传和中性演化的牙齿形态特征,以探索从新石器时代晚期到早期铁器时代(公元前 2900—前 450 年)的时间截面上对应的人口历史。作者发现了人口连续性、随时间变化的变异水平以及儿童时期的流动性证据,这与邻近地区的考古、遗传和同位素研究一致。

- Munkittrick, T. *, Varney, T. & Grimes, V. (2023). The Use and Abuse of Pb in Bioarchaeological Studies: A Review of Pb Concentration and Isotope Analyses of Teeth. *Journal of Archaeological Science* 156: 105803. https://doi.org/10.1016/j.jas.2023.105803.

  《生物考古研究中铅的使用和滥用:牙齿铅含量及同位素分析综述》

  人类遗骸中的铅含量和同位素分析是强有力的分析工具,可用于研究不同时间或不同人群在铅暴露方面的差异,以及研究人群的迁移及含铅材料的流动。在过去 30 年里,虽然使用牙齿组织测量铅的研究大幅增加,但对这些分析的实施方式或数据如何用于回答考古学问题,尚未进行严格的评估。特里西娅·杰西卡·安妮·蒙基特里克(Tricia Jessica Anne Munkittrick)等回顾了 1979—2021 年间发表的 55 篇关于考古人群牙齿铅含量及同位素分析的论文,以考察它们的使用情况、发生误用或信息不足的领域、现有方法的局限以及未来所需的研究。研究涵盖了三个广泛的主题,即样本选择、含量解释和同位素比率的解读。虽然存在主要与研究方法中的信息缺失有关的重大限制,但仍有一些使用主题需要考虑。首先是牙齿的生物/文化年龄,以及牙齿所代表的个体的生物/文化年龄,以及在比较不同牙齿类型时引入的变异性。其次,在评估自然与人为暴露时需要考虑考古学、民族志与历史学文献。最后,作者建议更多地考虑环境与文化来源的影响,包括可能被引入到不同文化区域的来源。考虑这些因素对未来生物考古学中铅含量和同位素分析的研究至关重要。

- Lim, J. * & Matas, G. (2023). Dunes, Death, and Datasets: Modelling Funerary Monument Construction in Remote Arid Landscapes Using Spaceborne Stereo Imagery. *Journal of Archaeological Science* 156: 105815. https://doi.org/10.1016/j.jas.2023.105815.

  《沙丘、死亡与数据集:利用太空立体影像建模偏远干旱景观中的纪念性建筑》

  东塔巴墓地是西塔甘特(毛里塔尼亚南部)的一大片墓地,长期以来,在此的田野工作由于安全和后勤问题一直受到限制。乔纳森·利姆(Jonathan S. Lim)等使用来自超高分辨率卫星立体图像摄影来测量这些墓碑的体积几何,以量化与建筑工作相关的劳动能量学与热量摄入。这是首次尝试对这种尺寸(直径大于 3.5 米)的考古结构进行测量研究。作者的研究结果表明,较小的墓碑可能是由核心家庭成员在很短的时间内建造的,而最大的墓碑估计需要动员超过 200 人/天以及超过 100 万千卡的热量,因此需要更多的协调。作者通过最低成本的路径和可视域等空间分析了解了过去的社区如何与这些墓碑互动。这种综合方法展示了遥感技术在促进深入了解旱地生态系统中的文化遗产方面的潜力。此外,作者的目标是等到田野工作成为毛里塔尼亚地区的可行选择后,将协作型的、以社区为中心的田野工作与上述桌面方法相结合。

- Desai, M. *, Jaikishan, S. & Rehren, T. * (2023). Are Crucible Steel Ingots Isotopically Homogenous? AMS Radiocarbon Measurements on Ingots from Telangana, India. *Journal of Archaeological Science* 156: 105805. https://doi.org/10.1016/j.jas.2023.105805.

《熔炼钢锭的同位素是否均匀？来自印度特伦甘纳邦的锭块的 AMS 放射性碳测量》

放射性碳分析越来越多地用于直接测定考古和历史时期的金属制品的年代，这些制品包括低碳的锻铁、钢和铸铁。然而，人们对铁碳合金的同位素的均匀性，特别是与结晶过程中初级渗碳体形成有关的同位素均匀性，知之甚少。在这一研究中，梅格纳·德赛（Meghna Desai）等展示了对来自印度中南部特伦甘纳邦的五个熔炼钢锭和一个熔炼钢物体的 ^{14}C 测量结果，其中两个锭块进行了两次分析。结果显示，^{14}C 年代的分布非常广泛，远远超过了该组合的预期年龄范围。对其中一个锭块的重复分析也给出了不一致的结果，表明熔炼钢的 ^{14}C 分析存在根本性问题。该研究讨论了可能影响测量同位素值的各种因素，包括原材料的变异性、取样污染以及热酸清洗金属过程中的分馏（这导致从金属中提取碳之前样本的质量损失过大）。作者认为，在锭块固化过程中，奥氏体和渗碳体之间不同碳同位素的质量依赖性分馏，以及随后一种金属相与另一种金属相的选择性熔解，导致 ^{14}C 信号扭曲，使其看起来年代更久远。作者建议进一步研究高碳铁合金的化合物特异性同位素特征以及选择性腐蚀对此类材料的影响，以减少钢和铸铁的 ^{14}C 年代测定中的潜在误差。

- Moller, B. *, Buckley, H., Petchey, P., Hil, G., Kinaston, R. & King, C. (2023). Preservation of Brain Material in the Archaeological Record: A Case Study in the New Zealand Colonial Context. *Journal of Archaeological Science* 156: 105774. https://doi.org/10.1016/j.jas.2023.105774.

《考古遗存中脑组织的保存：新西兰殖民背景下的个案研究》

考古遗存中，软组织的保存是一种罕见的现象，在温带环境中尤其如此。尽管如此，脑组织有时在温带气候中仍然得以保存，哪怕是在其他软组织未留存下来的情况下。不过，关于此类发现的报道很少。考古学家在处理软组织方面的经验有限，这可能导致脑组织被忽视，或者未被识别。因此，有必要提高对脑组织保存的认识，以促进其在考古遗存中的鉴定、恢复和分析。布里塔尼·莫勒（Brittany Moller）等研究了 8 个墓葬中保存的脑组织，这批墓葬是新西兰 77 个未标记的殖民地墓葬，年代可追溯到 19 世纪中期到晚期。这个案例研究提供了一个在考古背景下讨论脑组织保存并研究生前健康和埋藏环境条件的机会。作者使用组织学技术，对保存下来的脑组织进行宏观和微观的分析，以评估生前结构的保存情况以及影响个体健康的病原体。分析结果显示，所有保存的脑组织在埋藏环境中经历了成岩作用带来的变化，表现为收缩、破碎、颜色改变以及外源微生物的渗入。在微观层面，脑组织中未观测到神经结构，但在五个案例中可能保存了血管结构。考古背景下保存的血管结构可能在血液相关疾病的研究中具有重要价值，例如镰状细胞病、动脉瘤和血液凝固等。在一个个体中观察到螺旋体（导致包括梅毒在内的多种疾病）。然而，这一分析无法确定这些螺旋体是否是生前导致病理的物种，还是在其死后渗入土壤中的内源性物种。重要的是,宏观和微观的保存之间没有明显的相关性,这为未来希望分析脑组织的考古学家提供了警示,即微观分析对全面评估保存是必要的。

- Galeta, P. * & Pankowská, A. (2023). Population Dynamics in the Middle Ages in Central Europe: Reconstruction Based on Age-at-Death Distributions of Skeletal Samples. *Journal of Archaeological Science* 156: 105816. https://doi.org/10.1016/j.jas.2023.105816.

《中欧中世纪人口动态:基于骨骼样本的死亡年龄分布重建》

人口学在与社会文化复杂性、生存策略及文化生态相关的领域中发挥着重要作用。中欧的中世纪(约公元500—1500年)是一段政治、经济和社会文化的重要变革期,包括建立最早的侯国(principalities)以及西斯拉夫部落对基督教的接纳。但研究者对其人口动态的了解仅限于考古研究和稀少的历史资料。该研究基于骨骼数据,帕特里克·加莱塔(Patrik Galeta)等使用骨骼样本中非成年人的比例,通过 D5+/D20+比率(5岁以上骨骼数量与20岁以上骨骼数量的比率)预测人口增长和生育水平。作者采用的新方法考虑了小型骨骼样本中的随机变异。作者在来自中世纪四个时间段的59个骨骼样本(包括12805个个体)的大样本量中计算了D5+/D20+比率。假设D5+/D20+比率是增长率和生育率的指标,作者预测了骨骼样本来源人群的增长率和总生育率,并重建了他们在公元500—1500年中的人口动态。该研究的主要结论是,在大摩拉维亚帝国(公元9世纪)的政治和经济的有利时期,人口增长率和生育率有所上升,但在后大摩拉维亚时期(公元900—1200年)整个体系崩溃后,人口增长率和生育率显著下降。作者估计,生育率的下降意味着平均每名妇女少生1—1.2个孩子。作者推测,观察到的生育率变化可能是对环境恶化的一种反应,即环境恶化降低了整体的生育成功率。

- Bianco, S. *, Mora, S., Lopez-Bulto, O., Alaix, C., Allue, E. & Picornell-Gelabert, L. (2023). Multi-Site Archaeobotanical Analysis Reveals Wood-Fuel Supply, Woodland Impact and Land Use Around Roman Urban Centres: The Case of *Barcino* (Barcelona, NE Iberia). *Journal of Archaeological Science* 156: 105817. https://doi.org/10.1016/j.jas.2023.105817.

《多地点古植物学分析揭示罗马城市中心的周边地区的木材燃料供应、林地影响和土地使用:以巴尔西诺(伊比利亚东北部的巴塞罗那)为例》

林地在城市燃料供应中扮演着特别重要的角色。罗马时期,城市中心开展了许多活动,频繁需要木材能源,因此它们可能对周围森林中的树木构成产生了影响。基于这一前提,萨布里纳·比安科(Sabrina Bianco)等讨论了位于地中海西北海岸罗马殖民地巴尔西诺(今巴塞罗那)周围的木材燃料经济和景观结构。作者通过分析从罗马城市周围城墙沿线的多个抢救性考古发掘中采集的木炭碎片和花粉遗存,来探讨城市木材燃料的组成以及公元1—6世纪城市郊区的土地覆盖情况。木炭分析显示,巴尔西诺的大部分燃料来自霍尔姆橡树(holm oak)林,主要包括冬青栎(*Quercus ilex*)、草莓树(*Arbutus unedo*)和白欧石楠(*Erica arborea*)。此外,不同发掘区的燃料木炭碎屑成分相似,并且随着时间的推移保持稳定,这表明整个城市存在一种共同的燃料供应经济,以及可持续的林地管理以满足需求。此外,花粉分析发现城市周围地区发生了重要的森林砍伐过程,同时伴随着谷物和葡萄种植的增加。此外,花粉或木炭的发现评估了新果树的引进和种植情况,如欧洲栗(Castanea sativa)、普通胡桃(Juglans regia)、苹果亚科(Maloideae)、柑橘属(Citrus sp.)、石榴(Punica granatum)、李属(Prunus sp.)。总体而言,这些数据表明,巴塞罗那平原及其丘陵地带的森林面积在不断碎片化和日益减少。

- Varalli, A.*, D'Agostini, F., Madella, M., Fiorentino, G. & Lancelotti, C. (2023). Charring Effects on Stable Carbon and Nitrogen Isotope Values on C_4 Plants: Inferences for Archaeological Investigations. *Journal of Archaeological Science* 156: 105821. https://doi.org/10.1016/j.jas.2023.105821.

《炭化对 C_4 植物稳定碳氮同位素值的影响:对考古学研究的推论》

实验研究表明,炭化会影响植物遗存的稳定同位素值。因此,利用同位素重建过去的水管理、古气候变化及推断古代饮食模式之前,有必要考虑炭化的影响,以便可靠地解释考古植物遗存中的 $\delta^{13}C$ 和 $\delta^{15}N$ 值。迄今为止的研究主要集中在 C_3 类植物上,而对 C_4 类植物的炭化效应了解较少。亚历山德拉·瓦拉利(Alessandra Varalli)等探讨了在相同的控制环境条件(水分、光照、空气湿度)下,炭化对两个 C_4 植物——高粱[Sorghum bicolor (L.) Moench, NADP-Me]和珍珠粟[Cenchrus americanus (L.) Morrone,异名 Pennisetum glaucum (L.) R. Br., NAD-Me]——籽粒中的 $\delta^{13}C$、$\delta^{15}N$、%C、%N 和 C/N 比值的影响。高粱和珍珠粟在 200℃—300℃下炭化 1—3 小时。首先比较未炭化的谷粒,结果显示高粱具有较低的 $\delta^{15}N$ 值和较高的 $\delta^{13}C$ 值,均高于珍珠粟。炭化实验表明,谷粒暴露的温度对保存、质量损失、%C、%N、C/N 比值以及 $\delta^{13}C$ 和 $\delta^{15}N$ 值的影响大于时间的影响。温度每升高 50°C,$\delta^{15}N$ 值显著增加(+0.37‰),$\delta^{13}C$ 值也显著增加(+0.06‰)。将炭化时间延长至 3 小时,结果是 $\delta^{15}N$ 值显著变化(+0.17‰),而 $\delta^{13}C$ 值无显著变化(-0.04‰)。根据作者的实验,$\delta^{15}N$ 的平均炭化效应为 0.27‰(95% 置信区间,-0.02‰—0.56‰),$\delta^{13}C$ 的平均炭化效应为 -0.18‰(95% 置信区间,-0.30‰—-0.06‰)。考虑到平均值,作者的数据表明珍珠粟受到炭化的影响要大于高粱,然而根据标准差,高粱的炭化效应变异性大于珍珠粟。该研究为正确评估古代 C_4 作物的同位素值提供了新信息,并为 C_4 作物提供了特定的炭化补偿。研究还表明在相同生长条件下,NAD-Me 和 NADP-Me 物种存在同位素差异,研究人员对古代 C_4 作物进行分析时必须予以考虑。

- Brassard, C.*, Balasse, M.*, Balasescu, A., Radu, V., Ollivier, M., Fiorillo, D., Herrel, A. & Brehard, S. (2023). Morphological and Dietary Adaptations to Different Socio-Economic Systems in Chalcolithic Dogs. *Journal of Archaeological Science* 157: 105820. https://doi.org/10.1016/j.jas.2023.105820.

《铜石并用时代犬类对不同社会经济体系的形态与饮食适应》

自旧石器时期晚期以来,犬类就与人类共同生活,它们在史前晚期的生活方式和饮食可能已经依赖于它们在过去社会中所扮演的角色。在该研究中,科琳·布拉萨德(Colline Brassard)等结合稳定同位素分析和三维几何形态测量法,研究了罗马尼亚铜石并用时代古梅尔尼察文化(公元前4550—前3900年)三个遗址中的150只狗在饮食与下颌骨形态上的差异和关联,这三个遗址具有不同的社会经济系统。在赫尔绍瓦土丘和博尔杜沙尼-波皮纳遗址,生计经济以放牧为主,狗的饮食来源多样化,有家禽(羊、牛、猪),可能还包含鱼类。相比之下,维特内什蒂-马古里切遗址以狩猎为主要生计方式,狗的饮食更偏向大型猎物(如红鹿、野牛、野马等),这也反映了人类食物残余的组成。此外,该遗址狗的下颌更结实(但不大),其形状表明颞肌对捕获大型猎物和咬断大骨头具有更重要的作用。下颌骨形状与稳定同位素特征之间的强相关性表明了对饮食的功能性适应。总体而言,作者的研究结果支持史前犬类适应人类生活方式的观点。

- Shalom, N. *, Vaknin, Y., Shaar, R., Ben-Yosef, E., Lipschits, O., Shalev, Y., Gadot, Y. & Boaretto, E. (2023). Destruction by Fire: Reconstructing the Evidence of the 586 BCE Babylonian Destruction in a Monumental Building in Jerusalem. *Journal of Archaeological Science* 157: 105823. https://doi.org/10.1016/j.jas.2023.105823.
《毁于火灾:重建公元前586年巴比伦对耶路撒冷一座纪念性建筑实施毁灭的证据》

　　火灾证据是识别和描述毁灭性事件的最重要特征之一。近年来,火灾微观残留物的分析得到极大发展,使考古学家能够探讨与毁灭事件强度及毁灭层形成情况相关的新问题。南黎凡特历史上最重要的事件之一是公元前586年巴比伦对犹大及其首都耶路撒冷的毁灭,它影响了后世的圣经叙事和神学。编号100的建筑是一座规模宏大、富丽堂皇的精英建筑,在巴比伦战役中被彻底摧毁。尼赞·沙洛姆(Nitsan Shalom)等对建筑内部挖掘出的毁灭层进行研究,结合傅立叶红外光谱和考古磁学分析,详细重建了这一毁灭事件。该研究为重建提供了新的视角,揭示了巴比伦的毁灭如何表现在耶路撒冷的精英建筑中。

- Admiraal, M. *, Jordan, P., Talbot, H., Bondetti, M., Serna, A., Taché, K., von Tersch, M., Hendy, J., McGrath, K., Craig, O. & Lucquin, A. (2023). The Role of Salmon Fishing in the Adoption of Pottery Technology in Subarctic Alaska. *Journal of Archaeological Science* 157: 105824. https://doi.org/10.1016/j.jas.2023.105824.
《亚北极阿拉斯加地区鲑鱼捕捞在采纳陶器技术中的作用》

　　制陶技术在距今2800年的新世界北极地区突然出现。虽然人们普遍认为这些阿拉斯加陶器传统的来源地是亚洲东北部大陆,但仍不清楚阿拉斯加地区采纳陶器的动机。马乔林·阿德米拉尔(Marjolein Admiraal)等通过有机残留物分析,研究了阿拉斯加西南部诺顿陶器的功能,以及该地区在图勒文化(约距今1000年)日益向北的影响下,陶器功能在后期的变化程度。研究结果表明,所有陶容器都有明显的加工水生资源的证据。由于环境和生态的差异,陶器的地区差异性非常明显。大部分诺顿陶器来自内陆河流域,这些早期陶器的功能主要是加工洄游鱼类,其他资源的证据则相对有限。距今约1000年后,沿海地区出现了更多遗址,尽管此时陶器技术发生显著变化,但陶器功能并没有明显变化,仍然主要针对当地丰富的水产资源。作者推测陶器出于适应河流环境而被阿拉斯加所采用,并认为人类对大型河流系统的针对性开发,可能促进陶器向阿拉斯加西南部的扩张。作者还认为,这一模式或许可能延伸到西伯利亚,即阿拉斯加陶器的起源地。

- Price, M. *, Perry-Gal, L. & Reshef, H. (2023). The Southern Levantine Pig from Domestication to Romanization: A Biometrical Approach. *Journal of Archaeological Science* 157: 105828. https://doi.org/10.1016/j.jas.2023.105828.
《黎凡特南部的猪:从驯化到"罗马化"的生物测量学研究》

　　动物考古学研究正在揭示猪在黎凡特南部悠久而复杂的历史。马克斯·普赖斯(Max D. Price)等首次大规模综合了黎凡特南部地区从旧石器时代到伊斯兰时期的家猪和野猪的生物测量数据。该研究发现,在这几千年的时间里,猪经历了广泛的形态变化。作者在莫察遗址中发现了与驯化相关的形态变化的首个证据,时间为前陶新石器时代(公元前7000—前6400年)。这一时间与首次出现的屠宰模式和相对丰度的证据是同时的,表明对野猪的管理。综合来看,作者认为当地的猪有一个驯化的过程。这一研究也提出了初步的证据,表明在铁器时代,来自欧洲的线粒体单倍群取代了当地的线粒体单倍群,体型增大与基因替代相关。最后,这些数据表明在罗马时期(公元前63—公元330年)牙齿大小存在变异,暗示对不同猪群体的利用。数据还表明,复杂的管理技术支撑起古典时期黎凡特地区猪饲养的激增。

- O'Regan, H. *, Wilkinson, D., Wagner, D. & Evans, J. (2023). "Why so High?" Examining Discrepancies Between the Sr Biosphere Map and Archaeological Tooth Data from the Peak District, England. *Journal of Archaeological Science* 157: 105826. https://doi.org/10.1016/j.jas.2023.105826.
《"为何如此之高?"英国皮克区锶生物圈地图与考古牙齿数据之间的差异》

　　对人类和非人类牙釉质中$^{87}Sr/^{86}Sr$同位素比率的分析,在全球范围内被用于考古和法医学研究,以确定个体是否可能在其遗骸被挖掘的地区长大。英国皮克区出土了比例异常高的人类骨骼遗骸,根据锶同位素比率,这些人似乎来自其他地方。汉娜·奥里甘(Hannah J. O'Regan)等使用皮克区的现代植物样本,发现目前对该地区锶同位素比率的理解是不完整的,许多生长在砂岩沉积物上的植物样本的锶值高于当前文献所预期的值。此外,植物的分类似乎并不影响锶同位素值(菌根类型并不会决定这些植物的锶同位素值),重要的是它生长的基质。就人类迁徙活动来说,皮克区发现的许多个体很可能确实是当地人,而非移民。还有一种可能是,随着时间的推移,皮克区覆盖泥炭的扩张减少了从矿物土壤进入食物链的锶量,从而降低了较晚的牙齿中放射性锶同位素值。尽管作者的案例研究是针对英国皮克区,但对其他具有类似地质和覆盖泥炭的高地地区异常高的$^{87}Sr/^{86}Sr$同位素值具有重要参考意义。

- Hofmann, B. *, Schreyer, S., Biswas, S., Gerchow, L., Wiebe, D., Schumann, M., Lindemann, S., García, D., Lanari, P., Gfeller, F., Vigo, C., Das, D., Hotz, F., von

Schoeler, K., Ninomiya, K., Niikura, M., Ritjoho, N. & Amato, A. (2023). An Arrowhead Made of Meteoritic Iron from the Late Bronze Age Settlement of Mörigen, Switzerland and Its Possible Source. *Journal of Archaeological Science* 157: 105827. https://doi.org/10.1016/j.jas.2023.105827.

《瑞士莫日根青铜时代晚期定居点出土由陨铁制成的箭头及其可能来源》

  贝达·霍夫曼(Beda A. Hofmann)等在瑞士比尔湖(Lake of Biel)周边的考古藏品中搜寻陨铁制成的工艺品,确认其中有一件陨铁制成的物品,即一个重2.9克的箭头,发现于19世纪,出土于瑞士青铜时代晚期(公元前900—前800年)的湖居遗址莫里根(Mörigen)。通过已有和新近技术的应用,明确了该物品与陨石有关。元素组成(7.10—8.28 wt% Ni, 0.58—0.86 wt% Co, ~300 ppm Ge)中,原生的矿物由贫镍和富镍铁相组成,包括卡马铁(kamaicite, 6.7 wt% Ni)和泰尼铁(taenite, 33.3 wt% Ni),以及宇宙成因的^{26}Al(1.7—0.4+0.5 dpm/kg)的存在。氧化壳层下的富镍成分以及与附近(4—8公里)特万贝格(Twannberg)铁陨石散布区的陨石之间的显著差异,通过μ介子诱导X射线发射光谱法得到了确认(8.28 wt% Ni)。镍—锗浓度与IAB铁陨石一致,但与特万贝格陨石(4.5 wt% Ni, 49 ppm Ge)不符。测得的^{26}Al活性表明,该陨石来自一个具有较大质量的铁陨石,进入大气层前至少2吨。该扁平箭头显示出层状纹理,很可能代表变形的维德曼斯坦特(Widmanstätten)图案,表面有磨痕和木焦油的残留物。在仅有的三种化学成分相符的大型欧洲IAB铁陨石中,爱沙尼亚的卡利亚尔夫(Kaalijarv)陨石是最有可能的来源,因为这种大型撞击事件发生在公元前1500年的青铜时代,产生了许多小碎片。与埋藏在地下的大块陨石相比,人们发现这些小碎片并将其运输/贸易的可能性更大。作者推测在考古收藏品中,可能还存在其他同一来源的文物。

- King, C.*, Buckley, H., Petchey, P., Kinaston, R., Millard, A., Nowell, G., Roberts, P., Ilgner, J. & Gröcke, D. (2023). Seeking Their Fortunes on the Otago Goldfields, New Zealand—Constructing Isotopic Biographies of Colonial Goldminers. *Journal of Archaeological Science* 157: 105836. https://doi.org/10.1016/j.jas.2023.105836.

《新西兰奥塔戈(Otago)金矿中寻找财富的淘金者:构建殖民时期金矿工人的同位素传记》

  19世纪的新西兰金矿区是一个来自世界各地的人们聚集在一起寻求财富的地方。虽然关于挖掘生活的文字记载确实存在,但真实性各不相同,因此夏洛特·金(Charlotte L. King)等对那些寻求黄金者的生活经历知之甚少。然而,最近在与奥塔戈(Otago)淘金热有关的墓地的发掘,让人们可以利用骨骼本身的生物证据直接重建这些人的生活。在该研究中,作者使用饮食同位素分析(δ^{13}C和δ^{15}N),对个体生命历程中不同阶段形成的组织进行分析,以建构"同位素传记"。除了讲述这些人的个人故事外,作者还强调了欧洲和中国社区的成员在生活经历上的差异,提供了金矿区资源季节可用性的证据,以及可能与童年时期经历的农村贫困相关的异常断奶模式。

- Casana, J.*, Fowles, S., Montgomery, L., Mermejo, R., Ferwerda, C., Hill, A. &

Adler, M. (2023). Multi-Sensor Drone Survey of Ancestral Agricultural Landscapes at Picuris Pueblo, New Mexico. *Journal of Archaeological Science* 157: 105837. https://doi.org/10.1016/j.jas.2023.105837.

《多传感器无人机勘测新墨西哥州皮库里斯普韦布洛的祖先农业景观》

  航空获取的激光雷达技术已被证明是世界各地森林地区考古工作的一项变革性技术,尽管无人机获取的激光雷达系统有潜力提供更高分辨率的图像且成本更低,但往往难以在实地环境中实施,生成的数据也容易出现较大误差且难以处理。杰西·卡萨纳(Jesse Casana)等采用一种新的超小型无人机激光雷达系统,并结合航空热成像和可见光成像技术,记录了新墨西哥州皮库里斯普韦布洛的古代农业景观。作者讨论了这种新仪器的优势、实地数据收集的各种方法以及数据处理和过滤的新方法,这些方法为使用无人机激光雷达进行考古调查提供了关键技术。研究结果表明,在皮库里斯保护区及周边地区的现代松柏森林下,保存了大规模的梯田和石砌田地系统遗迹。这些发现为了解美国西南部高地地区过去的农业活动的规模和强度提供了新视角,同时证明将多种无人机遥感数据集与详细地表勘测相结合的强大成效,有助于发现、绘制和解释森林地区的考古景观。

- Estrada-Belli, F.*, Gilabert-Sansalvador, L., Canuto, M., Sprajc, I. & Fernandez-Diaz, J. (2023). Architecture, Wealth and Status in Classic Maya Urbanism Revealed by Airborne Lidar Mapping. *Journal of Archaeological Science* 157: 105835. https://doi.org/10.1016/j.jas.2023.105835.

《机载激光雷达测绘揭示古典玛雅城市的建筑、财富和地位》

  长期以来,考古学家一直将古典玛雅时期(公元250—900年)的高质量砖石建筑与精英联系在一起,而将易腐材料建筑与平民联系在一起。目前,玛雅低地的森林茂密,定居点数据十分有限,有关这些建筑在地貌上的分布如何反映玛雅城市的社会政治组织模式,学术界几乎没有共识。该研究中,弗朗西斯科·埃斯特拉达-贝利(Francisco Estrada-Belli)等提出一种方法,可以在前所未有的空间尺度上,通过激光雷达衍生地图来检测砖石建筑。作者分析了玛雅低地不同子区域11万座建筑的空间分布,以探索古典时期的社会和经济组织模式。研究结果表明,无论是在城市还是在农村地区,玛雅社会的精英阶层始终以一定的间隔分布在普通人群附近,从而以最佳的方式监督资源的使用和交换。这种空间安排可能有利于资源在社会等级的各个层级和不同环境区域之间流动,从而提高整个系统的效率和可持续性。

- Stele, A.*, Kaub, L., Linck, R., Schikorra, M. & Fassbinder, J. (2023). Drone-Based Magnetometer Prospection for Archaeology. *Journal of Archaeological Science* 158: 105818. https://doi.org/10.1016/j.jas.2023.105818.

《基于无人机的磁力仪考古探测》

  磁力测量是考古勘探中最有效和最成功的方法之一。基于无人机的勘探在遥感领域中使用越来越多,但在磁力测量方面却效果不佳。无人机勘探在磁性调查中存在一个问题,即来自飞机的磁力和机械干扰会降低测量的质量。该研究介绍了一种商用三轴磁通计装置(commercial three-axis fluxgate magnetometer setup)。在应用适当的滤波方法并尽量降低飞行高度和速度后,该装置可适用于考古勘探。为检验该系统,安德烈亚斯·斯蒂尔(Andreas Stele)等在45±10厘米和75±10厘米的恒定超低传感器高度下,进行高空间分辨率(50厘米线间距)的无人机勘测。作者选择了一个罗马时期的考古遗址(面积3.8公顷)作为勘测地点,该地点有高质量的地面铯磁力计数据可供参考,这使得作者能够首次详细比较无人机和地面磁力勘测数据在考古学中的应用。该研究进行了漂移和传感器分辨率检查,并探寻合适的数据滤波方法,进一步评估了无人机对测量的影响。结果表明,利用无人机设置,作者可以探测到主要的遗迹特征,如沟渠、坑、壁炉和残留的石基,这些是大多数考古勘探中常见的结构。此外,作者的研究还证明,降低飞行高度和速度可以显著提高数据质量。作者得出结论,基于无人机的磁力测量可以在短时间内覆盖大面积和难以进入的区域。这一研究成果为制定基于无人机的考古勘探方法标准迈出了第一步。

- Makarewicz, C. * (2023). Extensive Woodland Pasturing Supported Pitted Ware Complex Livestock Management Systems: Multi-Stable Isotope Evidence from a Neolithic Interaction Zone. *Journal of Archaeological Science* 158: 105689. https://doi.org/10.1016/j.jas.2022.105689.

  《广泛的林地放牧支持凹点陶器人群的畜牧管理:来自新石器时代互动区的多稳定同位素证据》

  新石器时代中期,斯堪的纳维亚波罗的海沿岸地区的凹点陶器人群(Pitted Ware Complex)几乎完全依赖海洋资源为生。然而,居住在丹麦尤兰半岛东部的凹点陶器人群却非常依靠家畜驯养,反映出他们与邻近的漏斗杯人群(Funnel Beaker Complex)有密切接触和互动,后者是农耕人群。这些驯化动物是否采用了旨在提高牲畜产出的饲养管理策略,或者是使用更广泛的管理策略(与海豹狩猎、贝类采集和捕鱼活动更为协调的粗放型管理策略)进行放牧,目前仍不清楚。谢丽尔·马卡雷维茨(Cheryl A. Makarewicz)等对尤尔斯兰岛的凹点陶器文化遗址中发现的野生和驯养动物的骨胶原和磷灰石进行了多稳定同位素分析,结果表明,狩猎者经常在树冠茂密的森林中寻找游荡的猎物,但也在树冠稀疏的林地中广泛放牧,同时还在较开阔的栖息地以适度的放牧密度放养一些动物。夏季收获后,牛可能以农作物的秸秆为食,但在冬季并不用干草或农业副产品喂食牛,而是以来自多样化林场牧地的树叶作为饲料。凹点陶器人群的粗放式放牧管理与对海洋哺乳动物、鱼类和贝类的密集型开发相协调,构成了一种高度灵活和可持续的生计复合体。

- Vodyasov, E. *, Stepanov, I., Vavulin, M., Zaitceva, O., Ebel, A., Asochakova, E., Pushkarev, A., Rabtsevich, E. & Rassomakhin, M. (2023). Large-Scale Mining and Smelting of Specularite Ores in the Altai Mountains During the 1st Millennium AD. *Journal of Archaeological Science* 158: 105838. https://doi.org/10.1016/j.jas.2023.105838.

  《公元1千纪阿尔泰山脉的大规模镜铁矿开采和冶炼》

  根据以往的历史文献和考古证据,阿尔泰地区铁矿储量丰富,在公元1千纪期间是欧亚大陆的主要产铁区。叶夫根尼·沃加索夫（Evgeny V. Vodyasov）等重点调查了阿尔泰东南部（俄罗斯部分）的鲁德尼洛格（Rudny Log）的精铁矿床，该矿区长期以来被认为是公元1千纪冶铁业的可能矿区。为验证这一假设，作者采用了多种方法，包括：（1）对矿区工作痕迹的空间分析和实地记录；（2）放射性碳测年；（3）微观结构分析（通过光学显微镜和扫描电镜）；（4）地球化学（通过X射线荧光和电感耦合等离子体质谱）；（5）对在该矿区和阿尔泰东南部七个古代主要冶铁遗址发现的铁矿石和炉渣样本进行多元统计分析。矿区的空间分析和实地考察结果表明，存在约350个古代矿坑，估计开采约2500吨矿石。放射性碳测年表明，该矿区的开采始于公元1—2世纪，是阿尔泰东南部最早的冶铁活动，这可能与匈奴的扩张有关。此外，作者根据材料和统计分析，初步确定鲁德尼洛格（或该地区的另一个主要矿床）是公元1千纪五个主要炼铁遗址的主要矿石来源。此外，分析还表明，在三个冶炼遗址中存在两个目前未知的矿源。冶金中心显著分散，且与矿区之间距离遥远，这可能与冶炼者的游牧生计有关，他们把季节性的冶金生产与寻找新牧场的燃料资源结合在一起。

- Lu, H., Kang, N., Zhang, B.＊, Ma, M. & Hu, Y.＊（2023）. Organic Additives to Neolithic White Lime Surfaces in Yulin, Shaanxi, China. *Journal of Archaeological Science* 158：105841. https://doi.org/10.1016/j.jas.2023.105841.
《中国陕西榆林新石器时代白灰表面的有机添加剂》

　　榆林市位于中国陕西省的北部，近年来该地区的考古发掘发现了许多仰韶文化和龙山文化的遗址。鲁晖等从榆林市30多处聚落遗址中采集了白灰面，年代从泉护二期、庙底沟二期到石峁文化时期。作者采用X射线衍射、酶联免疫吸附测定法（ELISA）、热解—气相色谱/质谱法（Py-GC/MS）等化学方法，对样品进行了分析。结果表明，早在4000多年前，陕西北部人群就已经在建筑灰浆中添加蛋白质，其中，酪蛋白和明胶是最常见的蛋白质类型。这一发现为中国北方新石器时代农牧交错带的形成提供了参考。此外，作者还在榆林市米脂县寨山遗址的白灰面中检测到支链淀粉，这可能是中国最早的淀粉砂浆。

- Maloney, T.＊, Dilkes-Hall, I., Oktaviana, A., Sriputri, E., Atmoko, F., Ririmasse, M., Effendy, M., Setiawan, P., Huntley, J., Macdonald, B., Stalla, D. & Aubert, M.（2023）. Socioeconomic Roles of Holocene Marine Shell Beads Reveal the Daily Life of Composite Objects from East Kalimantan, Borneo. *Journal of Archaeological Science* 158：105840. https://doi.org/10.1016/j.jas.2023.105840.
《全新世海洋贝珠的社会经济作用揭示婆罗洲东加里曼丹复合器物的日常使用情况》

　　由不同物理性质的复合材料组成的文物，在考古记录中的保存情况往往存在差异，那些受成因过程影响不大的材料通常更容易保存下来。该研究利用显微镜观察到的磨损模式，解读复合珠饰的社会经济作用。蒂姆·瑞安·马洛尼（Tim Ryan Maloney）等考察了加里曼丹东部良荣洞遗址出土的海洋贝珠组合，这一长达16700的时间序列为作者提供了讨论海洋贝珠的收集、运输、制造和使用的背景，并涵盖了与11700年前海平面上升相关的生物地理变化，最终形成了加里曼丹岛。作者通过量化珠子的磨损模式和分布差异,揭示了人类在11000年间发生的变化,这些细节在东南亚岛屿考古材料中鲜有发现。该研究的结果表明,海螺科(Nassariidae)和宝螺科(Cypraeidae)的海洋物种被用来制作珠饰,完整的贝壳和被移除的背部表明部分饰品是在现场制造的,而磨损模式和包括颜料在内的残留物表明,大多数珠饰源自不同种类的复合物品,这些物品被带到遗址并在日常生活中被使用和维护。作者的研究揭示了全新世人类社会复杂性的全新图景,且与有年代的岩画形成广泛联系,为良荣洞遗址丰富的考古记录提供了独特联系,避免了对该地区不太适用的民族志类比模式。

- Kallenbach, E. * (2023). Testing the Feasibility of Fiber Identification for Fine Cordage Artifacts from the Paisley Caves, Oregon. *Journal of Archaeological Science* 158: 105855. https://doi.org/10.1016/j.jas.2023.105855.
《对俄勒冈州佩斯利洞穴出土细绳制品进行纤维鉴定的可行性评估》

　　伊丽莎白—卡伦巴赫(Elizabeth Kallenbach)测试了先前建立的纤维鉴定方法的可行性,包括偏振光显微镜和能量色散X射线光谱法,以及这些方法在分析俄勒冈州东部佩斯利(Paisley)洞穴出土考古绳索的适用性。这些方法适用于四种关键植物的参考样本:罗布麻(*Apocynum*)、异株荨麻(*Urtica dioica*)、马利筋(*Asclepias*)和野蓝亚麻(*Linum lewisii*)。这些植物从历史和考古学角度来看是大盆地北部细绳制作中主要的纤维来源。对照研究的结果随后被应用于佩斯利洞穴出土的180件细绳工艺品样本。佩斯利洞穴发现了规模最大、最具连续性的植物细绳组合,时间跨度长达11000年。对考古细绳进行纤维鉴定的结果表明,异株荨麻和罗布麻在整个全新世期间被持续使用,野蓝亚麻和马利筋则直到最近的3000年中才出现。纤维鉴定在考古学中有着广泛的应用,能够为景观利用、纺织技术、古环境以及传统生态知识的历时性研究提供信息。

- Huang, S. *, Freestone, I., Shi, Z. * & Qian, G. (2023). The Path to Porcelain: Innovation in Experimental White Stoneware from Luoyang. *Journal of Archaeological Science* 158: 105839. https://doi.org/10.1016/j.jas.2023.105839.
《通往瓷器之路:洛阳白陶实验的创新分析》

　　黄珊首次分析了洛阳义勇街新发现的隋代至唐初作坊遗址出土的高烧白瓷。扫描电子显微镜分析表明,与邢窑和安阳窑等著名制瓷窑口相比,洛阳产品的玻璃化程度较低,但在城市居民区和墓葬中发现的相同器物表明,这些产品满足了当时消费者的需求。其中一类瓷器的特点是在胎体中加入碎石英以增加器身的白度,并且在釉料中加入长石似乎也是一个普遍现象。另外一类瓷器在某些釉料中显示出极低的磷酸盐浓度,这与最近提出的"一些早期北方瓷器釉料是用植物灰和石灰石混合物助熔"的观点一致。这些新数据为北方从青瓷生产向瓷器生产过渡的性质提供了重要证据,表明整个地区的窑口都有意采用实验性的方法,并且这种创新不限于后来最成功的窑口。如果要充分了解这一时期陶瓷创新的性质,就必须将重点放在主要窑口之外的其他窑口。

- Vitale, E.*, Rasmussen, J., Gronnow, B., Hansen, A., Meldgaard, M. & Feuerborn, T.* (2023). An Ethnographic Framework for Identifying Dog Sledding in the Archaeological Record. *Journal of Archaeological Science* 159：105856 https：//doi.org/10.1016/j.jas.2023.105856.

  《从考古记录中识别狗拉雪橇的民族志框架》

  至迟从距今 9000 年开始,狗就一直在北极地区拉雪橇,方便了人类的生计策略和迁徙。尽管狗在北极地区的存在已久,但与狗拉雪橇有关的物质文化的综合研究却相对匮乏,包括进行这项活动所需的各种技术要素。艾玛·维塔莱(Emma Vitale)等提出了一个识别狗拉雪橇的可靠的考古学指示框架,研究结果基于对西伯利亚、阿拉斯加、加拿大和格陵兰岛北极地区的狗牵引技术的民族志信息与考古遗址之间的比较,并采用了多变量分析方法。选择这些遗址作为案例研究,是为了涵盖传统上进行狗拉雪橇活动的地理范围以及因纽特文化的多样性,作者认为,通过使用这个框架,可以研究图勒因纽特人时期之前北极地区的狗拉雪橇活动,并获得更多关于这种做法起源的知识。结合民族志、历史和考古学的资料,该研究框架确定了与狗拉雪橇有关的普遍性物品以及与区域有关的特定性物品。然而,狗拉雪橇最可靠的证据是雪橇部件、狗的骨头和给狗系带的设备。

- Breu, A.*, Turkekul, A., Akyol, S., Bach-Gomez, A., Cakal, C., Ilker, M., Sari, D., Sarialtun, S., Vijande-Vila, E. & Özbal, R. (2023). Caution! Contents Were Hot：Novel Biomarkers to Detect the Heating of Fatty Acids in Residues from Pottery Use. *Journal of Archaeological Science* 159：105854. https：//doi.org/10.1016/j.jas.2023.105854.

  《注意了,里面很烫！检测陶器残留物中脂肪酸加热的新型生物标志物》

  了解陶容器和火的接触是研究者们关注的一个重要问题,尤其有助于研究者理解史前陶器如何被用来制作食物,以及为什么它们能在世界范围内被广泛采用。在烹饪脂质的过程中,通过对脂质加热(超过 100 ℃),会合成各种生化化合物,这有助于揭示早期陶器的不同使用模式。从 20 世纪 90 年代中期以来,研究者关于考古陶器中脂肪的热降解知识已有所积累,而阿德里安·布劳(Adrià Breu)等则提出并描述了地中海最早的农业社会中发现的两种未报道过的生物标志物,即饱和脂肪酸和二羧酸的酮化脱羧反应产生的超长链氧脂肪酸,以及单不饱和脂肪酸的环化反应产生的 ω-(2-烷基环戊基)烷酸。该研究结合实验,对几组新石器时代陶器进行分析,旨在更新已知脂质热变性生物标志物的范围,通过对上述未报道化合物的特征描述,促进其在后续研究中的检测。

- Moayed, N.*, Vandenberghe, D., Verbrugge, A., Ech-Chakrouni, S., De Clercq, W. & De Grave, J. (2023). Dating (Early) Modern Hearths on a Decadal to Multi-Annual Timescale Using OSL Signals from Heated Sedimentary Quartz. *Journal of Archaeological Science* 159：105858. https：//doi.org/10.1016/j.jas.2023.105858.

  《使用加热沉积石英的光释光信号对(早期)现代炉灶进行十年以上时间的年代测定》

在比利时东弗兰德省的尼诺弗(Doorn Noord)进行的考古发掘,揭示了一系列人类活动和居住痕迹,跨越了数千年。最新的发现包括大量表面炉灶和灶坑、被解释为军事营地的遗迹。根据直接和间接的历史信息以及一些诊断性发现,这些痕迹最初被认为是营地,时间上分别对应公元1692、1693、1745或1831—1838年。尽管放射性^{14}C测年在考古研究中应用广泛,但对1650年以后的年代测定缺乏准确性,因此无法将上述考古遗迹对应于军事营地的不同阶段。该研究报道了光释光(OSL)信号在直接测定炉灶加热遗迹方面的潜力。纳斯林·卡里米·穆亚德(Nasrin Karimi Moayed)等认为这是对准确性和精确性的测试,因为有独立的年代信息(来自历史资料和考古地磁测年结果)。来自三个遗迹的六个样本产生了无法区分的光学年龄,平均年龄为1748±39年(95%置信度)。这个热释光年代与公元1745年该地区存在大量军队的历史和考古证据相吻合。由于系统不确定性的来源(在很大程度上)是共享的,因此可以用2%作为区分相对时间的分辨率。对于过去几个世纪(公元1650年后)的炉灶的研究,意味着可以在十年以上的时间尺度上建立数字和相对年代学(95%置信度)。

- Hu, Y.*, Zhang, J., Lu, H., Hou, Y., Huang, W. & Li, B., (2023). New Chronology of the Deposits from the Inner Chambers of the Guanyindong Cave, Southwestern China. *Journal of Archaeological Science* 159:105872. https://doi.org/10.1016/j.jas.2023.105872.

《中国西南部观音洞内部沉积物的新年代学研究》

观音洞是中国西南地区最重要的旧石器时代遗址之一,出土了东亚最早的勒瓦娄哇制品,根据洞穴西入口含人工制品的沉积物的光学测年结果,这些人工制品分别约17—16万年前和约8—7万年前。观音洞在20世纪60年代初发掘了5个探方,均出土了丰富的石器和动物化石。然而,与西入口探方的年代学和石器工业的深入研究相比,洞穴内部探方的年代框架尚未建立。胡越等介绍了观音洞内部两个探方(剖面2A和剖面3)中沉积物样品的光学测年结果。作者基于新的光学年龄和先前研究中获得的铀系年龄,为这两个剖面建立了贝叶斯年龄模型。研究结果表明,洞穴中的B组沉积物约在距今20—10万年间积累。洞穴内部的B组沉积物与西入口的沉积物为勒瓦娄哇石器提供了新的年代标尺,表明人类在距今约18—8万年间占据该洞穴,跨越了一个完整的冰期和间冰期(从MIS6到MIS5)。

- Reid, V.*, Milek, K., O'Brien, C., Sneddon, D. & Strachan, D. (2023). Revealing the Invisible Floor: Integrated Geoarchaeological Analyses of Ephemeral Occupation Surfaces at an Early Medieval Farmhouse in Upland Perthshire, Scotland. *Journal of Archaeological Science* 159:105825. https://doi.org/10.1016/j.jas.2023.105825.

《揭秘隐形的地面:苏格兰珀斯郡高地一座中世纪早期农舍短暂居住面的地质考古综合分析》

"居住面"一词的定义比较模糊,限制了研究人员对世界各地考古遗迹和定居空间使用的解读能力。综合使用地质考古方法(如土壤化学和土壤微形态),可以在缺乏地层的情况下提供有关遗址保存状况的信息,并表征考古空间的使用,但这样的应用案例很少见。瓦妮莎·里德(Vanessa Reid)等对多种地质考古方法进行了比较研究,研究对象是公元7—9世纪苏格兰珀斯郡格伦希的莱尔(Lair)高地定居点的草皮长屋中短暂使用的居住面。主成分分析(PCA)和K均值聚类数据成功地识别了活动区域,并将其与维护实践、空间组织和后沉积过程相关联。最重要的是,综合多方法的研究表明,即使地面保存得不够好,无法在现场或剖面中明确界定,短暂使用的居住面仍保留了空间使用的存续特征。

- Hunt, C.*, Pomeroy, E., Reynolds, T., Tilby, E. & Barker, G. (2023). Shanidar et Ses Fleurs? Reflections on the Palynology of the Neanderthal "Flower Burial" hypothesis. *Journal of Archaeological Science* 159:105822. https://doi.org/10.1016/j.jas.2023.105822.

《沙尼达尔和鲜花?对尼安德特人"花葬"假说的考古学思考》

考古学将与沙尼达尔4号尼安德特人骨骼相关的花粉团块解释为有意用鲜花埋葬的证据。这是沙尼达尔洞穴的几项发现之一,帮助塑造了现代人对尼安德特人的看法,认为他们与旧石器时代中期的智人(现代人)共享共情特征。克里斯·亨特(Chris O. Hunt)等从孢粉学的角度,对现有证据进行了批判性的评述。尽管可能有其他的解释,但至少有一些花粉团块是由蜜蜂筑巢造成的。但不管怎么说,沙尼达尔4号遗骸具有重要意义,因为这是一组非常完整且精心安置的尼安德特人骨骼遗骸的一部分。

- Hamacher, D.*, Nunn, P., Gantevoort, M., Taylor, R., Lehman, G., Law, K. & Miles, M. (2023). The Archaeology of Orality: Dating Tasmanian Aboriginal Oral Traditions to the Late Pleistocene. *Journal of Archaeological Science* 159:105819. https://doi.org/10.1016/j.jas.2023.105819.

《口述考古学:塔斯马尼亚原住民的口述传统可追溯到晚更新世》

原住民在澳大利亚连续生活了数万年,在那段时间里,他们发展了复杂的知识系统,这些知识通过口述传统被记忆并传递给后代。口述传统能够维持活力并传承的时间长度,是社会科学中一个持续争论的话题。近年来,科学家们通过研究描述自然事件的传统(如火山爆发和陨石撞击等),并利用科学技术对其进行年代测定,从而参与这一辩论。在该研究中,杜安·哈马切尔(Duane Hamacher)等召集了一支跨学科的学者团队,将科学技术方法应用于19世纪初记录的塔斯马尼亚原住民(巴拉瓦,Palawa)的口述传统。口述传统中描述了连接塔斯马尼亚岛和澳大利亚大陆的巴斯陆桥(Bassian Land Bridge)的淹没,以及具有文化意义的"伟大的南方之星",该星被称为老人星(船底座α星)。利用巴斯海峡陆地和海底的水深和地形数据,作者估计大约12000年前,巴塞陆桥最终被淹没。然后,作者计算了老人星在上一个岁差周期(26000年)的偏角,显示在16300—11800年前,它的偏角处于非常窄的范围($\delta < -75°$),并在大约14000年前达到最低偏角。这些证据说明塔斯马尼亚口述传统可以追溯到更新世晚期。这一研究支持口述传统的持久性可以超过1万年的论点,为进

一步发展口述考古学的理论框架提供了至关重要的信息。

- He, K. *, Sun, G., Wang, Y., Zheng, Y., Zhang, J., Yu, X., Shen, C. & Lu, H. (2023). Earliest Neolithic Occupation and Maritime Adaptation on the West Pacific Coast. *Journal of Archaeological Science* 160: 105874. https://doi.org/10.1016/j.jas.2023.105874.

  《西太平洋沿岸最早的新石器时代居住和海洋适应》

  海洋适应在现代人类的扩散和生存策略的转变中发挥了重要作用。全新世早期海平面上升导致考古遗址被淹没(距今 7000 年之前),因此世界范围内人类对海洋的适应性的真正时间一直存在争议。该研究中,贺可洋(Keyang He)等介绍了井头山遗址的一个沿海贝壳堆积层,该堆积层沉没在现今海平面以下约 9 米的地方,包含了西太平洋地区最早的新石器时代居住和海洋适应的有力证据。作者对 15 个 ^{14}C 年代、文化堆积和微体化石(花粉、植硅体和硅藻)进行贝叶斯建模,结果表明井头山遗址是稳定海平面时期(距今 8000—7600 年)人类活动沿海岸线积累的沉积,随后因海平面跃升而被淹没。人类除了主要依赖海洋食物资源外,还利用海平面稳定期的融水脉冲种植水稻。该研究不仅将人类适应海洋的时间推前到距今 8000 年,还为今后研究沿海水下定居点提供了希望,并为理解西太平洋沿岸的环境和文化演替提供了新视角。

- Litynski, M. & Pante, M. (2023). Experiments Suggest Rockfall an Improbable Cause for Bone Surface Modification on 24,000-Year-Old Bone at Bluefish Caves, Canada. *Journal of Archaeological Science* 160: 105860. https://doi.org/10.1016/j.jas.2023.105860.

  《实验表明岩石崩落不可能是加拿大蓝鱼洞 2.4 万年前骨骼表面发生变化的原因》

  在加拿大育空(Yukon)地区的蓝鱼洞穴(Bluefish Caves),研究人员发现距今 2.4 万年前的动物遗骸上有人工切痕,提供了人类在末次盛冰期(距今 2.3—1.8 万年)之前在北美北极地区的居住证据。然而,非人为因素也可能在骨骼上留下痕迹,这些痕迹可能类似于石器工具造成的骨表面改性(BSMs)。麦肯纳·莱廷斯基(McKenna L. Litynski)等通过实验复制了蓝鱼洞的剥落石灰岩庇护所,测试岩石崩落痕迹是否能够模拟石器切痕。作者从 3.5 米高处将不同大小的石灰岩块(12—2322 克)掉落到牛科动物的遗骸上,这些骨骼随后用石器工具切割,以产生可供比较的切痕。作者使用 Dino-Lite 显微镜和 Sensofar S Neox 3-D 光学轮廓仪,对切割痕迹进行分析,以便对其形态进行定量比较。结果表明,切痕可以与岩石崩落造成的破坏区分开来,并不支持蓝鱼洞的"骨表面改性是岩石崩落造成的结果"这一假说。

- Giordano, G. *, Mattia, M., Boracchi, M., Biehler-Gomez, L., Cummaudo, M., Porro, A., Caccianiga, M., Sardanelli, F., Slavazzi, F., Galimberti, P., Candia, D. & Cattaneo, C. (2023). Forensic Toxicological Analyses Reveal the Use of Cannabis in Milano (Italy) in the 1600's. *Journal of Archaeological Science* 160: 105873. https://doi.org/10.1016/j.jas.2023.105873.

《法医毒理学分析揭示17世纪意大利米兰的大麻使用情况》

  该研究中,加亚·乔尔达诺(Gaia Giordano)等报告了意大利米兰17世纪人类骨骼样本的毒理学研究结果。这项研究的目的是寻找17世纪米兰人使用植物进行医疗或娱乐的证据。作者通过固相萃取法提取九份股骨样本,并使用Thermo Scientific™ TSQ Fortis™ Ⅱ三重四极质谱仪进行分析。结果表明,九个骨头样本中,有两个样本(占分析生物样本的22%)含有大麻植物的两种大麻素(Delta-9-tetrahydrocan nabinol 和 cannabidiol)。这两种生物碱的存在证明了17世纪意大利人对大麻植物的使用。卡格兰达(Ca' Granda)医院用于治疗病人的药典文件仍保存在医院档案中,但大麻并未被列入药典,表明当时医院并未将这种植物用于医疗。因此,作者认为人们将大麻作为一种娱乐物质使用,但也不能排除其他来源(如自我药疗、卡格兰达以外的医生将大麻作为医疗植物使用、职业性接触、非自愿接触)。总之,该研究首次提供了意大利乃至欧洲现代时期使用大麻的实物证据。

- Karjalainen, V.*, Finnilä, M., Salmon, P. & Lipkin, S. (2023). Micro-Computed Tomography Imaging and Segmentation of the Archaeological Textiles from Valmarinniemi. *Journal of Archaeological Science* 160:105871. https://doi.org/10.1016/j.jas.2023.105871.

《瓦尔马林涅米考古纺织品的微型计算机断层扫描成像与分割》

  考古纺织品的结构和材料多种多样,通常会受到污垢和腐烂等沉积作用的影响。该研究中,维尔—波利·卡尔亚莱宁(Ville-Pauli Karjalainen)等利用高分辨率微型计算机断层扫描(μCT)成像技术,对纺织品进行三维检测,并研究纺织品的内部结构和图案。此外,作者还使用纳米级CT来识别纤维材料。芬兰瓦尔马林涅米(Valmarinniemi)的一个中世纪晚期墓葬中出土了两块平纹织物和一个平质纺织品。作者用μCT成像扫描两个纺织品;一块采用纳米级CT成像扫描,通过图像分割来研究织物、纱线和纤维的内部结构成分。利用高分辨率μCT和纳米级CT成像,对平纹织物和平质纺织品进行三维成像和可视化,三维μCT图像和分割显示了纺织品的结构以及经纬线的交织方式。平织片段的纳米级CT成像显示了单个纤维,并确定使用了棉纤维。高分辨率μCT和纳米级CT使得考古纺织品进行三维检验和识别成为可能,因此μCT成像为考古纺织品研究带来了附加价值,提供了一种精确的方法来研究那些看不见或难以检查的内部结构,并以比传统方法更省力、更省时的方式,评估了纱线和单个纤维的几何形状。

- Siegel, P.* & Pearsall, M. (2023). Plant Resource Diversity in the Ethnobotanical Record of Precolonial Puerto Rico: Evidence from Microbotanical Remains. *Journal of Archaeological Science* 160:105859. https://doi.org/10.1016/j.jas.2023.105859.

《波多黎各前殖民时期民族植物学记录中的植物资源多样性:来自微体植物遗存的证据》

  彼得·西格尔(Peter E. Siegel)等报道了来自波多黎各迈萨贝尔(Maisabel)和HU-7的淀粉粒和植硅体的新数据。研究结果表明,在陶器时代早期和晚期的沉积物中,玉米占据重要地位,其次是辣椒和竹芋。木薯较为少见,几乎所有的木薯残留物都与迈萨贝尔遗址陶器时代早期的遗物有关。淀粉粒和植硅体的整合性分析提供了比单独使用这两类微体化石更加准确的植物使用情况。接着,作者回顾了岛上之前报道的植物微体遗存,记录了波多黎各前殖民时期居住者所利用的植物资源的多样性,以及这些资源的普遍程度。目前已有足够的数据,使研究者能够对波多黎各前殖民时期的农业经济进行新的深入分析。将生态多样性、丰富程度、均匀程度等生态学指标应用于波多黎各的微体植物遗存数据集,揭示了岛上最初和后来的殖民人口在多样性方面都有所下降。这些发现与农业生态学的预期一致,即多产的驯化植物被识别出来后,随着时间的推移,以比其他植物(包括野生和驯化物种)更高的比例被人类利用。

- Sun, Z., Gao, Y., He, X.＊, Liu, S.＊＊, Chen, K., Chen, J. & Gong, X. (2023). Material Characterization Uncovers Sophisticated Mould-Making Techniques of the Middle-Shang Period (14th–13th BCE). *Journal of Archaeological Science* 160：105870. https://doi.org/10.1016/j.jas.2023.105870.
《材料特性分析揭示中商时期(公元前14—前13世纪)的复杂铸范技术》

  最近的考古发掘揭示了大量中商时期的青铜铸范和泥芯,证明中商时期是中国青铜时代铸造技术发展的重要阶段。孙振飞等利用显微 CT 扫描、SEM-EDS 和 p-XRD,技术,分析了安徽台家寺遗址出土的53件铸范和8件泥芯碎片,其年代为中商第三期。结果表明,该遗址的铸范有三种类型,材料则以不同方式组合形成四种类型。有带状花纹的小型青铜器模具由砂质材料制成,花纹部分被5—10毫米的细粉质材料取代。相比之下,用于较大器物的模具具有双层结构,内部为细粉质材料,外部掺和了砂粒和碎陶屑。工具和武器的模具由未经加工的黄土制成。泥芯的质地与砂质外范相似。这项研究揭示了台家寺遗址陶范制造过程中的材料选择策略,并凸显了中商时期陶范制造技术的创新。

- Valtierra, N.＊, Moreno-Ibáñez, M., Rodríguez-Hidalgo, A., Díaz-Cortés, A. & López-Polín, L. (2023). Between Grooves and Pits：Trephic Modifications Resulting from Air-Scribe Cleaning of Archaeological Bone. *Journal of Archaeological Science* 160：105882. https://doi.org/10.1016/j.jas.2023.105882.
《沟槽与凹坑之间:对考古骨骼进行气刻清理后产生的畸变》

  对骨骼表面变化进行埋藏学分析,对重建过去的历史至关重要,但它可能受到各种穿孔过程的影响,包括清洁干预。机械清洗是最常见的类型之一,通常使用自动工具处理高度结壳的材料。在该研究中,诺埃·瓦尔蒂拉(Noé Valtierra)等使用气动划线器(air scribe)清洗结壳的考古骨料,并对产生的改变进行描述。作者首先进行了一项实验,将空气划线器以不同的角度直接应用于骨骼表面,并记录改造情况,结果确定了三类改造类型:凹坑、细槽和宽槽。随后,对两组具有不同特征结壳的考古样本进行清理,并将观察到的变化与实验阶段获得的变化进行比对。此外,作者还分析了影响这些改造的变量,这些变量是基于遗址的特征以及围绕骨骼的结壳特征。一旦清理产生的改造被特征化,就将其与骨骼表面的埋藏学变化进行比较,以确定它们是否会影响埋藏学研究,从而避免潜在的混淆。这项工作有助于确定这种机械清洁工具的具体效果,并防止在随后的埋藏学研究中出现同样的问题。

- Wilkinson, C. *, Saleem, S., Liu, C. & Roughley, M. (2023). Revealing the Face of Ramesses II Through Computed Tomography, Digital 3D Facial Reconstruction and Computer-Generated Imagery. *Journal of Archaeological Science* 160: 105884. https://doi.org/10.1016/j.jas.2023.105884.

《通过计算机断层扫描、数字三维面部重建和计算机生成图像揭示拉美西斯二世的面容》

拉美西斯二世(约公元前1279—前1213年),也被称为拉美西斯大帝,是古埃及新王国第19王朝的第三位统治者。他活了大约90岁,被认为是古埃及最强大的统治者之一。卡罗琳·威尔金森(Caroline M. Wilkinson)等使用计算机断层扫描(CT),对法老的木乃伊遗骸进行科学分析,并仔细研究现有的历史记录,制作出法老在两个不同年龄段的三维面部图像:一个是90岁(死亡年龄),另一个是45岁(军事活动高峰期)。该研究讨论了制作这些面部图像过程中涉及的方法和决策。

- Desruelles, S. *, Chabrol, A., Hasenohr, C., Pavlopoulos, K., Apostolopoulos, G., Kapsimalis, V., Triantaphyllou, M., Koukousioura, O., Mathe, V., Chapoulie, R. & Fouache, E. (2023). Palaeogeographic Reconstruction of the Main Harbour of the Ancient City of Delos (Greece). *Journal of Archaeological Science* 160: 105857. https://doi.org/10.1016/j.jas.2023.105857.

《希腊德洛斯古城主要港口的古地理重建》

德洛斯岛(Delos Island)位于爱琴海地区,在希腊化时期(公元前323—30年)成为一个重要的宗教、文化和商业中心。从公元前3世纪起,德洛斯岛在独立城市德洛斯的努力推动下经历了显著的发展。公元前167年,罗马指定德洛斯为自由港,并将其控制权移交给雅典,这进一步促进了该岛的发展。岛上的繁荣使其海洋基础设施(特别是主要港口)在贸易中发挥了至关重要的作用。然而,目前的海岸景观与希腊时期的景观几乎没有相似之处。斯特凡·德鲁埃尔(Stéphane Desruelles)等在2007—2017年开展了一项跨学科(考古学、地貌学、地球物理学、沉积学、古微生物学和海洋学)研究,提出了希腊化时期港口的新重建方案。研究结果表明,主要港口的海湾向北延伸的范围比之前的研究所示要小,而且该地貌在古代发生了显著变化。缺乏码头的证据表明,只有平底船才能进入,这就对大型船只的停泊可能性提出了疑问。

- Krištuf, P., Janovský, M. *, Turek, J., Horák, J., Ferenczi, L. & Hejcman, M. (2023). Neolithic Long Barrows Were Built on the Margins of Settlement Zones as Revealed by Elemental Soil Analysis at four Sites in the Czech Republic. *Journal of Archaeological Science* 160: 105881. https://doi.org/10.1016/j.jas.2023.105881.

《捷克共和国四个遗址的土壤元素分析揭示新石器时代的长形坟冢建在聚落区的边缘地带》

当代土壤的元素组成可以反映人类过去的活动。彼得·克里斯图夫（Petr Krištuf）等通过该研究要解决的问题是，是否有可能根据土壤的元素组成来区分史前居住活动和仪式活动。具体来说，论文探讨的问题是新石器时代的长坟冢是否建在居住区附近。该研究使用了从捷克共和国漏斗杯文化（Funnel Beaker Culture）的四个坟冢遗址（以及一个史前聚落作为参照遗址）采集的 1085 个土壤样本。这些样本的元素组成显示，史前居住区和长条形坟冢遗址在磷和其他人为元素（钙、铜、锰、锌）的含量上存在显著差异。这种差异在 A 层（耕地）和 B 层（下层土壤）均有发现，因此这一研究得出的另一个结论是，通常被考古学家忽视的 A 层耕地也可能包含史前土地利用的信息。地球化学分析的结果得到了磁力测量的证实，一方面坟冢附近没有居住特征，另一方面显示了后来的丧葬/仪式特征。可以得出的结论是，所调查的坟冢是用当地材料建造的，在建造、使用或废弃时，周围没有与灰烬和废物堆积有关的人类活动，这表明它们是在与新石器时代居住区分离的地方建造的，在接下来的数千年中，它们一直影响着土地的使用和人们对景观的认识。

- Kelly, R.*, Mackie, M. & Kandel, A. (2023). Rapid Increase in Production of Symbolic Artifacts after 45000 Years Ago Is Not a Consequence of Taphonomic Bias. *Journal of Archaeological Science* 160: 105885. https://doi.org/10.1016/j.jas.2023.105885.

《4.5 万年前之后象征性工艺品生产的快速增加并非埋藏学偏差的结果》

研究人员早已注意到，在旧大陆的旧石器时代遗存中，距今约 4.5—4 万年的"象征性"工艺品的出现频率明显增加。然而，有人假设，如果不是因为埋藏学的损失，数据将显示在中石器时代/旧石器时代中期，这类器物的出现频率逐渐增加。罗伯特·凯利（Robert L. Kelly）等通过修正记录中的埋藏学偏差来验证这一假设。作者发现，即使经过校正，距今约 4.5—4 万年前的峰值依然存在，并没有出现假设的逐渐增加现象。不过，分析也表明，这个高峰可能是研究偏差的产物。作者注意到距今约 12—11.5、7.5 和 6.5 万年出现了象征性工艺品生产的小高峰，尽管这些也可能是研究偏差的结果。最后，作者讨论了象征性工艺品的生产如何随着适应压力的变化而减弱，这说明了解埋藏学和研究偏差的影响非常重要。

- Ortoleva, J. (2023). Visions of Light: New Reconstruction Techniques of Photometric Data and Visual Perception Inside Etruscan Painted Tombs. *Journal of Archaeological Science* 160: 105887. https://doi.org/10.1016/j.jas.2023.105887.

《光的幻影：伊特鲁里亚（Etruscan）彩绘墓室中光度数据和视觉感知的新重建技术》

杰奎琳·奥托列娃（Jacqueline K. Ortoleva）利用重建技术以及材料和实验的测光数据，探讨光线如何与意大利塔尔奎尼亚（Tarquinia）地下彩绘墓中的感知过程相交织。研究以公元前 5 世纪的墓葬——位于塔尔奎尼亚蒙特罗齐墓地中的"蓝色恶魔墓"（Tomba dei Demoni Azzurri）——为例，说明该方法的实用性。通过对墓室图像的组织模式以及在缩放的三维空间中对特定照明条件的分析，重新框定了墓葬壁画，从人类认知的角度进一步认识丧葬仪式和其他丧葬活动。这一方法适用于各种考古环境和地区,尤其是自然光较少或没有自然光的环境。

- Veatch, E.＊, Julianto, I., Jatmiko, Sutikna, T. & Tocheri, M. (2023). Prey Body Size Generates Bias for Human and Avian Agents: Cautions for Interpreting Small Game Assemblages. *Journal of Archaeological Science* 160: 105883. https://doi.org/10.1016/j.jas.2023.105883.

《猎物体型会对人类和鸟类捕食者产生偏差:解读小型猎物群的注意事项》

在考古遗址中识别小型动物组合是具有挑战性的,因为猎物的行为、骨骼结构和体型各异,同时潜在捕食者的种类也很多。尽管哺乳类食肉动物、猛禽和人类被认为是小型猎物的典型捕食者,但在许多情况下(尤其是在岛屿生态系统中),人类和猛禽在缺少哺乳类食肉动物的情况下,往往是小型动物群的主要捕食者。此外,在这些受地理限制的生态系统中,小型动物的体型范围也往往较小。伊丽莎白·格雷斯·维奇(Elizabeth Grace Veatch)等旨在广泛探讨:(1)小型动物的体型如何影响人类和鸟类捕食的生物特征;(2)人类和鸟类捕食的小型动物群如何相互比较。为了探究这些问题,该研究分别使用在控制喂养实验和观察研究中收集的数据,比较猛禽和人类捕食小型动物所产生的痕迹模式。在控制喂食实验中,作者给两只乳白色鹰鸮(*Ketupa lacteus*)、一只国王秃鹫(*Sarcoramphus papa*)和两只褶面秃鹫(*Torgos tracheliotos*)喂食了死亡的实验室大鼠(*Rattus norvegicus domestica*,50—500克)。在观察研究中,作者通过分析人类对不同体重(80—5000克)的小型猎物的处理方式(如切割痕迹、牙齿痕迹、灼烧痕迹等),来探讨人类的加工方式。消费后,对小型动物组合进行分析,以了解骨骼元素的代表性、破碎和碎片化模式以及骨骼表面的变化。结果表明,小型猎物的体型显著影响了它们的沉积模式,包括骨骼元素的存活、屠宰强度和切割痕迹频率。此外,作者通过实验生成的组合显示,破碎、碎片化和元素相对丰度可用于区分考古记录中的人类和鸟类的堆积集合。

- Flanders, E. & Key, A.＊ (2023). The West Tofts Handaxe: A Remarkably Average, Structurally Flawed, Utilitarian Biface. *Journal of Archaeological Science* 160: 105888. https://doi.org/10.1016/j.jas.2023.105888.

《西托夫斯手斧:一把结构缺陷显著、极为普通的实用双面工具》

西托夫斯(West Tofts)手斧是英国阿舍利(Acheulean)文化的一种小型双面工具,因其皮层中保存有双壳类贝壳化石而闻名于世。贝壳的保留、突出的中心位置以及对该工具更广泛的审美价值的认识,使其被描述为早期智人审美意图的典范。结合其更新世中晚期的年龄,这把手斧对研究者理解人的认知进化和旧石器时代艺术的起源具有重要意义。赋予美学意图的关键在于一系列关于工具设计、制作和使用的特殊性的假设。该研究中,埃米莉·弗兰德斯(Emily Flanders)等将对这些假设进行检验。就技术和形态而言,西托夫斯手斧在英国晚期阿舍利文化中并不出众,它是在一个不需要侵入性(中央)剥片去除的平坦燧石块上制作的,并且显示出非常普通的剥片投入。对其内部结构的高分辨率显微CT扫描揭示了许多裂缝和气泡,以及至少一个(可能是两个)额外的贝壳化石。这些包含物和缺陷可能影响了工具的生产，导致了贝壳的保留。在其远端剥片边缘上，发现了有限的磨损微痕，可能暗示该工具是临时使用的。这些数据强调了在将审美意图或"过度投资"归因于西托夫斯手斧时需要保持谨慎。今天，研究者可能会认为它是一件值得重视的非凡文物，但对于制作它的阿舍利人来说，西托夫斯手斧很可能只是一个有缺陷但很方便的薄燧石块上制作的普通实用工具。

- Lombao, D. *, Falcucci, A. * *, Moos, E. & Peresani, M. (2023). Unravelling Technological Behaviors Through Core Reduction Intensity: The Case of the Early Protoaurignacian Assemblage from Fumane Cave. *Journal of Archaeological Science* 160: 105889. https://doi.org/10.1016/j.jas.2023.105889.
《通过石核还原强度揭示技术行为：富马内洞穴出土的早期奥瑞纳文化石器组合案例》

　　迭戈·隆巴奥(Diego Lombao)等研究了意大利东北部富马内(Fumane)洞穴的原始奥瑞纳(Protoaurignacian)石器组合中的石核消减程度(core reduction intensity)。消减程度作为一个关键工具，用于表征原料选择策略、原材料管理以及在减削序列中剥片策略的变异性。此外，它还帮助解决石叶和小石叶之间的关系，为了解原始奥瑞纳技术复合体中层状产品的行为和时间的文化意义提供宝贵的见解。为了实现这些研究目标，作者采用三维扫描技术开展实验工作，这有助于比较不同的测量消减程度的方法和变量，包括非皮质表面的百分比、剥片密度指数(SDI)以及一种改进后的体积重建法(VRM)。研究结果表明，将VRM用于旧石器时代晚期石核消减程度研究是有效和有潜力的，所提供的R脚本和数据集使这种方法能够应用于其他背景，并对工作流程的修改需求最小。对富马内洞穴中原始奥瑞纳文化石器组合的消减程度进行测量分析后发现，基于所选原材料的丰富性和接近性等因素，存在轻微的变异。值得注意的是，最常见的原料品种——马约利卡(Maiolica)——产生了较多的消减程度较低的石核，而遗址中丢弃的所有石核的还原程度仍然相对较高。操作场域中观察到的变异性以及石叶和小石叶生产之间的相互关系，凸显了原始奥瑞纳文化人群在行为上的复杂性和灵活性。这种固有的复杂性挑战了石叶和小石叶在生产操作场域的明确分离。这些发现特别强调了在研究原始奥瑞纳文化的技术变异性和人类行为时，需要考虑消减程度的重要性。所提出的VRM适应与其他削减测量有效组合，有望使未来研究将消减程度作为石器生产研究的一个重要时间组成部分纳入。这种整合为增强研究者对智人在不同生态环境中表现出的适应性行为的理解提供了一条途径，并为构建旧石器时代晚期的发展提供了一个更清晰的框架。

International Journal of Osteoarchaeology
《国际骨骼考古学》 2022 年

沈 劼（斯坦福大学东亚语言与文化系）

- Seitsonen, O. * (2022). Military Supply, Everyday Demand, and Reindeer: Zooarchaeology of Nazi German Second World War Military Presence in Finnish Lapland, Northernmost Europe. *International Journal of Osteoarchaeology*, 32(1), 3 – 17. https://doi.org/10.1002/oa.3039.
  《军队补给、日常需求与驯鹿：对"二战"时期驻欧洲最北端芬兰拉普兰地区纳粹德国军队的动物考古学研究》

  此研究对"二战"时期纳粹德国在芬兰拉普兰地区驻军所留下的动物遗存进行了研究。动物遗存中占主体的是本地半驯化的驯鹿骨骼，而数量较少的牛、山羊、绵羊和猪骨骼，则代表了从地中海延伸到极圈的德国官方补给线。驯鹿及其他野生物种的遗存，证明战俘通过捕猎活动弥补了驻军物资不足的问题。虽然在德军和战俘所留动物骨骼遗存中大部分都是驯鹿，但是两类遗存中驯鹿骨骼部位的分布有明显的差异，肉量较多的骨骼部位通常见于德军士兵的食物残留之中。动物遗存还为人类学研究提供了超出历史文献记载的信息，如德军对于陌生的北方环境的适应性等。

- Thompson, J. E. * (2022). Analysis of Periosteal Lesions from Commingled Human Remains at the Xagħra Circle Hypogeum Reveals the First Case of Probable Scurvy from Neolithic Malta. *International Journal of Osteoarchaeology*, 32(1), 18 – 37. https://doi.org/10.1002/oa.3040.
  《对沙拉石葬圈混杂人类遗存中骨膜病变的研究可能揭示了第一例马耳他新石器时代的坏血病》

  位于戈佐的新石器晚期的沙拉石葬圈中发现了超过 800 个个体的人类遗存，大部分都混合在一起难以区分。通过辨识遗骸骨膜上新骨形成痕迹，此研究辨识出了其中部分未成年人的颅骨及颅后骨骼，并辅以肉眼观察、埋藏学分析及显微 CT（μCT）成像进行研究。结果显示这些骨骼源于同一个未成年个体，且其可能患有坏血病。已发现该个体可能有微量元素缺乏相关性疾病，未来的微观研究会协助证实该个体是否患有缺铁性贫血或小儿佝偻病。这一公元前 3000 年的坏血病病例有助于了解当时渐趋不稳定的史前生态环境及下降的人口健康状况。

- Goffette, Q. * (2022). Tracking the Origin of Worked Elephant Ivory of a Medieval Chess Piece from Belgium Through Analysis of Ancient DNA. *International Journal of Osteoarchaeology*, 32(1), 38 - 48. https://doi.org/10.1002/oa.3041.
《利用古 DNA 分析追踪比利时中世纪象牙棋子的来源》

在比利时让布(Jambes)的一个中世纪居址出土了残损的象牙棋子,此研究对其中两个残块的线粒体基因进行了测序,并与公开数据库进行对比。结果显示原材料来源于非洲象属(*genus Loxodonta*),虽然还不能排除来源于非洲森林象的可能性,但已恢复的 DNA 序列目前仅见于非洲草原象。象牙很可能来自东非或南非国家,然后沿斯瓦西里海岸运输到别地。然而象牙是如何从地中海的非洲海岸运输到欧洲的遗址的,还不清楚。

- Rathmann, H. * (2022). Comparing Individuals Buried in Flexed and Extended Positions at the Greek Colony of Chersonesos (Crimea) Using Cranial Metric, Dental Metric, and Dental Nonmetric Traits. *International Journal of Osteoarchaeology*, 32(1), 49 - 63. https://doi.org/10.1002/oa.3043.
《对埋藏于克里尼索希腊殖民地的屈肢及直肢葬个体的颅骨、牙齿可计量及非计量性状的比较研究》

克森尼索希腊殖民地建立于公元前 5 世纪,位于黑海北部的克里木半岛。此研究聚焦于殖民地早期的一个大型公墓,研究假设葬式可用来判断死者生物地理来源,也就是屈肢和直肢葬分别对应斯基泰人和希腊人。然后收集了 47 个个体的颅骨和牙齿测量结果,以及牙齿的非计量性状等表型特征,以此来判断个体间的生物学关系。经高尔距离系数将三种数据类型结合进行分析,结果认为其中一组保存完好的个体之间具有生物学关系。这一组个体中包含八个屈肢葬及 13 个直肢葬个体,也就是说使用两种葬式的人群在生物学上具有关联。此研究又使用了基于距离排列的多元方差分析和多元离差分析,统计学结果证明使用两种葬式的人群没有显著的差异。因此,此研究推翻了最初的假设,并认为该地葬式的选择并非取决于死者的生物学族群。

- Pany-Kucera, D. * (2022). Indicators of Motherhood? Sacral Preauricular Extensions and Notches in Identified Skeletal Collections. *International Journal of Osteoarchaeology*, 32(1), 64 - 74. https://doi.org/10.1002/oa.3044.
《为母之证?骨骼标本辨识中的骶骨耳状面增生及切迹》

骶骨耳状面增生和耳状面切迹都是在骶骨腹侧尖部的形态学变异。作者详细记录了两种形变的形态和表现,并基于澳大利亚史前人骨样本提出了一个评分系统。作者认为这些盆骨变形与怀孕和分娩有关,并用日内瓦西蒙鉴定骨骼样本及伦敦斯皮特尔菲尔兹天主教堂的骨骼样本对这一假设进行检验。结论认为耳状面增生很可能源于多种原因,包括反复怀孕导致的骶髂关节压力增高,腹上缘受压力增加,骨盆关节活动增强的相互作用(25岁时最高),以及怀孕期间与体重增加相关的体位变化等。此外,骨盆形状、尺寸、身体比例、生物力学问题和激素水平也可能影响增生的出现。

- Piombino-Mascali, D. * (2022). A Bioarchaeological Approach for the Examination of Two Lithuanian Clergymen: Juozapas Arnulfas Giedraitis and Simonas Mykolas Giedraitis (18th -19th centuries AD). *International Journal of Osteoarchaeology*, 32(1), 75 - 85. https://doi.org/10.1002/oa.3045.

  《对两名立陶宛教士的生物考古学研究》

  此项研究调查了埋葬于立陶宛萨莫吉希亚地区圣彼得和圣保罗教区地窖内的两位著名宗教人物,目的是确认他们的身份并获取骨骼信息,以及评估为保存遗体而进行的处理。经人类学、古病理学及植物考古分析,以及对其中一个木乃伊化的个体进行了放射学分析,有证据显示他们在死后经历了尸体处理,包括移除内脏,使用有防腐和消毒功效的植物以及化学防腐剂等。结合历史资料与生物考古学分析,该研究丰富了对高等级立陶宛教士的尸体处理手段及防腐措施的理解。

- Salega, S. * (2022). Evaluation of Entheseal Changes in a Modern Identified Skeletal Collection from Inden (Germany). *International Journal of Osteoarchaeology*, 32(1), 86 - 99. https://doi.org/10.1002/oa.3046.

  《对德国因登现代已鉴定骨骼样本附着点变形的评估》

  该研究致力于评估附着点变形(Entheseal Changes, EC)在德国因登一个现代骨骼样本集中的频率,以此识别体力活动的一般水平。样本包含51个男性个体和15个女性个体,并通过教堂记录获取了性别、年龄和职业等信息。该研究采用两种方法,对14个纤维性附着点和19个纤维软骨性附着点进行了盲测,并对结果进行了统计学分析。结果显示,女性个体的患病率更高,年龄导致的变异性低于其他欧洲已鉴定骨骼标本的变异性。结果中未发现存在与职业相关的上肢EC,但是在非体力劳动职业个体的下肢中EC出现频率较高。与之前的研究一样,这项研究还无法确定不同职业对EC的影响,这可能是因为个人一生中会从事不同的体力劳动或变更职业。

- Alberto-Barroso, V. * (2022). Perinatal Burials at Pre-Hispanic Non-Cemetery Sites in Gran Canaria: Tophet Infanticide or Natural Mortality? *International Journal of Osteoarchaeology*, 32(1), 100 - 10. https://doi.org/10.1002/oa.3047.

  《大加那利岛前西班牙墓地以外遗址中的新生儿墓葬:献祭性杀婴还是自然夭折?》

  此研究首次对大加那利岛前西班牙墓地以外遗址中的新生儿墓葬进行了多学科分析,包括生物人类学分析、遗传决定的个体分子性别以及年代和文化的背景分析。在过去的研究中,这些新生儿墓葬通常被认为与当地腓尼基—迦太基幼儿祭祀和埋葬区域有关,或者被作为是古代加那利群岛人为控制人口而杀害女婴的证据。但这些假设并没有考虑到这一类新生儿墓葬时常出现在原住民的正规墓地之外,也没有考虑到同时期墓地中的死亡年龄特征。该研究认为,这些墓地以外的新生儿遗存并非杀婴的结果,而是源于围产期高死亡率和特定埋葬习俗的发展。在大多数人使用的正规墓地之外的居址下葬这些新生儿,可能是一种关于生育、保护和与所属群体联系永存的信仰系统的一部分。

- Biton-Porsmoguer, S. * (2022). Fish Vertebrae as Archeological Biomarkers of Past Marine Ecological Conditions: Comparison of Mercury Levels in Chilean Swordfish Between the Middle Holocene and the Modern Period. *International Journal of Osteoarchaeology*, 32(1), 111-9. https://doi.org/10.1002/oa.3048.
《以鱼类脊椎作为过去海洋生态状况的生物考古标记:中全新世和现代剑鱼体内汞含量的比较研究》

    据已有研究发现,最早在公元前 6000 年,智利北部太平洋海岸就存在一个重要的远洋鱼类渔场。研究已证明了古代社会频繁利用渔猎标枪进行捕鱼活动。剑鱼(*Xiphias gladius*)是一种高度迁徙性的物种,可见于所有的热带及温带海域。已知汞在生物体内随食物链而富集,生物所在营养级越高,则体内汞的富集程度越高。因此,此研究对智利北部的萨帕特罗遗址中所发现剑鱼的脊椎中汞含量进行了分析,并与现代剑鱼脊椎进行对比,发现考古遗存中的脊椎虽然尺寸较大,但汞含量较低。考古样本中逐渐升高的汞含量证明了在全新世中期海域内已存在自然产生的汞,且大多源于火山活动。同时,对现代样本的分析证明了海洋生物链中存在产生于人类活动的汞。这项研究说明鱼类骨骼可用作汞的生物标记,且摄入过多的含汞鱼类可以用来解释过去人类社会的健康问题。

- Stock, S. R. * (2022). Microcomputed Tomography (Laboratory and Synchrotron) of Intact Archeological Human Second Metacarpal Bones and Age at Death. *International Journal of Osteoarchaeology*, 32(1), 120-31. https://doi.org/10.1002/oa.3049.
《对考古发现人类第二掌骨和死亡年龄的微计算机断层扫描(实验室和同步加速器)》

    该研究对两个英国考古遗址所发现的人类第二掌骨(mc2)进行了实验室和同步加速器显微 CT 分析。作者从青年(18—29 岁)、中年(30—49 岁)和老年(50 岁及以上)三个年龄段中各选出两个考古所获女性个体的 mc2,再加上一个现代控制样本进行分析。其结果辅以 X 射线散射研究后,作者认为碳酸磷灰石晶格参数的变化并不与死亡年龄相关,并且少部分 mc2 的胶原在小角度 X 射线散射下有 D 期峰值。实验室显微 CT 和皮层微结构证实,根据 mc2 远端和近端骨体积分数 BV/TV 所估计的年龄与牙齿磨损所估计的一致。另一方面,同步显微 CT 显示不少样本都有显著的岩化,可能是微生物侵蚀造成的。而与现代 mc2 的显微结构相匹配的一个考古样本也拥有与现代骨骼相同的 D 期峰值。因此可以认为不同像素尺寸的显微 CT 分析能够帮助进行年龄鉴定和岩化程度评估。

- Zhang, X., Zhan, X., Ding, Y., Li, Y., Yeh, H.-Y., & Chen, L. (2022). A Case of

Well-Healed Foot Amputation in Early China (8th – 5th centuries BCE). *International Journal of Osteoarchaeology*, 32(1), 132–41. https://doi.org/10.1002/oa.3050.
《早期中国(公元前8—前5世纪)一个足部截肢愈合良好的案例》

  该研究旨在报告一例中原地区足部截肢愈合的病例,并提供截肢的鉴别诊断。研究对象是来自中国陕西虫坪塬遗址的一具成人骨架,可追溯到公元前8世纪至公元前5世纪。根据肉眼观察,该个体可能为男性,年龄在50—70岁之间,身高约168.51厘米。近三分之一的左胫骨和腓骨远端缺失,表面重塑,且有明显的愈合迹象。同时,该患者患有骨关节炎、腰骶过渡椎和几种口腔疾病。骨关节炎在右侧肢体更为严重。该个体截肢的原因可能是刖刑、截肢手术或创伤。考虑到该个体的社会地位和遭受刑罚的可能性,他很可能在截肢后并未接受有效治疗。这一研究弥补了当前对于早期中国截肢研究的不足,并为研究周朝的刑罚制度和医学知识提供了机会。由于没有留下切割痕迹,截肢使用的工具还未能确定。

- Schats, R.*, van Hattum, I., Kootker, L. M., Hoogland, M. L. P., & Waters-Rist, A. L. (2022). Diet and Urbanisation in Medieval Holland: Studying Dietary Change Through Carious Lesions and Stable Isotope Analysis. *International Journal of Osteoarchaeology*, 32(1), 142–55. https://doi.org/10.1002/oa.3051.
《中世纪荷兰的食谱和城市化——通过龋齿病变和稳定同位素分析研究饮食变化》

  该研究通过比较中世纪早期乡村布洛赫伊森(公元800—1200年)和中世纪晚期城镇阿尔克马尔(公元1448—1572年)的骨骼标本,研究了城市化和跨国贸易对于饮食变化的影响。研究结合了3475个龋齿样本的患病率和位置,以及50个样本的稳定碳氮同位素数据。结果显示从较小的年龄开始,城镇阿尔克马尔人口的龋齿率和邻面龋齿就显著高于乡村。说明城镇人口对糖和淀粉等易导致龋齿的食物的消费较多。稳定同位素分析发现阿尔克马尔人有较高的氮同位素比和差异较大的碳同位素比,很可能是由于消费较多的鱼类、杂食性猪和鸡。龋齿和稳定同位素分析证明中世纪晚期的城镇人口与早期的乡村人口有着不同的饮食结构。具体来说,对市场依赖性的增加、国际贸易产品的输入以及中世纪晚期商业捕鱼的增长,可能促成了这种饮食转变。未来的研究应该包括中世纪晚期的农村人口,以便更好地理解中世纪晚期在城市环境之外的社会经济发展的影响。这项研究表明,古病理学和稳定同位素研究的结合,为中世纪荷兰的饮食变化提供了更完整的阐释。

- Huffer, D.* (2022). The Osteology and Provenance of a Portion of the Parkinson Collection, Gazelle Peninsula, New Britain, c. 1897. *International Journal of Osteoarchaeology*, 32(1), 156–69. https://doi.org/10.1002/oa.3052.
《对新不列颠加泽尔半岛帕金森样本的骨骼学和来源研究》

  在瑞士斯德哥尔摩民族博物馆中存有1897年德国冒险家和人类学家帕金森搜集的一批人类颅骨样本。此研究翻译了样本的德文档案,以获取关于帕金森的收集活动、样本归属权和迁移历史的信息。骨学分析则包括对年龄和性别的鉴定,利用埋藏学变化来推测最初的埋藏环境,对所选样本病理和创伤的讨论,以及对装饰性图案的比较研究。结果显示样本集虽主要由年轻成年男性组成,但涵盖了大部分年龄段和两种性别个体。创伤事件和病理样本较少,部分样品上覆红色颜料及其他装饰物。

- Park, J. S., Laugesen, M., Mays, S., Birkedal, H., Almer, J. D., & Stock, S. R. * (2022). Intact Archeological Human Bones and Age at Death Studied with Transmission X-Ray Diffraction and Small Angle X-Ray Scattering. *International Journal of Osteoarchaeology*, 32(1), 170-81. https://doi.org/10.1002/oa.3053.

《利用 X 光衍射和小角度 X 光散射技术对出土完整人类骨骼和死亡年龄的研究》

此研究使用高能广角 X 光衍射(WAXS)和小角度 X 光散射技术(SAXS),对出土于英国两个考古遗址的人类第二掌骨(mc2)进行了研究。作者假设碳酸磷灰石(cAp)晶格参数的变化与死亡年龄相关,以及 SAXS 可以在 mc2 中检测到胶原的 D 期峰值。作者从青年(18—29 岁)、中年(30—49 岁)和老年(50 岁及以上)三个年龄段中各选出两个考古所获女性个体的 mc2,再加上一个现代控制样本进行分析。然后将里特沃尔德法应用于 WAXS 图像,以提供精确的晶格参数值。结论认为 cAp 晶格参数与根据牙齿磨损估计的死亡年龄无关。

从 WAXS 和 00.2 衍射峰宽度来看,四个考古 mc2 具有与现代 mc2 相匹配的相干散射长度(晶体 c 轴尺寸)。SAXS 揭示了同样四个考古 mc2 具有与现代 mc2 相当的 D 期峰值强度。而部分存在岩化的 mc2 晶体尺寸比现代样本的明显更大,D 期峰值较弱或不存在。总的来说,在有明显生物侵蚀的骨骼中,检测与年龄相关的纳米结构特征退化可能很困难。

- You, S., Li, M., Hou, X., Li, P., Sun, Y., Zhang, Q *., & Wang, Q *. (2022). First Case of Juvenile Primary Bone Malignant Neoplasm in Ancient China: A Skeleton from the Northern Wei Dynasty (386 – 534 CE). *International Journal of Osteoarchaeology*, 32(1), 182-91. https://doi.org/10.1002/oa.3054.

《古代中国首个青少年原发性骨恶性肿瘤案例:北魏(386—534 年)的一具骨骼》

山西大同东信广场北魏墓地出土了一具 14—17 岁的骨骼,其上有骨恶性肿瘤的痕迹。此研究借助计算机断层扫描成像对该青少年骨骼进行了检查,结果显示在左股骨骨干远端三分之一处发现骨质增生,病变处出现成骨细胞和溶骨过程(长约 148 毫米),从骨干后方突出约 50 毫米的高密度分叶状外生性肿块。病变侵入髓腔时,在邻近皮层发现骨膜新骨反应。这一病变有可能是尤文氏肉瘤或软骨肉瘤。除此之外,疾病没有影响股骨长度的对称。这一罕见病例丰富了对骨肉瘤和其他恶性肿瘤的古流行病学的认知。

- Keegan, W. F. *, Young, C. B., LeFebvre, M. J., Pateman, M. P., Hanna, J. A., Newsom, L. A., Mistretta, B. A., Ciofalo, A. J., & Ross, A. H. (2022). Unique Lucayan Sand Dune Burials at the Rolling Heads Site, Long Island, The Bahamas. *International Journal of Osteoarchaeology*, 32(1), 192-201. https://doi.org/10.1002/oa.3055.

《巴哈马长岛滚头角遗址独特的卢卡亚人沙丘葬》

2015年10月乔奎因飓风过后,在巴哈马长岛上的洛维海滩上发现了两个人头骨。此外,面向北方、与之相邻的大西洋沙丘上还发现了两个埋葬区。从颅骨上人为的枕额整形可以判断,这些遗骸属于原住民卢卡亚人。这是在巴哈马首次系统发掘的露天沙丘墓葬,它们为卢卡亚人的下葬方式和生活方式提供了新的见解。该研究描述了在滚头角(Rolling Heads)遗址被埋葬的卢卡亚人个体的独特环境和文化背景。当地地貌经历了长期的沙丘侵蚀和重塑,这表明在该遗址原本还埋葬了未知数量的其他个体。遗骸的身体特征和下葬方式与加勒比海其他地方所观察到的有所不同,凸显出地区多样性和本地特色,并引发了一个新问题:为什么要使用不同的方式来将死者送往死后世界。最后,研究通过全基因组DNA、表型形态测量、稳定碳氮同位素重建饮食、锶同位素评估起源以及加速器质谱(AMS)测年评估人类在巴哈马群岛上的扩散时间,这些个体所提供的信息为区域研究作出了贡献。

- Emslie, S. D.*, Silva, A. M., Valera, A., Vijande Vila, E., Melo, L., Curate, F., Fidalgo, D., Inácio, N., Molina Moreno, M., Cambra-Moo, O., González Martín, A., Barroso-Bermejo, R., Montero Artús, R., & García Sanjuán, L. (2022). The Use and Abuse of Cinnabar in Late Neolithic and Copper Age Iberia. *International Journal of Osteoarchaeology*, 32(1), 202–14. https://doi.org/10.1002/oa.3056.

《新石器时代晚期和铜器时代伊比利亚朱砂的使用与滥用》

该研究分析了中新石器时代至古代之间23个遗址的考古人骨中的汞(THg)总含量。研究采集了来自个体或集体墓葬中的370个个体,是目前对考古所获人类骨骼中的污染所进行的最大规模的采样。样品以肱骨的皮质骨为主,并在许多个体中都发现了不寻常的汞水平。该研究认为这是由于他们在生活中接触了朱砂所导致的,为进一步研究朱砂及其在史前时期的使用提供了基础。含有中度到高度的汞的人骨大多来自伊比利亚南部公元前4世纪后半期到公元前3000年晚期(新石器时代晚期到铜石并用时代中期)的社会。而在旧石器时代晚期和青铜时代早期,朱砂则很少或根本没有使用。在公元前2900—前2300年之间则普遍存在朱砂的使用甚至是滥用,这可能与朱砂的高象征性和神圣价值有关,人们寻找、交易朱砂,并将其广泛用于各种仪式和社会实践。

- Saldías, E.*, Isidro, A., Martínez-Labarga, C., Coppa, A., Rubini, M., Vila, B., & Malgosa, A. (2022). Pathological and Normal Variability of Foot Bones in Osteological Collections from Catalonia (Spain) and Lazio (Italy). *International Journal of Osteoarchaeology*, 32(1), 215–28. https://doi.org/10.1002/oa.3057.

《西班牙加泰罗尼亚和意大利拉齐奥骨骼样本中足部骨骼的病变及变异》

在生物考古学中,有关足部变异的研究很少涉及对不同人群的比较和随时间的变化。该研究的目的是识别近期西地中海人群影响足部的正常和病理性变异,通过研究加泰罗尼亚(西班牙)和拉齐奥地区(意大利)公元前2世纪至公元20世纪的518对骸骨的足部骨骼,分析了不同的罕见变异、病理性损害、着骨点形态的变化及其可能的原因。此外还分析了来自阿曼的新石器时代足部骨骼以作对比。研究发现在不同国家之间,跟骨骨刺、根骨腓骨肌滑车增生、距骨颈的骨膜反应、外侧楔骨关节面的改变、距骨颈向内侧平面移位、楔—舟关节骨质增生、趾骨融合以及前足外翻等存在显著差异。通过对比不同国家和年代的样本,该研究注意到西班牙的这些变量的频率在几个世纪以来有所上升。意大利的系列数据则与之相反,并没有出现历时性的变化。在公元 10—19 世纪期间,各国之间的差异最大。造成差异的原因可能是不同的生活方式、职业、鞋类和地理位置。

- Almeida, N. J. *, Collado Giraldo, H., García Domínguez, C., Ferreira, C., Oosterbeek, L., & Saladié, P. (2022). Who's to Blame? The Mesolithic Non-Anthropic Leporids from Cueva de los Postes (Badajoz, Spain). *International Journal of Osteoarchaeology*, 32(1), 229–40. https://doi.org/10.1002/oa.3058.

  《何者之过?西班牙巴达霍斯洛斯波斯特洞穴出土的中石器时代非人类活动相关兔类遗存》

  该研究介绍并讨论了位于西班牙巴达霍斯的洛斯波斯特洞穴中发现的中石器时代动物群。研究分析了不同地层的动物遗存,其分布与洞穴的中石器时代或更早的埋葬活动有关。动物考古学数据以兔科为主,一般是穴兔,但也包括野兔、少量的鼬科动物和未确定的鸟类。研究结果表明,这些动物遗存与人类活动无关。骨骼上食肉动物损伤相关的痕迹表明,兔科骨骼的堆积具有外源性。据推断,这些遗存可能是狐狸的活动所产生的粪便与未被摄食的遗骸的混合沉积物。

- Toyne, J. M. *, Čelhar, M., & Nystrom, K. C. (2022). Liburnian Lunches: New Stable Isotope Data for the Iron Age Community of Nadin-Gradina, Croatia. *International Journal of Osteoarchaeology*, 32(1), 241–57. https://doi.org/10.1002/oa.3059.

  《利伯尼亚餐食:克罗地亚的纳丁—格拉迪纳铁器时代人群稳定同位素的新数据》

  中欧铁器时代是当地居民生活(包括饮食模式)发生转变的时期。利用个别墓葬中的人类和动物骨骼遗骸样本进行稳定同位素分析,已成为研究古代社会饮食和人口流动模式的重要工具。该研究对克罗地亚的纳丁—格拉迪纳公元前 7 世纪至公元前 1 世纪铁器时代利比尼亚人墓葬中的胶原蛋白和磷酸盐展开同位素研究,遗址中的动物考古遗存($n=22$)有助于大致确定当地驯养和狩猎动物的饮食基线。总体而言,个体居民一生的饮食结构是一致的,主要依赖 C_3 植物,如小麦、燕麦和其他蔬菜,并有适量的动物蛋白质,但不太可能包括海洋来源的蛋白质摄入。结果表明,该地区铁器时代的山堡和农业定居点有着相对稳定的饮食习惯,且异于邻近地区其他以粟为主食的内陆遗址。

- Wang, X. *, Shang, X. *, Smith, C., Wei, D., Zhang, J. *, Ruan, Q., & Hu, Y. (2022). Paleodiet Reconstruction of Human and Animal Bones at the Dalujiao Cemetery in Early Iron Age Xinjiang, China. *International Journal of Osteoarchaeology*, 32(1), 258–66. https://doi.org/10.1002/oa.3060.

《中国新疆铁器时代早期大鹿角墓地人骨和兽骨的古饮食重建》

  早在东西方"丝绸之路"出现之前,欧亚大草原上的不同人群之间就存在着文化沟通以及物质和技术交流。新疆地处东西方文化交汇处,对于探索人类互动尤为重要,该研究从稳定同位素的角度对此作出了贡献。中国西北部新疆大鹿角墓地发掘了三种类型的墓葬,即土坑竖穴墓、带二层墓道的土坑竖穴墓和带侧室的土坑竖穴墓。该研究对从铁器时代早期(公元前542—前59年)墓葬中采集了51具人骨和4具兽骨遗骸,并进行了稳定碳氮同位素分析。动物遗骸的$\delta^{13}C$和$\delta^{15}N$结果表明,两种草食动物(马和羊)主要以C_3陆生植物为食。相比之下,人骨标本的$\delta^{13}C$值则有所不同。竖穴土坑墓墓主的$\delta^{13}C$值范围较窄,这表明他们食用的食物来源相当稳定。相比之下,埋葬在有二层墓道或侧室的竖穴土坑中的人食用的食物更为多样化,可能采取了不同的生存策略。考虑到同位素结果和墓葬类型,该研究认为至少有三组有着不同的饮食和生计策略的人群。

- D'Anastasio, R. *, Cilli, J. *, Viciano, J. *, & Capasso, L. * (2022). Maxillary Abnormality in the Medieval Blessed Friar Egidio from Laurenzana (Basilicata, Southern Italy). *International Journal of Osteoarchaeology*, 32(1), 267–75. https://doi.org/10.1002/oa.3061.

《意大利南部巴西利卡塔省劳伦扎纳中世纪圣者修道士埃吉迪奥的上颌骨畸形》

  在公元15—16世纪,居住在意大利南部巴西利卡塔的圣者埃吉迪奥是一位受尊敬的天主教修道士。他死后,木乃伊保存在他生活的村庄劳伦扎纳的圣母教堂中。最近在对该文物进行修复和保护时,研究者对其进行了古病理学分析。分析结果表明,溶骨性病变影响了上颌骨,左右上颌骨有两处形态和大小不同的损伤。右侧上颌骨病变的宏观和放射学外观,以及它与右侧前磨牙的邻近性,都显示出根尖周炎性肉芽肿,这表明诊断结果是炎性牙源性囊肿(放射性囊肿)。左上颌骨的病变没有特异性,可能是发炎导致的。迄今为止,牙源性囊肿在现代人群中很常见,但在古代人群中却鲜有记录。埃吉迪奥的病例是古病理学领域诊断出的一个新的罕见病例。

- Rothschild, B. M *. (2022). The Bare Bones Appearance of Hyperparathyroidism: Distinguishing Subperiosteal Bone Resorption from Periosteal Reaction. *International Journal of Osteoarchaeology*, 32(1), 276–82. https://doi.org/10.1002/oa.3063.

《甲状旁腺功能亢进症的裸骨外观:骨膜下骨吸收与骨膜反应的区别》

  在甲状旁腺功能亢进症中观察到三种类型的骨吸收(骨膜内、皮质内[哈弗斯系统]和骨膜包膜[骨膜下])。该研究探讨了骨膜下骨吸收这一似乎具有特异性的表现,并使该研究能够区分由此产生的骨膜下吸收和与之无关的增生现象,即骨膜反应。该研究对哈曼—陶德人类骨骼收藏中2906具骨骼进行了肉眼(宏观)检查,以记录表面吸收和指骨远端粗隆变形。在哈曼—陶德骨骼记录中,甲状旁腺功能亢进症患者的骨膜下吸收的发生率为4%,与临床样本中报告的发生率无异。骨膜下吸收似乎可作为诊断考古记录中甲状旁腺功能亢进症的病理标志。这种活着时改变的骨骼形态很容易与死后损伤区分开来,而且其紧邻骨膜的位置也有利于将其与骨膜反应区分开来。尽管骨膜下骨吸收的存在似乎具有很高的特异性,但其敏感性较低,因为在该研究中检查的个体中只有19%发现了此现象。

- Jiménez-Brobeil, S. A.＊, Maroto, R. M., Milella, M., Laffranchi, Z., & Reyes Botella, C. (2022). Introduction of Sugarcane in Al-Andalus (Medieval Spain) and Its Impact on Children's Dental Health. *International Journal of Osteoarchaeology*, 32(1), 283–93. https://doi.org/10.1002/oa.3064.

《安达卢斯(中世纪西班牙)对甘蔗的引进及其对儿童牙齿健康的影响》

公元10世纪,阿拉伯人将甘蔗引入欧洲,给餐饮业和口腔健康带来了巨大的变化。在西班牙南部(安达卢西亚),食用甘蔗的主要是精英阶层,但在纳塞瑞斯王国时期,甘蔗的食用变得相当普遍。通过比较两个纳塞瑞斯人群(托雷西利亚和塔拉拉)与其他无法食用甘蔗的各种伊比利亚人群(从青铜时代到中世纪)的骨骼样本,该研究对未成年人乳牙龋齿的模式进行了观察,并探讨了糖的引入对人类饮食和口腔健康的影响。研究分析了来自115名未成年人的770颗牙齿,并将样本按年龄分为三组:两岁以下的婴儿、只有乳牙的未成年人以及乳牙和恒牙混合的未成年人。研究发现纳塞瑞斯人的龋齿发生率很高,而伊比利亚人群样本的龋齿发生率很低。当时的书面记载中提及纳塞瑞斯人食用甘蔗,并在婴儿断奶期间将甘蔗作为奶嘴,这也与该研究的结论相吻合。而纳塞瑞斯样本之间龋齿发生率的差异(塔拉拉地区较高)很可能与这些人群之间的社会经济差异有关。

- Bulatović, J.＊, Marković, N., Krstić, N., Bulatović, A., Mitrović, M., & Marinković, D. (2022). Animal Diseases in the Central Balkan Eneolithic (ca. 4500–2500 BC) — A Diachronic Perspective on the Site of Bubanj, South-Eastern Serbia. *International Journal of Osteoarchaeology*, 32(2), 303–16. https://doi.org/10.1002/oa.3065.

《巴尔干地区中部新石器时代(约公元前4500—前2500年)的动物疾病——对塞尔维亚东南部布班依遗址的历时性观察》

巴尔干地区中部的新石器时代持续了约2000年,该研究旨在首次展示该时期的动物疾病的证据。塞尔维亚东南部的布班伊遗址提供了在这一漫长时期内动物病理学发展的历时性视角。通过宏观检验和对变化最明显的标本进行了X射线和CT成像检查,该研究分析了71具有病理变化证据的动物遗骸。病变主要出现在家畜身上,并且仅在羊亚科样本中发现了所有不同类型的病变,其中以牙齿病变最为常见。约78%的家畜标本出现骨骼退行性病变,而家猪身上的病变多为先天性异常。狗、原牛、马鹿、野猪、海狸和熊也出现了病理变化。在大多数情况下,病变是由遗传和环境因素造成的,山羊的牙齿病变是衰老和营养不良引起的。在家牛身上所发现的退行性改变,除了环境因素外,也可能与劳作有关。由于缺乏该地区其他遗址的古病理学数据,因此研究无法在更广泛的时间和空间范围内对结果进行比较分析和讨论。对史前中巴尔干地区存在病变的动物遗骸进行古病理学调查应成为一项惯例,以便更好地了解人与动物之间的互动。

- Bochenski, Z. M.*, Wertz, K.*, Tornberg, R.*, & Korpimäki, V.-M*. (2022). How to Distinguish Duck and Wader Remains Eaten by the Peregrine Falcon Falco Peregrinus from Those Eaten by Other Birds of Prey and Humans: A Taphonomic Analysis. *International Journal of Osteoarchaeology*, 32(2), 317-26. https://doi.org/10.1002/oa.3067.

《如何区分是游隼和其他猎禽,或是人类进食后残留的鸭子和涉禽的残骸:埋藏学分析》

位于悬崖附近和洞穴入口处的考古遗址中发现的鸟类遗骨,可能并非人类活动的遗留,而是游隼造成的。要找出是人类、游隼还是其他食肉动物堆积了这些遗骸,就必须进行人类学研究。本文研究了游隼对现代鸟类骨骼造成的特征性破坏,包括肱骨和冠状骨的数量比预期更多,碎裂的长骨相对较少,穿孔主要出现在胸骨和肱骨上,以及保存下来的骨骼单位的特殊比例等。根据上述特征,可以清楚地区分昼行性捕食鸟类与人类或猫头鹰造成的食物残留。要确定特定的遗存最有可能是哪种猛禽造成的,不仅要确定遗存的构成,还要考虑到各种猛禽喜欢的猎物体积。目前的研究表明,不同游隼的猎物的骨损伤差异相对较小,这表明本文的研究结果具有相当的普遍性,可适用于不同种类鸟类栖息的不同地理区域。

- Albizuri, S.*, Grandal-d'Anglade, A., & López-Cachero, F. J. (2022). Pastures and Fodder for Feeding Equids 3000 Years Ago: The Can Roqueta Site (Barcelona, Spain) as a Model of Equine Herd Management. *International Journal of Osteoarchaeology*, 32(2), 327-38. https://doi.org/10.1002/oa.3068.

《3000年前养马的牧场和饲料:以西班牙巴塞罗那坎罗克塔遗址为例的养马业》

坎罗克塔遗址中出土了从青铜时代晚期到铁器时代早期大量的马和狗的样本。通过对42件骨骼样本中的稳定$\delta^{13}C$ 和 $\delta^{15}N$ 同位素进行分析,可以重建家马的饮食结构。研究结果和果实类遗存表明,该地区曾被用作农业和牧场。当时种植了两种高营养、易消化的小米,并与其他谷物一起用于制作饲料,同时也使用天然草场。

- Stantis, C.*, Maaranen, N., Kharobi, A., Nowell, G. M., Macpherson, C., Schutkowski, H., & Bourke, S. (2022). Jordanian Migration and Mobility in the Middle Bronze Age (ca. 2100-1550 BCE) at Pella. *International Journal of Osteoarchaeology*, 32(2), 339-57. https://doi.org/10.1002/oa.3069.

《青铜时代中期(约公元前2100—前1550年)佩拉遗址的约旦人口迁移和流动》

佩拉遗址位于约旦河谷东部山麓,在整个青铜时代中期(约公元前2000—前1500年)一直是一个繁荣的城邦。作为广泛的贸易网络的一部分,佩拉在这一时期与埃及、塞浦路斯、爱琴海、安纳托利亚和巴比伦尼亚有着广泛的社会经济关系。该研究对22颗人类第二恒磨牙的珐琅质进行了同位素分析及基于ASUDAS的额外生物距离分析,以此调查青铜时代中期佩拉人群的祖先来源以及从其他定居点临时或永久迁移的程度。此外,$\delta^{13}C$值指示了群体内一致的饮食习惯,即主要以C_3谷物和豆类作为农作物和动物饲料,符合青铜时代黎凡特人的饮食标准。两种方法被用于识别非本地人,一是通过生物圈基线,二是对$^{87}Sr/^{86}Sr$和$\delta^{18}O$数据进行袋状图分析。

分析结果显示,所有被确定为非本地人的个体都来自62号墓。通过丧葬仪式和建筑,可以证明整个青铜时代中期存在人口的大规模迁移。该研究表明,佩拉虽然被认为是边缘地区,但同位素和祖先分析可以证明它也有一部分永久性的移民。

- Pang, M *. (2022). An Historical Overview of the Field of Study of Human Remains in South Korean Archaeology. International Journal of Osteoarchaeology, 32(2), 358–66. https://doi.org/10.1002/oa.3070.
《韩国考古学在人类遗骸研究领域的历史概述》

  该研究的目的是介绍韩国在摆脱日本殖民统治后对考古遗址中发掘出的人类遗骸的研究现状,并探讨在不久的将来对南韩的人类遗骸进行充分考古研究可能需要改进的地方。人类遗骸作为考古数据,可以提供各种类型的信息,如过去人群的生物特征。关于如何正确使用从韩国考古遗址发掘的人类遗骸数据的讨论,仍处于初步阶段。预计随着科学技术的不断发展,将从古人类遗骸中揭示更多信息。要达成收集古人类文化信息这一考古学的终极目标,就必须达成共识,即必须从道德角度对待古人类遗骸,而不能仅仅将其视为考古数据的潜在来源。此外,为了提高所收集数据的价值,有必要通过与多位考古学家以及人类学、遗传学和生物化学领域的其他专家相互合作,开展更高水平的跨学科研究。

- Zhou, Y., Lu, Y., He, J., Li, Z., Zhang, X., Zhang, Q. *, & Yeh, H *. (2022). Bioarchaeological Insights into Disability: Skeletal Dysplasia from the Iron Age Northern China. International Journal of Osteoarchaeology, 32(2), 367–77. https://doi.org/10.1002/oa.3071.
《关于残疾的生物考古学视角:铁器时代华北地区的骨骼发育不良》

  骨骼发育不良主要是由基因突变或内分泌异常引起的。该研究从生物考古学的角度,分析了中国西安铁器时代北沈家桥墓地的一例不成比例侏儒症患者。该个体表现为不成比例的矮小身材,尤其是双肱骨的长骨骨干长度减少、肱骨近端骨骺未融合、肩关节和髋关节发育异常、左股骨头坏死、左股骨和胫骨异常纤细等特征,表现出其受限的活动能力和劳动能力。甲状腺功能减退症、假性软骨发育不全和多发性骨骺发育不良是最有可能的诊断,尽管还有其他可能性。通过结合考古证据和历史记录,推测该个体在生前过着正常的生活并受到了良好的待遇。总的来说,这一罕见的侏儒症病例不仅丰富了研究者对中国北方古代人群骨骼发育不良的认识,也展示了古代社会对残疾人的人道主义态度。

- Chrószcz, A. *, Baranowski, P., Janowski, A., Poradowski, D., Janeczek, M., Onar, V., Sudoł, B., Spychalski, P., Dudek, A., Sienkiewicz, W., & Czerski, A. (2022). Withers Height Estimation in Medieval Horse Samples from Poland: Comparing the Internal Cranial Cavity-Based Modified Wyrost and Kucharczyk Method with Existing Methods. International Journal of Osteoarchaeology, 32(2), 378–95. https://doi.org/10.1002/oa.3073.

《波兰中世纪马匹样本的腰围估计：基于内颅腔改良的维洛斯特—库哈尔奇克方法与现有方法的比较》

在考古动物学分析过程中，常用于估算马的肩高的方法（维特和基泽瓦尔特）无法在没有完整的长骨和头骨骨量测定的情况下估算肩高。而改良后的维洛斯特—库哈尔奇克（Wyrost-Kucharczyk）公式基于颅腔内部尺寸进行估算，即使只有脑颅部分保存下来也可以使用这种方法。在波兰的几个考古遗址（西里西亚、库亚维亚、大波兰、西波美拉尼亚和东波美拉尼亚）出土了一批马头骨样本，其年代可追溯到中世纪。该研究旨在使用改进的维洛斯特—库哈尔奇克方法估算这批马的肩高，并与中世纪波兰及其周边地区的文献数据进行了比较。文献显示，西波美拉尼亚、西里西亚和库亚维亚的马匹比东波美拉尼亚的马匹大。本文的研究结果表明，西波美拉尼亚的马匹要比西里西亚、库亚维亚和东波美拉尼亚的马匹大。在这两种情况下，西波美拉尼亚的马匹都是最大的。总的来说，根据研究结果和文献记录，波兰中世纪的马群似乎确实可以按照维特的分类被描述为中型和小型两类。在常规考古动物学研究中，改良后的维洛斯特—库哈尔奇克公式可作为计算马肩高的补充或替代方法。

- Le Roy, M.*, Magniez, P., & Goude, G. (2022). Stable-Isotope Analysis of Collective Burial Sites in Southern France at Late Neolithic/Early Bronze Age Transition. *International Journal of Osteoarchaeology*, 32(2), 396–407. https://doi.org/10.1002/oa.3074.

《法国南部新石器时代晚期至青铜时代早期过渡时期集体墓葬遗址的稳定同位素分析》

近20年来，地中海西北部一直是生物人类学和生物地球化学研究的热门地区。最近的研究表明，新石器时代人类的饮食是高度多样化的，并且可能受到人群组织系统和特定流动性的影响。该研究对法国南部新石器时代晚期和青铜时代早期四个遗址的集体墓地进行了初步研究。通过生物考古学分析，并结合多元素（CNS）稳定同位素分析，对人类（$n=28$）和动物（$n=12$）的骨胶原进行了分析。该地区特殊的环境提供了可开发利用的野生和家养陆地资源以及河流资源。尽管这仅是初步调查，但本文的研究结果表明了家养食草动物在人类饮食的蛋白质部分中的重要性。该研究谨慎地提出，在向青铜时代早期过渡的过程中，山羊和牛的来源发生了转变。硫同位素数据还表明，一些个体所处的环境不同，还可能有不同的地理来源，但没有受到生物因素（健康状况、性别或年龄）或文化因素（下葬处理）的影响。

- Rothschild, B. M*. (2022). Utilization of Validated Criteria for Diagnostic Assessment in Nonsynchronous, Allopatric Populations: Role in Archeologic Diagnosis of Rheumatoid Arthritis and Differentially Distinguishing It from Mimics. *International Journal of Osteoarchaeology*, 32(2), 408–17. https://doi.org/10.1002/oa.3075.

《在异时异域的人群中使用验证标准进行诊断评估：在考古学上诊断类风湿性关节炎（RA）并区分其与类似疾病的作用》

目前学界对于类风湿性关节炎（RA）起源于新大陆还是旧大陆一直存在争议。

支持后者的观点是基于对旧大陆前哥伦布时期孤立的炎症性关节炎的观察。该研究假设通过对疾病光谱的评估,可知旧大陆前哥伦布时期病例是否可有效归因于 RA。研究分析了已发表的报告中声称存在前哥伦布时期 RA 的疾病特征。在仅发现个别病例的情况下,利用疾病光谱(作为种群现象的表现)来评估诊断的可能性。在可获得的有足够的信息来进行评估的 41 个报告病例中,没有一个病例描述或展示了患者患有 RA 的典型症状。90%的报告结果实际上是典型的脊椎关节病。如果不观察(同一样本或种群中)构成 RA 特征的疾病光谱的其他个体,只观察异常值,就会得出不适用于诊断的疾病光谱模型。因此该研究认为疾病光谱是提高古病理学诊断可信度的有效工具。此外,这些经鉴定后非 RA 的前哥伦布时期旧大陆病例,削弱了反对新大陆起源说的力量。

- Doe, D. M.*, Molina Moreno, M., Candelas González, N., Rascón Pérez, J., Cambra-Moo, O., & González Martín, A. (2022). First Application of a Puberty Estimation Method to Skeletons of Young Pregnant Females: A Case for the Reevaluation of Maternal-Fetal Burials. *International Journal of Osteoarchaeology*, 32(2), 418–28. https://doi.org/10.1002/oa.3076.

《首次在年轻孕妇骨骼中应用青春期估计方法:重新评估母胎葬的一个案例》

这项研究的目的是评估怀孕期间死亡的年轻女性骨骼的青春期状况,以便更好地了解过去的青春期、生殖能力的获得、怀孕以及母婴死亡率。该研究应用了一种分析青春期骨骼发育的方法,对来自中世纪西班牙不同墓地的三具怀孕个体的骨骼进行了研究。同时还采用了骨盆测量、身材估算和病理学研究。其中一名孕妇被认定可能有难产的"风险",死于青春期生长高峰的成熟阶段。两名西班牙裔穆斯林均已过青春期,但其中一人在死亡前不久才刚度过了青春期。这项研究首次将确定青春期的方法应用于怀孕个体的骨骼,因此能够在考古记录中鉴定出一个怀孕但仍处于青春期的女孩的骨骼。通过观察发现,青春期后期的延迟到来延长了青春期的时间,可能使女孩在完全成熟之前就已经怀孕。作者认为这具骸骨并不是独一无二的,并认为有必要考虑利用青春期状况测定方法重新评估过往发现的母胎葬。这样就可以更好地理解过去的青春期、早期生殖阶段和母性。

- Sorrentino, R.*, Carlson, K. J., Figus, C., Pietrobelli, A., Stephens, N. B., DeMars, L. J. D., Saers, J. P. P., Armando, J., Bettuzzi, M., Guarnieri, T., Oxilia, G., Vazzana, A., Parr, W., Turley, K., Morigi, M. P., Stock, J. T., Ryan, T. M., Benazzi, S., Marchi, D., & Belcastro, M. G. (2022). The Talar Morphology of a Hypochondroplasic Dwarf: A Case Study from the Italian Late Antique Period. *International Journal of Osteoarchaeology*, 32(2), 429–43. https://doi.org/10.1002/oa.3078.

《软骨发育不良侏儒的距骨形态:意大利古代晚期的个案研究》

本项目旨在检验几何形态计量学(GM)和骨小梁分析是否可以作为识别与季肋发育不良有关的距骨特征的有用工具。该研究对摩德纳(意大利北部)出土的一个公元 6 世纪季肋发育不良侏儒(T17)的距骨外部和内部形态进行了量化,并与现代人类距骨样本($n=159$)进行了比较。研究结果表明,GM 方法和骨小梁分析确定了与季肋发育不良侏儒症有关的一系列特征:与正常体型的人相比,距骨比例尺寸缩小、存在一个额外的前外侧距骨切面、高骨体积分数以及整个距骨的高各向异性值。在本文的病例研究中,由于距骨的快速生长,季肋发育不良似乎并未对距骨外部形态造成实质性改变,但是可能导致了距骨尺寸变小。距骨的前外侧切面可能是距跟异常桥接造成的,可能与腓骨过度生长导致的外翻足姿势有关。较高的距骨小梁密度和支柱方向为 T17 骨小梁板的病理发展提供了启示。最后,研究表明,距骨小梁密度高、支柱方向性强以及距骨尺寸小,都可能是软骨发育不良的并发症。

- Spekker, O. *, Hunt, D. R., Berthon, W., Molnár, E., & Pálfi, G. (2022). Insights into the Diagnostic Efficacy and Macroscopic Appearance of Endocranial Bony Changes Indicative of Tuberculous Meningitis: Three Example Cases from the Robert J. Terry Anatomical Skeletal Collection. *International Journal of Osteoarchaeology*, 32(2), 444 – 56. https://doi.org/10.1002/oa.3079.
  《洞察结核性脑膜炎颅内骨质改变的诊断效果和宏观外观:罗伯特 J. 特里解剖骨骼收藏中的三个案例》

  近期,对特里收藏馆(美国华盛顿特区)427 具已鉴定的抗生素时代以前的骸骨进行的宏观和统计综合评估发现,结核性脑膜炎(TBM)与四种颅内变化类型有正相关关系,分别是即颗粒印迹(GIs)、异常血管印迹(ABVIs)、骨膜附着(PAs)和异常明显的指压痕(APDIs)之间存在正相关。该研究的第一个目的是讨论 GIs、ABVIs、PAs 和 APDIs 的诊断灵敏度和特异性估计值以及它们之间的关联,进一步强调它们的诊断价值。第二个目的是展示特里藏品中的三个案例,这些案例显示了颅骨内表面的骨性变化,这些变化代表了宏观形态学外观以及 GIs、ABVIs、PAs 和 APDIs(不同组合)的共现。根据生成的敏感性和特异性估计值,GIs 本身就足以明确诊断 TBM,而 ABVIs、PAs 和 APDIs 对该疾病没有特异性,但可能是结核性的。有关 ABVIs、PAs 和 APDIs 关联性的卡方检验结果表明,在死于结核病的个体中,它们(以任何可能的组合)同时出现的概率明显高于死于非结核病的个体。这意味着当它们同时出现时,结核病源的概率更高。

- Ehrlich, F. *, Aguraiuja-Lätti, Ü., Lõugas, L., & Rannamäe, E. (2022). Application of Morphometric and Stable Isotope Analyses for Distinguishing Domestic and Wild Geese. *International Journal of Osteoarchaeology*, 32(2), 457 – 66. https://doi.org/10.1002/oa.3080.
  《应用形态计量学和稳定同位素分析法区分家鹅和野鹅》

  对鹅驯化的起源的研究依赖于对家鹅的成功识别,特别是将其与形态相似的野生鹅区分开来。在这里,该研究首次尝试利用形态计量学和稳定同位素分析相结合的方法,将爱沙尼亚考古发现的野生鹅和家养鹅区分开来。为此,该研究将 159 块考古骨骼的测量结果与现代标本进行了比较。然后根据形态计量学,选择了 25 个考古样本进行稳定同位素分析。研究结果表明,根据骨骼尺寸和形状被鉴定为"家养"的骨骼比鉴定为"野生"的骨骼 $δ^{15}N$ 值要高得多。较高的 $δ^{15}N$ 值可能是膳食差异造成的,例如,家鹅膳食中可能有施过肥农作物或动物蛋白。

- Gregoricka, L. A. *, & Ullinger, J. M. (2022). Isotopic Assessment of Diet and Infant Feeding Practices among Ottoman-Period Bedouin from Tell el-Hesi. *International Journal of Osteoarchaeology*, 32(2), 467–78. https://doi.org/10.1002/oa.3081.

《对泰勒海西遗址奥斯曼时期贝都因人的饮食和婴儿喂养方法进行同位素评估》

研究人员利用从人骨胶原($n=20$)中提取的稳定氮碳同位素,考察了奥斯曼时期(约公元1500—1800年)泰勒-海西(Tellel-Hesi)的贝都因人的成人饮食和婴儿喂养方式。成年人的 $δ^{15}N$ 值表明他们的饮食依赖于动物蛋白,这与民族志记载相吻合。然而,女性摄取的植物蛋白比例更高,可能源于用于制作面包的谷物。不同性别人群的碳同位素值相似,表明贝都因人的饮食是 C_3-C_4 混合型的,摄入的食物既有驯化的栽培品种,也有动物产品。这些栽培品种也许是通过与其他相对定居的群体的贸易获得的,也许是贝都因人自己种植的,是农牧生活方式的一部分。未成年人的 $δ^{15}N$ 值表明,贝都因人在延长母乳喂养期的同时,也结合了补充性的喂养,这与历史上游牧较多的贝都因人群体的情况类似。未成年人在整个婴幼儿时期较高的 $δ^{13}C$ 值在统计学上不同于成年人,可能表明了孕妇和哺乳期母亲以及幼儿的特殊饮食,较高的 $δ^{13}C$ 值可能来自 C_4 谷物或骆驼奶。

- Kis, L.*, Tihanyi, B., Király, K., Berthon, W., Spekker, O., Váradi, O.A., Nagy, R., Neparáczki, E., Révész, L., Szabó, Á., Pálfi, G., & Bereczki, Z. (2022). A Previously Undescribed Cranial Surgery Technique in the Carpathian Basin 10th Century CE. *International Journal of Osteoarchaeology*, 32(2), 479–92. https://doi.org/10.1002/oa.3082.

《公元前10世纪喀尔巴阡山盆地一种未曾记录过的颅骨外科技术》

在该研究中,作者通过分析在萨尔雷图德瓦里-波罗沙洛姆(Sárrétudvari-Poroshalom)的材料中新发现的一例公元前10世纪的外科穿孔手术,对穿孔手术的指征和准备工作提出了新的见解,并概述这一特殊案例对穿孔研究一般方法论的影响。研究估算了基本的人类学数据(性别和死亡年龄),并对古病理学和活动相关病变进行了分析。该研究还进行了计算机断层扫描、放射性碳和遗传分析。除了之前的其他创伤外,在右顶骨上还发现了两个没有愈合迹象的共存病灶。在这一复合损伤上,可以观察到一个原始的尖锐外伤,周围有两条故意造成的弧形沟壑,可以解释为试图用 U 形凿子进行手术切除。结果证实了头骨上描述的伤痕可能确实是在与军事有关的活动中造成的,而且该人可能是其社区的高级军事领袖。这一独特的病例对于更详细地了解过去的医疗实践具有极其重要的意义。过去的文献中没有关于使用 U 形凿子进行开颅的记载,这为颅骨骨学研究开辟了一个新的视角。

- Zhang, W., Wang, A., Zou, Z., Jakob, T., Chen, P., Alifujiang, N., Zhang, Q.*, & Wang, Q*. (2022). The Impaired Nomad: A Bioarchaeological Study on an Early Iron

Age Case of Knee Ankylosis from the Jiaerkenjiaga Cemetery, Northwestern China. *International Journal of Osteoarchaeology*, 32(2), 493–508. https://doi.org/10.1002/oa.3083.

《受损的牧民：对中国西北加尔肯加尕墓群出土的早期铁器时代膝关节强直病例的生物考古学研究》

  疾病或外伤导致的膝关节异常会使患者的患肢丧失功能，导致行动和日常生活困难，进而使患者需要得到家庭和社会的特殊照顾。本文的研究报告了中国西北部加尔肯加尕墓地的一例膝关节融合病例，该个体为一名死亡年龄在35—45岁之间的男性。宏观观察、数字放射成像和CT扫描结果表明，右股骨和胫骨在右膝盖处融合，而髌骨与右股骨外侧髁融合。除此之外，没有骨折、肿瘤或其他病理迹象，诊断结果为膝关节强直。据推测，这种异常可能是由于髌骨内侧韧带断裂以及随后的髌骨脱位和脓毒性关节炎并发症造成的。考虑到加尔肯加尕人的游牧生活方式，推测此人的右侧髌骨韧带可能是在一次骑马事故中撕裂的。新骨形成的良好形态表明，受伤可能发生在他死前几年。这种损伤会限制他在无人搀扶的情况下行走和骑马的能力，因此他所在社群一定有人为他提供了长期照料。

- Bendrey, R. *, & Martin, D. (2022). Zoonotic Diseases: New Directions in Human-Animal Pathology. *International Journal of Osteoarchaeology*, 32(3), 548–52. https://doi.org/10.1002/oa.2975.

《人畜共患病：人—动物病理学的新方向》

  人畜共患病，即源于动物的人类疾病，是过去和今日世界上最大的健康挑战之一。自新石器时代以来，人畜共患病一直是塑造和影响人类适应性的主要因素之一。考古学在结合文化、环境和生物数据集方面具有理想的优势，能够提供关于人类—动物—病原体关系的长期视角，然而，长期的关联人类和动物记录的研究往往被忽视和缺乏理论化。本期特刊"人畜共患病：人类—动物病理学的新方向"中的七篇论文涵盖了由细菌、病毒和寄生虫病原体引起的一系列疾病，案例研究来自欧洲、亚洲、非洲和美洲。这些案例讲述了人类—动物—环境相互作用的多样性，这些相互作用影响了疾病的出现和传播。他们还回顾了与疾病识别和解释相关的方法论进展，并讨论了有效研究过去这些复杂过程的跨学科方法。本篇引言总结了关键主题和成果，并确定了今后的研究重点。

- Ledger, M. L., & Mitchell, P. D *. (2022). Tracing Zoonotic Parasite Infections Throughout Human Evolution. *International Journal of Osteoarchaeology*, 32(3), 553–64. https://doi.org/10.1002/oa.2786.

《追踪人类进化过程中的人畜共患寄生虫感染》

  寄生虫这一病原体有助于探索人与动物的相互作用，因为寄生虫的生命周期多种多样，通常依赖双方作为宿主。此外，有些寄生虫种类不具有宿主特异性，可在动物和人类之间传播。如今，大多数新出现的传染病都是人畜共患病。本文将具体考察人畜共患病寄生虫在人类进化过程中的出现和再出现，并考虑其中涉及的进化、文化和生态因素。本文结合了针对分子系统发育重建的遗传学研究，这些研究通常使用现代寄生虫的核糖体 RNA 基因单元和线粒体基因，结合了考古证据，如保存在骨骼和木乃伊遗骸中的寄生虫卵和抗原，以及现代流行病学数据，来探讨人类早期进化中的寄生虫感染。本文指出了一些主要人畜共患病寄生虫相当古老的起源以及它们与人类漫长的共同进化史，并讨论了在过去和今天导致许多人畜共患病寄生虫出现的因素，包括饮食偏好、城市化、废物处理以及人类和驯养动物的种群密度。

- Beltrame, M. O. *, Serna, A., Cañal, V., & Prates, L. (2022). Zoonotic Parasites in Feline Coprolites from a Holocenic Mortuary Context from Eastern Patagonia (Argentina). *International Journal of Osteoarchaeology*, 32(3), 565–71. https://doi.org/10.1002/oa.2797.
《来自巴塔哥尼亚东部（阿根廷）一个全新世墓葬的猫科动物尸体中的人畜共患寄生虫》

　　本文对在巴塔哥尼亚东部的一个全新世晚期的墓地加尔蓬洞穴（Cueva Galpón）发现的两块美洲狮（Puma concolor）或美洲豹（Panthera onca）的粪化石进行了古寄生虫学研究。样本在重新水化和均质化后进行了过滤和自发沉积处理。显微镜观察显示，两个样品内都有寄生虫残骸，包含六种线虫、一种绦虫和一种球虫形态。这是在巴塔哥尼亚的全新世时期首次发现颚口线虫（Gnathostoma sp.）和旋尾线虫（Spirocerca sp.）。这一发现意味着在西班牙殖民统治和引进家畜之前，巴塔哥尼亚全新世的野生动物中可能就存在一些疾病，如绦虫病、尾线虫病、颚口线虫病和蛔虫病和球虫病。总体结果表明，猫科动物可能是一些寄生虫物种的储库和来源，其中一些导致了人畜共患疾病。因此，这些动物可能对该地区的人类健康造成危害。

- Wooding, J. E. *, King, S. S., Taylor, G. M., Knüsel, C. J., Bond, J. M., & Dent, J. S. (2022). Reviewing the Palaeopathological Evidence for Bovine Tuberculosis in the Associated Bone Groups at Wetwang Slack, East Yorkshire. *International Journal of Osteoarchaeology*, 32(3), 572–83. https://doi.org/10.1002/oa.2846.
《回顾东约克郡韦特旺斯拉克所发现骨骼中牛结核病的古病理学证据》

　　东约克郡韦特旺斯拉克（Wetwang Slack）多期遗址中发现了在南英格兰以外最大的铁器时代动物群，此外还有几个铁器时代晚期/罗马—不列颠早期的动物关节组合（ABGs）。病理人类遗骸和动物关节遗存的存在为审查人畜共患病的宏观证据提供了一个独特的机会，特别是铁器时代社区中的牛结核病（bTB）。因为在这个社区中，人与动物密切的劳作关系、动物副产品的使用以及受感染乳制品的消费都构成了潜在的感染途径。该研究介绍了遗址的 ABG 中可能存在的传染病（主要是结核病）的古病理学证据。文中描述了人类遗骸中几例疑似结核病的病例，其中一例胃肠道感染病例可能预示着 bTB。从五个 ABG 中提取了古 DNA 样本，用来检测结核分枝杆菌复合体和布鲁氏菌病原体 DNA。结果呈阴性，但可能是因为 DNA 在埋藏过程中降解了。本文强调了在发现人类和动物遗骸的遗址中考虑人畜共患病证据的重要性。论文还强调,今后对患病动物遗骸的 aDNA 研究应侧重于更小的引物或全基因组测序,以扩增病原体 DNA。

- Wang, N. *, Tao, S., Li, S., Si, Y., Li, H., & Song, G. D. (2022). Study on the Dietary Pattern and Local Isotopes of the Xiaoshuangqiao Shang Dynasty (1400 BC) Site in China. *International Journal of Osteoarchaeology*, 32(3), 584 – 94. https://doi.org/10.1002/oa.2898.

  《中国商代小双桥遗址(公元前 1400 年)的饮食模式和本地同位素研究》

  河南省小双桥遗址的年代为商代中期(公元前 1435—前 1412 年),该研究在此利用稳定碳氮同位素比值研究了人类饮食和来源。研究发现,人群主要以 C_4(小米)为食,没有性别差异。之后根据埋葬地点对同位素结果进行研究,以确定是否有本地商人或被用于祭祀的东夷战士。研究发现埋葬在祭祀坑 H66 和 H63 以及④层的个体 $\delta^{13}C$ 存在差异,其中 H66 和 H63 的差异具有统计学意义。同位素和考古学证据表明,H63 和④层出土的骸骨是商代人,而 H66 出土的骸骨是被献祭的东夷战俘。小双桥遗址被认为是失落的商代都城"隞",这项研究为了解这座城市的饮食和居民提供了新的信息。

- Perez-Arzak, U. *, Villotte, S., Arrizabalaga, A., & Trancho, G. J. (2022). Looking for the Most Suitable Method for the Study of Entheseal Changes: Application to Upper Limb's Fibrocartilaginous Entheses in a Human Medieval Sample. *International Journal of Osteoarchaeology*, 32(3), 595 – 606. https://doi.org/10.1002/oa.3085.

  《寻找最适合肌肉附着点骨性变化的研究方法:对人类中世纪样本中的上肢纤维软骨附着点的研究》

  近年来,对着骨点变化(ECs),即发生在肌肉附着点的骨性变化的研究越来越多,因为它们被认为是最有希望反映人体骨骼活动的标志之一。它们的病因却备受质疑,因为可能有多种与机械应力无关的因素导致了它们的发生。在此,该研究测试了一些基于不同基础的 ECs 研究方法的有效性,试图找出每种方法的适用方面。研究采用了三种方法:维约特、桑塔纳和所谓的新科英布拉方法,对来自 60 个中世纪成年人样本的 7 个上肢纤维软骨附着点进行了分析。结果显示,这三种方法似乎显示了相同的总体趋势,但强度和一些细微处有所不同。桑塔纳方法总是能提供最多的 ECs 出现频率和最高的得分。而科英布拉方法发现的 ECs 得分和频率最少,这可能是因为它的标准是三种方法中最具体的。维约特方法似乎能最清晰地确定 ECs 的总体趋势。所有这些都表明,在方法上应达成共识,即应基于当前的解剖学知识、直观灵活的标准,并使用多种骨性表现评分,以避免样本过度碎片化。

- Bengtson, J. D *. (2022). Death at Distance: Mobility, Memory, and Place among the Late Precontact Oneota in the Central Illinois River Valley. *International Journal of Osteoarchaeology*, 32(3), 607 – 18. https://doi.org/10.1002/oa.3088.

  《死在远途:伊利诺伊河谷中部接触前晚期奥尼奥塔人的流动性、记忆和地点》

依托有关流动性和记忆的文献,该研究对之前报道的北美中部一个前接触时期奥尼奥塔人墓地的骨骼埋藏学和丧葬过程进行了理论性和解释性重构。这里大多数墓葬都是单人埋葬,显然是在人死后立即埋葬的。其他部分墓葬则埋有死于暴力的多个个体,其尸骨带有长时间暴露的埋藏学特征,这表明他们是在离家很远的地方被杀死的,死后很长时间后才被发现或安葬。这些多人墓葬以前被认为是草率和随意下葬的,可能是死亡环境所致。该研究试图更好地理解遭遇、捡拾、运输和安葬这些遗骸的行为,将其视为一种受当地流动性制约,并带有社会记忆色彩的话语实践。与其说这些多人墓葬是一种仅为权宜处置而采用的异常埋葬处理方式,不如说它们的埋藏学过程和在墓地中的出现,体现了对这一景观有意识且重复地参与,且唤起或延续了涉及骸骨化遗骸的奥尼奥塔传统习俗。这一解释为骨学家如何在古代记忆和空间的分布和建构中,为从社会性视角看待尸身的流动性提供了研究案例。

- Waltenberger, L. *, Rebay-Salisbury, K., & Mitteroecker, P. (2022). Are Parturition Scars Truly Signs of Birth? The Estimation of Parity in a Well-Documented Modern Sample. International Journal of Osteoarchaeology, 32(3), 619–29. https://doi.org/10.1002/oa.3090.

《分娩瘢痕真的是生育的标志吗?有据可查的现代样本中的生育估计》

一直以来,骨盆分娩瘢痕与怀孕和分娩的关系存在争议,因为其他生物力学、生物计量学和生活方式因素也可能影响这一骨盆特征的形成。在此,该研究通过多元回归和路径建模方法,研究了骨盆特征与生育和其他身体变量之间的关系,研究对象是具有详细背景信息的新墨西哥州(美国)现代女性样本($n=150$)。该研究还用CT扫描结果和骨盆特征的定量测量结果作为预测生育经历的指标,探索了骨盆特征在预测生育次数方面的实用性。总体而言,回归模型只能解释骨盆特征表达中相对较小的差异。唯一与生育次数明显相关的特征是耻骨背侧凹陷,而大多数骨盆特征的表达随着年龄的增长而增加,与生育无关。据推测,耻骨背侧凹陷的形成既受到生物力学压力的影响,也受到怀孕和分娩期间荷尔蒙分泌增加的影响。根据骨盆特征预测个体的生育,对于法医学或考古学应用来说过于不精确。然而,使用耻骨背侧凹陷的尺寸评分,该研究可以相对较好地估计群体的平均生育数。因此,骨盆特征仍可用于比较近代或历史人群的平均生育数。

- Pavlovic, T. *, Grumeza, L., Roksandic, M., & Djuric, M. (2022). Taking from the Dead: Grave Disturbance of Sarmatian Cemeteries in the Banat Region. International Journal of Osteoarchaeology, 32(3), 630–44. https://doi.org/10.1002/oa.3091.

《掠夺死者:巴纳特地区萨尔马特人墓葬的盗扰现象》

古代喀尔巴阡山盆地墓葬的盗扰现象多与公元1世纪至5世纪早期的萨尔马特墓地有关。该研究对巴纳特地区(东塞尔维亚和西罗马尼亚)的20个墓地(179座墓葬)进行了调查。分析表明,半数以上的坟墓被重新打开过,没有任何地区或地点间的差异,也没有性别或年龄偏差。该研究将考古死亡学方法应用于现存档案和公开发表的报告中,发现了三种墓穴扰动模式:上半身骨骼单位移位;整个身体被分解和移位;尸体连同墓内物品被随意移走。研究结果表明,墓穴被打开后,骸骨会受到严重破坏。在某些情况下,坟墓是在尸体完全白骨化后,也就是在埋葬数年后打开的,但墓葬中仍然存在葬具或衣物。之前关于匈奴人和阿瓦尔人是肇事者的理论只能在后期的墓地中得到证实,而早期的墓地可能是由同时代的萨尔马特人、当地人甚至死者后裔重新打开的。最有可能的动机是盗墓,很可能发生在喀尔巴阡山盆地战争和动荡的古代晚期,在选择要拿走的墓葬物品方面并没有特殊的标准。

- Andrews, A. J. *, Mylona, D., Rivera-Charún, L., Winter, R., Onar, V., Siddiq, A. B., Tinti, F. *, & Morales-Muniz, A. (2022). Length Estimation of Atlantic Bluefin Tuna (Thunnus Thynnus) Using Vertebrae. *International Journal of Osteoarchaeology*, 32 (3), 645–53. https://doi.org/10.1002/oa.3092.

《利用脊椎骨估算大西洋蓝鳍金枪鱼的身长》

　　大西洋蓝鳍金枪鱼(Thunnus thynnus;BFT)是一种大型(体长可达3.3米)中远洋掠食者。考古证明,从史前时代起人类就在整个东大西洋和地中海地区捕捞BFT。从遗存中可以得知过去金枪鱼的体型、渔民的捕鱼能力、捕鱼所造成的影响以及迁移行为。尽管如此,目前还没有可靠的方法来估计考古遗址中发现的BFT的大小。在此,本文研究了13件现代BFT的骨骼,以提供根据脊椎骨尺寸估算体长的幂回归方程。在现代标本中,大多数BFT脊椎骨可以通过形态特征进行区分,因此可以对每个等级(在椎柱中的位置)的椎骨应用单独的回归方程。在考古学背景下,保存不善的标本可能难以识别其等级;因此,本文定义了椎骨的"类型",以便在无法确定级别的情况下估算长度。在将椎骨进行分级或划定类型后,至少有一个脊椎骨的尺寸维度(高度、宽度或长度)与体长高度相关。无论是使用等级还是类型,长度估计值的准确度约为±10%。最后,该方法被应用于罗马时代的BFT椎骨样本,以证明其潜力。该研究认为,未来的研究和更大的样本量将使BFT椎骨对体长的估算更加精确。

- Rey, L. *, Naito, Y. I., Chikaraishi, Y., Rottier, S., Goude, G., & Ohkouchi, N. (2022). Specifying Subsistence Strategies of Early Farmers: New Results from Compound-Specific Isotopic Analysis of Amino Acids. *International Journal of Osteoarchaeology*, 32 (3), 654–68. https://doi.org/10.1002/oa.3093.

《明确早期农民的生存策略:对氨基酸进行特定同位素分析的新成果》

　　了解鱼类对人类饮食的贡献是过去人口研究中的一个重要问题,因为这体现了特定的组织结构(如适应性技术和性别分工)及其与地区环境的关系(如流动性和季节性开发)。在巴黎盆地,考古学家主要依靠鱼骨或渔钩等考古遗存来讨论鱼类的作用。之前从新石器时代人类骨质胶原蛋白中获得的同位素数据强调了淡水鱼类资源可能是蛋白质食物来源的一部分,但无法对其进行量化,甚至无法确认其作用。在这项研究中,该研究对法国早期农民的骨胶原蛋白氨基酸的特定化合物首次进行了同位素分析(CSIA-AA)。一些人类个体具有特别高的营养级别,蛋白质摄入主要基于陆地动物资源(家养牛和猪),而其他人则主要摄入以植物为基础的饮食。该研究认为淡水鱼类在食谱中似乎并不重要,并讨论了其他几种可能的食物组合。尤其是猪,似乎比以前认为的更偏向于草食性,并可能食用人类食物残渣中的谷物。

- Martínez-Polanco, M. F. *, Béarez, P., Jiménez-Acosta, M., & Cooke, R. G. (2022). Allometry of Mexican Hogfish (Bodianus Diplotaenia) for Predicting the Body Length of Individuals from Two Pre-Columbian Sites in the Pearl Island Archipelago (Panama). *International Journal of Osteoarchaeology*, 32(3), 669–81. https://doi.org/10.1002/oa.3094.

《用异速生长法预测珍珠岛群岛(巴拿马)两个前哥伦布时期遗址中带纹普提鱼的体长》

带纹普提鱼广泛分布于从加利福尼亚湾到秘鲁北部的整个东太平洋热带地区,包括所有大洋岛屿。该研究探讨了使用异速生长法估算来自巴拿马珍珠岛群岛两个古代定居点的前西班牙时期考古样本中带纹普提鱼的大小范围的优势:(1)一个前陶器遗址(6.2—5.6 kya)普拉亚多恩贝尔纳多(PdB),和(2)一个陶器遗址(1 kya)巴永内塔岛(BY-10)。为了建立异速生长模型,该研究使用了一个由39个体型和体重各不相同的现代个体组成的样本库。所有个体都有完整的记录信息,包括总长度(TL)和标准长度(SL)(毫米)以及总鲜重(W)(克)。该研究选取了最常见的骨骼(11块)和耳石,进行了29次测量。总长度与重量的关系为 $W = 2E-05TL^{3.0857}$,$R^2 = 0.984$。总体而言,TL和骨骼测量值之间的关系非常密切。在PdB遗址,计算得到的带纹普提鱼平均长度为289.6毫米(TL),而在BY-10,平均长度为283.6毫米(TL)。对带纹普提鱼考古样本的研究,可作为现代生态研究和渔业管理(尤其是珍珠岛群岛)的参考依据。

- Panzer, S. *, Schneider, K. O., Zesch, S., Rosendahl, W., Helmbold-Doyé, J., Thompson, R. C., & Zink, A. R. (2022). Recovery Lines in Ancient Egyptian Child Mummies: Computed Tomography Investigations in European Museums. *International Journal of Osteoarchaeology*, 32(3), 682–93. https://doi.org/10.1002/oa.3095.

《古埃及儿童木乃伊的生长恢复线:欧洲博物馆的计算机断层扫描研究》

这项研究对欧洲博物馆收藏的21具古埃及儿童木乃伊进行了全身计算机断层扫描(CT)检查,通过检查骨骼多个部位的干骺线、骨干横线和骨内骨外观,对CT检查中的恢复线进行了系统评估。21具儿童木乃伊中有18具(86%)发现了恢复线,12具(57%)出现了干骺线,12具(57%)出现了骨干横线,11具(52%)出现了骨内骨。有一具木乃伊显示出特别密集的干骺线,这是典型的铅中毒铅线。总之,对古埃及儿童木乃伊CT图像上恢复线的系统评估显示,这些恢复线的发生率很高。许多儿童身上都有不同线条的组合,表明不止一次出现生长障碍。恢复线的范围包括较著名的骺横纹和骨干横纹,以及较少为人所知的骨内骨外观,它们具有相同的病理机制。带有铅线的木乃伊似乎是古埃及首次出现铅中毒放射学证据的病例。

- Hawkins, A. L. *, Buckley, M., Needs-Howarth, S., & Orchard, T. J. （2022）. Practice Makes Perfect? Inter-Analyst Variation in the Identification of Fish Remains from Archaeological Sites. *International Journal of Osteoarchaeology*, 32（3）, 694–705. https://doi.org/10.1002/oa.3096.

《熟能生巧？考古遗址鱼类遗骸鉴定中分析师之间的差异》

根据与已知的参考标本的形态进行对比来鉴定动物标本，是动物考古分析中使用的标准方法。然而，人们很少考虑鉴定的准确性。该研究报告了一项实验的结果。在这项实验中，该研究要求13位分析师对来自参考标本集的50个鱼类骨骼部位和来自安大略省南部考古标本集的50个鱼类骨骼部位进行鉴定。该研究控制了以下变量：分析人员的类型、经验水平，以及他们在鉴定中投入的时间。随后使用ZooMS对考古标本进行了分类鉴定。该研究的结果表明，无论是在参考标本还是在考古标本中，分类和部位鉴定都远非完美。可能的影响因素包括：该类群的丰富性、骨骼形态的独特性、分析师的经验水平、单个标本的大小以及分析师是否有机会接触到全面、标签清晰的参考样本。该研究建议在培训中强调以下几点：对大多数物种而言，除非对部位鉴定结果确信无疑，否则不要进行分类鉴定；在鉴定包含众多物种群体中的物种时要保守；清楚地了解一个地区内可能存在的物种范围；指导老师要积极参与，以确保新手在鉴定过程中能够掌握更多的知识。

- Sabazali, C., & Cheverko, C. M *. （2022）. Exploring the Inclusion of Developmental Stress Trajectories on Past Adult Mortality Patterns: Quantifying Skeletal Plasticity and Adult Mortality Risk in Post-Medieval London Using a Probability Tree Model. *International Journal of Osteoarchaeology*, 32（3）, 706–17. https://doi.org/10.1002/oa.3097.

《探索发育压力轨迹对过去成人死亡模式的影响：利用概率树模型量化中世纪后伦敦的骨骼可塑性和成人死亡风险》

证据表明，早年的生活条件会影响成年后的发病率和死亡率。不同个体容易受到压力因素影响，导致长期效应的关键时期各不相同，但这些长期效应发生的频率和程度却不太确定。为了评估在不同生命史阶段（即童年和青春期）完全发育的骨骼压力标志物，并探讨它们对成人发病率和死亡率的影响，该研究构建了4个生长轨迹类别，以估计中世纪后伦敦骨骼样本（$n=118$）中压力指标的发育时间对成人死亡风险的影响。为了构建这些生长轨迹类别，该研究将线性釉质发育不全和胫骨长度作为早期生活压力的证据，通过卡方检验和费希尔精确检验得出生长轨迹值与年龄、性别和死亡等变量之间的对应关系。此外，该研究还使用因子方差分析这种多因素方法评估了长期影响，以检验早期生活压力分类变量与成年死亡风险之间的相关性。结果表明，死亡年龄与生长轨迹值之间没有关系，唯一显著的生长中断值是男性胫骨发育不良与死亡年龄之间的关系。社会经济地位和性别对该研究的结果没有显著影响。

- Verna, E. *, Femolant, J. M., Signoli, M., Costedoat, C., & Bouniol, L. （2022）. Analysis of Skeletal Remains from the Battle of Britain: A Temporary Cemetery of German

Aviators from World War II. *International Journal of Osteoarchaeology*, 32(4), 722–30. https://doi.org/10.1002/oa.3089.

《不列颠战役遗骸分析:"二战"德国飞行员临时墓地》

  第二次世界大战期间,法国部分地区被德军占领。1940 年夏,德军意图从法国入侵英国,于是开始了不列颠之战。这场战斗持续到 1941 年春天,以英国皇家空军战胜德国空军告终。在这场战役中,德国空军利用博韦—蒂耶机场(法国北部)轰炸了英国东南部和伦敦地区。该机场主要由德国轰炸机中队使用。2018 年,在这个前机场所在地旁的土地使用规划工作中发现了一个临时墓地。在墓地内发现了 39 座坟墓,其中 16 个墓穴的棺木里有完整的骸骨,23 个墓穴的棺木里有骸骨碎片。在该遗址挖掘出的穿着飞行员服装的人很可能参加了不列颠战役,因为他们身上有救生衣,这意味着他们曾在海上飞行。研究采用考古学和人类学的跨学科方法,特别是通过分析骸骨上的创伤,提供了有关这一时期和这一类型背景的详细信息。

- Dittmar, J. M. *, Nagar, Y., Arbiv, K., Lieberman, T., & Mitchell, P. D. (2022). Violence in Hasmonean Judea: Skeletal Evidence of a Massacre from 2nd-1st Century BCE Jerusalem. *International Journal of Osteoarchaeology*, 32(4), 731–45. https://doi.org/10.1002/oa.3084.

《哈斯蒙尼王朝犹太地区的暴力:公元前 2—前 1 世纪耶路撒冷大屠杀的骸骨证据》

  在以色列文物局进行的一次抢救性发掘中,在耶路撒冷老城外的一个蓄水池中发现了一个乱葬坑,坑内有 124 具遗骸,其中许多都有武器伤害的痕迹。从人骨中提取的放射性碳测年和陪葬品的断代结果表明,这些骸骨可追溯到公元前 2 世纪末或公元前 1 世纪初。该研究选择了从蓄水池中发掘出的 23 具人类骨骼遗骸,在实验室环境中对其进行了宏观检查,并使用扫描电子显微镜分析了部分武器伤害的硅胶倒模($n=5$)。该研究观察到大量死前钝器和锐器造成的创伤,包括至少有 16 人被斩首的证据。所观察到的伤痕的程度、性质,以及这些人被杂乱无章地放在蓄水池中,表明这些人是大屠杀的受害者。大屠杀是一种非常明显的暴力行为,通常被用作一种社会控制机制。根据当时的背景,这组骸骨很可能是哈斯蒙尼国王亚历山大·詹纳乌斯统治时期发生的大屠杀的证据。这是利用社会认可的暴力使哈斯蒙尼王朝合法化的第一个考古证据。

- Schrader, S. A *. (2022). The Embodiment of Colonial Strategy: Osteoarthritis in Ancient Nubia. *International Journal of Osteoarchaeology*, 32(4), 746–58. https://doi.org/10.1002/oa.3098.

《殖民战略的体现:古代努比亚的骨关节炎》

  埃及王国曾多次征服努比亚(即今天的苏丹北部)并将其殖民化,所采用的殖民策略因时间和空间差异而变化很大。该研究利用一个大型数据集($n=341$),比较了 7 个努比亚社区的骨关节炎情况,以评估:(1) 帝国战略是否会影响个体骨关节炎的严重程度;(2) 不同殖民社区的骨关节炎发病率是否存在差异。年龄控制的协方差分析(ANCOVA)表明,整个帝国的骨关节炎发病率和严重程度存在显著差异。中王国 C 组样本是生活在埃及人建造和占领的要塞之外的努比亚原住民,他们几乎所有关节系统的骨关节炎发病率都最高。骨关节炎在殖民后的第二中间期有所减少,在新王国重新殖民时期再次增加。然而,在 3 个新王国遗址中,骨关节炎的发病率有很大差异,每个遗址都经历了不同的殖民方式。这项研究表明,埃及帝国使用的殖民策略可能对努比亚人的体力和日常生活产生了影响,而且这些策略在整个努比亚并不一样,而是根据不同的社区量身定制的。因此,对殖民化进行讨论时需要结合社区考古背景进行细化。

- Medina, M. E.*, Sario, G., & Pastor, S. (2022). Bone Spearheads from the Late Prehispanic Period of Sierras of Cordoba (Argentina). *International Journal of Osteoarchaeology*, 32(4), 759-68. https://doi.org/10.1002/oa.3099.

《科尔多瓦山脉(阿根廷)前西班牙晚期的骨质矛头》

该研究介绍了圣洛克遗址采集的骨质矛头的技术类型和功能分析。该研究定义矛头为巨大而坚固的尖状工具,适合固定在直径约 15 毫米或更大的矛杆上,相当于人种学中的矛或镖。根据这些工具与邻近遗址和地区在过去 1500 年间出土的工具的相似性,可将其归入前西班牙晚期。该研究认为在前西班牙时期晚期,人们发展出了一套多样化的、高度复杂的武器组合,适用于获取各种动物资源,从而最大限度地降低捕捉他们所需猎物失败的代价。然而,战争和使用长矛劫掠其他族群的情况也需要考虑在内,因为在前西班牙时期晚期,人际间暴力的证据有所增加。最后,该研究认为博物馆藏品可以为考古学家提供有价值的数据,尤其是在分析现代发掘中出现频率较低的文物时。

- Liagre, E. B. K.*, Hoogland, M. L. P., & Schrader, S. A. (2022). It Runs in the Family: Kinship Analysis Using Foot Anomalies in the Cemetery of Middenbeemster (Netherlands, 17th to 19th Century). *International Journal of Osteoarchaeology*, 32(4), 769-82. https://doi.org/10.1002/oa.3100.

《家族遗传:利用荷兰 17—19 世纪米登贝姆斯特墓地的足部异常进行亲缘关系分析》

该研究探讨了中世纪后荷兰的社会结构及其基因同质性和关联度水平。研究的目的是通过足部发育异常来确定米登贝姆斯特骸骨中可能存在的家族遗传,并结合墓葬内的亲属关系分析米登贝姆斯特墓地的空间结构。研究人员根据不同的标准(如遗传率)对来自 4 个不同骨骼集合的 380 个个体中的 14 个非量化特征进行了检测。然后将米登贝姆斯特的特征频率与中世纪后荷兰人口的参考样本(由阿纳姆、埃因霍温和兹沃勒等荷兰中世纪后样本组成)进行了比较。当米登贝姆斯特样本的特征频率大大高于参考样本时,就可以确定一个假定的亲属群体。随后对假定亲属群体的分布进行目测和空间统计,发现了一个可能的父系结构墓地,尽管这只是基于一个小样本。通过将观察到的特征频率置于更广泛的背景下,这些数据表明米登贝姆斯特社区具有相当高的相互关联性。

- Gál, E. *, Bartosiewicz, L., & Kiss, V. (2022). A Fifth-Sixth Century CE Lynx (Lynx lynx L., 1758) Skeleton from Hungary: Cranial Morphology and Zoological Interpretations. *International Journal of Osteoarchaeology*, 32(4), 783–91. https://doi.org/10.1002/oa.3101.

  《匈牙利一具公元5—6世纪的猞猁骨骼：颅骨形态和动物学解释》

  在匈牙利佐马尔迪扎玛尔迪—库特沃尔吉—都勒二号（Zamárdi-Kútvölgyi-dűlő Ⅱ）的一个坑中，发现了1具成年雄性猞猁的关节骨架，旁边还有4只狗和散落的其他家畜骨骼。猞猁遗骸很少出现在考古记录中，也没有年龄和性别鉴定规程。这具骨骼的完整头骨提供了一个机会：通过与现存个体的参考标本进行比较，重新审视该物种的头骨学特征，补充对猞猁骨学的了解，为动物考古学评估提供一个经验基础。尽管在解释佐马尔迪堆积的作用时需要谨慎，但熟悉欧亚猞猁的颅骨特征、栖息地偏好和行为，对于未来关于这种稀有野生猫科动物骨考古学研究是不可或缺的。

- Hermes, T. R. *, Schmid, C. *, Tabaldiev, K. *, & Motuzaite Matuzeviciute, G. (2022). Carbon and Oxygen Stable Isotopic Evidence for Diverse Sheep and Goat Husbandry Strategies Amid a Final Bronze Age Farming Milieu in the Kyrgyz Tian Shan. *International Journal of Osteoarchaeology*, 32(4), 792–803. https://doi.org/10.1002/oa.3103.

  《吉尔吉斯天山青铜时代末期农耕环境中多种绵羊和山羊饲养策略的稳定碳氧同位素证据》

  过去的研究对青铜时代和铁器时代的中亚山区，尤其是在高海拔地区农耕与畜牧业之间的关系知之甚少。该研究通过对吉尔吉斯斯坦海拔2000米查普1号（Chap-1）农庄（公元前1065—前825年）出土的家养山羊牙齿进行增量稳定碳氧同位素分析，首次揭示了天山地区古代动物管理策略。结果表明，驯化的山羊膳食在一年内受到了微妙但多样化的控制。牧民除了夏季向高地牧场迁移山羊之外，还采取了给主食为C_3植物的山羊提供少量C_4植物的混合策略。秋冬季是山羊出生的淡季，这是中亚古代生产者为提高畜群安全和延长肉奶供应而采用的一种常见策略。这项研究展示了一个整合良好的农牧生产系统，有助于澄清青铜时代末期中亚和内亚山区食物系统背后的社会动态。它进一步揭示了定居性较强的农牧民社区通过有限的季节性放牧流动和对高地定居的投资，促进更广泛的区域间文化联系的能力。

- Hawks, S. M. *, Godde, K., & Hens, S. M. (2022). The Impact of Early Childhood Stressors on Later Growth in Medieval and Postmedieval London. *International Journal of Osteoarchaeology*, 32(4), 804–12. https://doi.org/10.1002/oa.3105.

  《中世纪和中世纪后伦敦童年早期压力来源对日后成长的影响》

  这项研究考察了中世纪和中世纪后伦敦墓地中线状釉质发育不全（LEH）与身材之间的关系，以了解恒牙中存在线状釉质发育不全的人是否也会表现为身材矮小。该研究使用了中世纪东史密斯菲尔德黑死病墓地的87名成人和中世纪后圣布赖德下教堂墓地的136名成人的病理学和测量数据。在考虑时间段和性别因素的同时，采用一般线性模型（GLM）的一个组成部分——双向方差分析（ANOVA）来比较LEH

的患病率与最大股骨长度。结果表明,在两个样本中,LEH 的存在与男性的股骨长度之间存在明显的关联。这种关联在不同墓地之间没有差异,表明这种关联没有时间上的变化。对分布情况的研究表明,男性的相关性强于女性,这可能表明在这些样本中女性面对压力具有更好的缓冲能力。该研究展示了童年时期的环境压力如何对过去人口的生长产生持久影响,同时也试图更好地理解男性和女性在应对压力事件时可能存在的差异。

- Shalish, M.*, Hager, R., Brin, I., Ben-Bassat, Y., Khalifa, A., Zini, A., & Faerman, M. (2022). A Comparative Study of Malocclusion and Its Severity in the Ottoman Period and Modern Populations. *International Journal of Osteoarchaeology*, 32(4), 813–20. https://doi.org/10.1002/oa.3106.

《奥斯曼帝国时期与现代人口错颌畸形及其严重程度的比较研究》

错颌畸形是一种自古以来就众所周知的现象。过去研究发现,现代人患错颌畸形的情况有所增加。这项研究旨在评估古代头骨样本中错颌畸形的频率和严重程度,并采用相同的检查方法与现代样本进行比较。考古样本为来自以色列北部多尔16—19 世纪的 63 个头骨。基于临床的方法,在最大闭合状态下进行头骨检查。现代样本由 340 名年龄在 11—16 岁之间的在校学生组成,他们都接受了临床正畸检查。两组样本均记录了以下参数:角度分类、上颌前突、过咬合、拥挤、间隙、中线和反咬合。该研究对所有检查参数进行了描述性统计,并比较了两组结果。根据安格尔分级,两组咬合关系的频率不同,但统计学上差异不显著。不过,两组之间的主要差异表现在现代人群中有明显更普遍的安格尔 I 级错颌畸形,而考古组中正常咬合的发生率更高。错颌畸形严重程度的分布在两组中有显著差异,现代组上、下颌的拥挤频率显著更高,考古组的开牙合频率更高。该研究观察到的趋势可能归因于过去口腔健康状况差和食物供应不足,以及多年来食物加工方式的变化。

- Bühler, B., & Kirchengast, S*. (2022). Horse-Riding as a Habitual Activity among the Early Medieval Avar Population of the Cemetery of Csokorgasse (Vienna): Sex and Chronological Differences. *International Journal of Osteoarchaeology*, 32(4), 821–31. https://doi.org/10.1002/oa.3107.

《琼格加塞(维也纳)墓地中世纪早期阿瓦尔人骑马活动习惯:性别和年代差异》

以往研究对中世纪早期阿瓦尔人日常生活中的性别差异知之甚少。尤其令人感兴趣的是骑马习惯,这被认为是这些人群的典型特征。重要的是,随着时间的推移,"阿瓦尔式生活"发生了根本性的变化,这可能导致骑马活动减少。该研究辨认了在奥地利维恩 11－琼格加塞(Wien11-Csokorgasse)阿瓦尔墓地的成年人中普遍存在的代表骑马习惯的量化和非量化特征,以及其中可能存在的性别和年代差异。研究人员记录了股骨颈交界处的普瓦里耶面(Poirier's facet)、斑块和筛状变化,并计算了髋臼的椭圆化指数(IOA)。男性的两侧股骨普瓦里耶面的发生率明显高于女性,两侧髋臼的 IOA 也明显高于女性。在男性中,未发现非量化性状和 IOA 的年代间的差异。与此相反,女性在该墓地的最早阶段显示出明显较高的 IOA,这表明骑马习惯在晚期有所减少。骑马是典型的男性活动,然而,本文的研究结果表明,有一部分女性习惯于骑马。从阿瓦尔墓地的早期到中期,骑马在女性中的流行程度有所下降,这表明女性的日常生活活动发生了变化。

- Constantinou, C.*, & Nikita, E. (2022). SexEst: An Open Access Web Application for Metric Skeletal Sex Estimation. *International Journal of Osteoarchaeology*, 32(4), 832–44. https://doi.org/10.1002/oa.3109.

  《SexEst:用于计量骨骼性别估计的开放式网络应用程序》

  骨骼性别估计是骨考古学研究中的一个重要步骤,并已为此开发了几种采用不同骨骼部位的计量和形态学方法。该研究具有双重目的:(1)利用全球范围内样本的颅骨和颅下的测量结果,测试几种用于骨骼性别估计的机器学习分类模型的性能;(2)提供一个免费的网络应用程序,用于实施表现出最高准确性的模型,以便直接估计未知骨骼的性别。关于第一个目标,该研究利用戈德曼颅下测量数据库和威廉·W.豪厄尔斯颅骨测量数据库,构建了用于性别预测的机器学习分类模型。这些模型的超参数经过优化和交叉验证后,颅下骨骼数据的正确率为80.8%—89.5%,颅骨数据的正确率为81.2%—87.7%。然后该研究选择了性别分类正确率最高的模型,构建了一个开放存取和开源的网络应用程序SexEst,用于预测未知骨骼的性别。

- Wesp, J. K.*, & Hernández López, P. E. (2022). Cortical Bone Maintenance and Loss in Colonial Mexico City: Analysis of Sex-and Age-Related Differences. *International Journal of Osteoarchaeology*, 32(4), 845–55. https://doi.org/10.1002/oa.3111.

  《墨西哥城殖民地时期的骨密质保持和流失:与性别和年龄有关的差异分析》

  该研究利用掌骨放射照片,测量分析了墨西哥城殖民时期皇家圣何塞自然医院(HSJN)骨骼样本中原住民的骨密质厚度和骨质流失情况。结果表明,女性从青年到中年开始骨质流失,到老年时继续流失;然而,男性直到老年时骨密质指数才下降。与考古学上的欧洲人群相比,HSJN人群在年轻时的骨密质峰值水平更高。该研究认为,峰值骨量的增加可能反映了饮食习惯的差异,比如将玉米放在石灰水中煮软的传统做法,使得长期食用的人群骨骼的钙和镁含量较高。同样,该研究将HSJN人口中的一个非裔小样本群与采集的原住民平均值进行了比较,结果表明骨骼尺寸存在差异,主要是骨密质指数水平较高,这也可能表明存在重要的人口差异,应进一步探讨。这项研究提供了有关骨骼维持和流失的重要比较数据,支持了之前的假设,即与考古人群相比,现代人群的高营养饮食可能是骨量峰值增加的关键因素。

- Neves, D.*, Silva, A. M., Simões, F., & Wasterlain, S. N. (2022). More than they Could Chew: Activity-Induced Dental Modifications in a Portuguese Medieval-Modern Rural Population. *International Journal of Osteoarchaeology*, 32(4), 856–65. https://doi.org/10.1002/oa.3113.

  《嚼不烂:葡萄牙中世纪至现代农村人口因活动引起的牙齿病变》

  非咀嚼性牙齿病变可能有助于评估饮食、个人或社会文化习惯对古代人口的影响。因此,该研究描述和讨论从科尔武河畔米兰达(葡萄牙科英布拉)的一个中世纪至现代藏骨堂中发现的 1206 颗牙齿中的磨损和创伤的可能原因。该研究对所有牙齿进行了宏观观察,并根据牙齿磨损和外伤的位置进行了记录。非典型磨损共有五类:凹槽和沟纹、抛光表面、倾斜磨损面、邻面沟纹和舌侧倾斜。前牙的牙齿咬合磨损平均值较高,其中中切牙磨损较严重。总共有 11% 的牙齿出现了非典型磨损,前牙比后牙受影响更大。最常见的变化是缺口、凹槽和牙齿微创伤。此外,出现微创伤的牙齿受非典型磨损的影响更大,同时还发现崩裂与缺口或凹槽之间存在关联。以门牙为主的牙齿磨损和牙齿创伤模式的形态和分布,表明该人群中的许多人可能在日常实践中将牙齿作为"第三只手"使用。然而,像是前牙舌面抛光这些类型的非典型磨损,可能有其他原因,例如错颌畸形。

- Makowiecki, D. *, Janeczek, M., Pasicka, E., Rozwadowska, A., Ciaputa, R., & Kocińska, M. K. (2022). Pathologies of a Horse Skeleton from the Early Medieval Stronghold in Gdańsk (Poland). *International Journal of Osteoarchaeology*, 32(4), 866 – 77. https://doi.org/10.1002/oa.3114.
  《格但斯克(波兰)中世纪早期要塞中一具马骨架的病理特征》
  　　该研究对格但斯克公爵要塞周围城墙的木土框架中发现的一具马骨架进行了分析。这匹马的尸体被埋于 11 世纪初至 12 世纪中叶的某个时期。这匹雄马的年龄为 8—9 岁,估计肩高 128 厘米(12.6 手高)。从牙齿和头骨上的伤痕来看,这匹马是用于骑乘的。马骨上可以看到两种类型的骨骼损伤,第一种是由于使用马匹造成的,在头骨、牙齿、脊椎骨和四肢骨上都可以看到。此类骨骼损伤在现代马医学文献中均有描述,因此该研究对其病因和临床表现进行了描述。第二类损伤位于远端部位:头骨、胸椎、肋骨和四肢骨。它们的共同特征是增生性骨膜反应。根据现有材料,还不能确定其病因。它们可以被认为是过度使用马匹造成的机械承重的结果,但也可能反映了一种全身性感染。

- Zhou, L.*, Mijiddorj, E., Erdenebaatar, D., Lan, W., Liu, B., Iderkhangai, T.-O., Ulziibayar, S., & Galbadrakh, B. (2022). Diet of the Chanyu and His People: Stable Isotope Analysis of the Human Remains from Xiongnu Burials in Western and Northern Mongolia. *International Journal of Osteoarchaeology*, 32(4), 878 – 88. https://doi.org/10.1002/oa.3122.
  《单于及其子民的饮食:蒙古西部和北部匈奴墓葬中人类遗骸的稳定同位素分析》
  　　该研究旨在探讨社会分层对匈奴社会人类饮食的影响。研究人员对蒙古西部和北部 3 个不同地点出土的人类遗骸进行了稳定碳氮同位素分析。结果表明,不同社会阶层的人都食用一定量的 C_4 食品。高勒毛都 2 号遗址台地墓葬中的 3 位贵族与陪葬墓中的大多数陪葬者的饮食习惯相似,表明他们的生活方式相似或关系密切。额仁海拉斯(Ereen Hailaas)平民的同位素特征与贵族非常接近,这可能表明他们的饮食习惯相似,也可能与环境因素有关。与之前分析过的其他匈奴人相比,萨尔希提恩阿姆(Salkhitiin Am)平民的碳氮同位素值都较低,这可能因为他们的饮食习惯有很大不同,C₄ 植物蛋白和动物蛋白较少。如果这种饮食差异与社会分层无关,则应考虑可能存在的生存策略或饮食传统差异。这些研究结果为了解匈奴人的社会结构和生存策略提供了一个重要的窗口,将有助于今后对欧亚大陆文化传播和物质交换的研究。

- Hsu, K. *, Yamane, Y., & Eda, M. (2022). Chickens Consumed in Early Modern Samurai Residences: A Study of Bird Remains from the Ichigaya Honmura-cho Site, Tokyo, Japan. *International Journal of Osteoarchaeology*, 32(4), 889–903. https://doi.org/10.1002/oa.3124.
《近代早期武士住宅中食用的鸡:日本东京市谷本村町遗址鸟类遗存研究》

　　鸡(*Gallus gallus domesticus*)被认为是在弥生时代(公元前 5 世纪至公元 3 世纪)传入日本的。然而,根据历史文献和考古资料,鸡直到近代早期才被普遍作为食物食用。在江户(即近代早期的东京)的考古遗址中发现了许多被确认为鸡的遗骸,但很少有人对鸡的消费模式进行分析,例如被食用的鸡的年龄分布和性别比例。为了弄清近代早期日本是如何开始流行食用鸡肉的,该研究分析了 17—19 世纪主要由武士居住的市谷本村町遗址的鸟类遗存。结果显示,自 17 世纪以来,该遗址就已经开始食用鸡肉,但鸡肉作为食物的消费可能在 19 世纪后增加并变得更加频繁。此外,研究还表明,被消费的鸡并不限于仔鸡和雌性成鸡个体,这与现代日本的情况不同。

- Díez-Canseco, C. *, Aguilera, M., & Tornero, C. (2022). Intra-Tooth Isotopic Analysis ($\delta^{13}C$ and $\delta^{15}N$) of Dentine Collagen in High-Crowned Teeth: A New Experimental Study with Modern Sheep Specimens. *International Journal of Osteoarchaeology*, 32(5), 962–75. https://doi.org/10.1002/oa.3138.
《高冠牙牙本质胶原的牙内同位素分析($\delta^{13}C$ 和 $\delta^{15}N$):利用现代绵羊标本进行的一项新实验研究》

　　臼齿在短时间内发育完成,而牙本质和珐琅质牙组织一旦形成就不会再生。因此当前动物考古和古生物学常遵循垂直于牙齿生长轴线的顺序提取牙带,用来重建涵盖个体生命短时段的同位素序列,但是这种模式很难分离出同位素信号。该研究对现代绵羊品种进行了一项新实验,研究绵羊一整年内所食用的植物的碳氮同位素特征,并在绵羊的生命期间交替进行三种不同同位素组成的饮食。该研究测试了牙本质取样程序的分辨率,以获得与绵羊饮食变化相关的 $\delta^{13}C$ 和 $\delta^{15}N$ 的牙内胶原蛋白同位素变异值。研究结论是,这里采用的牙本质顺序取样方法可以获得与高冠牙齿饮食条件相关的可靠的牙内同位素数据,但在最终解释时应详细考虑牙本质的生长模式。将这种高分辨率分析方法纳入考古研究,为研究过去人群的饮食模式、季节性饮食变化和畜牧业实践提供了新的可能性。

- Shev, G. T. *, & Laffoon, J. E. (2022). Paleodietary Reconstruction of Endemic Rodents from the Precolumbian Dominican Republic: Discriminating Wild Feeding Behavior from Diets Linked to Human Niche Construction Activities. *International Journal of*

Osteoarchaeology, 32(5), 976-95. https://doi.org/10.1002/oa.3149.

《前多米尼加共和国特有啮齿动物的古饮食重建：从与人类生态位建造活动相关的饮食中辨别野生觅食行为》

这项同位素研究对多米尼加共和国北部3个前殖民时期晚期遗址中人类如何对动物饮食产生影响展开了调查，即对3种特有的古啮齿动物：波多黎各鼠（*Isolobodon portoricensis*）、高山波多鼠（*Isolobodon montanus*）和斜齿鼠（*Plagiodontia aedium*），以及食用鼠（*Brotomys sp.*）和家养豚鼠（*Cavia porcellus*）的骨胶原碳（$\delta^{13}C$）和氮（$\delta^{15}N$）以及牙釉质碳（$\delta^{13}C$）同位素值进行了研究。为了估计膳食来源的贡献，研究采用了贝叶斯膳食混合模型（FRUITS v.3.0），并进行了三种不同的排列组合，以评估C_3或C_4/CAM植物的相对占比。研究在已有的加勒比海地区同位素食物网中额外添加了79种野生C_3和40种野生C_4/CAM植物物种的同位素值，使研究者能够在其中两个模型中区分野生和家养的C_3和C_4/CAM植物食物来源。研究结果证明一些动物大量食用家养C_4/CAM植物，例如该地区的原住民普遍种植的玉米。这可能表明，由于园艺实践等生态位构建活动，人类对地方性啮齿动物的饮食产生了影响，也可能反映了人类有意或无意地用人类产品喂食这些动物的活动。

- Drtikolová Kaupová, S.*, Velemínský, P., Grossová, I., Půtová, L., & Cvrček, J. (2022). Stable Isotope Values of Carbon and Nitrogen in Hair Compared to Bone Collagen from Individuals with Known Medical Histories (Bohemia, 19th-21st Centuries). *International Journal of Osteoarchaeology*, 32(5), 996-1010. https://doi.org/10.1002/oa.3125.

《已知病史个体（波希米亚，19—21世纪）的骨胶原与毛发中稳定碳氮同位素值的比较》

该研究探讨了生理压力对毛发中碳氮同位素值以及毛发与骨骼之间同位素偏移的影响。研究人员测量了18位死于1884—2006年的人的头发中的同位素值；在之前的研究中测量了肋骨和股骨中骨胶原蛋白的同位素值。头发和肋骨平均值之间的氮同位素偏移量为1.2±0.7‰，碳同位素偏移量为0.7±0.4‰。与猝死者相比，慢性病患者的毛发和肋骨的同位素偏移变化更大，同位素图谱内的变化也更大。在三个人身上观察到相对较低的氮偏移，其骨骼同位素值表明存在恶病质。在两个有详细病史的人身上，碳氮同位素值都随着健康状况的恶化而增加。毛发中的碳氮同位素值在不同家族之间存在差异，并与死亡年份有显著关系。这些结果表明，即使在生命的最后阶段，饮食或摄入食物同位素组成的变化也是影响研究对象同位素值的主要因素。另一方面，在个体头发的同位素记录中发现了生物压力的证据，但在骨胶原中无法观察到。就头发—骨骼同位素偏移而言，结果表明恶病质的影响与恶病质发生的时间和进展有关。

- Nase, J. B.*, Kollmann, D. D., Dikin, D. A., & Montoya, C. (2022). Therapeutic Dentistry in Prehistoric Maryland—New Analyses from the Hughes (18MO1) Archeological Site. *International Journal of Osteoarchaeology*, 32(5), 1011-9. https://

doi.org/10.1002/oa.3127.

《史前马里兰州的牙科治疗——来自休斯(18MO1)考古遗址的新分析》

最近对 20 世纪 30 年代从休斯遗址(18MO1)发掘的晚林地时期史前人类遗骸进行了生物考古学分析。这些遗骸共有 20 个个体,其保存程度和代表性各不相同。在这些遗骸中,有几颗牙齿被怀疑生前进行过牙齿改造。所有的牙齿龋洞都很深,有些龋洞一直延伸到牙髓。该研究对 2 个成年女性和 1 个儿童的牙齿进行了检查,以确定牙齿咬合面龋洞变化的病因,其结果为美国东部中大西洋地区史前牙科治疗提供了证据。该研究还利用射线照片、可见光和交替光源微距摄影以及扫描电子显微镜 3 种方法,分别对来自 3 个个体的 2 件下颌骨和 1 件右侧上颌进行了分析。3 个标本上龋齿的釉牙本质上都存在不同程度的沿径向和同心分布的工具遗留痕迹,其龋洞的形状与正常病理模式中未受干扰的牙齿咬合面龋坏的形状不同。此外,有证据表明,在用工具干预位于口腔后方的龋洞时,会从旋转钻孔变为径向铲挖。该研究认为,利用工具刮削龋洞并遗留不同痕迹的原因是进行了牙科治疗。

- Vergidou, C.*, Karamitrou-Mentessidi, G., Voutsaki, S., & Nikita, E. (2022). A Bioarcheological Contribution to the Social History of Roman Macedonia: The Pontokomi-Vrysi Site in Kozani Prefecture, Greece. *International Journal of Osteoarchaeology*, 32(5), 1020–34. https://doi.org/10.1002/oa.3128.

《生物考古学对罗马马其顿社会史的贡献:科扎尼州的蓬托科米—弗赖西遗址》

该研究介绍了对罗马时期(公元前 1—公元 4 世纪)蓬托科米—弗赖西(Pontokomi-Vrysi)遗址的骨骼组合进行的古病理学研究,该遗址位于上马其顿的欧尔代亚半山区(现位于希腊科扎尼州)。研究的目的是调查被埋葬人群中多种古病理学状况发生频率的差异,并评估这些差异是否与性别或年龄相关。该研究对筛状眶(CO)、多孔性骨质增生(PH)、釉质发育不全(EH)、骨关节炎(OA)、椎骨关节炎(VOA)、椎间盘疾病(IDD)、许莫氏结节(SNs)、创伤(Tr)和下肢骨膜炎/骨膜增生(PO)进行了检测。结果显示,与女性相比,男性患 OA、IDD、PO 和 Tr 的频率更高。这些结果表明,男性的体力劳动更加艰苦,这可能与性别分工有关,社区中的男性主要负责体力消耗较大的农业和畜牧业活动。此外,对成年人和非成年人的 CO、PH 和 EH 模式进行比较后发现,总体而言,蓬托科米—弗赖西遗址人群在面对劳作压力时有较强的复原能力。这些发现对罗马马其顿的生物考古学和社会史都作出了重要贡献,并强调了将历史、考古(文化)和生物考古学数据结合起来进行更多研究的必要性。

- Byrnes, J. F.*, & Muller, J. L. (2022). A Child Left Behind: Malnutrition and Chronic Illness of a Child from the Erie County Poorhouse Cemetery. *International Journal of Osteoarchaeology*, 32(5), 1035–48. https://doi.org/10.1002/oa.3130.

《一个被遗弃的孩子:伊利县济贫院墓地儿童的营养不良和慢性疾病》

该研究描述了埋葬在纽约州布法罗伊利县济贫院(ECPH)墓地的一具少年遗骸中可能同时存在的疾病。骨传记详细展示了 1851—1913 年期间死于 ECPH 的一名 11—12 岁儿童遗骸的古病理学情况。该骸骨显示的病变模式与坏血病痊愈、可能的肺结核或其他类型的慢性细菌感染,以及可能通过共病或同病发生的其他代谢性疾病的并发症一致。在 19 世纪的纽约布法罗,患有这些病症及其相关功能限制的儿童很可能也因此在社会意义上变得"失能"。这可能是该儿童入住 ECPH 并最终被安葬在相关墓地的原因。古病理学界在试图通过儿童骨骼遗骸诊断并发症时,发现这些病变表现很有价值。考虑到病理骨骼表现和椎骨的保存情况,无法进行组织学分析,且遗骸于 2017 年重新安葬,因而缺乏某些诊断项目的照片/射线照片,研究者的诊断结果的确定性受到了限制。

- Allen, K. G. *, Šlaus, M., Adamić Hadžić, A., & von Cramon-Taubadel, N. (2022). In Service to the Sultan: Biological Affinity Analysis of Vlach Ottoman Vassals from the Šarić Struga and Koprivno-Križ Sites in Southern Croatia. *International Journal of Osteoarchaeology*, 32(5), 1049 – 60. https://doi.org/10.1002/oa.3131.
《为苏丹服务:对克罗地亚南部沙里奇—斯特鲁加和科普里夫诺—克里兹遗址的奥斯曼帝国弗拉赫附庸国的生物亲缘关系分析》

    作为一个文化孤立且历史上有据可查的民族,东南欧的弗拉赫人与非弗拉赫人之间在生物学上的差异程度尚不明确。该研究对头颅计量和非计量形态进行了比较,旨在研究克罗地亚南部奥斯曼帝国时期的弗拉赫人样本与非弗拉赫人族群的生物分化程度。通过使用颅骨测量值计算雷勒福德—布兰杰罗距离,并根据颅骨非计量特征进行平均计量差异检验,作者研究了弗拉赫样本与其他地区样本之间的形态关系。计量和非计量分析的结果表明,弗拉赫人与居住在附近的非弗拉赫人群落有着密切的生物关系。由于与当地的非弗拉赫人族群缺乏实质性差异,弗拉赫族的独特性可能是基于社会经济因素而非生物因素。这项研究表明,在这一历史背景下,民族起源更多的是文化因素而非生物因素。

- Gomes, R. A. M. P. *, Petit, J., Dutour, O., & Santos, A. L. (2022). Frequency and Co-occurrence of Porous Skeletal Lesions in Identified Non-Adults from Portugal (19th to 20th centuries) and Its Association with Respiratory Infections as Cause of Death. *International Journal of Osteoarchaeology*, 32(5), 1061 – 72. https://doi.org/10.1002/oa.3132.
《葡萄牙(19—20 世纪)确认身份的未成年人多孔性骨骼病变的发病率和并发症及其与直接致死的呼吸道感染的关系》

    自 19 世纪以来,多孔性骨骼病变(PSL)就在科学文献中有所报道,但其病因仍然是一个饱受争议的复杂问题。该研究的目的有两个:评估多孔性骨骼病变的发病率、并发症,其与生理性别和死亡年龄的关联,以及多孔性骨骼病变的存在与否与已知死亡之间的可能关系。研究人员对科英布拉鉴定骸骨库中的 56 具未成年人骸骨(19—20 世纪)进行了评估。在不了解生物特征数据的情况下,对是否存在病变进行了宏观记录。结果显示,多孔性骨骼病变对男性和女性的影响相同,年轻个体的股骨发病率明显更高。虽然没有统计学意义,根据宏观、微观和放射学特征,筛状眶、筛状肱骨和筛状股骨同时出现的情况非常常见,正如"裂孔综合征"所描述的那样,这些病变被认为具有共同的病因。死于呼吸道感染,特别是肺结核的个体表现出更高的眼眶筛孔风险。研究结果表明,年龄和传染病会影响 PSL 的表达,从而影响生物考古学的解释。有必要对临床、尸检和已确认的骨骼采集样本进行进一步研究,以进一步了解与 PSL 相关的并发症、合并症和可能的虚弱症。

- Salo, K. *, Saipio, J., Hentunen, M. *, Mannermaa, K. *, & Oinonen, M. (2022). Graves, Landmarks, or Sacrificial Monuments? The Human Osteology and Paleopathology of the Bronze Age Burial Cairns in Finland. *International Journal of Osteoarchaeology*, 32(5), 1073–81. https://doi.org/10.1002/oa.3133.
《坟墓、地标还是祭祀纪念碑?芬兰青铜时代墓穴的人类骨学和古病理学研究》

在青铜时代(约公元前 1800—前 500 年),火葬是芬兰最主要的埋葬方式。在这篇文章中,研究者对芬兰国家博物馆和其他省级博物馆收藏的骨骼进行了全面的人类骨学研究,并提供了新的墓葬的放射性碳年代测定。研究结果表明,大部分墓穴是单人葬,未随葬动物或人工制品。在铁器时代,双人和多人墓葬变得更加常见。遗骸上常见多孔性骨质增生,骨关节炎的迹象在萨塔昆塔中部地区更为常见,在那里青铜时代晚期就已出现铁器时代的墓葬习俗。这些变化可能与生计策略的改变有关,而生计策略的改变也使得永久性定居点成为可能。

- Caine, A. C. *, Roberts, C. A., & Kennet, D. (2022). A Community in Transition: Analysis of Health and Well-Being in People Living During and Following Aridification. *International Journal of Osteoarchaeology*, 32(5), 1082–95. https://doi.org/10.1002/oa.3134.
《转型中的社区:干旱期间和干旱后人们的健康与福祉分析》

本文研究了位于阿拉伯半岛东端、现在的阿拉伯联合酋长国(UAE)青铜时代的两批样本的骨骼和牙齿病变情况,以评估干旱化对这两批样本的影响。该研究假设 Qarnal-Harf(QAH)6 号墓的样本与 QAH 5 号墓的样本相比,骨骼和牙齿病变的发生率会更高,因为 QAH 6 号墓的年代与较潮湿的瓦迪苏克时期(公元前 2000 年)相比属于干旱期间。研究者对 QAH 墓地两座墓葬中骨骼和牙齿病变进行了记录,包括龋齿、死前牙齿脱落、牙釉质发育不全、骨膜新骨形成、筛状眶和孔隙性骨质增生等,并用于评估不同的生活经历。QAH 6 号墓的骨膜新骨形成率以及筛状眶形成率表明,这些个体经历了 QAH 5 号墓个体没有经历过的压力。骨骼和牙齿的损伤率并不能直接归因于气候变化;但是,研究者认为公元前 2000 年左右的严重干旱导致了农作物的干枯,QAH 6 号墓墓主对海洋资源的依赖性增加。这种依赖很可能导致饮食营养不足,表现为观察到的较高的筛状眶和骨膜新骨形成率。

- Scott, G. R. *, Dern, L. L., Evinger, S., O'Rourke, D. H., & Hoffecker, J. F. (2022). Multiple Occurrences of the Rare Uto-Aztecan Premolar Variant in Hungary Point to Ancient Ties Between Populations of Western Eurasia and the Americas. *International Journal of Osteoarchaeology*, 32(5), 1096–104. https://doi.org/10.1002/oa.3135.

《匈牙利出现的多个罕见乌托—阿兹特克前臼齿变异表明欧亚大陆西部与美洲之间的古老联系》

  乌托—阿兹特克(Uto-Aztecan)前臼齿(UAP)是一种罕见的牙齿形态变异,一直被认为仅在非北极地区的美洲原住民身上出现。最近在匈牙利发现了四个具有这种特征的个体,这引发了对其地理分布的重新评估。除了匈牙利的病例外,德国、西班牙、南斯拉夫和法国也发现了病例,但在非洲、北美洲、太平洋地区和亚洲只有少数几个孤立和有争议的特例。来自欧洲的例子表明,UAP 的历史比想象的更为复杂。最近的古基因组研究表明,古代美洲原住民在与祖先的北极美洲原住民(古西伯利亚人)分化之后,与欧亚大陆西部的一个世系可能发生了直接的基因流动,从而解释了 UAP 目前在欧洲人和非北极美洲原住民中的分布情况。

- Lescure, J. *, Cancio, C., Garong, A., Quinto-Sanchez, M., González-José, R., & González-Martín, A. (2022). Admixture and Population Dynamics in the Philippines Through Craniometric Analysis. *International Journal of Osteoarchaeology*, 32(5), 1105–13. https://doi.org/10.1002/oa.3136.

《通过颅骨测量分析了解菲律宾的混血和人口动态》

  在与欧洲人接触之前,菲律宾的人口是不同亚群到达该群岛并相互融合的结果。假设头骨作为一种复杂基因型,是遗传继承和环境共同作用的结果,并且具有表型相似性的群体将具有更强的系统发育关系,该研究提出了基于几何形态测量学和头骨测量研究混血的可能性。本文研究了马德里国家人类学博物馆(MNA,西班牙)收藏的 19 世纪前的 61 个头骨,并使用了豪厄尔斯数据库作为参考标本。研究使用了 Microscribe 数字化机械臂来确定表型特征,该机械臂采集了 65 个界标,并利用这些界标创建了 12 个头颅测量距离。使用基于高斯有限混合物建模的判别分析、主成分分析、雷勒福德—布兰杰罗模型、k 均值等方法,本文根据混血程度将头骨分为三个聚类,三个聚类群体并没有太多的内部混血。假定颅面特征相对中立,就有可能通过一系列颅面距离来研究某些个体的混血情况。这项研究所建立的框架与其他遗传学、语言学或形态学类型一致,这些类型表明 19 世纪以前的菲律宾人口具有很大的种群内差异,在整个群岛内构成了一系列元种群。

- Bareggi, A., Pellegrino, C., Giuffra, V., & Riccomi, G *. (2022). Puberty in Pre-Roman Times: A Bioarchaeological Study of Etruscan-Samnite Adolescents from Pontecagnano (Southern Italy). *International Journal of Osteoarchaeology*, 32(5), 1114–29. https://doi.org/10.1002/oa.3137.

《前罗马时代的青春期:对蓬泰卡尼亚诺(意大利南部)伊特拉斯坎—撒姆尼青少年的生物考古学研究》

  该研究对来自蓬泰卡尼亚诺(意大利南部,公元前 7—前 4 世纪)的 84 名伊特拉斯坎人和撒姆尼人(8.0—23.9 岁)的样本进行了骨骼和牙齿青春期九项指标的评估,以了解不同青春期阶段的时间和持续时间。结果显示,青少年青春期发育时间存在显著差异,青春期发育节奏总体延长,女性完成青春期发育的年龄与男性相同。该遗址中青春期开始和结束时间与其他生物考古学研究和历史资料所显示的青春期趋势基本一致。青春期发育时间的个体间差异很大,可能反映了其社会文化的巨大异质,而青春期发育时间的延长可能是一种应对环境干扰因素的适应机制。这些干扰因素可能包括蓬泰卡尼亚诺沼泽环境特有的地方病,以及伊特拉斯坎和撒姆尼冶金工业产生的污染物。此外,追赶型生长在促进更好的怀孕结果方面的作用,可能解释了为什么女性的青春期似乎特别长。

- Yan, Y., Ge, W.*, Wang, Y., Xu, C., Wu, Y., & Cui, T. (2022). Determining the Earliest Directly Dated Cremation Tombs in Neolithic China via Multidisciplinary Approaches: A Case Study at Laohudun Site. *International Journal of Osteoarchaeology*, 32(5), 1130-41. https://doi.org/10.1002/oa.3139.

《通过多学科方法确定中国新石器时代最早的直接测年火葬墓:老虎墩遗址案例研究》

在中国的考古报告中,火葬的习俗屡见不鲜,但相关的科学证据和具体分析却并不多见。该研究以江西省靖安县老虎墩遗址出土的10块可能被焚烧过的人骨碎片为对照样本,采用傅立叶变换红外光谱法对其进行了检测,为确定古代人骨的性质提供了确凿的证据。通过计算 SF、C/P、(961+1022+1061)指数和扫描电镜等指标,对骨片的受热程度进行了估计。其中9个新石器时代的骨样都经历了高温,而汉代样本则未受热。其中一块被焚烧过的骨片通过放射性碳 AMS 被直接测定为公元前4800—前4400年。这项研究明确了老虎墩骸骨的受热历史,证实了这些墓葬为火葬墓。这项研究不仅记录了中国新石器时代火葬的使用情况,而且为今后相关丧葬习俗的研究奠定了科学基础。

- Kontopoulos, I.*, Van de Vijver, K., Robberechts, B., von Tersch, M., Turner-Walker, G., Penkman, K., & Collins, M. J. (2022). Histological and Stable Isotope Analysis of Archeological Bones from St. Rombout's Cemetery (Mechelen, Belgium): Intrasite, Intraindividual, and Intrabone Variability. *International Journal of Osteoarchaeology*, 32(5), 1142-56. https://doi.org/10.1002/oa.3145.

《对圣伦博特墓地(比利时梅赫伦)的考古骨骼进行组织学和稳定同位素分析:遗址间、个体间和骨骼间的变异性》

该研究比较了不同类型墓葬骨骼的组织学保存情况,以揭示组织形态与葬礼习俗之间的关系。该研究还采用骨内研究方法,探讨骨胶原蛋白保存、$\delta^{13}C$ 和 $\delta^{15}N$ 在个体内(内耳部分的岩骨与上/下肢长骨)和骨内(近端与远端骨干)的差异。研究致力于:(1)以可能保留较多胶原蛋白的骨骼为目标;(2)更好地了解并重现内耳骨胶原蛋白同位素特征;(3)评估骨内同位素和组织学同质性。该研究从比利时圣伦博特中世纪及后中世纪的墓地收集了61个标本(20个个体)的数据,并使用光学显微镜和扫描电子显微镜对薄片进行了研究,并从21个个体中收集了101个胶原蛋白和同位素样本。结果仅在单人葬的骨骼中观察到不同的组织学模式,并显示出个体内和个体间的差异。胶原蛋白重量百分比、$\delta^{13}C$ 和 $\delta^{15}N$ 显示出显著的个体间差异,但个体内差异并不明显。这项研究还证实了岩骨的特殊性,因为内耳骨胶原蛋白 δ^{13}C 和 δ^{15}N 值反映了生命最初约 2—3 年的饮食摄入。

- Kveiborg, J. *, & Nørgaard, M. (2022). Early Iron Age Cavalry? Evidence of Oral and Thoracolumbar Pathologies on Possible Warhorses from Iron Age, Denmark. *International Journal of Osteoarchaeology*, 32(6), 1175–85. https://doi.org/10.1002/oa.3154.
  《铁器时代早期的骑兵?丹麦铁器时代疑似战马的口腔和胸腰部病变的证据》

    该研究对 6 匹铁器时代成年雄性马匹(公元前 4—5 世纪)进行了古病理学分析,与这些马匹一同被仪式性埋藏的还有包括马具在内的大量战斗装备。在 6 匹马身上都观察到了病理性损伤,可分为三大类:包括牙齿异常磨损在内的口腔病变、脊柱病变和创伤以及肢骨病变。一些病理性损伤(如颅骨不对称)很可能是发育造成的,还有一些(如胸腰椎关节炎病变和骨质疏松)可能与年龄有关。其他观察到的病变,如下颌骨牙槽间背缘的骨膜炎(骨刺)和牙齿异常磨损,似乎与骑马或使用马衔扣有直接的关系。研究中一个遗址的一个复原的带孔马衔扣与两匹马的牙齿磨损之间的密切吻合表明,马匹上的骑乘装备与战争密切相关。其中 3 匹马的胸腰部出现椎骨内板骨折,这可能与骑马有关。因此,这些分析表明,位于下胸椎/腰椎区域的病变和各种类型的马衔扣磨损都是骑马的标志。

- Xiong, J., Chen, G., Yang, Y., Meng, H., Storozum, M., Allen, E., Wang, H., & Wen, S *. (2022). Mixed Economy and Dried Foods: Dental Indicators Reveal Heishuiguo Han Dynasty Population's Environmental Adaptation to the Semi-Arid Region of Northwestern China. *International Journal of Osteoarchaeology*, 32(6), 1186–97. https://doi.org/10.1002/oa.3146.
  《混合经济与干粮:牙齿指标揭示了黑水国遗址汉代人群对中国西北半干旱地区的环境适应》

    黑水国遗址位于古丝绸之路的重要通道河西走廊中段,是汉代西北边陲的一个军事重镇。为了了解黑水国人的生活方式,该研究对龋齿和牙齿磨损程度进行了评估。考古发现、历史记录和稳定同位素分析证明,黑水国人的生活方式是农业生产和驯养动物并存。黑水国人群属于混合经济人群,然而,牙齿磨损分析却显示出相互矛盾的结果。黑水国人群的前牙磨损尤为严重,表明其生存方式类似于狩猎采集者和现代新疆哈萨克人。作为汉族的主要戍边地,黑水国的大多数居民都是移民或移民的后代。他们的饮食营养丰富,便于携带,适应长期保存的需要,符合黑水国的环境要求。不过,这些食物一般需要用前牙进行较多的切割和撕裂动作,频繁的咬合(对齐)导致了严重的牙齿磨损。这种牙齿磨损可能归因于黑水国人喜欢吃坚硬、干燥的食物,如馕饼,以及大量食用肉类。这种饮食对当地环境的创造性适应,使黑水国逐渐形成了独特的生活方式和文化。

- Cockerill, S. J. *, Ordóñez, A. C., Guamán-Chulunchana, R. G., Serrano, J. G., Fregel, R., Díaz-Pérez, C., González-Reimers, E., & Arnay-de-la-Rosa, M. (2022).

The Talus of the Pre-Hispanic Population from Punta Azul (El Hierro, Canary Islands): Variability and Sexual Dimorphism of Nonmetric Traits. *International Journal of Osteoarchaeology*, 32(6), 1198-12. https://doi.org/10.1002/oa.3148.

《来自阿苏尔角(加那利群岛埃尔希耶罗)的前西班牙人口的距骨：非计量特征的变异性和二性形态》

该研究的目的是评估三角骨、距跟面和蹲踞小面变异在阿苏尔角(加那利群岛埃尔希耶罗)集体墓葬洞穴中发现的前西班牙时期个体中的出现率，并评估这些变异在性别之间的差异。在一个混杂的堆积中，共发现了149件属于成年个体的距骨。研究观察到男性和女性距骨的三角骨形态存在明显差异，而其他两个特征则没有相关差异。研究还观察到男女性距骨都有很高的下蹲频率，高于其他人群的报告频率。该研究的结论归纳如下：(1) 在雄性和雌性中都观察到了较高的蹲踞小面变异率，这可能表明在进行贝类捕捞之类的活动时需要采取蹲伏姿势；(2) C 型距跟面结构占多数，这表明距骨关节具有最大的活动度，能够很好地适应在埃尔希耶罗陡峭地形中的移动(如放牧山羊等)活动；(3) 不同性别的三角骨形态在统计学上存在差异，这可能表明男性的跳跃和攀爬活动更多，可能与在埃尔希耶罗陡峭地形中放牧山羊有关。

- Minozzi, S.*, Ghiroldi, V., & Fornaciari, G. (2022). Head Injuries by Firearms and Sharp Weapons in the Battle of San Martino (1859, Italy). *International Journal of Osteoarchaeology*, 32(6), 1213-25. https://doi.org/10.1002/oa.3151.

《意大利索尔费里诺战役(1859年)中火器和冷兵器造成的头部伤害》

研究的重点是索尔费里诺战役(意大利，1859年)阵亡士兵遗骸中与武器有关的创伤。这些遗骸被存放在圣马蒂诺藏骨堂中。该研究的目的是研究火器和刀剑造成的头部伤害与当时使用的武器装备和军事战术的关系。研究者对伤口的形状、大小进行了宏观检查，以确定损伤的特征。至于弹道创伤，则根据颅骨上的入孔和出孔的直径和位置来确定弹丸的口径、弹道和火炮的种类。锐器造成的创伤被认定为线状边缘切割或尖锐损伤。研究结果表明，不同类型的死前创伤主要是由火器造成的，其射弹口径各不相同，大多在14至18毫米之间。17.8%的头骨可能受刺刀和军刀伤害。此外，还有7个头骨上的伤痕已经愈合，其中一些还经过了手术治疗，这说明战争时期的战况相当激烈，不过士兵们能够在身受重伤的情况下存活。与锐器伤相比，枪伤的发生率更高，这与当时的军事战术和使用的武器一致。

- Navitainuck, D. U.*, Vach, W., Pichler, S. L., & Alt, K. W. (2022). Age-at-Death Estimation in Archaeological Samples: Differences in Population Means Resulting from Different Aging Methods Can Be Predicted from the Mean Ages of Method-Specific Reference Samples. *International Journal of Osteoarchaeology*, 32(6), 1226-37. https://doi.org/10.1002/oa.3157.

《考古样本的死亡年龄估计：根据某一测龄方法所用参考样本的平均年龄可以预测不同测龄方法所得的人口平均年龄差异》

年龄模仿(Age mimicry)是死亡年龄估计方法应用中众所周知的现象。年龄模仿指的是基于在特定参考样本中观察到的关系,从特定特征(测龄指标)预测死亡年龄,意味着年龄估算在某种程度上反映了参考样本的年龄结构。特别是,在目标群体中应用某种年龄估算方法时,估算的群体平均年龄会向方法特定参考样本的平均年龄偏移。因此,在同一目标群体中,不同年龄估算方法之间的群体平均年龄差异,可能是用于开发年龄估算方法的参考样本平均年龄差异所致。该研究旨在量化这种差异的预期大小,对曼海姆-塞克海姆中世纪早期墓地的 675 个成年个体样本采用了 15 种不同的传统年龄估计方法。研究发现,估计人口年龄平均值中高达 80% 的偏差可以用参考样本中平均年龄的偏差来解释。此外,两个参照样本之间的平均年龄相差 3 到 4 岁,可能导致目标人群估计年龄均值相差 1 岁。由于参考样本之间的平均年龄差异很大,因此在使用不同测龄方法时,需要谨慎解释个体年龄估计值或人口平均年龄估计值之间的差异。

- Tritsaroli, P. *, Mion, L., Herrscher, E., André, G., & Vaxevanis, G. (2022). Health, Diet, and Mortuary Practices in the Countryside of Byzantine and Post-Byzantine Boeotia: The Case of Hagios Sozon in Orchomenos. *International Journal of Osteoarchaeology*, 32(6), 1238–52. https://doi.org/10.1002/oa.3159.
《拜占庭和后拜占庭时期维奥蒂亚乡村的健康、饮食和丧葬习俗:奥尔霍迈诺斯的哈吉欧斯—索松案例》

该研究探讨了拜占庭时期和后拜占庭时期(公元 12—19 世纪)希腊中部维奥蒂亚乡村的健康、饮食和丧葬习俗问题。维奥蒂亚是拜占庭帝国最重要的经济和艺术中心之一,城市和乡村的生活都十分繁荣,人口构成在社会和文化层面上都多种多样。该研究对与奥尔霍迈诺斯的哈吉欧斯—索松教堂有关的出土遗骸进行了分析,以调查乡村居民的日常挑战和社会构成。结合古病理学病变和稳定同位素(碳、氮和硫)的检查结果显示,他们的生活条件适中,饮食以陆地食物为主,并有迁徙的迹象,而尽管靠近科派斯湖,却没有发现他们食用淡水食物。最后,通过家庭墓葬结构的构建以及对早产儿、围产儿和婴儿的丧葬处理,可以看出社会的分化。

- French, K. M. *, Crowder, C., & Crabtree, P. J. (2022). Integrating Histology in the Analysis of Multispecies Cremations: A Case Study from Early Medieval England. *International Journal of Osteoarchaeology*, 32(6), 1253–63. https://doi.org/10.1002/oa.3160.
《将组织学纳入多物种火葬分析:中世纪早期英格兰的案例研究》

区分煅烧后混合的人类和非人类遗骸的方法非常有限。对埃文河畔(英格兰沃里克郡)3 个中世纪早期遗址中的人类火葬进行的动物考古学分析发现,在埃文河畔比德福德遗址的墓葬中发现了混合动物遗骸,但在瓦斯珀顿和阿尔维斯顿庄园的同时代遗址中却没有发现。为了进一步研究是否可以识别其他非人类骨骼碎片,并量化不同遗址在保存或火化强度方面的潜在差异,研究者进行了一项组织学研究,从这三个遗址的 44 座火葬墓中选取了骨碎片进行薄片制备。通过观察组织学切片,本研究记录了是否存在丛状纤维板和次生骨带,并对组织学保存情况和火化强度进行了分类。这些数据补充并支持了宏观分析的结果,即多物种混合火葬仅在埃文河畔比德福德盛行。各墓地在组织学保存或火化强度方面没有发现明显的统计学差异。因此,从发掘的火葬墓葬中发现的混合非人类骨骼的差异,可能是不同墓地遗址之间在丧葬仪式中使用动物的差异,而不是保存上的偏差。这些结果证实,组织形态学是分析多物种混合火葬的有用工具。

- Walsh, S *. (2022). Early Evidence of Extra-Masticatory Dental Wear in a Neolithic Community at Bestansur, Iraqi Kurdistan. *International Journal of Osteoarchaeology*, 32(6), 1264-74. https://doi.org/10.1002/oa.3162.

《伊拉克库尔德斯坦贝斯坦苏尔新石器时代社区咀嚼牙齿磨损的早期证据》

贝斯坦苏尔是伊拉克库尔德斯坦扎格罗斯地区最近发掘出的新石器时代(公元前7700—前7200年)罕见的墓葬遗址。该研究对来自38个个体的共585颗牙齿进行了分析,以确定其活动特征,包括斜磨面、缺口、凹槽和崩裂。在38人中有27人,共277颗(47%)牙齿上发现了非咀嚼性磨损的迹象。最常见的磨损特征是崩裂和凹槽,这表明牙齿作为"第三只手"进行了纤维加工等活动。这些磨损特征在男性、女性和5岁及5岁以上的儿童中都存在。有关童年生活和牙齿健康的研究很少。臼齿中出现的牙齿磨损特征可以表明不同群体开始活动的年龄范围,并突出了将青少年遗骸纳入此类研究的重要性。乳牙中的磨损特征可以指示不同群体中开始这些活动的年龄范围,凸显了在此类研究中包括未成年遗骸的重要性。多种形式的牙齿磨损可能与这些人群的混合饮食和活动有关。这项研究增进了研究者对这一过渡时期人类行为和社会文化的理解。

- Väre, T.*, Lipkin, S., & Núñez, M. (2022). Notes on Early Childhood Diets in Early Modern Oulu, Finland, Based on the Stable Isotope Case Studies of Archeological Dentin. *International Journal of Osteoarchaeology*, 32(6), 1275-84. https://doi.org/10.1002/oa.3164.

《基于牙本质稳定同位素个案的考古研究对芬兰近代早期奥卢儿童早期饮食的说明》

在18世纪中期的瑞典,新近加强的人口普查记录显示,瑞典王国某些地区的婴儿死亡率高于预期。同时代的男性精英们认为这是因为普通妇女出于虚荣和缺乏关爱而故意拒绝母乳喂养。婴儿死亡率最严重的地区之一是位于现在芬兰的博滕区。为了探究这一指控,研究者测量了从博滕区奥卢镇早期现代教堂墓地出土的6个个体的第一恒磨牙(M1)增量冠牙本质切片胶原蛋白中的碳($\delta^{13}C$)和氮($\delta^{15}N$)稳定同位素比率。研究结果并没有直接支持对缺乏母乳喂养的担忧,但暗示了当时奥卢存在多种相关的哺乳实践。

- Chan, A. M.*, Brady, J. E., & Scott Cummings, L. (2022). Blue Fibers Found in Dental Calculus from Maya Sacrificial Victims. *International Journal of Osteoarchaeology*, 32(6), 1310-4. https://doi.org/10.1002/oa.3158.

《在玛雅祭祀牺牲者的牙结石中发现蓝色纤维》

在2008—2010年间对午夜恐怖洞穴的调查结果显示，洞穴中至少有118具玛雅古典时期（公元前250—前925年）祭祀牺牲者的混合遗骸。为了确定被献祭者食用的食物，该研究对牙结石进行了显微分析。鉴于存在的牙结石极少，洞穴两个区域的各三颗牙齿的牙结石被分别合并成两个样本，并对花粉、植物碎屑、淀粉和其他内含物进行了检查。除有机成分外，两个样本都发现含有蓝色纤维。作者排除了污染的可能性。考虑到将纤维包裹在牙结石中需要一定的时间，这些纤维是在死亡前几天或几周才出现的。纤维的异常颜色可能归因于玛雅蓝，这是一种主要在仪式场合使用的独特颜料。关于纤维如何进入受害者的口腔，有几种可能的解释。这些纤维可能是饮用了蓝色染色的龙舌兰酒，也可能是在日常活动或某种形式的牙科操作中引入的。另一种可能的解释是，这些纤维是在使用塞口物时引入的，因为在从城镇游行至祭祀地点时对受害者使用了塞口物。

《世界考古研究动态》征稿启事

一、为增进国内考古学界与世界考古学界的信息交流,推动中国世界考古相关学科的建设,西北大学文化遗产学院、中国—中亚人类环境"一带一路"联合实验室合作编辑出版《世界考古研究动态》。本出版物英文名为 *Current Trends in World Archaeology*（CTWA）。暂定每年二辑,于当年6月、12月出版。

二、本出版物刊载世界考古,包括文化遗产、科技考古、文字考古、艺术史等相关研究的论文和综述,另辟书评、专题讨论、经典论文翻译、文摘、通讯等专栏。今后也计划出版相关主题的专辑。

三、为提高稿件的质量,本出版物刊发论文实行双向匿名审稿;可以有书评和对书评的回应(也可以用笔名,这样既可以保持学术的公开与公正,也可以照顾到以和为贵的习俗;绝对保密),提倡学术争论,培养学术讨论公开、平和的氛围。

四、本出版物稿件无绝对字数限制,长短以所讨论问题需要为度。

五、本出版物面向国内外中文读者。

六、稿件如涉版权(文字或图版等),请作者事先解决,本出版物不负版权之责。稿件一经发表,文章图版等版权归西北大学所有。

《世界考古研究动态》撰稿格式

一、来稿应学风严谨、行文规范、资料准确、表述科学。文、图、表、图版务求一致,引文务必核查原著。

二、稿件以中文简体书写,特别需要处可用繁体。正文及图、表中一般只使用中文,外文译为中文时可用括号保留原文。

三、请用新式标点。引号用""(中文用全角,西文用半角)。书刊名、文章名及篇名用书名号《》。书名与篇名连用时,以圆点分隔,如《左传·隐公元年》。

四、正文章节标题级别按照一、(一)、1、(1)等顺序表示;中文历史纪年及古籍卷数用中文数字,其他则用阿拉伯数字。

五、注释采用当页脚注,注码置于标点符号后。为避免电子文件编辑中可能出现的差错,请勿使用:"同上""同前书""同注 x 引文、引书""如前图""见下表""ibid.""idem"等。

六、引用中文著作,应依次注明 作者:《篇名》,《书名》,出版社,出版时间,卷数,页码。(作者名后冒号,下面一逗到底。)如:

夏鼐:《田野考古方法》,《夏鼐文集》,社会科学文献出版社,2000 年,第 178 页。

西文书、章节注释采用 Chicago Manual of Style(CMS)的注释格式系统(Notes-Bibliography system),篇名用双引号,书名用斜体,顺序为:作者姓名,书名(出版地:出版社,出版年份),页码. 如:

1. Zadie Smith, *Swing Time* (New York: Penguin Press, 2016), 315–16.

2. Brian Grazer and Charles Fishman, *A Curious Mind: The Secret to a Bigger Life* (New York: Simon & Schuster, 2015), 12.

3. Henry David Thoreau, "Walking," in *The Making of the American Essay*, ed. John D'Agata (Minneapolis: Graywolf Press, 2016), 177–78.

4. Jhumpa Lahiri, *In Other Words*, trans. Ann Goldstein (New York: Alfred A. Knopf, 2016), 146.

5. Herman Melville, *Moby-Dick; or, The Whale* (New York: Harper & Brothers, 1851), 627, http://mel.hofstra.edu/moby-dick-the-whale-proofs.html.

6. Philip B. Kurland and Ralph Lerner, eds., *The Founders' Constitution* (Chicago: University of Chicago Press, 1987), chap. 10, doc. 19, http://press-pubs.uchicago.edu/founders/.

7. Brooke Borel, *The Chicago Guide to Fact-Checking* (Chicago: University of Chicago Press, 2016), 92, ProQuest Ebrary.

8. Jane Austen, *Pride and Prejudice* (New York: Penguin Classics, 2007), chap. 3, Kindle.

七、引用期刊，应依次注明　作者：《篇名》，《刊名》刊年刊期，页码。如：

福建省文物管理委员会：《福建考古工作概况》，《考古》1959年第4期，第178—183页。

西文期刊注释用 Chicago Manual of Style（CMS）基本格式。如：

Author, A. A., Author, B. B., and Author, C. C., "Title of Article," Title of Journal, volume number (issue number): page range. DOI or URL (if available).

1. Susan Satterfield, "Livy and the *Pax Deum*," *Classical Philology* 111, no. 2 (April 2016): 170.

2. Shao-Hsun Keng, Chun-Hung Lin, and Peter F. Orazem, "Expanding College Access in Taiwan, 1978-2014: Effects on Graduate Quality and Income Inequality," *Journal of Human Capital* 11, no. 1 (Spring 2017): 9-10, https://doi.org/10.1086/690235.

（注意用英文标点，用 Times New Roman 字体，文章名和刊物名均首字母大写；有 doi/URL 地址的，请引用 doi/URL 地址）。

硕博论文：

Cynthia Lillian Rutz, "*King Lear and Its Folktale Analogues*" (PhD diss., University of Chicago, 2013), 99-100.

不定期出版物应有出版年代和出版社。

八、引用古代文献要有篇名，如《周礼·天官·小宰》。引用逸书应引述保存逸文的原书。如《竹书纪年》为逸书，引用时应用《史记·殷本纪·索隐》引《竹书纪年》记载。引用古籍应尽量以校点本为准。

九、新闻类的注释资料来源，如：

《别让"病歪歪"的应县木塔在议而不决中倒掉》，《新华每日电讯》2020年10月19日。http://www.xinhuanet.com/local/2020-10/19/c_1126627347.htm.

网页版资料来源，如：

Conservation Principles, Policies and Guidance, English Heritage, 2008. https://historicengland.org.uk/advice/constructive-conservation/conservation-principles.

1. Rebecca Mead, "The Prophet of Dystopia," *New Yorker*, April 17, 2017, 43.

2. Farhad Manjoo, "Snap Makes a Bet on the Cultural Supremacy of the Camera," *New York Times*, March 8, 2017, https://www.nytimes.com/2017/03/08/technology/snap-makes-a-bet-on-the-cultural-supremacy-of-the-camera.html.

3. Rob Pegoraro, "Apple's iPhone Is Sleek, Smart and Simple," *Washington Post*, July 5, 2007, LexisNexis Academic.

4. Tanya Pai, "The Squishy, Sugary History of Peeps," *Vox*, April 11, 2017, http://www.vox.com/culture/2017/4/11/15209084/peeps-easter.

十、同一注释基本信息第二次出现，一般不省略。